プリント形式のリアル過去問で本番の臨場感！

鹿児島県

ラ・サール中学校

2025年春 受験用

解答集

本書は，実物をなるべくそのままに，プリント形式で年度ごとに収録しています。
問題用紙を教科別に分けて使うことができるので，本番さながらの演習ができます。

■ 収録内容

・解答集（この冊子です）

書籍ＩＤ番号，この問題集の使い方，最新年度実物データ，リアル過去問の活用，
解答例と解説，ご使用にあたってのお願い・ご注意，お問い合わせ

・2024（令和６）年度 ～ 2018（平成30）年度　学力検査問題

○は収録あり

年度	'24	'23	'22	'21	'20	'19
■ 問題収録	○	○	○	○	○	○
■ 解答用紙	○	○	○	○	○	○
■ 配点※	○	○	○	○	○	○

全教科に解説があります

上記に2018年度を加えた7年分を収録しています
※配点は社会のみ非公表，他教科は大問ごとにあり
注)国語問題文非掲載:2020年度の≪一≫

問題文の非掲載につきまして

著作権上の都合により，本書に収録している過去入試問題の本文の一部を掲載しておりません。ご不便をおかけし，誠に申し訳ございません。

本文の一部を掲載できなかったことによる国語の演習不足を補うため，論説文および小説文の演習問題のダウンロード付録があります。弊社ウェブサイトから書籍ＩＤ番号を入力してご利用ください。

なお，問題の量，形式，難易度などの傾向が，実際の入試問題と一致しない場合があります。

教英出版

■ 書籍ＩＤ番号

入試に役立つダウンロード付録や学校情報などを随時更新して掲載しています。
教英出版ウェブサイトの「ご購入者様のページ」画面で，書籍ＩＤ番号を入力してご利用ください。

書籍ＩＤ番号　104446

（有効期限：2025年9月30日まで）

【入試に役立つダウンロード付録】
「要点のまとめ（国語／算数）」
「課題作文演習」ほか

■ この問題集の使い方

年度ごとにプリント形式で収録しています。針を外して教科ごとに分けて使用します。①片側，②中央のどちらかでとじてありますので，下図を参考に，問題用紙と解答用紙に分けて準備をしましょう（解答用紙がない場合もあります）。

針を外すときは，けがをしないように十分注意してください。また，針を外すと紛失しやすくなりますので気をつけましょう。

① 片側でとじてあるもの

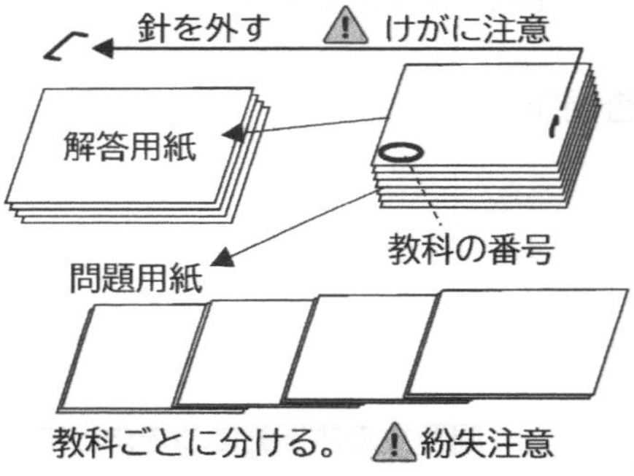

② 中央でとじてあるもの

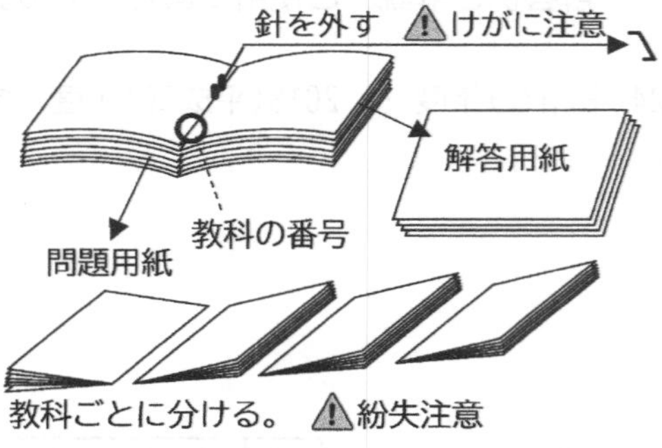

※教科数が上図と異なる場合があります。
解答用紙がない場合や，問題と一体になっている場合があります。
教科の番号は，教科ごとに分けるときの参考にしてください。

■ 最新年度　実物データ

実物をなるべくそのままに編集していますが，収録の都合上，実際の試験問題とは異なる場合があります。実物のサイズ，様式は右表で確認してください。

問題用紙	Ｂ４片面プリント
解答用紙	Ｂ４片面プリント

リアル過去問の活用

~リアル過去問なら入試本番で力を発揮することができる~

本番を体験しよう！

問題用紙の形式（縦向き / 横向き），問題の配置や余白など，実物に近い紙面構成なので本番の臨場感が味わえます。まずはパラパラとめくって眺めてみてください。「これが志望校の入試問題なんだ！」と思えば入試に向けて気持ちが高まることでしょう。

入試を知ろう！

同じ教科の過去数年分の問題紙面を並べて，見比べてみましょう。

① 問題の量

毎年同じ大問数か，年によって違うのか，また全体の問題量はどのくらいか知っておきましょう。どのくらいのスピードで解けば時間内に終わるのか，大問ひとつにかけられる時間を計算してみましょう。

② 出題分野

よく出題されている分野とそうでない分野を見つけましょう。同じような問題が過去にも出題されていることに気がつくはずです。

③ 出題順序

得意な分野が毎年同じ大問番号で出題されていると分かれば，本番で取りこぼさないように先回りして解答することができるでしょう。

④ 解答方法

記述式か選択式か（マークシートか），見ておきましょう。記述式なら，単位まで書く必要があるかどうか，文字数はどのくらいかなど，細かいところまでチェックしておきましょう。計算過程を書く必要があるかどうかも重要です。

⑤ 問題の難易度

必ず正解したい基本問題，条件や指示の読み間違いといったケアレスミスに気をつけたい問題，後回しにしたほうがいい問題などをチェックしておきましょう。

問題を解こう！

志望校の入試傾向をつかんだら，問題を何度も解いていきましょう。ほかにも問題文の独特な言いまわしや，その学校独自の答え方を発見できることもあるでしょう。オリンピックや環境問題など，話題になった出来事を毎年出題する学校だと分かれば，日頃のニュースの見かたも変わってきます。

こうして志望校の入試傾向を知り対策を立てることこそが，過去問を解く最大の理由なのです。

実力を知ろう！

過去問を解くにあたって，得点はそれほど重要ではありません。大切なのは，志望校の過去問演習を通して，苦手な教科，苦手な分野を知ることです。苦手な教科，分野が分かったら，教科書や参考書に戻って重点的に学習する時間をつくりましょう。今の自分の実力を知れば，入試本番までの勉強の道すじが見えてきます。

試験に慣れよう！

入試では時間配分も重要です。本番で時間が足りなくなってあわてないように，リアル過去問で実戦演習をして，時間配分や出題パターンに慣れておきましょう。教科ごとに気持ちを切り替える練習もしておきましょう。

心を整えよう！

入試は誰でも緊張するものです。入試前日になったら，演習をやり尽くしたリアル過去問の表紙を眺めてみましょう。問題の内容を見る必要はもうありません。どんな形式だったかな？受験番号や氏名はどこに書くのかな？…ほんの少し見ておくだけでも，志望校の入試に向けて心の準備が整うことでしょう。

そして入試本番では，見慣れた問題紙面が緊張した心を落ち着かせてくれるはずです。

※まれに入試形式を変更する学校もありますが，条件はほかの受験生も同じです。心を整えてあせらずに問題に取りかかりましょう。

2024 解答例 ラ・サール中学校

令和6年度

《国　語》

《一》問一．古今東西　問二．２．オ　３．エ　問三．慣れた場所で、決まった用事もなく店に入って、予想もしなかった世界と出会い、せわしない日常と異なる時空間で遊ぶこと。　問四．オ　問五．事前情報をあえて得ずに、瞬間瞬間の思考や即興的な判断を繰り返す中で、普段使わない感覚を発揮すること。　問六．人はつい事前に情報を取り込み、予想しながら行動するため、想像の範囲内の体験しかできないということ。

問七．みずから迷子になることで、不安になり、途方に暮れて、未知の感情や心理が湧き起こり、他人の存在のありがたみを感じたりする

《二》問一．人それぞれ　問二．一枚岩　問三．最後通牒　問四．相対主義が広まっている現代社会では、意見や利害が対立しても話し合いでの決定は不可能で、権力者の主観にもとづく力任せの決定が正当化されるから。

問五．科学者は合意形成に長い時間を要するので、現在問題となっている事柄について各々の仮説しか持たず、また、そのため権力者が自身と同じ意見の科学者ばかり集めたり、そうした科学者にのみ予算を支給したりすることにより、科学者はコントロールされうるから。　問六．価値観の異なる人々と粘り強く対話し、その過程で傷つくことも恐れずに学び成長しながら、共に「正しさ」を作っていくべきだ。

《三》Ⅰ．①精査　②演奏　③指標　④就航　⑤宿願　⑥骨頂　⑦宣告　⑧操縦　⑨貯蔵　⑩厳命　⑪弁　⑫落札　⑬責務　⑭警笛　⑮勇将

Ⅱ．①泰然自若　②初志貫徹　③厚顔無恥　④画竜点睛　⑤明鏡止水

《算　数》

1　(1) $2\frac{1}{50}$　(2) $\frac{2}{7}$　(3)1180

2　(1)5　(2)A＝$\frac{16}{19}$，10個　(3)1100　(4)㋐108　㋑94

3　(1)15：8　(2) $11\frac{1}{13}$

4　(1)3.2　(2)5：9

5　(1)16　(2)32　(3)160

6　(1)68　(2) $\frac{1}{6}$，$3\frac{1}{6}$，$14\frac{2}{3}$

《理　科》

【１】⑴エ　⑵ウ　⑶ウ→ア→エ→イ　⑷①右図　②エ

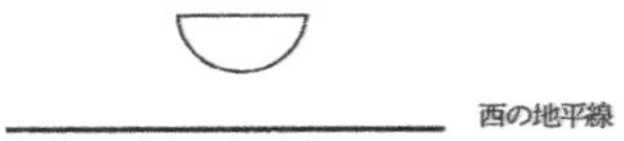

⑸①クレーター　②ウ　③C→A→B→D　⑹38

【２】⑴①ウ　②イ　③ア　④エ　⑵左　⑶エ　⑷①イ　②ア　⑸ウ　⑹５　⑺(ア)多　(イ)10　(ウ)15

⑻スポーツ選手…167　ふつうの人…105

【３】A．⑴①地球温暖化　③ドライアイス　⑵エ　⑶④5.6　⑤5.2　⑷(A)12.5　(B)5.5

⑸(A)18.8　(B)15

B．⑴ウ　⑵①120　②310　③時間…240　体積…780

【４】⑴30　⑵40　⑶(ア)$\frac{1}{9}$　(イ)$\frac{10}{9}$　(ウ)$\frac{1}{8}$　(エ)$\frac{5}{4}$　(オ)平行

《社　会》

1　問１．⑴防衛　⑵原子力　問２．ア　問３．オ　問４．ウ　問５．エ　問６．インフレーション

〔別解〕インフレ　問７．イ　問８．水銀　問９．エ

2　問１．銭　問２．⑴63　⑵消費税が導入されたから。　問３．イ→ウ→エ→ア　問４．⑴イ　⑵ウ　⑶オ

問５．⑴ウ　⑵ア　問６．⑴７　⑵郵便物を機械で仕分けるため。

3　問１．⑴①A　②D　⑵[記号／市町村名]　③[オ／浜松市]　④[ク／北九州市]　⑤[エ／相模原市]

問２．⑴イ　⑵新潟県…イ　鹿児島県…エ　問３．⑴南海トラフ　⑵イ　問４．⑴ウ　⑵ア

4　問１．貝塚　問２．平治〔別解〕平治の乱　問３．ア　問４．ウ　問５．イ　問６．ウ

問７．ウ→カ→イ→エ→×→×　問８．ウ→ア→エ→イ→×→×　問９．ア　問10．イ

問11．高度経済成長　問12．石油危機〔別解〕オイルショック

《2024 国語 解説》

《一》

問一 「古今東西」は、昔から今までと、すべての場所。

問三 傍線部Aの直前の「こうしたこと」が指す内容を読み取る。それは、直前の２段落で具体的に述べられている。この部分から「決まった用事もなく～適当な古書店～自分が予想もしなかった世界と出会う」「こうした店に入り浸りながら、せわしない日常と異なる時空間で遊ぶ」といったポイントに着目してまとめるが、注意したいのは、「普通の寄り道」と違う「無意識的な寄り道」が「あえて迷子になってみる～行先も確認せずに～勝手に連れて行かれた～行き当たりばったりの行動」だということである。つまり、「普通の寄り道」には、迷子にならない、勝手に連れて行かれたのでもない、「慣れた場所で」という要素が必要となる。

問四 空欄Bの前に「適当なバス～降りてみると、ただの住宅街だった～さもその町の住人になったような意識で歩き続ける」「まったく知らない住宅街の中で、あたかも目的地がはっきりしているかのような歩き方をする」とあることから、「見立てて役者になる」とあるオが適する。

問五 「リセット」は、初めの状態に戻すこと。また、切りかえるために一度すべてを断ち切ること。傍線部Cの直後の段落を参照。「感覚のリセット行為」に通じる例として「ミステリーツアー」を取り上げ、「事前情報をあえて得ない～瞬間瞬間の思考や即興的な判断を繰り返しているうち、普段使わなかった感覚が開かれてきて、世界が違って見えるようになる(「子どものような自由な境地」を得られる)」と述べていることからまとめる。

問六 傍線部Dの前後を参照。「先回りして情報を検索」することが「自分自身を縛っている」のと反対に、「事前情報をあえて得ないことで、想像を超えた体験ができます」と書かれている。人は、意識的に遮断しなければ、当たり前のように「先回りして情報を検索」してしまう。事前に取り込んだ情報をもとに行動しているだけでは、想像を超えた体験ができない、つまり、想像の範囲内の体験しかできないということが読み取れる。

問七 傍線部Eの３行前に「そのようにしていわば、弱い自分を発見するのです」とあることに着目する。この段落で述べている「みずから迷子になり、不安になり、途方に暮れてみてください。きっと未知の感情や心理が湧き起こってくるでしょう。また、他人の存在のありがたみを感じ、ちょっとした優しさに涙が出る場合だってあるかもしれません」から、ここでの「弱い」という意味が読み取れる。

《二》

問三 「最後通牒」は、決裂することも辞さない態度で相手に一方的に示す最終的な要求・知らせのこと。

問四 傍線部①の４～11 行後で「『正しさは人それぞれだ』～などと主張したら、権力者は大喜び～さまざまな意見の正しさに差がないとするなら、選択は力任せに行うしかないからです～決定は～人それぞれの主観的な信念にもとづいて行うしかない。それに納得できない人とは話し合っても無駄だから権力で強制するしかない」「『正しさは人それぞれ』～といった主張は～異なる見解を、権力者の主観によって力任せに切り捨てることを正当化することにつながってしまうのです」と理由を説明している。この部分から読み取ってまとめるが、「正しさは人それぞれ」「みんなちがってみんないい」という考えが広まっているのが「現実の世界」である。最初の段落で「昨今、『正しさは人それぞれ』とか『みんなちがってみんないい』～流布して(世間に広まって)います。このような、『～価値観が異なり～優劣がつけられない』という考え方を相対主義といいます」と述べていることから、「相対主義が広まっている現代社会」のようにまとめるとよい。

問五　傍線部②の直前の「このように考えてくると」が指す内容を読み取る。空欄Ｂの前後で「科学者たちは『客観的で正しい答え』を教えてくれそうに思えます。ところが～一枚岩(いちまいいわ)ではない」と述べ、以降で具体的に説明している。まず、「『科学者であればほぼ全員が賛成している答え』ができあがる(合意形成)には時間がかかります」「何十年も前に合意が形成されて研究が終了(しゅうりょう)したことについては教えてくれますが～今現在問題になっていることについては、『自分が正しいと考える答え』(仮説)しか教えてくれない」ということ。次に、「たくさんの科学者の中から、自分の意見と一致(いっち)する立場をとっている科学者だけを集める」「政府の立場と一致する主張をしている科学者には研究予算を支給し、そうでない科学者には支給しない」というように、権力者によって科学者がコントロールされる可能性があるということ。これらの内容をまとめる。

問六　傍線部③以降で、「人間の生物学的特性を前提としながら、人間と世界の関係や人間同士の間の関係の中で、いわば共同作業によって『正しさ』というものが作られていく～それゆえ～理解し合うということは、かれら(多様な他者)とともに『正しさ』を作っていくということ」「ともに『正しさ』を作っていくということは、そこで終了せずに(わかりあえないから「人それぞれ」だと言って対話を終了するのではなく)踏(ふ)みとどまり、とことん相手と付き合う」「傷つくことを嫌(いや)がっていては、新たな『正しさ』を知って成長していくことはできません～学び成長する～たいへんに苦しい、ときに心の傷つく作業です～傷つくことを恐(おそ)れずに成長の道を進んでほしい」と述べていることから読み取ってまとめる。

《三》

Ⅱ①　「泰然自若(たいぜんじじゃく)」は、落ち着いていて、物事に動じない様子。

②　「初志貫徹(しょしかんてつ)」は、最初に思い立った希望や考えを、最後まで貫(つらぬ)き通すこと。

③　「厚顔無恥(こうがんむち)」は、ずうずうしくて、恥(はじ)を恥とも思わないこと。

④　「画竜点睛(がりょうてんせい)を欠く」は、全体としてはよくできているのに、肝心(かんじん)なところが欠けていること。

⑤　「明鏡止水(めいきょうしすい)」は、くもりのない鏡と静かな水。すみきった静かな心境のたとえ。

《2024　算数　解説》

1　(1)　与式$=\frac{5}{4}\times\frac{1}{4}\times\frac{16}{3}+\frac{318}{100}\times\frac{1}{9}=\frac{5}{3}+\frac{106}{300}=\frac{500}{300}+\frac{106}{300}=\frac{606}{300}=\frac{101}{50}=$ **$2\frac{1}{50}$**

(2)　与式より，$16\frac{3}{5}\times\frac{3}{7}-6\times(\square+\frac{3}{5})=1.8$　$\frac{83}{5}\times\frac{3}{7}-6\times(\square+\frac{3}{5})=1.8$　$6\times(\square+\frac{3}{5})=\frac{249}{35}-\frac{9}{5}$

$6\times(\square+\frac{3}{5})=\frac{186}{35}$　$\square+\frac{3}{5}=\frac{186}{35}\times\frac{1}{6}$　$\square=\frac{31}{35}-\frac{3}{5}=\frac{31}{35}-\frac{21}{35}=\frac{10}{35}=$ **$\frac{2}{7}$**

(3)　与式＝59×20.8－59×4×0.7＋2×2×29.5＝59×(20.8－2.8＋2)＝59×20＝**1180**

2　(1)　$\frac{3}{7}$＝0.428571428571…と，小数点以下では４２８５７１の６個の数の並びがくり返される。

100÷６＝16余り４より，小数第100位の数は，17回目のくり返しの中の４つ目の数だから，**５**である。

(2)　**【解き方】$\frac{1}{3}$と$\frac{7}{8}$の分母を19にそろえ，分子を小数で表す。**

$\frac{1}{3}$の分母を19にするために，分母と分子に$\frac{19}{3}$をかけると，分子は$\frac{19}{3}$＝6.3…になる。同様に，$\frac{7}{8}$の分母を19にしたときの分子は，$7\times\frac{19}{8}=\frac{133}{8}=16.625$である。したがって，$\frac{6.3\cdots}{19}$より大きく$\frac{16.625}{19}$より小さい分数のうち最も大きい分数Ａは，**$\frac{16}{19}$**であり，このような分数は，分子が７以上16以下の16－７＋１＝**10**(個)ある。

(3)　**【解き方】つるかめ算を利用する。**

すべて食品以外だとすると，税込み価格は$1860\times(1+\frac{10}{100})=2046$(円)になり，実際より2046－2024＝22(円)高くなる。税抜き価格１円を食品以外から食品におきかえると，税込み価格は，$1\times(\frac{10}{100}-\frac{8}{100})=\frac{1}{50}$(円)低くなるから，食品の税抜き価格は，$22\div\frac{1}{50}=$**1100**(円)

(4)　**【解き方】右のように作図すると，三角形ＡＢＣと三角形ＥＤＣは合同になるから，ＡＣ＝ＥＣである。**

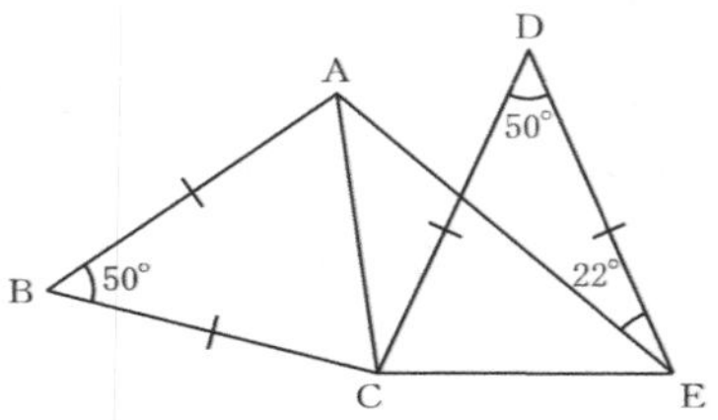

角ＢＡＣ＝角ＢＣＡ＝角ＤＣＥ＝角ＤＥＣ＝(180°－50°)÷２＝65°

角ＡＥＣ＝65°－22°＝43°で，三角形ＡＣＥは二等辺三角形だから，

角ＥＡＣ＝43°　　したがって，角㋐＝65°＋43°＝**108°**

角ＢＣＡ＝角ＤＣＥだから，角㋑＝角ＡＣＥ＝180°－43°×２＝**94°**

3　(1)　図の状態からＡを満水にすると，水の体積は$\frac{20}{8}=\frac{5}{2}$(倍)になる。Ｂを満水にすると，水の体積は$\frac{24}{18}=\frac{4}{3}$(倍)になる。よって，満水時の水の体積比は，$\frac{5}{2}:\frac{4}{3}=$**15：8**

(2)　**【解き方】同じ量の水を入れたとき，底面積の比は，水の深さの比の逆比になる。**

ＡとＢの底面積の比は，８：18＝４：９の逆比の９：４である。したがって，水の深さが同じになったとき，水の体積の比も９：４になる。９＋４＝13より，水が合わせて⑬あるとすると，最初にＡに入っていた量は$\textcircled{\frac{13}{2}}$で，深さが同じになったときに入っている量は⑨である。

よって，水の深さは⑨÷$\textcircled{\frac{13}{2}}$＝$\frac{18}{13}$(倍)になったから，$8\times\frac{18}{13}=\frac{144}{13}=$**$11\frac{1}{13}$**(㎝)になった。

4　(1)　**【解き方】移動させて重なる辺や角度は等しいから，右のように作図できる。したがって，三角形ＤＢＣは二等辺三角形となる。**

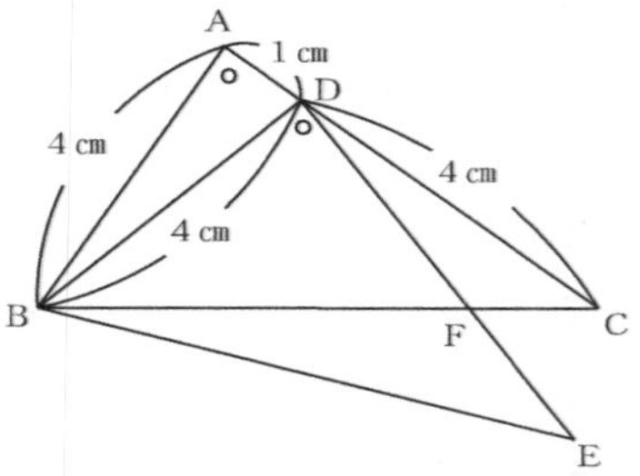

三角形ＡＢＣと三角形ＤＦＢは，角ＢＡＣ＝角ＦＤＢ，

角ＡＣＢ＝角ＤＢＦより，同じ形である。

よって，ＡＢ：ＤＦ＝ＡＣ：ＤＢ＝５：４だから，

ＤＦ＝ＡＢ×$\frac{4}{5}$＝４×$\frac{4}{5}$＝**3.2**(㎝)

(2)　**【解き方】三角形ＤＦＢの面積を丸数字で表し，三角形ＢＥＦ→三角形ＡＢＣ→三角形ＡＢＤの順に面積を丸数字で表していく。**

ＤＥ＝ＡＣ＝５㎝だから，ＦＥ＝５－3.2＝1.8(㎝)なので，三角形ＤＦＢと三角形ＢＥＦの面積比は，

ＤＦ：ＦＥ＝3.2：1.8＝16：９となる。したがって，三角形ＤＦＢと三角形ＢＥＦの面積をそれぞれ⑯，⑨とする。

三角形ＤＢＥの面積は⑯＋⑨＝㉕だから，三角形ＡＢＣの面積も㉕である。

三角形ＡＢＣと三角形ＡＢＤの面積比は，ＡＣ：ＡＤ＝５：１だから，三角形ＡＢＤの面積は，㉕×$\frac{1}{5}$＝⑤

よって，三角形ＡＢＤと三角形ＢＥＦの面積比は，⑤：⑨＝**５：９**

5　(1)　Ａ→Ｂで２通りの道があり，Ｂ→Ａでは残り１本しか道が残っていないので，１通りの道しかない。

Ａ→Ｂ→Ａの後は，Ａ→Ｄ→Ｃ→Ｂ→Ｃ→Ｄ→Ａと進まなければすべての道を通ることができない。

Ａ→Ｄ→Ｃ→Ｂでは１回進むごとに２通りずつ道があり，Ｂ→Ｃ→Ｄ→Ａと戻(もど)るときは１通りずつしかない。

よって，求める道順の数は，２×２×２×２＝**16**(通り)

(2)　Ａ→Ｂ→Ｃ→Ｄ→Ａでは１回進むごとに２通りずつ道があるから，ここまでで，２×２×２×２＝16(通り)

次はＢに進んでもＤに進んでもよいが，どちらに進んでも１周してＡに戻ってくるまでの道順は１通りである。

よって，求める道順の数は，16×２＝**32**(通り)

(3)　**【解き方】まず，最初にＢに進んだ場合の道順を調べる。それは，(1)，(2)の場合と，Ａ→Ｂ→Ｃ→Ｂ→Ａではじまる場合と，Ａ→Ｂ→Ｃ→Ｄ→Ｃ→Ｂ→Ａではじまる場合がある。**

Ａ→Ｂ→Ｃ→Ｂ→Ａではじまる場合，ここまでで２×２＝４(通り)ある。次にＡ→Ｄ→Ｃ→Ｄ→Ａと進むときも２×２＝４(通り)あるから，この場合は，４×４＝16(通り)

A→B→C→D→C→B→Aではじまる場合，ここまでで２×２×２＝８(通り)ある。次にA→D→Aと進むときは２通りあるから，この場合は，８×２＝16(通り)

⑴，⑵も合わせて，最初にBに進んだ場合の道順は全部で，16＋32＋16＋16＝80(通り)

最初にDに進んだ場合の道順も80通りなので，求める道順の数は，80×２＝**160**(通り)

6 ⑴ **【解き方】６本の直方体の表面積の和から，重なって見えなくなった面の面積を引けばよい。**

１本の直方体の表面積は，(１×１)×２＋(１×４×３)＝14(㎠)だから，６本の和は，14×６＝84(㎠)

直方体が重なっている部分１かしょごとに(１×１)×２＝２(㎠)の表面積がかくれ，重なっている部分は全部で８かしょある。よって，求める表面積は，84－２×８＝**68**(㎠)

⑵ **【解き方】切り口は右図の太線のようになる。３つの立体のうち，一番体積が大きい立体の体積は，６本の直方体の体積の和から，１番目と２番目に体積が小さい立体の体積を引いて求める。**

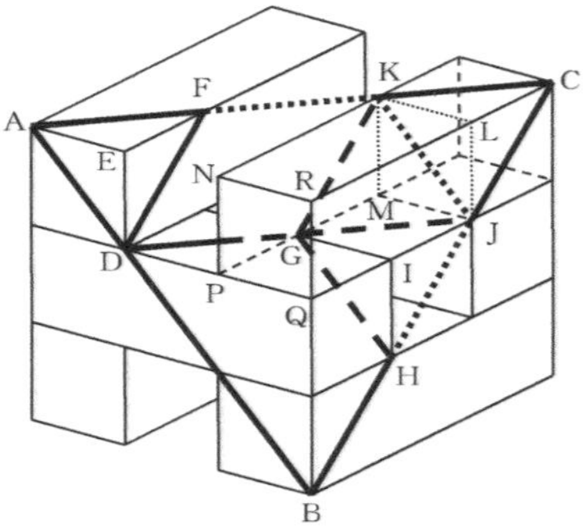

三角すいADEF，GHIJ，KJLC，JKMGは合同な三角すいであり，この三角すいを三角すいXとする。三角すいXの体積は，

$(1\times1\div2)\times1\div3=\frac{1}{6}$(㎤)

一番体積が小さい立体は，三角すいADEFだから，体積は$\frac{1}{6}$㎤である。

２番目に体積が小さい立体は，三角すいDBQJから三角すいXを除いた立体と，四角柱NPQR－KMJLから三角すいXを除いて三角すいXを加えた立体である。したがって，２番目に体積が小さい立体の体積は，

$\{(2\times2\div2)\times2\div3-\frac{1}{6}\}+1\times1\times2=\mathbf{3\frac{1}{6}}$(㎤)

よって，最も体積が大きい立体の体積は，$(1\times1\times3)\times6-\frac{1}{6}-3\frac{1}{6}=\mathbf{14\frac{2}{3}}$(㎤)

《2024　理科　解説》

【１】

⑴ エ○…中央部にあるときの形に比べ，周辺部では横からおしつぶされたような形になる。

⑵ 春分の日(３月20日ごろ)や秋分の日(９月20日ごろ)では太陽が真東からのぼるので，Bは３月の日の出を観察したものである。また，春分の日から秋分の日の間(６月をふくむ)では，太陽が真東よりも北よりからのぼり，秋分の日から春分の日の間(12月をふくむ)では，太陽が真東よりも南よりからのぼる。東を向いたとき，左手側が北，右手側が南だから，Aが６月，Cが12月の日の出を観察したものである。

⑶ 三日月は南の空で右側が細く光る月である。ここから光る部分の面積が少しずつ大きくなっていき，上弦(じょうげん)の月(南の空で右側半分が光る月)→満月となる。満月の後，右側から少しずつ欠けていき，下弦の月(南の空で左半分が光る月)→新月となる。

⑷① それぞれの方角の空における上弦の月の向きは，図ｉの通りである。

図ｉ

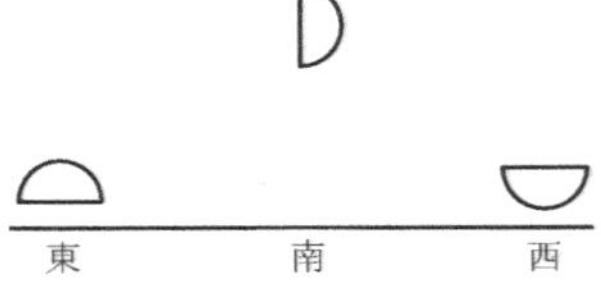

② それぞれの月が南の空にくる時刻は，新月が正午ごろ，上弦の月が午後６時ごろ，満月が午前０時ごろ，下弦の月が午前６時ごろである。それぞれの月において，約６時間前と約６時間後が，東の地平線からのぼる時刻と西の地平線にしずむ時刻である。

⑸② アは光が当たっている面を正面から見ている。イは光が当たっている面の裏側を見ている(光って見える部

分がない)。　③　下にあるように見えるくぼ地ほど古いと考えればよい。

(6)　秒速30万kmの光が2.51秒で進む距離は30×2.51＝75.3(万km)であり，これは光が地球と月の間を往復した距離だから，地球から月までの距離は75.3÷2＝37.65→38万kmである。

【2】

(1)(2)　腹部に左右2つあるエは腎臓である。また，最も大きいイが肝臓，アが胃，ウが背骨である。腎臓は背中側にあり，足側から見たときの断面であることに注意すると，オ側は左手側である。

(4)　アが大静脈，イが大動脈，ウが肺動脈，エが肺静脈である。二酸化炭素を多くふくんだ血液は，全身からア→右心房→右心室→ウ→肺の順に流れ，肺で二酸化炭素を排出して酸素を取りこむ。酸素を多くふくんだ血液は，肺からエ→左心房→左心室→イ→全身の順に流れ，全身に酸素を送っている。

(5)　血液の流れる速さ，血管の断面積，血液の量について，〔血液の量＝血液の流れる速さ×血管の断面積〕という関係がほぼ成り立つと考えればよい。つまり，血液の量は一定だから，血液の流れる速さと血管の断面積にはほぼ反比例の関係がある。よって，図4の血管の断面積のグラフに着目し，断面積が小さいところ(大動脈や大静脈)では血液の流れる速さが速く，断面積が大きいところ(毛細血管)では血液の流れがおそくなるウが正答である。

(6)　血液の重さは$65\times\frac{1}{13}=5$(kg)→5000gだから，5000g→5000mL→5Lとなる。

(7)　ア．1分間あたりの心拍出量が5.4Lで同じであれば，心拍数が少ないスポーツ選手の方が1回の心拍で送り出される血液の量は多い。　イ，ウ．(6)より，血液の量は5Lであり，スポーツ選手では激しい運動をした直後の1分間(60秒間)あたりの心拍出量は30Lだから，血液が体内を一周する(心拍出量が5Lになる)のにかかる時間は$60\times\frac{5}{30}=10$(秒)である。同様に考えて，ふつうの人では$60\times\frac{5}{20}=15$(秒)となる。

(8)　激しい運動をした直後，スポーツ選手は180回の心拍で30L→30000mLの血液を送り出すことになるから，一回の心拍で送り出す血液は30000÷180＝166.6…→167mLである。同様に考えて，ふつうの人では20000÷190＝105.2…→105mLとなる。

【3】

〈A〉(1)　①有機物である化石燃料には炭素がふくまれていて，燃やすと二酸化炭素が発生する。二酸化炭素には，地表から出ていく熱を吸収し，その一部を再び地表に向かって放出するはたらき(温室効果)がある。これが地球温暖化の原因の1つだと考えられている。　(2)　水にとけにくい気体は水上置換で集める。これに対し，水にとけやすい気体は，空気よりも軽ければ上方置換，空気よりも重ければ下方置換で集める。二酸化炭素は水に少しとけ，空気よりも重い気体だから，水上置換か下方置換のどちらかで集めることができる。　(3)　④反応にかかわる物質の重さの総量は，反応の前後で変化しない。よって，$\overset{\text{炭酸カルシウム}}{10}-\overset{\text{二酸化炭素}}{4.4}=\overset{\text{酸化カルシウム}}{5.6}$(g)となる。　⑤　$\overset{\text{炭酸マグネシウム}}{10}-\overset{\text{酸化マグネシウム}}{4.8}=\overset{\text{二酸化炭素}}{5.2}$(g)　(4)　反応にかかわる物質の重さの割合は一定だから，以下の解説では，(3)解説の重さの関係を基準とする。反応後の酸化カルシウムが7gになるのは，反応させた炭酸カルシウムが$10\times\frac{7}{5.6}=12.5$(g)で，このとき発生する二酸化炭素は12.5－7＝5.5(g)である。　(5)　残った白色粉末は，酸化カルシウムと酸化マグネシウムの混合物だから，発生した二酸化炭素は40－21.2＝18.8(g)である。ここで，40gがすべて炭酸カルシウムであった場合を考えると，発生する二酸化炭素は$4.4\times\frac{40}{10}=17.6$(g)であり，18.8gよりも1.2g少ない。40gのうち10gを炭酸カルシウムから炭酸マグネシウムに変えると，発生する二酸化炭素は5.2－4.4＝0.8(g)多くなる。よって，1.2g多くなるのは，40gのうち$10\times\frac{1.2}{0.8}=15$(g)を炭酸マグネシウムに変えたときである。

〈B〉(1)　アはアンモニアや塩化水素など，イは水素やアンモニアなど，エは水にとけるとアルカリ性を示す気体の性質である。　(2)①　表より，濃度が３％から1.5％になるとき，２％から１％になるとき，1.5％から0.75％になるときのすべてで，120秒になっていることがわかる。　②　0.5％は１％の半分の濃度だから，１％になったとき(190秒後)からさらに120秒後の310秒後である。　③　１％は４％の$\frac{1}{4}$だから，半減期を２回くり返せばよい。半減期は元の濃度や液量にかかわらず120秒で一定だから，120＋120＝240(秒)かかる。また，時間が同じであれば，発生する酸素の体積は元の濃度や液量に比例する。よって，240秒後，濃度が３％で，40mLのＡから発生した酸素が292.5mLであれば，濃度が４％で，80mLのＢから発生する酸素は$292.5\times\frac{4}{3}\times\frac{80}{40}=780$(mL)である。

【４】

図ⅱ

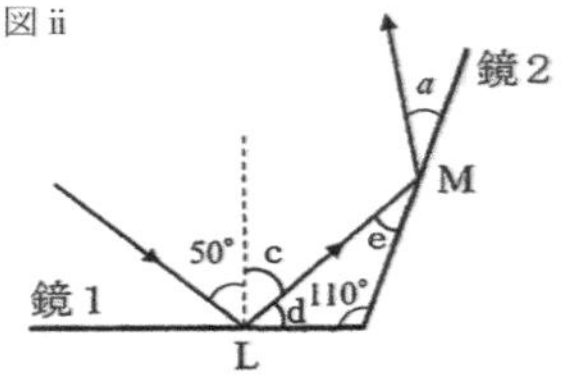

(1)　図ⅱのように記号をおく。鏡１では，入射角が50度だから，反射角ｃも50度であり，ｄ＝90－ｃ＝90－50＝40(度)である。また，ｅ＝180－ｄ－110＝70－40＝30(度)である。さらに，鏡２において，入射角と反射角は等しいから，ａ＝ｅ＝30度である。

(2)　(1)と同様に考える。鏡１において，入射角が40度だから反射角も40度であり，反射した光と鏡１の間の角は90－40＝50(度)である。よって，鏡２において，入射した光と鏡２の間の角は180－50－90＝40(度)だから，ｂも40度である。なお，鏡１における入射角も40度であることから，鏡１に当たる前の光と鏡２で反射した後の光は平行であることがわかる。

(3)　ア，ウ．図５において，光がＰからＱへ進むときの距離は，左に10－１＝９(cm)，上に９－１＝８(cm)であり，〔左：上＝９：８〕の割合で一定になる。よって，ＱからＲへ，左に１cm進むとき，上には$1\times\frac{8}{9}=\frac{8}{9}$(cm)進むので，Ｒのｘの値は$1-\frac{8}{9}=\frac{1}{9}$である。また，鏡で反射した光についても，左右方向と上下方向に進む割合は同じだと考えればよい。よって，光がＲからＳへ，上に$\frac{1}{9}$cm進むとき，右には$\frac{1}{9}\times\frac{9}{8}=\frac{1}{8}$(cm)進むので，Ｓのｙの値は$\frac{1}{8}$である。　イ．図６において，光はＰからＱへ，左に10－１＝９(cm)，下に10cm進んでいるから，〔左右方向：上下方向＝９：10〕である。よって，光がＱからＲへ，左に１cm進むとき，上には$1\times\frac{10}{9}=\frac{10}{9}$(cm)進むから，Ｒのｚの値は$\frac{10}{9}$である。　エ．図７において，光の進み方は〔左右方向：上下方向＝４：５〕だから，ＱからＳへ，右に１cm進むとき，上には$1\times\frac{5}{4}=$(cm)進む。よって，Ｓのｚの値は$\frac{5}{4}$である。

《2024　社会　解説》

１　**問１**　(1)＝防衛省　(2)＝原子力　　１．自衛隊を管轄する行政機関から防衛省と判断する。２．2011年に起きた東日本大震災における福島第１原子力発電所での事故を受けて，全国の原子力発電所は稼働を停止し，その後原子力規制委員会の審査に合格した原子力発電所だけが稼働を許されている。

問２　ア　　第１審に対する不服申立てを控訴，第２審に対する不服申立てを上告という。地方裁判所で第１審が行われた場合，第２審は高等裁判所，第３審は最高裁判所で行われる。

問３　オ　　30年前の1993年に世界自然遺産に登録されたのは屋久島と白神山地である。70年前の1953年に日本に復帰したのは奄美群島である。種子島は世界自然遺産に登録されていない。また，種子島や屋久島が他国の領土となったことはない。

問４　ウ　　介護や看護を必要とする高齢者を家族や社会から切り離すことは，高齢者の生きがいを奪う可能性があるので，ノーマライゼーションに沿っているとはいえない。

問５　エ　　県議会が不信任の議決をしたとき，知事は通知を受けた日から10日以内に県議会を解散できる。
ア．誤り。予算の議決権は県議会にある。イ．誤り。県議会議員と県知事は，どちらも住民による直接投票で選出される。これを二元代表制という。ウ．誤り。県は税金だけではまかなえないので，国から交付される国庫支出金や地方交付税交付金などの依存財源も利用している。

問6　インフレーション　物価が下がり続けるのがデフレーション，上がり続けるのがインフレーションである。

問7　イ　　X．誤り。自衛隊創設は 1954 年であり，1946 年に制定された日本国憲法に自衛隊の記載はない。Y．正しい。自衛隊は東日本大震災や阪神・淡路大震災など多くの災害で活動してきた。Z．正しい。自衛隊は，カンボジアをはじめ数多くのＰＫＯに参加している。

問8　水銀　　水俣病がメチル水銀によって引き起こされたことから考える。

問9　エ　　ユネスコは国連教育科学文化機関の略称，ユニセフは国連児童基金の略称である。富士山が世界自然遺産ではなく世界文化遺産であることは覚えておきたい。

2　**問1**　銭　　１銭は１円の 100 分の１，１厘は１銭の 10 分の１である。

問2(1)　63 円　　2014 年に 52 円，2017 年に 62 円に値上げされ，2019 年に 63 円となった。　(2)　消費税は，1989 年に３％で導入された。

問3　イ→ウ→エ→ア　　イ(議会開設 1890 年＋70 年＝1960 年)→ウ(明治元年 1868 年＋100 年＝1968 年)→エ(平安建都 794 年＋1200 年＝1994 年)→ア(婦人参政権 1946 年＋50 年＝1996 年)

問4　(1)＝イ　(2)＝ウ　(3)＝オ　　天橋立は京都府の日本海側，松島は宮城県の太平洋側，宮島は広島県の瀬戸内海にある。2023 年に広島サミットが開かれた。

問5　(1)＝ウ　(2)＝ア　　(1)国内生産が 2000 年頃に終わっていること，輸入量が大きく増加していることから，石炭と判断する。(2)国内生産も輸入も 1985 年を過ぎるとなくなっていることから，捕鯨と判断する。

問6(1)　7　　北海道札幌市北区の 001－0000 から，町域ごとに７けたの郵便番号が振り分けられている。

(2)　ナンバリングの意味を考えよう。

3　**問1**(1)　①＝A　②＝D　　①は「面積が最大」から北海道である。北海道は札幌市に人口が集中している。
②「大陸に近い場所」「古くから大陸諸国との交易の窓口」などから福岡県である。福岡県には，福岡市と北九州市の２つの政令指定都市がある。Bは政令指定都市が３つ(横浜市・川崎市・相模原市)の神奈川県，Cは 100 万人に満たない政令指定都市が２つ(静岡市・浜松市)の静岡県である。

(2)　③＝オ/浜松市　④＝ク/北九州市　⑤＝エ/相模原市　　③「楽器や輸送機械などの製造業が盛ん」から浜松市である。④「かつては鉄鋼供給量が日本最大であった都市」から，八幡製鉄所のある北九州市である。また，エコタウンに指定されていることからも確認できる。⑤「三大都市圏に位置する都市のなかでもっとも近年に政令指定都市となりました」とあることから相模原市である。

問2(1)　イ　　日本の食料自給率は，カロリーベースで 38%前後，生産額ベースで 66%前後である。

(2)　新潟県＝イ　鹿児島県＝エ　　新潟県の米の生産量は全国１位であることからイと判断できる。鹿児島県には，水はけのよいシラスが広がっているため，米の生産量は多くない。また，畜産や畑作が盛んなことから食料自給率はアほど低くはないと考えてエを選ぶ。

問3(1)　南海トラフ地震　　高知県をふくむ太平洋岸とあることから，南海トラフ地震とする。

(2)　イ　　津波の危険がせまっているとき，車で避難することは危険であり，津波避難タワーの階層内に駐車スペースは設けられていない。

問4(1)　ウ　　ももの生産は，山梨県・福島県が上位にくる。　(2)　ア　　みかんの生産は，和歌山県・愛媛県・静岡県が上位にくる。イはうめ，エはりんご。

4　問１　貝塚　　人びとが食べた貝のからや動物の骨など，捨てたものが堆積して層をなした遺跡が貝塚である。

問２　平治の乱　　保元の乱が誤り。保元の乱は，崇徳上皇と後白河天皇による権力争いと，藤原氏による摂関家の継承争いに平氏と源氏が加わって起きた戦い。平清盛と源義朝がついた後白河天皇方が勝利した。

問３　ア　日朝首脳会談は，2002 年に小泉純一郎首相と金正日総書記の間で実現した。イは 1995 年，ウは 1994 年，エは 1997 年。

問４　ウ　　710 年に，元明天皇が藤原京から平城京に遷都した。

問５　イ　　たばこは戦国時代の末期にポルトガル人によってもたらされた。紙は飛鳥時代前半，禅宗は鎌倉時代前半，ガス灯は明治時代前半にそれぞれ伝えられた。

問６　ウ　　全国水平社は大正時代の 1922 年に結成された。

問７　ウ→カ→イ→エ→×→×　　ウ(1609 年)→カ(1615 年)→イ(1637 年)→エ(1669 年)　　アは 1798 年，オは 16 世紀後半。

問８　ウ→ア→エ→イ→×→×　　ウ(日米修好通商条約調印・1858 年)→ア(四国艦隊下関砲撃事件・1864 年)→エ(薩長同盟・1866 年)→イ(大政奉還・1867 年)　　オ(版籍奉還)は 1869 年，カ(日露通好条約)は 1855 年。

問９　ア　　青空教室は，戦後に空襲によって消失した学校において，屋外で行われた授業のこと。

問 10　イ　　前方後円墳は３世紀中ごろから６世紀ごろまでつくられた。ア．誤り。板付遺跡や吉野ヶ里遺跡は弥生時代の遺跡である。ウ．誤り。ヤマトタケルノミコトは１世紀～２世紀にいたとされる人物で，ワカタケル大王は５世紀後半の人物である。エ．誤り。中国に隋が成立していたのは飛鳥時代前半である。また，中尊寺が建てられたのは平安時代後半である。

問 11　高度経済成長　　1955 年ころから 1973 年までの間，日本は経済成長率が年平均 10%程度の成長を続けた。1968 年には国民総生産(ＧＮＰ)は，資本主義国の中ではアメリカにつぐ第２位となった。1973 年に起きた第１次石油危機によって高度経済成長は終わりを告げた。

問 12　石油危機　　石油危機は，1973 年と 1979 年の２度にわたって起きた。

ラ・サール中学校

《国　語》

《一》問一．ア．×　イ．○　ウ．×　エ．○　オ．×　問二．大正噴火の数日前から予兆があり、多くの住民は桜島を脱出した。東桜島村の村長たちも不安を感じ、測候所に何度も電話をしたが、「噴火しない」と言われ、科学を信頼していた村長たちは逃げ遅れて、犠牲者が出た。　問三．オ　問四．行政や専門家はできる限り科学的な対応を重ね、不確実であっても警告を出して市民の命を守る道を選び、予報が外れても市民はそれを責めないようにするべきだ。　問五．ウ　問六．行政や専門家による災害の予報が外れ続けて、市民から信用されなくなること。　問七．①拡大　②利器　③階級　④支持　⑤遺族

《二》問一．Ａ．ア　Ｂ．オ　Ｃ．イ　Ｄ．エ　問二．「私」が幼稚園にはほとんど行かず、好きなことだけをしていたという前歴。　問三．ウ　問四．イ　問五．複雑な事情を抱えひどい劣等生だった小学生の時に、高木先生の特別な思いやりで絵を描く楽しみを教えられ、すくい上げてもらったことが、作家として生活している現在につながっていると考え、感謝している。

《三》①版図　②穀倉　③混迷　④祝祭　⑤順延　⑥歌劇　⑦衆人　⑧郵便　⑨舌先　⑩枝葉　⑪潮流　⑫暮改　⑬快刀　⑭発揮　⑮気宇

《算　数》

1　(1)6.3　(2)5590　(3)$\frac{3}{40}$

2　(1)Ⓐ52　Ⓘ22　(2)51　(3)A＝19　B＝5　(4)(ア) $2\frac{5}{7}$　(イ) 9

3　(1)27，30　(2)22，30

4　(1)0.5　(2)9時台…3　10時台…2　(3)13

5　(1)21　(2)28　(3)351

6　(1)30　(2)$1\frac{1}{2}$　(3)$10\frac{22}{25}$

《理　科》

【1】(1)ウ　(2)ア　(3)エ　(4)地面，空気の順に暖まるため，気温が上がるまでに時間が必要だから。　(5)イ　(6)ウ　(7)昼の時間が長くなる。　(8)イ　(9)⑨水　⑩吸収

【2】(1)蒸散　(2)気孔　(3)イ　(4)プレパラート　(5)右下　(6)右図　(7)ウ　(8)イ　(9)明るさ

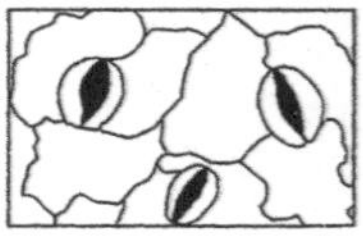

【3】A．(1)エ　(2)Q　(3)イ，ウ，オ　(4)②　(5)カ　B．(1)2　(2)ばね1…4　ばね2…3　(3)ばね1の変化した長さ…1　ばね1の状態…イ　ばね2の変化した長さ…1.5　ばね2の状態…ア　(4)①60　②ばね1の変化した長さ…0.8　ばね1の状態…ア　ばね2の変化した長さ…3　ばね2の状態…ア

【4】A．(1)気体①…キ　気体②…ウ　気体③…ア　(2)X．水上　Y．石灰　(3)実験操作…火のついた線香を近づける。結果…激しく燃える。　(4)実験A…ウ　実験B…ア　実験C…エ　(5)1000　B．(1)23　(2)124　(3)イ　(4)58　(5)冷却しても溶ける量がほとんど減少せず結晶が出てこないから。

《社　会》

1　問1．ウ　問2．札幌／長野　問3．北大西洋条約機構〔別解〕ＮＡＴＯ　問4．ゴルバチョフ
問5．エ　問6．イ　問7．辺野古　問8．首里城　問9．ア　問10．こども家庭庁　問11．エ

2　問1．(1)石狩　(2)Ｃ．山形　Ｄ．奈良　(3)①Ｄ　②Ｂ　問2．(1)①エ　②ウ　(2)宮城　問3．(1)４　(2)大分
問4．(1)①ス　②シ　(2)千葉　問5．(1)①テ　②タ　(2)オーストラリア

3　問1．エ　問2．イ　問3．ウ　問4．イ　問5．エ　問6．ウ　問7．ア　問8．オ

4　問1．(1)生糸　(2)ウ　問2．(1)ウ　(2)イ　(3)エ　(4)ア　問3．(1)Ａ．雪舟　Ｂ．イ　(2)絵がいたむことを防ぎ，絵を長く保存するため。　(3)Ａ．オ　Ｂ．エ　問4．(1)理由…ウ　年代…オ　(2)ウ　(3)北条政子

《2023　国語　解説》

《一》

問一ア　文章の最初の２行に着目する。「今回はそれを上回った」とあるので、桜島において、噴火警戒レベルが「最高の５（避難）に引き上げられた」のは、今回が初めて。全国で１例目はどこか別の場所である。よって、×。

イ　傍線部Ｃの１～２行後の、「まず、そもそも現在でも噴火の予知は非常に難しい。住民の適切な避難に成功した、2000年の北海道有珠山の噴火のケースは、例外的と言うべきだろう」より、〇。　**ウ**　傍線部Ｃの４～５行後の「15年の桜島におけるレベル４発令の際は、直接の噴火は起きていない。このような、前兆がありながら噴火が起きないケースは、決してまれではない」より、×。　**エ**　14年の御嶽山の噴火について、傍線部⑤の前後に、「ただし、（山体）膨張を示すデータが２日前に見られるなど、予兆と考えられる現象も観測されている」「前兆現象とみられるデータの検討を尽くさないで、噴火警戒レベルを１に据え置いた気象庁の判断は違法であると、裁判所は認めた」とあるので、〇。　**オ**　傍線部⑤の３行前に、「御嶽山は07年３月にもごく小規模の噴火をしているが～予兆が把握されている」とあるので、×。

問二　まずは大正噴火の経緯をおさえる。噴火の予兆があったことで、桜島の住民は「各々の判断で島を船で脱出し始めた」。しかし、「桜島は噴火しない」という測候所からの回答を聞いた「村長らは安心し、自主的に避難をする村民を引き留めようとさえしたという。村長らは～科学への信頼が厚かったのだろう。その結果、逃げ遅れたのは村長たちだった」という過程をまとめる。また、「辛うじて生き残った川上村長は、自分が測候所の判断を信じたことで犠牲者が出たことに責任を感じ、その事実を碑文に残したいと考えた」とあることも考慮する。

問三　「自分たちの業務は気象観測であり、火山は業務外である」「そもそも噴火の予知は技術的に無理であった」という測候所の反論から導き出されるのは、分からない、答える立場にないといった回答である。よって、オが適する。

問四　この問題についての筆者の答えが、最後の２段落に書かれている。この部分の内容を、「行政や専門家」の側がやるべきことと、市民の側がやるべきではないことに分けてまとめる。

問五　大正桜島噴火のときにはいくつか予兆が見られたにも関わらず、村長が電話で問い合わせをするたびに、測候所は「桜島は噴火しない」と回答し、村長らはそれを信じた。100年後の御岳山噴火のときには、山体膨張を示すデータが２日前に見られるなど、予兆と考えられる現象が観測されていたにも関わらす、気象庁は噴火警戒レベルを１に据え置いた。両者に共通するのは、予兆現象が観測されていたのに、当局がそれを生かせなかったことである。よって、ウが適する。

問六　オオカミ少年とは、同じうそを繰り返す人という意味であり、イソップ物語がもとになっている。直前の一文にあるように、警告を出したのに当たらなければ、市民は警告を聞いても反応しなくなり、警告の意味がなくなってしまう。

《二》

問二　ここより前に、「それからは（＝幼稚園に行くのを一日でやめてからは）、近所の悪ガキたちと野っ原を駆け回って遊んだりと、好きなことだけをして過ごした」とある。

問三　「フジワラ君と一緒に。私にこう聞かされたときから」と、傍線部②の直前にある。フジワラ君と筆者については、少し前に、「フジワラ君は、母子家庭の少年だった。父親はいるが、家にはいない。噂では、人を殺して刑(けい)務所に入っているという話だった〜対して、オール１の劣等生の私である。町内でも目立つ一家の、その特殊(しゅ)な事情も、もちろん先生はわかっている」とある。つまり、フジワラ君と筆者は、「複雑な事情」をかかえた少年だったのである。そしてこの時の母の気持ちについて、「人前で涙を見せることなどなかった母は、先生が自分の息子(むすこ)を思いやり、はじめてまともに扱(あつか)ってくれたことに思わず感極(きわ)まったのだろう」と推測している。よって、ウが適する。

問四　「私は、なぜか海峡(かいきょう)には目もくれず、蜘蛛(くも)の巣のように張ったテレビ塔を真下から見上げ、その向こうに見える空とともに描いた」とある。「テレビ塔を真下から見上げ」る構図になっているのは、イだけ。他の絵は「真下から」ではなく、むしろ横から見て描いている。

問五　傍線部④は、波線部Ｃの直後の「そこから私を掬(すく)い上げてくれたのが、当時の担任教師の高木幸忠(たかぎゆきただ)先生であった」に呼応している。筆者は高木先生について、「要するに、高木先生は、フジワラ君と私を贔屓(ひいき)したのである。それぞれに複雑な事情を抱(かか)えた少年たちに、絵を描く楽しみを教えることが、生きていく上でよすがになるかもしれないとでも考えたのであろう。昨今の平等主義からすると、特別扱いは憎(にく)むべきかもしれない。しかし、この頃(ころ)は、こういう思いやりが生きていた。いい時代だった、ということなのだろう」と述べている。

《2023　算数　解説》

1　(1)　与式$=(1.8+7.125)\div0.75-\frac{189}{33.75}=8.925\div0.75-\frac{7}{1.25}=\frac{892.5}{75}-\frac{28}{5}=11.9-5.6=\mathbf{6.3}$

(2)　与式$=124\times43-58\times2\times43+29\times71+31\times3\times71-61\times56=(124-116)\times43+(29+93)\times71-61\times56=$
$8\times43+122\times71-61\times56=8\times43+61\times(2\times71-56)=8\times43+61\times86=(8+61\times2)\times43=130\times43=\mathbf{5590}$

(3)　与式より，$\frac{1}{3}\times\{\square-(\frac{25}{30}-\frac{24}{30})\}=\frac{8}{9}-\frac{7}{8}$　　$\frac{1}{3}\times(\square-\frac{1}{30})=\frac{1}{72}$　　$\square-\frac{1}{30}=\frac{1}{72}\times3$　　$\square=\frac{1}{24}+\frac{1}{30}=\frac{9}{120}=\mathbf{\frac{3}{40}}$

2　(1)　**【解き方】三角形の１つの外角は，これととなり合わない２つの内角の和に等しいことを利用する。**

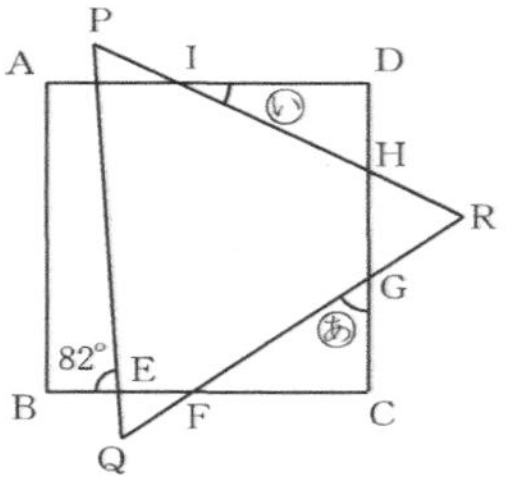

右図のように記号をおく。

角ＱＥＦ＝82°だから，三角形ＱＥＦの外角より，角ＱＦＣ＝82°＋60°＝142°

三角形ＦＣＧの外角より，角㋐＝142°－90°＝**52°**

角ＨＧＲ＝52°だから，三角形ＨＧＲの外角より，角ＧＨＩ＝52°＋60°＝112°

三角形ＩＤＨの外角より，角㋑＝112°－90°＝**22°**

(2)　**【解き方】つるかめ算を利用する。**

81人全員が子供だとすると，ワクチンは合計で$0.3\times81=24.3$(mL)となり，実際より$34.5-24.3=10.2$(mL)少ない。子供１人を大人１人におきかえると，ワクチンの量は$0.5-0.3=0.2$(mL)増える。よって，大人の人数は，$10.2\div0.2=$**51**(人)

(3)　**【解き方】各数の差に注目する。**

119，176，328はいずれも(Ａの倍数)＋Ｂと表せるから，どの２数をとっても差はＡの倍数になる。

したがって，Ａは$176-119=57$と$328-176=152$の公約数である。

19) 57　152
　　 3　　8

右の筆算より，57と152の公約数は１と19だから，Ａ＝**19**，$119\div19=6$余り５より，Ｂ＝**5**

(4)(ア)　$AB=4-\frac{1}{7}=\frac{27}{7}$だから，$BE=\frac{27}{7}\div3=\frac{9}{7}$　　よって，Ｅのめもりは，$4-\frac{9}{7}=\frac{19}{7}=\mathbf{2\frac{5}{7}}$

(イ)　**【解き方】１のめもりの点をＰとすると，ＡＰの長さはＡＢの長さの何倍かを考える。**

$AP=1-\frac{1}{7}=\frac{6}{7}$だから，ＡＰの長さはＡＢの長さの$\frac{6}{7}\div\frac{27}{7}=\frac{2}{9}$(倍)である。よって，ＡＰの長さはＡＢの長さ

を９等分したうちの２つぶんだから，初めて１のめもりが現れるのは，**９等分**したときである。

3　(1)　**【解き方】観る速さを$\frac{1.4}{1.2}=\frac{7}{6}$(倍)にすると，かかる時間はこの逆数の$\frac{6}{7}$倍になる。**

32 分５秒＝$32\frac{1}{12}$分＝$\frac{385}{12}$分だから，求める時間は，$\frac{385}{12}\times\frac{6}{7}=27.5$(分)，つまり **27** 分 **30** 秒である。

(2)　**【解き方】つるかめ算を利用する。**

1.4 倍＝$\frac{7}{5}$倍で観ると，かかる時間は$\frac{5}{7}$倍になる。したがって，標準で１分かかるぶんを 1.4 倍速で観ると，$1\times\frac{5}{7}=\frac{5}{7}$(分)かかるから，$1-\frac{5}{7}=\frac{2}{7}$(分)短くなる。全部で 42－33＝９(分)短くなったので，1.4 倍速で観たぶんは，標準で観ると$9\div\frac{2}{7}=31.5$(分)かかるぶんである。

よって，求める時間は，$31.5\times\frac{5}{7}=22.5$(分)，つまり **22** 分 **30** 秒である。

4　(1)　**【解き方】長針は１分で 360°÷60＝６°，短針は１分で 360°÷12÷60＝0.5°進むから，１分ごとの差は６°－0.5°＝5.5°である。**

午後２時ちょうどのときの角度は 30°×２＝60°だから，午後２時 11 分のときの角度は，5.5°×11－60°＝**0.5°**

(2)　**【解き方】長針が短針を追いかけていて角度が６°になるとき(Ａパターンとする)と，長針が短針を追いこしたあとに角度が６°になるとき(Ｂパターンとする)に分けて考える。**

午前９時ちょうどのときの大きい方の角度は 360°－90°＝270°だから，Ａパターンは，(270°－６°)÷5.5°＝48(分後)の午前９時 48 分である。Ｂパターンはさらに，(６°＋６°)÷5.5°＝$\frac{24}{11}=2\frac{2}{11}$(分後)だから，

午前９時 48 分＋$2\frac{2}{11}$分＝午前９時$50\frac{2}{11}$分である。

よって，午前９時台に角度が６°以下になる時刻は，午前９時 48 分から午前９時 50 分まで，**３**個ある。

Ａパターンのあと，再びＡパターンになるのは，長針が短針より 360°多く進んだときだから，360°÷5.5°＝$\frac{720}{11}=65\frac{5}{11}$(分後)である。したがって，午前 10 時台のＡパターンは，午前９時 48 分＋$65\frac{5}{11}$分＝午前 10 時$53\frac{5}{11}$分

同様に，午前 10 時台のＢパターンは，午前９時$50\frac{2}{11}$分＋$65\frac{5}{11}$分＝午前 10 時$55\frac{7}{11}$分である。

よって，午前 10 時台に角度が６°以下になる時刻は，午前 10 時 54 分から午前 10 時 55 分まで，**２**個ある。

(3)　**【解き方】(2)の解説より，ＡパターンとＢパターンそれぞれで$65\frac{5}{11}$分を足すことをくり返して，午前９時から午後３時までの角度が６°になる時刻を調べていくと，右表のようになる。**

Ａパターン	Ｂパターン
午前 9:48	午前 9:$50\frac{2}{11}$
午前 10:$53\frac{5}{11}$	午前 10:$55\frac{7}{11}$
午前 11:$58\frac{10}{11}$	午後 0:$01\frac{1}{11}$
午後 1:$04\frac{4}{11}$	午後 1:$06\frac{6}{11}$
午後 2:$09\frac{9}{11}$	午後 2:12

表より，午前 11 台以降で角度が６°以下になる時刻は，

午前 11:59，午後の 0:00，0:01，1:05，1:06，2:10，2:11，2:12 の８個である。

午前９時台と午前 10 時台の個数を加えると，３＋２＋８＝**13**(個)となる。

5　(1)　**【解き方】ＡＥとＤＦが平行だから，ＣＱ：ＱＦ＝ＣＰ：ＰＤ＝６：７なので，ＢＣを延長してＡＥと交わる点をＲとすると，三角形ＱＲＣと三角形ＱＥＦが同じ形で，対応する辺の比は６：７である。**

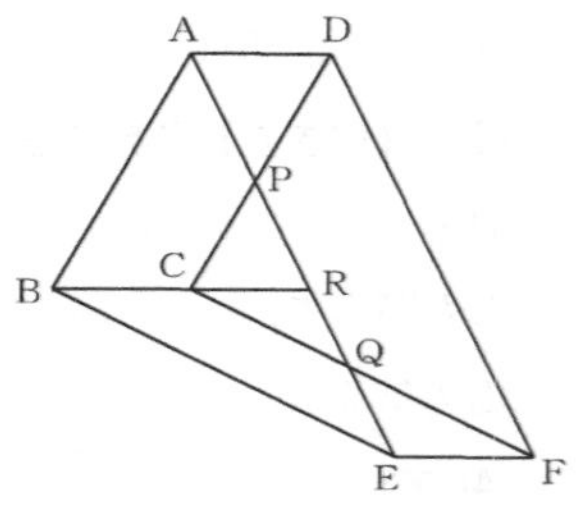

ＱＥ＝⑦とするとＱＲ＝⑥，ＰＱ＝ＱＥ×２＝⑭だから，

三角形ＣＱＰと三角形ＱＲＣの面積比は，ＰＱ：ＱＲ＝⑭：⑥＝７：３

三角形ＱＲＣの面積は，(三角形ＣＱＰの面積)×$\frac{3}{7}=36\times\frac{3}{7}=\frac{108}{7}$(㎠)

三角形ＱＲＣと三角形ＱＥＦの面積比は，(６×６)：(７×７)＝36：49 だから，

(三角形ＱＥＦの面積)＝(三角形ＱＲＣの面積)×$\frac{49}{36}=\frac{108}{7}\times\frac{49}{36}=$**21**(㎠)

(2)　**【解き方】(1)より，三角形ＲＰＣと三角形ＡＰＤは同じ形で，面積比が 36：49 である。**

三角形ＲＰＣの面積は，$36\times\frac{7-3}{7}=\frac{144}{7}$(㎠)だから，三角形ＡＰＤの面積は，$\frac{144}{7}\times\frac{49}{36}=$**28**(㎠)

(3)　**【解き方】三角形ＢＥＡと三角形ＣＦＤは３辺がそれぞれ等しいので，合同である。**

三角形ＣＱＰと三角形ＣＦＤは同じ形で，対応する辺の比がＣＰ：ＣＤ＝６：(６＋７)＝６：13 だから，面積比は，(６×６)：(13×13)＝36：169 である。したがって，三角形ＣＦＤの面積は 169 cm²である。

Ａ，Ｂ，Ｅ，Ｑ，Ｃ，Ｐを結んでできる図形の面積は，四角形ＰＱＦＤの面積と等しく，169－36＝133(cm²)

よって，五角形ＡＢＥＦＤの面積は，133＋169＋21＋28＝**351**(cm²)

6　(1)　この立体は右図のような三角柱である。

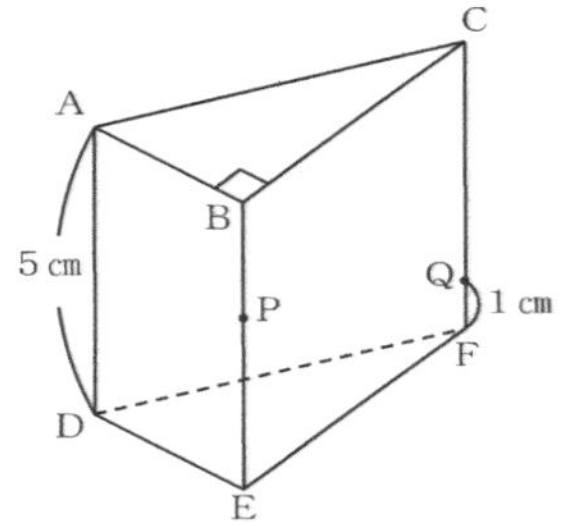

底面積が３×４÷２＝６(cm²)だから，体積は，６×５＝**30**(cm³)

(2)　**【解き方】三角柱を，底面と垂直な３本の辺を通るように切断してできる立体の体積は，(底面積)×(底面と垂直な辺の長さの平均)で求めることができる。**

「底面と垂直な辺の長さの平均」とは，２つに切り分けたあとのＦをふくむ立体においては，ＤＡ，ＥＰ，ＦＱの長さの平均で，Ｃをふくむ立体においては０cm，ＢＰ，ＣＱの長さの平均である。したがって，体積が２等分されるとき「底面と垂直な辺の長さの平均」が等しくなるから，ＤＡ＋ＥＰ＋ＦＱと，０＋ＢＰ＋ＣＱが等しくなり，ともに $\frac{AD+BE+CF}{2}=\frac{15}{2}$(cm)となる。よって，ＥＰ＝$\frac{15}{2}$－ＤＡ－ＦＱ＝$\frac{15}{2}$－５－１＝$\frac{3}{2}$＝$\mathbf{1\frac{1}{2}}$(cm)

(3)　**【解き方】まずＢＰの長さを求め，そのあとは(2)で使用した，三角柱を切断してできる立体の体積の求め方を利用する。**

図①

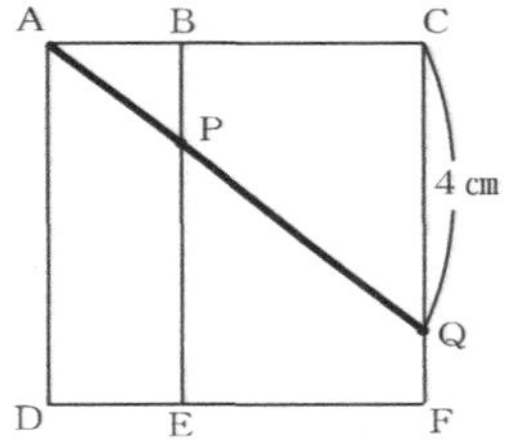

真正面から見ると右の図①のように見える。図①において，三角形ＡＢＰと三角形ＡＣＱは同じ形であり，その辺の比を求めるために，底面に図②のように作図する。三角形ＡＢＣは３辺の比が３：４：５の直角三角形で，三角形ＡＨＢ，三角形ＢＨＣも同様だから，

ＡＨ＝ＡＢ×$\frac{3}{5}$＝３×$\frac{3}{5}$＝$\frac{9}{5}$(cm)，ＨＣ＝ＢＣ×$\frac{4}{5}$＝４×$\frac{4}{5}$＝$\frac{16}{5}$(cm)

図②

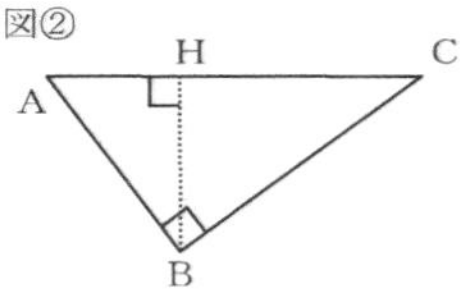

ＡＨ：ＨＣ＝$\frac{9}{5}$：$\frac{16}{5}$＝９：16 だから，図①において，ＡＢ：ＢＣ＝９：16

三角形ＡＢＰと三角形ＡＣＱの対応する辺の比は，

ＡＢ：ＡＣ＝９：(９＋16)＝９：25　　したがって，ＢＰ＝ＣＱ×$\frac{9}{25}$＝４×$\frac{9}{25}$＝$\frac{36}{25}$(cm)

２つに切り分けたあとのＣをふくむ立体の「底面と垂直な辺の長さの平均」は，

(０＋ＢＰ＋ＣＱ)×$\frac{1}{3}$＝($\frac{36}{25}$＋４)×$\frac{1}{3}$＝$\frac{136}{75}$(cm)　　よって，Ｃをふくむ立体の体積は，６×$\frac{136}{75}$＝$\frac{272}{25}$＝$\mathbf{10\frac{22}{25}}$(cm³)

《2023　理科　解説》

【１】

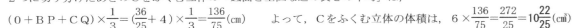

(1)　晴れ一時くもりは，予報期間で晴れの時間がくもりの時間よりも長いので，ウが正答である。

(2)　晴れの日はくもりの日に比べて１日の気温差(最低気温と最高気温の差)が大きくなりやすい。

(3)　温度計に直射日光が当たると，温度計が示す温度が実際の気温よりも高くなることがある。また，地面からの熱の影響(えいきょう)を受けないようにするため，1.2m～1.5mの高さで測る。

(5)　降水確率 20%とは，100 回に 20 回つまり，５回に１回は雨が降るということである。

(6)　太陽の高度が高くなると，太陽の光と地面との角度が 90 度に近づき，地面が受け取る光の量が多くなるので，地面の温度や気温が上がりやすくなる。

(7)　昼の時間の長さは夏至の日に最も長くなり，冬至の日に最も短くなる。１日の昼の時間が長くなるほど，太陽

からの熱を受け取りやすくなる。

(8) あせが蒸発するときに周囲から熱をうばうので，涼(すず)しく感じる。空気が湿(しめ)っているとあせが蒸発しにくくなるので，同じ気温でもより暑さを感じる。

(9) ⑩黒色は熱を吸収しやすく，白色は熱を反射しやすい。アスファルトは黒っぽい色をしているので，熱を吸収しやすい。

【2】

(3) 顕微鏡(けんびきょう)では，鏡筒(きょうとう)にごみが入らないようにするため，接眼レンズ，対物レンズの順に取り付ける。

(5) 顕微鏡で観察すると，上下左右が反対に見えるので，プレパラートを左上に動かすと，顕微鏡では右下に動いたように見える。

(7) 葉では，蒸散によって水が水蒸気に変化して気孔から出ていくときに周囲の熱をうばうので，温度が下がる。木工用ボンドを塗(ぬ)った部分は蒸散が起こらないので，日中の葉の右半分の温度は左半分よりも高くなる。

(8) 気孔はふつう葉の表側よりも裏側に多いので，葉の裏側にボンドを塗った方が，葉の表側にボンドを塗るよりも蒸散が起こりにくくなり，葉の温度が下がりにくくなって左右の温度差が大きくなる。

(9) グラフ２より，水の放出量のグラフは，気温よりも明るさに応じて変化していることがわかる。

【3】

(A)(1) 実験Ⅰの①でＰ～Ｒのすべてが光るのはア，ウ，エ，オである。これらの中で，②でＰのみ光るのはア，ウ，エである。さらにこれらの中で，③でＰ，Ｑのみ光るのはエだけである。　(2) (1)のエの回路のＣとＤを電池につなぐと，Ｑのみ光る。　(3) Ｐが切れたとき，Ａを電池につなぐと残りのＱ，Ｒはどちらも光らない。よって，Ａをふくまないイ，ウ，オが正答である。　(4) 直列につなぐ豆電球の数が少ないほど，豆電球は明るく光る。①では直列に３個，②では１個，③では直列に２個豆電球がつながった回路ができるので，②が最も明るい。

(5) 実験Ⅱの④でＳと豆電球のみ光るのはア，イ，ウ，カである。これらの中で，⑤でＴと豆電球のみ光るのはイ，カである。さらにこれらの中で，③でＴのみ光るのはカだけである。

(B)(1) 板の重さは 100ｇだから，図１より，ばねが１本であれば，ばねの縮みは６㎝である。ばねは３本だから，ばね１の縮みは６÷３＝２(㎝)である。　(2) ばね１には２枚の板によって上から 100×２＝200(ｇ)の重さがかかるので，ばね１の縮みは(1)の２倍の４㎝である。また，ばね２には１枚の板によって上から 100ｇの重さがかかる。ばねは２本だから，ばね２の縮みは６÷２＝３(㎝)である。　(3) ばね３は９㎝伸(の)びているので，図１より，ばね３にかかる重さは $100\times\frac{9}{6}=150$(ｇ)である。図３では，ばね１に上から 200ｇの板の重さがかかっていたので，図４ではばね１に上から 200－150＝50(ｇ)の重さがかかる。よって，ばね１の縮みは(1)の半分の１㎝である。また，図３では，ばね２に上から 100ｇの板の重さがかかっていたので，図４ではばね２に 150－100＝50(ｇ)の引き上げる力がはたらく。ばねは２本あるから，$6\times\frac{50}{100}\div2=1.5$(㎝)伸びる。　(4)① ばねの伸びが 3.6 ㎝だから，ばねにかかる重さは $100\times\frac{3.6}{6}=60$(ｇ)であり，手が感じる板の重さも 60ｇである。　② ばね３は 12 ㎝伸びているので，図１より，ばね３にかかる重さは $100\times\frac{12}{6}=200$(ｇ)である。①より，水中にある板がばねに加える重さは 60ｇだから，図６ではばね１に 200－(100＋60)＝40(ｇ)の引き上げる力がはたらく。ばねは３本あるから，$6\times\frac{40}{100}\div3=0.8$(㎝)伸びる。また，図６では，ばね２に上から 100ｇの板の重さがかかるので，ばね２に 200－100＝100(ｇ)の引き上げる力がはたらく。ばねは２本あるから，６÷２＝３(㎝)伸びる。

【4】

(A)(1) 二又(ふたまた)試験管では，くびれがあるＡに固体，Ｂに液体を入れることで，Ｂの液体をＡに流しこんで気体を発生させ，気体が一定量集まったら液体だけをBに戻して反応を止めることができる。気体①は空気中の約20%をしめるので，酸素である。酸素は固体の二酸化マンガンと液体のオキシドールの反応で発生させることができる。気体②は最も軽い気体で，可燃性があるので，水素である。水素は固体のアルミニウムと液体の水酸化ナトリウム水溶液の反応で発生させることができる。気体③は水に少し溶けて酸性を示すので二酸化炭素である。二酸化炭素は固体の石灰石と液体の塩酸の反応で発生させることができる。　(2)　水に溶けにくい酸素と水素は水上置換法で集める。また，二酸化炭素を石灰水に通すと白くにごる。　(3)　酸素はものが燃えるのを助ける助燃性があるので，火のついた線香を酸素が入った試験管の中に入れて，線香がほのおを出して燃えることで，酸素に助燃性があることを確かめることができる。　(4)　実験(あ)では，二酸化マンガン(固体①)が残ったので，実験Aでオキシドール(水溶液①)の体積だけを増やすと発生する酸素(気体①)の量も増えると予想できる。なお，二酸化マンガンはオキシドールの反応を助けるためのもので，二酸化マンガン自体は反応しない。実験(い)では，アルミニウム(固体②)は残らなかったが，水酸化ナトリウム水溶液(水溶液②)が残ったかどうかわからないので，実験Bでアルミニウムの質量だけを増やしても，発生する水素(気体②)の量が増えるかどうかは予想できない。実験(う)ではちょうど石灰石(固体③)がなくなったので，実験Cで石灰石の質量だけを減らすと，発生する二酸化炭素(気体③)の量も減ると予想できる。　(5)　石灰石(固体③)か塩酸(水溶液③)のどちらか一方がすべて反応してなくなると反応が止まるので，石灰石が5gで実験(う)と変わらないとき，塩酸の濃さを2倍にしても発生する二酸化炭素(気体③)の量は1000mLで変わらない。

(B)(1)　〔濃度(%)＝$\dfrac{\text{溶けているものの重さ(g)}}{\text{水溶液の重さ(g)}}$×100〕より，$\dfrac{30}{100+30}$×100＝23.0…→23%となる。

(2)　30℃の硝酸カリウム飽和水溶液100＋45＝145(g)には45gの硝酸カリウムが含まれているので，30℃の硝酸カリウム飽和水溶液400gには45×$\dfrac{400}{145}$＝124.1…→124gの硝酸カリウムが含まれている。　(3)　20%の硝酸カリウム水溶液では，100gの水に100÷(1−0.2)−100＝25(g)の硝酸カリウムが溶けている。グラフより，硝酸カリウムがおよそ25g溶ける温度はイの15℃である。　(4)　80℃の塩化カリウムの飽和水溶液100＋52＝152(g)を10℃まで冷却すると，52−30＝22(g)の結晶が出てくるので，塩化カリウムの飽和水溶液400gでは，22×$\dfrac{400}{152}$＝57.8…→58gの結晶が出てくる。　(5)　グラフからも，塩化ナトリウムは温度が変化しても溶解度がほとんど変化しないことがわかる。このような水溶液から結晶を取り出すときは，水溶液を加熱して水を蒸発させればよい。

《2023　社会　解説》

1　**問1**　ウ　　ドーピング問題から，ロシアは国として参加することができず，ロシア選手はロシアオリンピック委員会(ROC)から個人として参加した。開催期間は2月2日(開会式は2月4日)から2月20日までだったので，ロシアのウクライナ侵攻(2月24日から)はまだ始まっていなかった。

問2　札幌／長野　　札幌オリンピックは1972年，長野オリンピックは1998年に開かれた。

問3　北大西洋条約機構〔別解〕NATO　　東西冷戦時代，アメリカを中心とした資本主義諸国は北大西洋条約機構，ソ連(現ロシア)を中心とした社会主義諸国はワルシャワ条約機構をつくって対立した。

問4　ゴルバチョフ　　1989年，アメリカのブッシュ大統領とソ連のゴルバチョフ書記長がマルタ島で会談し，冷戦終結を宣言した。

問5　エ　　1ドル＝140円から1ドル＝120円になると，円の価値が上がっているので，円高になっている。

問6　イ　　ア．結婚できる年齢は，女性が16歳から18歳に引き上げられ，男性は18歳のまま変わっていない。ウ．18歳以上の人に初めて選挙権が認められた国政選挙は，2016年の参議院議員通常選挙であった。エ．飲酒や喫煙の禁止年齢は20歳のまま変わっていない。

問7　辺野古　　普天間飛行場は，沖縄県宜野湾市にあるアメリカ海兵隊の軍用飛行場である。

問8　首里城　　城はグスクと読む。2019年の火事で，正殿・北殿・南殿など6棟が全焼した。

問9　ア　　厚生労働省は，医療・福祉・介護・雇用・年金などの行政を担う。子ども・子育て支援については，厚生労働省からこども家庭庁に移管された。

問10　こども家庭庁　　こども家庭庁は，それまで内閣府や厚生労働省が担っていた子ども関連の事務の一元化を目的に，内閣府の外局として2023年4月1日に発足した。

問11　エ　　ア．中国は中立の立場を表明しているので，ウクライナへの武器供与はしていない。イ．日本と中国の間で領土問題が存在しているのは，竹島ではなく尖閣諸島である。竹島をめぐっては，日本と韓国の間に領土問題が存在している。

ウ．中国は中国共産党による一党独裁政権である。

2　**問1**(1)　石狩　　大雪山，品種改良，客土から石狩平野と判断する。　(2)　C＝山形　D＝奈良　　(1)奥羽山脈は東北地方を東西に分ける山脈であり，奥羽山脈の西側にある県は秋田県と山形県である。このうち盆地に県庁所在地があるのは，内陸部に位置する山形市である。(2)奈良盆地を流れる大和川は，いくつもの支流が合流して，大阪市と堺市の間を通って瀬戸内海に注ぐ。　(3)　①＝D　②＝B　　Aは上川盆地，Bは小林盆地，Cは山形盆地，Dは奈良盆地である。①は冬にあまり冷え込まず1年を通して降水量が少ないので奈良市，②は比較的温暖で夏の降水量が多いことから太平洋側の気候の小林市と判断する。③は旭川市，④は山形市の雨温図である。

問2(1)　①＝エ　②＝ウ　　アはこんぶ類，イはかき類である。　(2)　宮城　　かき類の養殖は，広島県と宮城県がさかんである。2011年の東日本大震災では，かきの養殖施設がすべて流され壊滅的被害を受けたが，広島県と広島県のかき養殖業者が復興の手助けをしたことで，再び全国2位のシェアにもどることができた。

問3(1)　4　　太陽光発電は，日照時間が長く晴れの日が多い太平洋側や瀬戸内が適していると判断してケを選ぶ。青森県の下北半島・津軽半島では，強風が吹く特徴をいかして風力発電がさかんだから，キが風力発電である。カは地熱，クは水力。　(2)　大分　　火山と地熱地域の分布から，地熱発電は東北地方と九州地方に集中する。日本最大の地熱発電所が，大分県の八丁原にあることから，大分県と判断する。

問4(1)　①＝ス　②＝シ　　製鉄所は，千葉県・愛知県・兵庫県・広島県・大分県・福岡県などにある。シの第1位に長野があることから，シを情報通信機械器具と判断する。長野県は，製糸業に使っていた工場を，戦後に電気機械・精密機械の工場にして，機械工業が発達した。近年はそれに加えて情報通信機械の生産もさかんになっている。　サは石油・石炭製品，セはパルプ・紙・紙加工品。　(2)　千葉　　サが石油・石炭製品，スが鉄鋼とわかれば，千葉県を導くことができる。千葉県のある京葉工業地域は，石油・石炭製品，鉄鋼がさかんな工業地域である。

問5(1)　①＝テ　②＝タ　　ベトナムやインドネシアでは，えびの養殖池をつくるためにマングローブ林の伐採が進み，環境問題が起きている。タの第1位に資源の乏しい台湾があることから，タを集積回路と判断する。チは鉄鉱石，ツは液化天然ガス。　(2)　オーストラリア　　日本が輸入する資源でオーストラリアが第1位なのは，鉄鉱石・石炭・液化天然ガスである。

3　**問1**　エ　　最高裁判所大法廷は，15人の裁判官の全員一致で，憲法違反の判決を言い渡した。

問2　イ　　予算案を作成するのは内閣であり，国会は予算の議決をする。

問3　ウ　　法律案は，どちらの院から審議してもよい。衆議院が先に審議をすることが定められているのは予算だけである。

問4　イ　　参議院議員通常選挙は，※都道府県を１つの単位とする選挙区制と，全国を１つの単位とする比例代表制で争われる。※鳥取県と島根県・徳島県と高知県は合区となっている。

問5　エ　　臨時会は，内閣が必要に応じて，またはいずれかの議院の総議員の４分の１以上の要求があったときに開かれるが，会期は定められていない。

問6　ウ　　衆議院の解散を決定するためには，閣議決定を行い，閣議書にすべての国務大臣の署名を集めなければならない。

問7　ア　　裁判員裁判では，有罪か無罪かの審議と，有罪の場合の量刑の審議を，６人の裁判員と３人の裁判官で行う。

問8　オ　　①正しい。②最高裁判所裁判官は，内閣が任命し，天皇が認証する。③正しい。

4　**問1**(1)　生糸　　エが誤っている。富岡製糸場は，生糸の生産をする官営模範工場であった。　(2)　ウ　　『たけくらべ』を著したのは樋口一葉，（日露）戦争に反対する詩を書いたのは与謝野晶子である。

問2(1)　ウ　　近松門左衛門は，『曽根崎心中』『国性爺合戦』などで知られる人形浄瑠璃や歌舞伎の脚本家である。

(2)　イ　　ア，ウ，エは弥生時代の記述である。　(3)　エ　　ⅱ（飛鳥時代）→ⅲ（江戸時代）→ⅰ（明治時代）

ⅰ．内閣制度は，1885 年の明治時代に初めてつくられた。ⅱ．「豪族が支配していた土地が国のものになり」＝公地公民から飛鳥時代と判断する。ⅲ．学問吟味は，江戸幕府が昌平坂学問所において，旗本や御家人に対して行った試験制度である。　(4)　ア　　仏教（古墳時代）→瑠璃杯（奈良時代）→水墨画（鎌倉時代）→鉄砲（戦国時代）→オランダの医学書（江戸時代）→鉄道（明治時代初頭）→自動車（明治時代中頃）

問3(1)　A．雪舟　B．イ　　A．『秋冬山水図』は秋景と冬景からなる水墨画である。B．『平治物語絵巻』は鎌倉時代，『秋冬山水図』は室町時代に描かれたから，イを選ぶ。金閣は，室町幕府の第三代将軍足利義満によって建てられた。アは平安時代後半，ウは安土桃山時代，エは平安時代半ば以降，オは安土桃山時代。

(2)　「開催趣旨」に「かけがえのない文化財の保存と公開とを両立」とあることから考える。

(3)　A＝オ　B＝エ　　A．エ（平安時代初頭）→イ（平安時代後半）→オ（江戸時代初頭）→ア（江戸時代前半）→ウ（明治時代）　　B．イ（広島県）→オ（兵庫県）→エ（滋賀県）→ウ（東京都）→ア（栃木県）

問4(1)　ウ／オ　　1923 年に発生した関東大震災によって，表慶館を除く博物館の建物はひどく損傷し，展示をすることができなかった。そこで翌年，法隆寺宝物・興福寺の十二神将などが表慶館に展示された。

(2)　ウ　　1940 年は，太平洋戦争の１年前だから，国家総動員法がつくられ，物資が不足する中，隣組のしくみができた。　(3)　北条政子　　オの文が誤っている。中国から帰ってきた僧は，行基ではなく旻である。ウ（卑弥呼）→イ（藤原道長）→ア（藤原清衡）→エ（北条政子）

ラ・サール中学校

《国　語》

《一》問一．１つ目…なぜ花を綺麗だと思うのだろうか。　２つ目…なぜ、すべての葉っぱは緑色なのか。　３つ目…なぜ植物は緑色の光を吸収しないのか。　問二．日常的な疑問にも答えられない力不足を悔しく感じながら、知らないことについて考えるのを楽しんでいる。　問三．たぶん化学や生物学に関係することだからわからなくても仕方がないと思っていた疑問が、自分の専門の物理学で説明できることだとわかったから。　問四．太陽の最も強い光は緑色である。光合成の際に光を吸収しすぎるとダメージがあるので、植物の葉っぱは強すぎる緑色の光を吸収せずに反射している。そのため葉っぱは全部緑色に見えて、単調に感じ、様々な色のある花が目立って綺麗に思える、ということ。　問五．ウ　問六．エ　問七．①**都合**　②**効率**　③**拝借**　④**主張**　⑤**導**

《二》問一．C→D→B→A→E　問二．Ⅰ．イ　Ⅱ．ア　Ⅲ．エ　問三．自分で弁当を作ったというのはうそで、早起きをして、大変なお弁当作りをしているのは父親だから。　問四．主夫がめずらしくて興味を持つ気持ちと、父親が無職である友梨をかわいそうに思う気持ち。　問五．父親は主夫を楽しんでいて一生懸命なのだから主夫を否定した男子生徒の言葉はおかしいと友梨は理解しているが、父親がめったにいない主夫であることが恥ずかしく、周囲には知られたくないとも思っており、いまだに父親のことをどう受け入れれば良いか分からないでいる気持ち。　問六．ウ

《三》①**悲願**　②**給付**　③**招待**　④**指針**　⑤**消息**　⑥**諸行**　⑦**余念**　⑧**眼下**　⑨**期**　⑩**術策**　⑪**看破**　⑫**功名**　⑬**牧歌**　⑭**折半**　⑮**湯治**

《算　数》

1　(1)12　(2)$\frac{4}{15}$　(3)$\frac{2}{85}$

2　(1)34，68　(2)りんご…30　みかん…105　(3)㋐48　㋑96　(4)60，61，62

3　(1)11，40　(2)０，50　(3)９，55

4　(1)右図　(2)６　(3)18

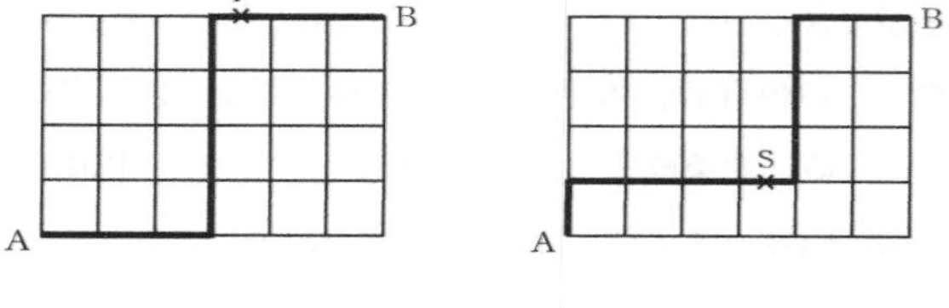

5　(1)３：１　(2)25　(3)４：５

6　(1)90　(2)60　(3)$\frac{1}{3}$

《理　科》

【1】⑴①ア　②ウ　⑵サナギをつくらない〔別解〕不完全変態　⑶①エ　②ア　③ウ　④イ　⑷食物連鎖　⑸ア　⑹エ　⑺イ

【2】A．⑴記号…Y／5　⑵10　⑶X／14　⑷2　⑸記号…X／14　⑹22

B．⑴10　⑵2.5　⑶向き…ア／160　⑷ウ

【3】⑴タマネギ／にんじん　⑵ア　⑶ウ　⑷オ　⑸たんぱく質　⑹ア　⑺アルタイル　⑻ウ　⑼右図　記号…イ　説明…Bから円に接する線を引いたとき，接する点(×)より遠くにあるウ，エ，オは見えないから。

⑽エ

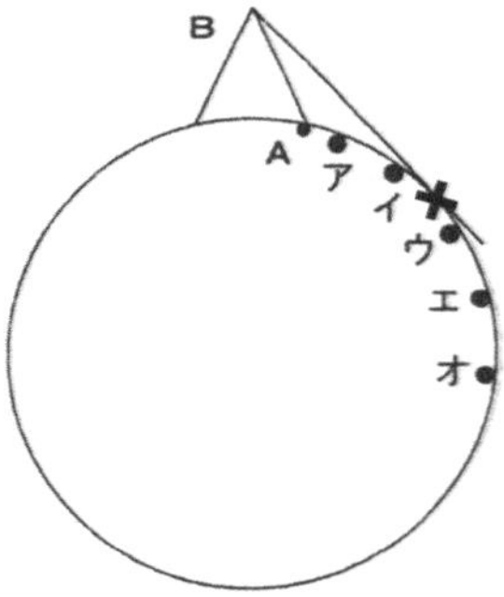

【4】A．⑴①二酸化炭素　②水素　⑵ア　⑶C．銅　F．食塩　G．鉄　⑷1530　⑸63

B．⑴青　⑵エ　⑶0.8　⑷50　⑸①3　②2　⑹100

《社　会》

1　問1．119　問2．エ　問3．エ　問4．製品をつくる時に使う資源の量を少なくすること。〔別解〕廃棄物の発生を少なくすること。　問5．オ　問6．ウ　問7．律令　問8．メルケル　問9．イ

2　問1．[1]パラリンピック　[2]北京　問2．イ　問3．ア　問4．⑴イ　⑵オ　問5．ウ　問6．エ　問7．エ

3　問1．縄文　問2．平等院鳳凰堂　問3．薩摩　問4．イ　問5．アイヌ　問6．ア．○　イ．○　問7．近畿の大王が地方の豪族を従えていたこと。　問8．イ　問9．ア．○　イ．×　問10．八幡製鉄所　問11．エ

4　問1．⑴ア　⑵オホーツク海　⑶台風がしばしば来る　⑷①ア　②エ　⑸①エ　②ウ　問2．⑴④山形県　⑩兵庫県　⑵A．ア　D．ウ　⑶X．(八郎潟の)干拓　Z．さとうきび　⑷①西表島／石垣島／宮古島 のうち1つ　②ウ

←解答例は前のページにありますので，そちらをご覧ください。

《2022　国語　解説》

《一》

問一　散歩をしている時のことを書いているのは、文章の最初から傍線部③の２行前までである。まず、２行目に「なぜ僕は花を綺麗だと思うのだろう」とある。そのあと、この疑問について考える中で、「なぜ、すべての葉っぱは緑なのか？」「なぜ、植物は緑色の光を吸収しないのだろうか？」という２つの疑問が生まれている。これらを順番にまとめて書く。

問二　「ボンクラ」とは、ぼんやりした人、おろかな人という意味。「こんな毎日の問い」とは、「なぜ僕は花を綺麗だと思うのだろう」という問いであり、日常的な疑問である。傍線部Aだけを見れば、“自分は科学者なのに、こんな日常的な疑問にも答えられないのか”と、自分の力不足をなげき、悔しがっていると考えられる。しかし、５～６行後に「でも実は楽しい。なぜなら、知らないということは、一番ワクワクすることだからだ」とあるように、筆者はこの状きょうを楽しんでもいる。筆者は、自分の力不足を悔しがりながらも、知らないことについて考えるのを楽しんでいるのである。

問三　直後の「答えは、僕の専門の物理学に帰着するからだ」というのが、「仰天した」理由である。筆者は、家に帰ってインターネットでいろいろと調べるまで、この疑問に対する答えは、化学や生物学に帰着するだろうと考えていた。そして、「それなら化学だから、僕は物理学者だし、わからなくても仕方がない」「進化は生物学、僕は知らないから、わからないのも当たり前だ」などと思っていた。

問四　本文に書かれている筆者の思考や論文の内容を、逆にたどりながらまとめればよい。筆者の思考と論文の内容を本文に書かれている順に書きだすと、以下のようになる。「なぜ僕は花を綺麗だと思うの」かというと、「葉っぱが全部緑色で単調すぎるから」である。葉っぱが緑である理由は、「植物は緑色の光を吸収しない」からである。「植物が緑色の光を吸収しないのは、太陽からの様々な色の光のうち緑色の光が強すぎるから」である。

問五　傍線部Dの「生物の色も全く違っていただろう」とは、主に、葉っぱが緑色ではなかっただろうということを言っている。地球の生物の葉っぱが緑色なのは、太陽の光のうち最も強い緑色の光を吸収せず、反射しているからである。そして、「太陽の光は『黒体輻射』と呼ばれるルールで構成されて」おり、最も強い光が緑色なのは、太陽の表面温度がおよそ6000度であるからである。これらをふまえて、以下のように考える。本文には書かれていないが、恒星の表面温度は恒星ごとに異なる。そのため、他の恒星系では、恒星の表面温度が太陽とは異なり、最も強い光は緑色以外の光になる。すると、その恒星系の生物が反射する光は緑色以外の光になると考えられ、「生物の色も全く違って」いると想像される。よって，ウが適する。

問六　この文章は、散歩中に生まれた科学の疑問について、主に葉っぱが緑である科学的な理由を散歩しながら考え、帰宅後に信用できそうな説を見つけるという流れになっている。よって、これらの内容をすべてふくんでいるエが適する。エ以外の見出しは、どれも部分的な内容になっている。アは科学の要素が入っていない。イは散歩の要素が入っていない。ウとオは散歩と緑の要素が入っていない。

《二》

問一　ＣとＤは「中学のとき」、他は高校に入ってからのことである。よって、最初はＣ→Ｄの順になる。Ｂは「高校に入ってから」のことで、少し前のこと。ＡとＥは現在(今日)のこと。Ｅの次の行に「いつの間にか、丸山のことが話題にのぼっていたらしい」とあるので、Aのように言われた後、友梨がしばらく考えごとをしているうちにクラスメイトたちの話題が変わり、Eのような発言があったことがわかる。よって、B→A→Eとなる。

問三　クラスメイトが「えらい」と言っているのは、「通学に時間がかかるのに、お弁当も自分でつくって」いることである。しかし、お弁当を自分でつくっているというのはうそである。

問四　３～４行後に「めずらしいから、単なる興味本位で訊いているだけ～けれどその興味本位の質問に、“父親が無職だなんてかわいそう”という気持ちが潜んでいるのを友梨は感じてしまう」とある。

問五　傍線部③の２～８行後に、「彼が言った言葉」に対する友梨の気持ちが書かれている。男子生徒の言葉は主夫を否定するものであり、友梨は「否定するのはおかしい」と頭では理解している。一方で、「主夫のお父さんはめったにいない。だから友梨も、父親が家にいるということが恥ずかしい。でも～恥ずかしいのはどうしてだろう」「お父さんがそれを楽しんでいて一生懸命なのだから、否定するのはおかしいと、友梨自身理解しているのに、周囲には知られたくないのだ。いったい、お父さんのことをどう受け入れればいいのか、いまだにわからない」ともある。これらの気持ちをまとめる。

問六　傍線部①と②の間に書かれているように、友梨は、お弁当を自分でつくっているとうそをついていることに、いたたまれなさや後ろめたさを感じている。そして、お弁当のことが話題にのぼっているときに丸山に視線を向けられ、友梨はそのことを強く意識させられた。よって、ウが適する。アは全体的に的外れ。イやオにあるような不安や恐れは、本文からは読み取れない。エは「丸山から注目してもらえて少し嬉しく思って」の部分が、本文からは読み取れない。

《2022　算数　解説》

1 (1)　与式$=1.7\times3\times1.03+4.9\times1.03+1.7=(5.1+4.9)\times1.03+1.7=10\times1.03+1.7=10.3+1.7=12$

(2)　与式$=\{4\times(\frac{21}{10}-\frac{5}{6})-\frac{25}{6}\}\div(\frac{22}{5}-\frac{41}{40})=\{4\times(\frac{63}{30}-\frac{25}{30})-\frac{25}{6}\}\div(\frac{176}{40}-\frac{41}{40})=(4\times\frac{38}{30}-\frac{25}{6})\div\frac{135}{40}=(\frac{152}{30}-\frac{125}{30})\times\frac{8}{27}=\frac{27}{30}\times\frac{8}{27}=\frac{4}{15}$

(3)　与式より，$\frac{95}{11}\div(\frac{1}{5}+□)\div\frac{25}{11}=17$　$\frac{95}{11}\div(\frac{1}{5}+□)=17\times\frac{25}{11}$　$\frac{1}{5}+□=\frac{95}{11}\div\frac{425}{11}$　$\frac{1}{5}+□=\frac{95}{11}\times\frac{11}{425}$　$□=\frac{19}{85}-\frac{1}{5}=\frac{19}{85}-\frac{17}{85}=\frac{2}{85}$

2 (1)　**【解き方】求める数は，290－18＝272 と 212－８＝204 の公約数であり，18 より大きい数である。**

まず，272 と 204 の最大公約数を考える。最大公約数を求めるときは，右の筆算のように割り切れる数で次々に割っていき，割った数をすべてかけあわせればよい。よって，272 と 204 の最大公約数は，２×２×17＝68 である。68 の約数のうち，18 より大きい数は 34 と 68 だから，求める数は 34 と 68 である。

```
 2) 272 204
 2) 136 102
17)  68  51
      4   3
```

(2)　**【解き方】はじめのりんごの個数を⑩，みかんの個数を$⑩\times\frac{7}{2}$＝㉟として考える。**

何セットか配ってりんごがはじめの２割になったとき，配ったりんごは⑩－②＝⑧だから，配ったみかんは⑧×３＝㉔である。よって，㉟－㉔＝⑪が 33 個にあたるので，①は$33\times\frac{①}{⑪}=3$(個)にあたる。

したがって，はじめにあったりんごは３×10＝30(個)，みかんは３×35＝105(個)

(3)　右のように記号をおく。正五角形の１つの内角の大きさは$180°\times(5-2)\div5=108°$である。三角形ＢＤＥにおいて，外角の性質より，角㋐$=108°-60°=48°$

角ＣＥＨ$=180°-108°-48°=24°$だから，三角形ＣＥＨの内角の和より，

角ＣＨＥ$=180°-60°-24°=96°$　　対頂角は等しいから，角㋑＝角ＣＨＥ$=96°$

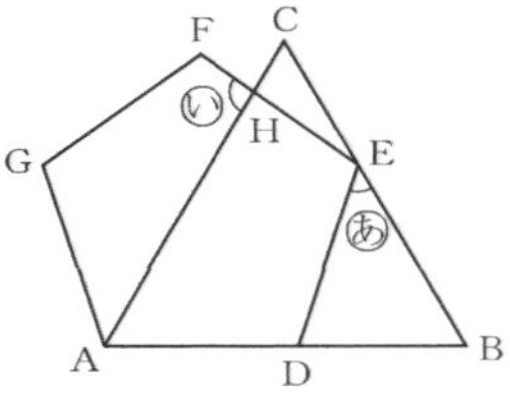

(4)　**【解き方】長方形①，②は，たてが同じ長さであり，しきつめられる枚数は②が①の 96÷48＝2(倍)なのだから，横にしきつめられる枚数は，②が①の2倍である。**

48＝1×48＝2×24＝3×16＝4×12＝6×8であり，①はたて7cm，横9cmだから，①について，たてに8枚，横に6枚しきつめられる場合を考える。このとき，①をしきつめると，たてが7×8＝56(cm)，横が9×6＝54(cm)の長方形になるから，aは56以上である。また，たてが7×9＝63(cm)，横が9×7＝63(cm)以上になると，しきつめられる枚数は48枚より多くなるから，aは63より小さい。

②はたてに8枚，横に6×2＝12(枚)しきつめられる。しきつめると，たてが56cm，横が5×12＝60(cm)の長方形になるから，aは60以上である。また，たてが63cm，横が5×13＝65(cm)以上になると，しきつめられる枚数は96枚より多くなるから，aは63より小さい。

以上より，条件に合うaの値は，60，61，62である。

3　(1)　**【解き方】Aは12－7＝5(時間)で実際の時刻より6分速く進むので，Aが進む時間と実際の時刻が進む時間の比は，(5×60＋6)：(5×60)＝51：50**

Aは午前7時を指してから午前0時を指すまでに5＋12＝17(時間)進んだから，実際の時間は，午前7時から $17\times\frac{50}{51}=\frac{50}{3}=16\frac{2}{3}$(時間)，つまり，16時間40分進んでいる。

よって，求める時刻は，午前0時の17時間－16時間40分＝20分前の，午後11時40分である。

(2)　**【解き方】Bは12－7＋5＝10(時間)で実際の時刻より7＋5＝12(分)遅く進むので，Bが進む時間と実際の時刻が進む時間の比は，(10×60－12)：(10×60)＝49：50**

Bは午前7時のとき，7分早く進んでいる。ここから，Bが7分遅く進んで正しい時刻を指すのは，

午前7時の $7\times\frac{50}{50-49}=350$(分後)，つまり，5時間50分後の午後0時50分である。

(3)　**【解き方】Aと実際の時刻とBが進む時間の比は51：50：49である。**

午前7時のとき，BはAより7分進んでいる。AがBより7分多く進んだとき，Aは $7\times\frac{51}{51-49}=7\times\frac{51}{2}$(分)進んでいて，このとき実際の時間は，$7\times\frac{51}{2}\times\frac{50}{51}=175$(分)，つまり，2時間55分進んでいる。

よって，求める時刻は，午前7時の2時間55分後の午前9時55分である。

4　(1)　Pを通り，通った経路の右側または下側にくる正方形の個数が最少になるようにすると，その個数がちょうど12個となる。また，Sを通り，通った経路の右側または下側にくる正方形の個数が最多になるようにすると，その個数がちょうど12個となる。

(2)　**【解き方】Qを通り，通った経路の右側または下側にくる正方形の個数が最少になるようにすると，右図の色付き部分の9個の正方形が含まれる。あと3個必要なので，Qの左下のグループ(右図の太線の正方形)から取ってくる正方形と，Qの右上のグループ(右図の太線の長方形)から取ってくる正方形の個数の和が3個になる組み合わせを考える。ただし，右上のグループからは最大で2個までしか取ってくることができない。**

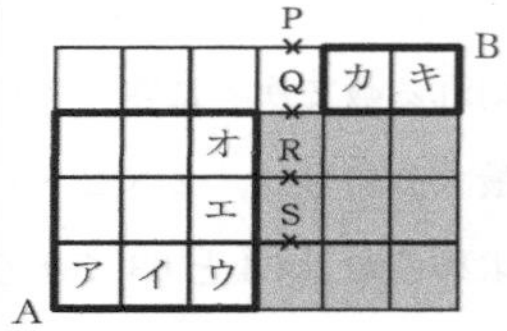

取ってくる正方形の個数の組み合わせは，

(左下のグループ，右上のグループ)＝

(3個，0個)(2個，1個)(1個，2個)の3パターンある。正方形の取り方をまとめると右表のようになるので，全部で，

左下のグループ			右上のグループ		
3個	[アイウ] [イウエ] [ウエオ]	3通り	0個		1通り
2個	[イウ] [ウエ]	2通り	1個	[キ]	1通り
1個	[ウ]	1通り	2個	[カキ]	1通り

3×1＋2×1＋1×1＝6(通り)

(3)　**【解き方】Rを通るときについて，(2)と同様に考える。Rを通るとき，右図の色付き部分の6個の正方形が必ず含まれるので，あと6個必要である。**

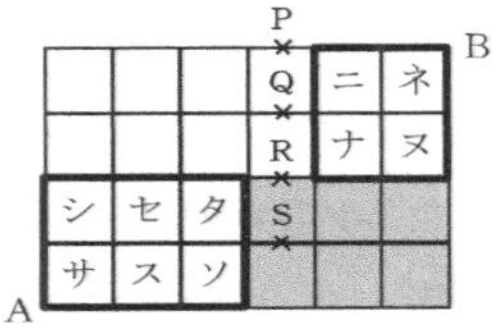

取ってくる正方形の個数の組み合わせは，

(左下のグループ，右上のグループ)＝(6個，0個)(5個，1個)(4個，2個)(3個，3個)(2個，4個)の5パターンある。

正方形の取り方をまとめると右表のようになるので，Rを通る経路は全部で，

1×1＋1×1＋2×2＋2×1＋2×1＝10(通り)

よって，P～Sを通る場合それぞれの経路の数を足すと，全部で1×2＋6＋10＝18(通り)ある。

左下のグループ			右上のグループ		
6個	［サ～タ］	1通り	0個		1通り
5個	［サスセソタ］	1通り	1個	［ヌ］	1通り
4個	［スセソタ］ ［サスソタ］	2通り	2個	［ナヌ］ ［ヌネ］	2通り
3個	［サスソ］ ［スソタ］	2通り	3個	［ナヌネ］	1通り
2個	［スソ］ ［ソタ］	2通り	4個	［ナ～ネ］	1通り

5　(1)　**【解き方】高さの等しい三角形の底辺の長さの比は，面積の比に等しいことを利用する。**

ＢＦ：ＦＣは，三角形ＡＢＦと三角形ＡＦＣの面積の比に等しい。

(三角形ＡＢＦの面積)＝(三角形ＡＢＧの面積)×$\frac{AF}{AG}$，(三角形ＡＦＣの面積)＝(三角形ＡＣＧの面積)×$\frac{AF}{AG}$

だから，ＢＦ：ＦＣは，三角形ＡＢＧと三角形ＡＣＧの面積の比に等しく，(10＋5)：(2＋3)＝3：1

(2)　**【解き方】右の「1つの角を共有する三角形の面積」を利用して，三角形ＡＥＤの面積→三角形ＡＢＣの面積→三角形ＧＢＣの面積，の順で求める。**

1つの角を共有する三角形の面積

右図のように三角形ＰＱＲと三角形ＰＳＴが1つの角を共有するとき，三角形ＰＳＴの面積は，

(三角形ＰＱＲの面積)×$\frac{PS}{PQ}$×$\frac{PT}{PR}$

で求められる。

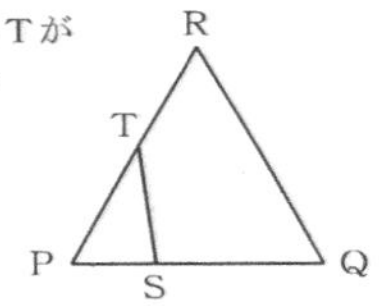

三角形ＡＥＤの面積は，10＋2＝12(㎠)

三角形ＡＥＤの面積は，三角形ＡＢＣの面積の，

$\frac{AD}{AB}\times\frac{AE}{AC}=\frac{10}{10+5}\times\frac{2}{2+3}=\frac{4}{15}$(倍)だから，三角形ＡＢＣの面積は，$12\div\frac{4}{15}=45$(㎠)

よって，三角形ＧＢＣの面積は，45－10－5－2－3＝25(㎠)

(3)　ＡＧ：ＧＦは三角形ＡＢＧと三角形ＧＢＦの面積の比に等しい。

(三角形ＧＢＦの面積)＝(三角形ＧＢＣの面積)×$\frac{BF}{BC}=25\times\frac{3}{3+1}=\frac{75}{4}$(㎠)だから，ＡＧ：ＧＦ＝$15:\frac{75}{4}$＝4：5

6　(1)　**【解き方】長方形の2本の対角線はそれぞれの真ん中の点で交わるので，3点Ｅ，Ｏ，Ｐを通る平面で切ると，切り口は，図ⅰの太線のようになる(ＲはＤＦの真ん中の点)。**

図ⅰ

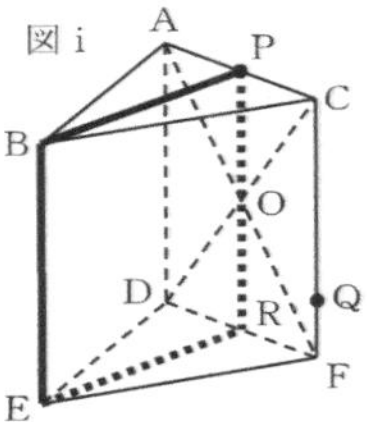

Ｆを含む立体は，底面が三角形ＰＢＣで高さが10㎝の三角柱である。

ＰＣ＝6÷2＝3(㎝)だから，求める体積は，3×6÷2×10＝90(㎤)

(2)　**【解き方1】直線ＱＯと直線ＡＤが交わる点をＳとする。3点Ｅ，Ｏ，Ｑを通る平面で切ると，切り口は図ⅱの太線のようになる。三角柱を，底面と垂直な3本の辺を通るように切断してできる立体の体積は，(底面積)×(底面と垂直な辺の長さの平均)で求めることができる。**

図ⅱ

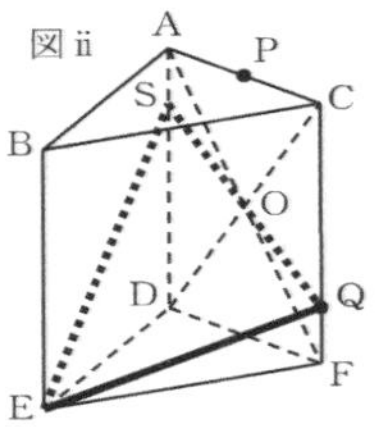

三角形ＯＡＳと三角形ＯＦＱは合同なので，ＡＳ＝ＦＱ＝2㎝，ＤＳ＝10－2＝8(㎝)

この問題の場合，「底面と垂直な辺の長さの平均」は$\frac{0+DS+FQ}{3}=\frac{0+8+2}{3}=\frac{10}{3}$(㎝)

よって，Ｆを含む立体の体積は，$(6\times6\div2)\times\frac{10}{3}=60$(㎤)

【解き方2】体積を求める立体を，台形ＳＤＦＱを底面とする，高さがＡＢ＝6㎝の四角すいと考える。

底面積が(2＋8)×6÷2＝30(㎠)，高さが6㎝だから，体積は，$30\times6\times\frac{1}{3}=60$(㎤)

⑶　**【解き方１】⑵をふまえる。Ｆを含む立体は，図ⅲの太線部分である。**

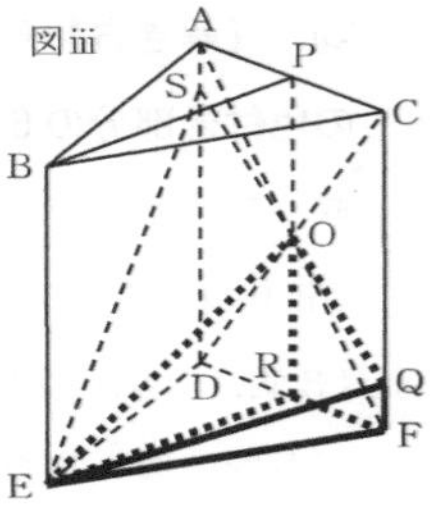

太線部分の立体は，底面が三角形ＰＢＣで高さが 10 cmの三角柱を切断してできる立体である。

三角形ＰＢＣの面積は３×６÷２＝９(cm²)だから，このときの「底面と垂直な辺の長さの平均」は，$16\div9=\frac{16}{9}$(cm)となる。よって，ＲＯとＦＱの長さの和は$\frac{16}{9}\times3=\frac{16}{3}$(cm)であり，ＯＲ＝10÷２＝５(cm)だから，$FQ=\frac{16}{3}-5=\frac{1}{3}$(cm)

【解き方２】Ｆを含む立体を，台形ＯＲＦＱを底面とする，高さがＡＢ＝６cmの四角すいと考える。

台形ＯＲＦＱの面積は，16×３÷６＝８(cm²)　　台形ＯＲＦＱの高さはＲＦ＝３cmだから，

$FQ+RO=8\times2\div3=\frac{16}{3}$(cm)なので，$FQ=\frac{16}{3}-RO=\frac{16}{3}-5=\frac{1}{3}$(cm)

《2022　理科　解説》

【１】

⑴　ナナホシテントウは成虫，カブトムシは幼虫，オオカマキリは卵，アゲハはさなぎで冬を越す。

⑵　カメムシ，セミ，カマキリは卵，よう虫，成虫の順に成長する不完全変態のこん虫，ナナホシテントウ，カブトムシ，アゲハは卵，よう虫，さなぎ，成虫の順に成長する完全変態のこん虫である。

⑶　ゲンジボタルの幼虫は水中で生活し，カワニナを食べる。チョウやガの幼虫は，ギフチョウ(カンアオイ)，アゲハ(カラタチ)，カイコガ(クワ)のように種類によって異なるエサを食べる。

⑸　イ×…移動しても巣の方向に帰ろうとしたので，すぐ近くにある手がかりを使っているとは考えにくい。ウ×…巣に帰れなかったので，巣にいる幼虫が目印とは考えにくい。エ×…行きと帰りで道が異なるので，歩行しながら道しるべとなる物質をつけているとは考えにくい。

⑹　ア×…行きと帰りで道が異なるので，記憶(きおく)した景色を頼りにしているとは考えにくい。イ×…行きと帰りで道が異なるので，自身がつけた道しるべとなる物質をたどっているとは考えにくい。ウ×…巣に帰れなかったので，巣にいる幼虫の出す目印から距離を計算しているとは考えにくい。

⑺　ア×…生まれつき持った行動かどうかは，この実験だけでは分からない。ウ×…巣へ帰るときはまっすぐ進んだことから，障害物によって複雑な歩き方をしているとは考えにくい。エ×…移動しても巣に近い方向へ帰ったので，エサの周囲の落ち葉を取り除いても，移動しなければ巣に帰れると考えられる。

【２】

Ａ⑴　進んだ距離はグラフとの間にできる図形の面積と等しい。５秒間でＸが進んだ距離は図Ⅰのように２×５＝10(cm)である。同様にＹは３×５＝15(cm)進むので，Ｙが 15－10＝５(cm)先に進んでいる。

図Ⅰ

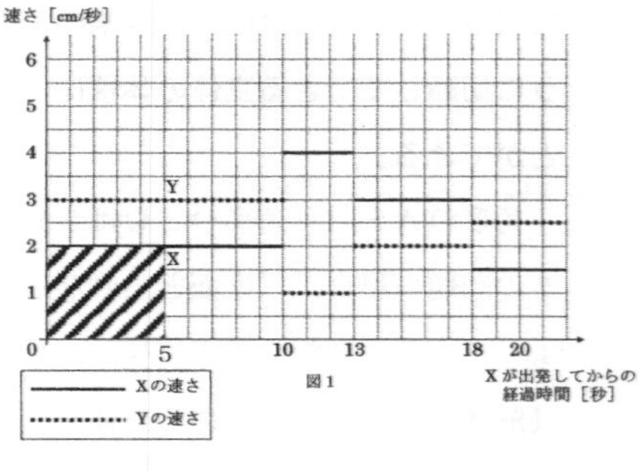

⑵　⑴と同様に計算すると，10 秒後にはＹが(３×10)－(２×10)＝10(cm)先に進んでいる。10 秒後から 13 秒後の間にＸが４×３＝12(cm)，Ｙが１×３＝３(cm)進むので，この３秒間で差が 12－３＝９(cm)縮まって 10－９＝１(cm)になる。よって，進んだ距離の差が最も大きくなるのは 10 秒後の 10 cmである。

(3)　13 秒後にはYが１cm先に進んでおり，13 秒後から 20 秒後の間は１秒につき（３－２）×１＝１(cm)差が縮まるので，１秒経過した14秒後にXがYに追いつく。

(4)　10÷５＝(秒速)２(cm)

(5)　図Ⅱのように，Yが進んだ距離は(15－３)×６÷２＝36(cm)である。Xが進んだ距離は 10＋(15－５)×４＝50(cm)だから，Xが 50－36＝14(cm)先に進んでいる。

(6)　15 秒後にはXが 14 cm先に進んでいて，15 秒後以降は１秒につき（６－４)×１＝２(cm)差が縮まるので，Yは 14÷２＝７(秒)経過した22 秒後に追いつく。

図Ⅱ

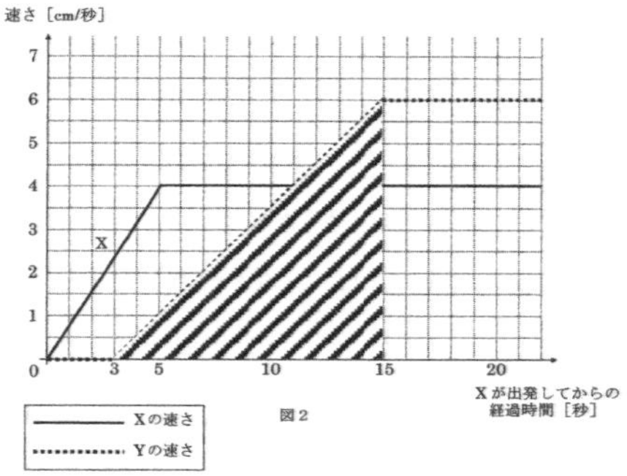

B(1)　輪軸では，２つの円板が輪軸を回転させるはたらき〔ひもを引く力(g)×円板の半径(cm)〕が等しくなるときにつり合うので，40×５÷20＝10(g)となる。

(2)　図２のように，２つの円板が接する部分に同じ大きさで反対向きに力がかかるとき，円板は回転しない。図３では，図１と同様に接する部分に 10gの力がかかるので，右側の小さな円板にも 10gの力がかかればよい。このとき加えた力の大きさは 10×５÷20＝2.5(g)となる。

(3)　40gのおもりによって接する部分に小さな円板から上向き(大きな円板を時計回りに回転させる向き)の力がかかるので，Aにアの向きで同じ大きさの力を加えればよい。加える力の大きさは 40×20÷５＝160(g)となる。

(4)　接する部分には，40gのおもりによって左側の小さい円板から上向きに 40×20÷５＝160(g)の力がかかり，480gのおもりによって右側の大きい円板から下向きに 480×５÷20＝120(g)の力がかかる。よって，左側の小さい円板からかかる力の方が大きいので，40gのおもりは下向きに動き始める。

【３】

(1)　タマネギ，にんじんは土の中，ピーマン，ナス，カボチャは地上にできる。

(2)　タマネギの中の目を痛くする成分(硫化(りゅうか)アリルという)は水に溶けやすいので，タマネギを半分に割って水につけてから切るとよい。

(3)　木を酸素がほとんど無い空気の中で熱すると，木から燃える気体や液体，水蒸気などが出て炭ができる。

(4)　炭から上がる白いけむりは小さな水の粒である。なお，黒いけむりは小さな炭素の粒である。

(5)　お肉の表面を強く焼くと，主成分であるたんぱく質が固まる。

(6)　図Ⅲのように，カシオペヤ座や北斗七星から北極星の位置がわかる。

(7)　夏の大三角をつくる星は，はくちょう座のデネブ，こと座のベガ，わし座のアルタイルである。

図Ⅲ

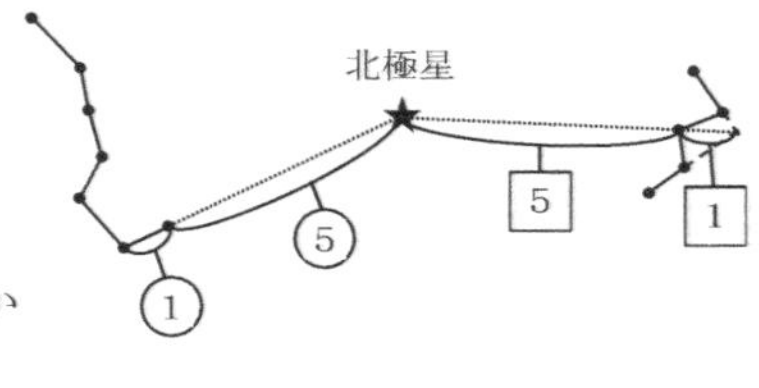

(8)　まっすぐな道よりも，大きく曲がっている道の方が，こう配がゆるやかである。

(10)　太陽は午前６時ごろに東の空にある。このとき，アナログ式うで時計の短針と12時が反対の方角にあるので，短針を太陽のある東の方角に向けたとき，12時は西の方角になり，短針と 12時のまん中の方角が南になる。

【４】

A(1)(3)　実験１より，塩酸に溶けないCは銅，実験２より，水酸化ナトリウム水溶液に溶けるDはアルミニウムで気体②は水素である。また，実験２で水と水酸化ナトリウム水溶液に溶けないGは鉄だから，残ったA，B，E，

Ｆの中で塩酸に溶けるＡとＢは石灰石か重そうで，気体①は二酸化炭素である。実験３より，残った砂糖と食塩のうち加熱すると黒くなるＥが砂糖（Ｆが食塩）である。

⑵　二酸化炭素は無色，無臭で空気より重く，石灰水に通すと白くにごる。

⑷　表１より，Ａを１ｇ増やし，Ｂを１ｇ減らすごとに，気体①が 45mL ずつ増えていることがわかるので，1485＋45＝1530（mL）となる。

⑸　塩酸と反応しないＣが２ｇあったので，ＡとＢの合計は 12－２＝10（ｇ）である。表１で６ｇがすべてＢだとすると，1395－45＝1350（mL）の気体①が生じるので，10ｇでは $1350\times\frac{10}{6}$＝2250（mL）生じる。ここから１ｇをＡにするごとに生じる気体①が 45mL ずつ増えるので，（2592－2250）÷45＝7.6（ｇ）をＡにすればよい。よって，Ａの重さの割合は$\frac{7.6}{12}\times100$＝63.3…→63％である。

Ｂ⑴　ＢＴＢ液は酸性で黄色，中性で緑色，アルカリ性で青色に変化する。水酸化ナトリウム水溶液はアルカリ性を示すので，ＢＴＢ液は青色になる。

⑵　ア．塩酸だけが赤色に変化するので正しい。イ．塩酸だけが水素が発生するので正しい。ウ．水酸化ナトリウム水溶液だけが赤色に変化するので正しい。エ．両方とも変化しないので誤っている。オ．塩酸は何も残らないが水酸化ナトリウム水溶液は白色の固体が残るので正しい。

⑶　実験１で塩酸Ｂを加える前は水酸化ナトリウムだけが４ｇ残り，実験６で水酸化ナトリウム水溶液Ａがすべて反応すると塩化ナトリウムだけが６ｇ残ったので，実験４で 5.6ｇ残ったとき，水酸化ナトリウムは$\frac{6-5.6}{6-4}\times100$＝20（％）が残っている。よって，４×0.2＝0.8（ｇ）となる。

⑷　⑶解説より，塩酸Ｂを 40mL 加えたとき，80％の水酸化ナトリウム水溶液Ａが反応したことがわかるので，どちらもあまることなく反応するのは塩酸Ｂを $40\times\frac{100}{80}$＝50（mL）加えたときである。

⑸　塩酸Ｂを 25mL 加えると，水酸化ナトリウム水溶液Ａの半分が反応するので，塩化ナトリウムは３ｇ生じ，水酸化ナトリウムは２ｇ残る。

⑹　25mL の塩酸Ｂと 25mL の水酸化ナトリウム水溶液Ａがどちらもあまることなく反応し，塩化ナトリウムが３ｇ生じるので，水酸化ナトリウムが６ｇ残るのは，水酸化ナトリウム水溶液Ａをさらに $50\times\frac{6}{4}$＝75（mL），つまり 25＋75＝100（mL）加えたときである。

《2022　社会　解説》

1　問１　119 番は消防署の通信指令室に，110 番は全国の警察本部にある通信指令室につながる。

問２　エが誤り。消防団員でも，消防設備点検の資格者であれば消火栓の点検はでき，また，消火栓のホース・ノズルの交換やヒューズの交換は消防団員でなくてもだれでもできる。

問３　エが誤り。リサイクルマーク内の数字は，素材を意味し，１はＰＥＴ（ポリエチレンテレフタラート）である。

問４　リデュース（減らすこと）の内容が書かれていればよい。

問５　オが香港である。アはウルムチあたり，イは北京，ウは上海，エは台北あたりを指している。

問６　ウが正しい。2021 年６月，共産党を批判したリンゴ日報が廃刊に追い込まれた。ア，イ，エは 2019 年。

問７　ア→エ→イ→ウだから，イにあてはまる律令を答える。アは親魏倭王，ウは明，エは渡来人。

問８　ドイツでは，メルケル（キリスト教民主同盟）からショルツ（ドイツ社会民主党）への首相交代があった。

問９　イが誤り。アメリカ大統領は，各州で選出された大統領選挙人による投票で決まる。

2　問１　2024 年のオリンピック・パラリンピックはフランスのパリ，2026 年の冬季オリンピックは，イタリアのミラノ／コルティナ・ダンペッツォで開かれる。

問２　イが正しい。ブラジルは，アマゾン川河口を赤道が通り，公用語はポルトガル語，面積はロシア・カナダ・アメリカ・中国に次ぐ第５位である。

問３　アが正しい。2002 年に日韓ワールドカップが開催された。イは中国，ウは北朝鮮であり，大韓民国は東南アジア諸国連合に加盟していない。

問４(1)　イが正しい。ア．「万世一系の天皇が…」は大日本帝国憲法である。ウ．解散があるのは衆議院だけで，参議院に解散はない。エ．天皇皇后両陛下は，大きな災害が起きた場合，被災地をご訪問になり，被災者を励まされている。このような行為は，国事行為ではなく公的行為と呼ばれる。　**(2)**　エが正しい。Ｘ．正しい。閣議は原則として全会一致である。Ｙ．誤り。内閣総理大臣は文民でなければならない。自衛官は文民ではない。Ｚ．誤り。都道府県知事は，住民による直接選挙で選ばれる。

問５　ウが正しい。ユネスコは国連教育科学文化機関の略称である。ア．誤り。日本のＰＫＯは，1992 年にＰＫＯ協力法が成立してから始まった。また，1951 年の時点で日本は国際連合に加盟できていない。イ．誤り。日本は，アメリカの核の傘の下にあるため，核兵器禁止条約に参加していない。エ．誤り。ＷＨＯは世界保健機関の略称で，「すべての人々が可能な最高の健康水準に到達すること」を目的とした国連の専門機関である。発展途上国の児童の生活や教育の向上を図ることを目的とした専門機関は，ユニセフ(国連児童基金)である。

問６　エが正しい。パリ協定の内容である。アはストックホルム会議の人間環境宣言の内容。イは京都会議の京都議定書の内容。ウは水俣条約の内容。

問７　エが正しい。ア．誤り。商品のボタンの位置は低い方が，子どもや車いすに乗った人でも押せる。イ．誤り。転落事故が起きないようにホームドアは設置した方がよい。ウ．誤り。引き戸より開き戸の方が開閉しやすい。

3　**問１**　青森県の縄文遺跡群は，三内丸山遺跡をはじめとする８か所が指定された。

問２　エ(法隆寺・飛鳥時代)→ア(東大寺正倉院・奈良時代)→イ(平等院鳳凰堂・平安時代)→ウ(慈照寺銀閣・室町時代)だから，平等院鳳凰堂を選ぶ。

問３　琉球王国は，薩摩藩の攻撃を受けて支配下に入った後も，中国への朝貢を許された。琉球から中国へは，馬・硫黄・昆布・俵物が輸出され，中国から琉球へは絹織物・医薬品・茶・陶磁器などが輸入された。

問４　イが正しい。豊臣秀吉は，方広寺の大仏造立を理由として，農民から武器を取り上げる刀狩を実施した。

問５　ウポポイは，アイヌ語で「(みんなで)歌うこと」を意味する。

問６　どちらも正しい。アは元寇，イは朝鮮出兵の内容である。

問７　近畿地方を中心としたヤマト王権の首長を大王といった。熊本県の前方後円墳である江田船山古墳と，埼玉県にある前方後円墳の稲荷山古墳から，ワカタケルと刻まれた鉄剣や鉄刀が出土していることから，ヤマト王権の勢力は，九州から関東北部にまで及んでいたと言われている。

問８　イが正しい。小笠原諸島の返還は 1968 年である。アは 1951 年，ウは 1956 年，エは 1953 年。

問９　アは正しい。イは誤り。幕府の実権を執権がにぎるようになったのは，源氏の将軍が三代で途絶えた後のことである。

問 10　下関条約で得た日清戦争の賠償金の一部を使って，筑豊炭田の石炭輸送と，中国からの鉄鉱石の輸入に便利な北九州の八幡に製鉄所が建設された。創業は 1901 年のことであった。

問 11　エが誤り。百姓たちは，各藩に支配されていたので，年貢は藩に納められた。

4　**問１(1)**　アが正しい。直線距離だと，最南端の沖ノ鳥島から最北端の択捉島まででも約 3000 ㎞程度である。

⑵　知床沖のオホーツク海が流氷の南限である。　⑶　沖縄などの南西諸島では，「屋根のかわらをしっくいでかためる」「家の周りを石垣で囲む」「屋根を低くして平屋にする」などの台風対策が取られてきた。　⑷　①はア，②はエである。札幌市は，冬の寒さが厳しく，４～６月の降雨が少なく梅雨がない冷帯気候である。那覇市は，一年を通して温暖で降雨が多い南西諸島の気候である。冬の寒さが厳しいグラフはア～ウだが，イは夏の降水量が多すぎる，ウは冬の降水量が少なすぎる。一年を通して温暖なグラフはエ～カだが，オでは降水量が少なすぎる，カでは気温の変化が少なすぎる。　⑸　①はエ，②はウである。北海道は面積が広いので，道民でも宿泊旅行が多い。また，海外からの旅行者は，北海道や沖縄より，京都や東京の方が多い。よって，北海道はエ，沖縄はウ，京都はア，東京はイ，福島はオ。

問２⑴　④は山形県，⑩は兵庫県である。東経 140 度線は，①北海道→②青森県→③秋田県→④山形県→⑤福島県→⑥栃木県→⑦茨城県→⑧千葉県　　東経 135 度線は，⑨京都府→⑩兵庫県→⑪和歌山県　　東経 130 度線は，⑫佐賀県→⑬長崎県→⑭熊本県→⑮鹿児島県　　⑵　Ａはア，Ｄはウである。Ａは北海道（別海町など）だからア，Ｄは佐賀県嬉野市だからウである。イはＣの明石市，エはＢの船橋市。　⑶　Ｘは秋田県の八郎潟あたりだからイの干拓，Ｙは鹿児島県の喜界島だからアのさとうきびである。イはＷのブナ，エはＹの男体山。　⑷②　ウが正しい。東経 125 度を南下すると，フィリピン→インドネシア→東ティモールと通過する。

ラ・サール中学校

《国　語》

《一》問一．ホ　　問二．Ｂ．ト　Ｃ．ハ　　問三．上へ伸びる植物は踏まれて折れてしまうため、上に伸びなくてもよい雑草だけが太陽の光を独占できるから。　　問四．人間は植物を「高さ」で評価しがちで、雑草はどんな状況でも上に伸びようとすると勝手に思い込んでいるから。　　問五．人間も成績や偏差値などの「高さ」で評価されがちだが、成長を測る基準は様々であり、大切な価値は簡単には測れないところもあるのだから、一つの尺度にしばられない様々な生き方があるのだということ。

《二》Ⅰ．①体得　②至難　③再興　④果断　⑤器量　⑥赤貧　⑦均質　⑧正統　⑨応接
⑩考証　⑪食傷　⑫共鳴　⑬異　⑭疑義　⑮照覧
Ⅱ．⑯歴　⑰往　⑱延　⑲千　⑳由

《三》問一．ａ．ハ　ｂ．ロ　ｃ．ホ　　問二．(1)十二月のマラソン大会のレベル。　(2)新に代わる朔の伴走者。
問三．ニ　　問四．幼い少女が、自らのためにしてくれた行動で目が見えなくなった相手に一生懸命点字でメッセージを書き、勇気を出して会いに来てくれたのに、自分はその点字が分からず、年長者なのに何も行動を起こそうとせず目が見えなくなった後現実から逃げ続けていたことに気づかされたから。　　問五．伴走者とは相手のペースに合わせて走り、目が見えないランナーを安全に確実にゴールに導く存在であるはずなのに、自分のペースで走り、朔にケガをさせてしまったから。　　問六．自分にとって伴走者とは、自分の実力を超えたレベルを体験させることで、目が見えない自分を知らない世界に導いてくれる存在であるので、新こそが自分の伴走者にふさわしいと考えている。

《算　数》

1　(1)480　(2) $2\frac{2}{3}$　(3) $2\frac{1}{6}$

2　(1)㋐36　㋑42　(2)ア．7　イ．8　(3) $2\frac{4}{5}$　(4) $\frac{12}{19}$

3　(1)60　(2)5.4

4　(1)1：7　(2)7：9　(3)㋐ＢＣ　㋑：㋒＝1：7

5　(1)168　(2)62，106

6　(1)1　(2)4　(3)43

《理　科》

【１】(1)子葉　(2)水／空気／適温　(3)糖　(4)だ液　(5)水に溶けにくい性質　(6)①イ　②エ　③ウ
(7)①ウ　②ア　③イ　④イ

【２】(1)6　(2)ア　(3)流れ星　(4)ウ　(5)エ　(6)エ　(7)ウ　(8)⑧ア　⑨イ　(9)26000

【３】Ａ．(1)Ａ．0　Ｃ．100　(2)Ｘ　(3)35　(4)0.5　(5)33
Ｂ．(1)イ，ウ　(2)Ｄ．食塩水　Ｆ．アンモニア水　(3)①あ．塩化水素　い．二酸化炭素　②400　③91　(4)2

【４】Ａ．(1)①1.26　②1.74　(2)ア　(3)ア　(4)ウ
Ｂ．(1)4　(2)ウ　(3)7.5　(4)8，20　(5)350　(6)7　(7)0.27

《社　会》

1　問１．レジ袋　問２．ウ　問３．中華人民共和国／大韓民国／インド／インドネシア／サウジアラビア／トルコ／南アフリカ／オーストラリア／メキシコ／ブラジル／アルゼンチン のうち２つ　問４．ア
問５．イギリス　問６．朝鮮　問７．エ　問８．緑

2　問１．イ　問２．ア　問３．ウ　問４．エ　問５．ウ　問６．エ　問７．ア　問８．エ

3　問１．エ　問２．イ　問３．伊藤博文　問４．エ→イ→ウ→ア　問５．徳川家光　問６．租
問７．19　問８．イ　問９．秀吉が主人で，大名が家来という関係にある。　問10．ウ
問11．エ→ア→ウ　問12．敗戦〔別解〕終戦

4　問１．神戸市／高松市　問２．Ｂ　問３．記号…Ａ，Ｃ　名称…姫路城　問４．ア．Ｃ　イ．Ａ
問５．⑴ふるさと納税　⑵Ｘ．Ｄ　Ｙ．Ｃ　問６．ア．大阪府　イ．Ｃ　ウ．福岡県　エ．神奈川県
問７．高原のすずしい夏を利用して，時期を遅らせて栽培する。

←解答例は前のページにありますので，そちらをご覧ください。

《2021　国語　解説》

《一》

問一　直前に「雑草は踏まれても立ち上がらない」とあり、筆者はこれが「本当の雑草魂」だと述べている。次の段落に、「植物にとって、もっとも大切なことは」「花を咲かせて、種を残すことです。そうだとすれば、踏まれても踏まれても立ち上がろうとするのは、かなり無駄なエネルギーを使っていることになります～踏まれながらも花を咲かせることのほうが大切です」とあり、「だからこそ、どんなに踏まれても、必ず花を咲かせて、種を残すのです～これこそが、本当の雑草魂なのです」とまとめている。よって、ホが適する。

問二　空欄[C]の前に「他の植物よりも」とあることに着目する。相対的とは、他との関係あるいは比較の上に成り立つこと。他の植物と高さを比べているので、空欄[C]にはハの「相対」が入る。すると、空欄[B]には「相対」とは反対の意味の、トの「絶対」が入る。

問三　傍線部Dの「この競争」とは、「他の植物よりも少しでも～上へ上へと伸びる」という競争である。傍線部Dの直後に「よく踏まれる場所には、上へ上へと伸びようとする植物は生えることができません。上へ伸びても踏まれて折れてしまうからです」とあり、そうした場所に生える雑草(植物)は、上に伸びなくても太陽の光を独占できると書かれている。

問四　３段落目に「人間は、植物の成長を『高さ』で測りたがります。それが一番、簡単な方法だからです」とある。また、人間の持っているものさしはまっすぐなものさしであり、まっすぐな高さで測ることしかできないともある。そのため、植物が成長することを、「高さ」が高くなること、つまり上に伸びることだというイメージでとらえてしまうのである。

問五　波線部の前の「そもそも、立ち上がらなければならないのでしょうか。そもそも、上に伸びなければならないのでしょうか」に着目する。ここでは、植物を「高さ」だけで評価することに疑問を投げかける形をとって、人間を「高さ」だけで評価するのは間違っていると言っているのである。４段落目に「雑草の伸び方はそれぞれです。そんな複雑な成長を測る事は大変です。そのため人間は植物を『高さ』で評価します～『高さで評価される』ということは、皆さんにとっては成績や偏差値という言葉が当てはまるかもしれません」とあり、植物の評価の話を人間の評価に置きかえて考えている。その上で「大切なことは、高さで測れることは、成長を測るたった一つの尺度でしかないと知ることです～そしておそらく、本当に大切なことは、ものさしでは測ることのできないものなのです」と述べている。つまり、筆者は人間の成長を測る尺度は様々であり、本当に大切なことは測れないと考えている。そして、本当に大切なことを優先し、上に伸びようとしない「踏まれて生きる雑草」がいるのと同様に、人間もまた、成績や偏差値では評価できない様々な生き方があるのだと考えている。

《三》

問二(1)　メールには、十二月に行われる大会のことが書かれていて、朔はメールの内容について「ちょうどいい」と言っている。この後、新が「十キロならもう余裕だよ」と答えたことから、大会のレベルについて言っていることがわかる。　**(2)**　新はメールを読んでおらず、メールの内容は「代わりの伴走者を見つけてほしいと頼んだ」ことに関するものだと思っている。そのため、朔が「代わりの伴走者」について話をしていると思いこんでいる。

問三　この後の会話から、今日の練習で朔が新のペースに付いていけなくなり、初めて転んでケガをしたことがわかる。そんなことがあった日に、新は初めて参加する大会で「入賞を目指したい」と言っているのである。傍線部②の２行後に「やっぱり朔は朔だ」とあることから、こうした考えや言葉がいかにも朔らしいと感じていることが読み取れる。よって、ニが適する。

問四　事故が起きたとき、朔がシートベルトを外していた理由と、めぐちゃんとお母さんが朔に会いに来るまでの流れを押さえる。その上で、「そんな小さい子(＝めぐちゃん)が一生懸命書いてオレんとこ来てくれたのに、オレはなにやってんだろうなって」「盲学校に行ったのだって、ただ逃げただけだと思う」「めぐちゃんはお母さんと勉強して、点字打ってくれたんだよ。それをオレが読めないって」「事故にあってから初めてオレ、自分でなにかしようって思った」といった朔の言葉から、恥ずかしさを感じた理由をまとめる。

問五　波線部ａの１～６行後に着目する。新は「ランナーのペースに合わせるのが伴走者の仕事で、その逆はない」と言い、朔の「伴走者はランナーを導いていくガイドだ」という言葉にも同意し、さらに、伴走者は「ランナーの目になり、的確な指示を出して安全に確実にゴールまで導いていく」存在だと考えている。そして、今日の練習で新が「自分のため」にペースを上げ、朔にケガを負わせたことを理由に、「オレには、伴走者として朔の隣で走る覚悟も自信も、資格もない」と考えている。

問六　新は、朔の実力を上回るペースで走り、朔にケガを負わせたことから、自分は伴走者に向いていないと考えた。一方、朔はこのときのことをまったく別の見方でとらえている。波線部ａの直前で、朔は「転ぶ直前～なんていうか、高揚したっていうか。一瞬だけど、知らない世界に足突っ込んだっていうか」と言っている。そして、伴走者を代えたほうがいいと考える新に対し、めぐちゃんからもらった絵を見せ、「できなかったことができるようになることも、わからないことがわかるようになることも、知らない世界を知ることも、全部、オレにとっては見ることなんだ」と言い、「新はオレにいろんなものを見せてくれる」と続けている。つまり、新を、「走ること」を通して「知らない世界」に導いてくれそうな存在だと認め、伴走者としてふさわしいと考えているのである。

《2021　算数　解説》

1 (1)　与式＝82×17＋82×５＋76×11－111×９－43×３×９＝82×(17＋５)＋76×11－111×９－129×９＝82×22＋76×11－(111＋129)×９＝82×２×11＋76×11－240×９＝(164＋76)×11－240×９＝240×11－240×９＝240×(11－９)＝240×２＝480

(2)　与式＝$\frac{7}{2}\div\frac{6}{5}-\{12\times(\frac{1}{3}-\frac{3}{10})-\frac{3}{20}\}=\frac{7}{2}\times\frac{5}{6}-\{12\times(\frac{10}{30}-\frac{9}{30})-\frac{3}{20}\}=\frac{35}{12}-(12\times\frac{1}{30}-\frac{3}{20})=\frac{35}{12}-(\frac{2}{5}-\frac{3}{20})=\frac{35}{12}-(\frac{8}{20}-\frac{3}{20})=\frac{35}{12}-\frac{1}{4}=\frac{35}{12}-\frac{3}{12}=\frac{32}{12}=\frac{8}{3}=2\frac{2}{3}$

(3)　与式より，$\{14+(3\times\square-\frac{5}{4})\div\frac{3}{7}\}\times\frac{4}{5}=21$　　$14+(3\times\square-\frac{5}{4})\div\frac{3}{7}=21\div\frac{4}{5}$

$(3\times\square-\frac{5}{4})\div\frac{3}{7}=\frac{105}{4}-14$　　$3\times\square-\frac{5}{4}=\frac{49}{4}\times\frac{3}{7}$　　$3\times\square=\frac{21}{4}+\frac{5}{4}$　　$\square=\frac{26}{4}\div3=\frac{13}{6}=2\frac{1}{6}$

2 (1)　右図のように記号をおく。

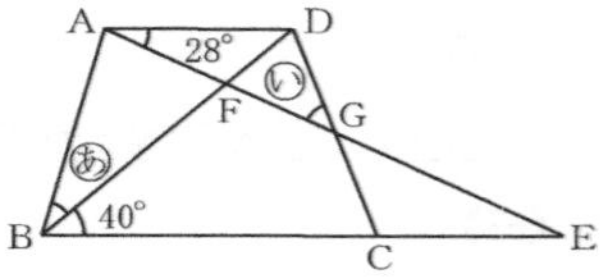

ＡＤとＢＣは平行であり，平行線の錯角は等しいから，角ＢＥＡ＝角ＤＡＥ＝28°

三角形ＥＡＢはＡＥ＝ＢＥの二等辺三角形だから，角ＥＢＡ＝(180°－28°)÷２＝76°

よって，角あ＝76°－40°＝36°

三角形ＢＥＦについて，外角の性質より，角ＥＦＤ＝40°＋28°＝68°

三角形ＢＣＤはＢＣ＝ＢＤの二等辺三角形だから，角ＢＤＣ＝(180°－40°)÷２＝70°

三角形ＤＦＧについて，角い＝180°－68°－70°＝42°

(2)　**【解き方】つるかめ算を利用する。**

40人の合計点は，7.3×40＝292(点)であり，ア，イを除く１＋４＋10＋８＋２＝25(人)の合計点は，

４×１＋５×４＋７×10＋９×８＋10×２＝186(点)である。

よって，アとイは合わせて 40－25＝15 であり，この 15 人の合計点は 292－186＝106(点)である。

15 人が全員８点だった場合，合計点は８×15＝120(点)となり，実際より 120－106＝14(点)多い。

８点の人を１人６点に置きかえると，合計点は８－６＝２(点)少なくなるから，６点の人は 14÷２＝７(人)

したがって，ア＝７，イ＝15－７＝８である。

(3)　**【解き方】$\frac{1}{5}$をたして整数になる数のうち，最小の数は $1-\frac{1}{5}=\frac{4}{5}$であり，その次の数は$\frac{4}{5}+1=\frac{9}{5}$，$\frac{4}{5}+2=\frac{14}{5}$，…となるので，これらの数に $3\frac{4}{7}=\frac{25}{7}$をかけて，最初に整数になる数が求める数である。**

$\frac{25}{7}$をかけて整数になる数は，分数の形にしたときに分子が７の倍数，分母が 25 の約数となる数である。

$\frac{4}{5}$，$\frac{9}{5}$，$\frac{14}{5}$，…のうち，条件に合う最初の数は$\frac{14}{5}$だから，求める数は$\frac{14}{5}=2\frac{4}{5}$である。

(4)　**【解き方】各学校の部活動への加入者数を，２と３の最小公倍数である⑥人とする。**

Ａ中学の全体の人数は⑥÷$\frac{2}{3}$＝⑨(人)，Ｂ中学の全体の人数は⑥÷$\frac{3}{5}$＝⑩(人)である。

よって，Ａ中学，Ｂ中学は合わせて⑨＋⑩＝⑲(人)いて，そのうちの部活動への加入者数は⑥×２＝⑫だから，求める割合は，$\frac{⑫}{⑲}=\frac{12}{19}$である。

3　(1)　**【解き方】同じ道のりを進むのにかかった時間の差に注目する。Ｐさんも車も一定の速さで移動するのだから，同じ道のりを進むのにかかった時間の差と，進む道のりは比例の関係にある。**

車の速さは，時速 36 ㎞＝分速$\frac{36\times1000}{60}$m＝分速 600m である。

車がＰ君を追いこした地点をＸとすると，車とＰ君がＸＢ間を進んだときにかかる時間の差は 54 分である。

ＡＸ間はＸＢ間の半分だから，車とＰ君がＡＸ間を進んだときにかかる時間の差は，54÷２＝27(分)とわかる。

車はＡＣ間(1320m)を 1320÷600＝2.2(分)で進むから，車がＣに着くのは，Ｐ君が出発してから５＋2.2＝7.2(分後)である。ここから，車とＰ君は同じ時間にＸに着いたのだから，車とＰ君がＣＸ間を進んだときにかかる時間の差は 7.2 分とわかる。よって，車とＰ君がＡＣ間(ＡＸ間－ＣＸ間)を進んだときにかかる時間の差は，27－7.2＝19.8(分)である。車はＡＣ間(1320m)を 2.2 分で進むので，Ｐ君は 1320m を 2.2＋19.8＝22(分)で進む。

したがって，求める速さは，分速(1320÷22)m＝分速 60m である。

(2)　(1)をふまえる。ＡＣ間(1320m)，ＡＸ間を進むのにかかる時間の差の比は，19.8：27＝11：15

よって，ＡＸ間は $1320\times\frac{15}{11}$＝1800(m)であり，これはＡＢ間の$\frac{1}{3}$だから，ＡＢ間は 1800×３＝5400(m)，つまり 5.4 ㎞である。

4　(1)　**【解き方】三角形ＡＤＥと四角形ＡＢＣＤの面積をともに１とおき。三角形ＡＢＥと四角形ＥＢＣＤの面積をそれぞれ表す。**

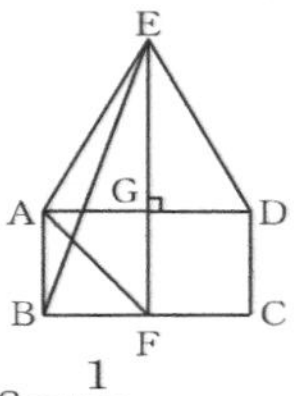

右のように作図する。ＡＢとＥＦは平行なので，三角形ＡＢＥと三角形ＡＢＦは底辺をともにＡＢとしたときの高さが等しく，面積も等しい。

Ｆ，Ｇはそれぞれ，ＢＣ，ＡＤのまん中の点となるから，四角形ＡＢＦＧの面積は，

(四角形ＡＢＣＤの面積)÷２＝１÷２＝$\frac{1}{2}$，三角形ＡＢＦの面積は，(四角形ＡＢＦＧの面積)÷２＝$\frac{1}{4}$

よって，四角形ＥＢＣＤの面積は，(五角形ＡＢＣＤＥの面積)－(三角形ＡＢＥの面積)＝$1\times2-\frac{1}{4}=\frac{7}{4}$

したがって，求める面積の比は，$\frac{1}{4}:\frac{7}{4}$＝１：７

(2)　**【解き方】(1)と同様にして，(四角形ＡＢＭＥの面積)＝(三角形ＡＢＥの面積)＋(三角形ＥＢＭの面積)，**

(四角形ＭＢＣＤの面積)＝(三角形ＤＢＭの面積)＋(三角形ＣＢＤの面積)をそれぞれ求める。

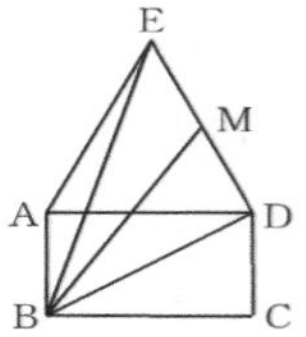

右のように作図する。(1)より，三角形ＡＢＥの面積は，$\frac{1}{4}$である。

三角形ＣＢＤの面積は，(四角形ＡＢＣＤの面積)÷２＝１÷２＝$\frac{1}{2}$である。

よって，三角形ＥＢＤの面積は，$2-\frac{1}{4}-\frac{1}{2}=\frac{5}{4}$である。

ＭはＥＤのまん中の点であり，ＢＭは三角形ＥＢＤの面積を２等分するから，

(三角形ＥＢＭの面積)＝(三角形ＤＢＭの面積)＝$\frac{5}{4}\div 2=\frac{5}{8}$

したがって，四角形ＡＢＭＥの面積は$\frac{1}{4}+\frac{5}{8}=\frac{7}{8}$，四角形ＭＢＣＤの面積は$\frac{5}{8}+\frac{1}{2}=\frac{9}{8}$となるので，

求める面積の比は，$\frac{7}{8}:\frac{9}{8}=7:9$

(3)　**【解き方】(1)，(2)より，四角形ＡＢＭＥの面積は$\frac{7}{8}$であり，これは五角形の面積の半分より小さいから，Ｍを通り五角形の面積を２等分する線は，ＢＣ上を通るとわかる。その直線とＢＣの交わる点をＰとして，ＢＰ：ＰＣを求める。その際，高さの等しい三角形の面積の比は底辺の長さの比に等しいことを利用する。**

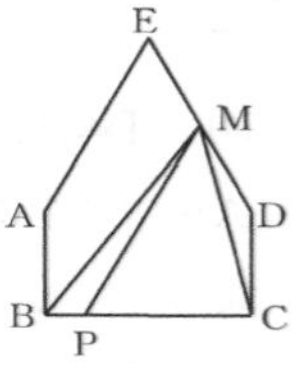

ＢＰ：ＰＣ＝(三角形ＭＢＰの面積)：(三角形ＭＰＣの面積)である。

三角形ＭＢＰの面積は，(五角形ＡＢＰＭＥの面積)－(四角形ＡＢＭＥの面積)＝$1-\frac{7}{8}=\frac{1}{8}$

三角形ＢＣＭの底辺をＢＣとしたときの高さは，(1)のＥＧの長さと等しいから，三角形ＢＣＭの面積は１である。

よって，三角形ＭＰＣの面積は，(三角形ＢＣＭの面積)－(三角形ＭＢＰの面積)＝$1-\frac{1}{8}=\frac{7}{8}$

したがって，求める直線は，五角形の辺$_{ア}$ＢＣをＢＰ：ＰＣ＝$\frac{1}{8}:\frac{7}{8}$＝$_{イ}$1：$_{ウ}$7に分ける。

5　(1)　切り取った直方体は，縦６－３＝３(㎝)，横４㎝，高さ４㎝なので，求める体積は，

６×６×６－３×４×４＝216－48＝168(㎤)

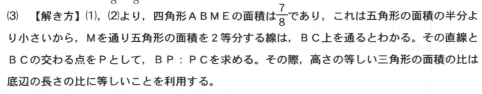

(2)　**【解き方】３点Ａ，Ｂ，Ｃを通る平面は，図ⅰの太線部分である。２つにわけた立体のうち，Ｐを含(ふく)む立体は，立方体の体積の半分から，底面が三角形ＤＥＦ，高さが４㎝の三角柱を取り除いた立体となる。よって，三角形ＤＥＦの面積を求める。**

図ⅰ

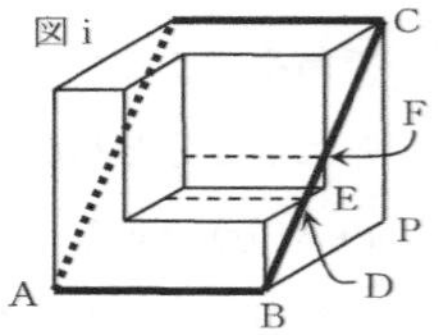

３点Ｂ，Ｃ，Ｐを含む面を正面として立体を見た図について，図ⅱのように作図する。

図ⅱ

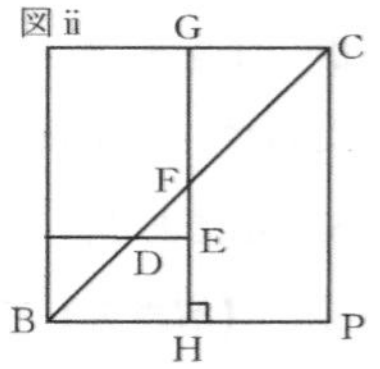

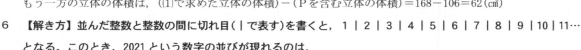

ＢＨ＝６－３＝３(㎝)より，三角形ＢＨＦと三角形ＣＧＦは合同だから，ＨＦ＝ＧＦ＝６÷２＝３(㎝)とわかる。よって，ＢＨ＝ＨＦ＝３㎝だから，三角形ＢＨＦは直角二等辺三角形である。三角形ＢＨＦと三角形ＤＥＦは同じ形であり，ＥＦ＝４－３＝１(㎝)なので，ＥＤ＝ＥＦ＝１㎝である。したがって，三角形ＤＥＦの面積は，１×１÷２＝$\frac{1}{2}$(㎠)なので，Ｐを含む立体の体積は，$6\times 6\times 6\div 2-\frac{1}{2}\times 4=108-2=106$(㎤)

もう一方の立体の体積は，((1)で求めた立体の体積)－(Ｐを含む立体の体積)＝168－106＝62(㎤)

6　**【解き方】並んだ整数と整数の間に切れ目(｜で表す)を書くと，１｜２｜３｜４｜５｜６｜７｜８｜９｜10｜11…となる。このとき，2021 という数字の並びが現れるのは，**

Ａ．切れ目なく 2021 と現れる。　　Ｂ．202｜１と切れ目が現れる。　　Ｃ．20｜21 と切れ目が現れる。

の３通りの場合が考えられる(２｜021 という切れ目は，０から始まる整数がないから存在しない)。

(1)　２けたまでの整数が並ぶのでＡ，Ｂのように現れることはない。Ｃのように現れるのは，20｜21 と並んだときの１回だから，求める回数は，１回である。

(2)　４けたまでの整数が並ぶ。Ａのように現れるのは，2021 が並んだときの１回。

Ｂのように現れるのは，４けたの整数の並びのうち，1202｜1203 と並んだときの１回(１～３けたの整数の並び

の中でBのように現れることはない)。

Cについて考える。２けたの整数の並びでは，20｜21 と並んだときに１回現れる。

３けたの整数の並びでは，３けた目の整数を㋐で表すと，㋐20 の次は㋐21 となるから，Cのように現れることはない。

４けたの整数の並びでは，４，３けた目の整数をそれぞれ㋑，㋒で表すと，㋑㋒20 の次は㋑㋒21 となるから，

Cのように現れるのは，2120｜2121 のときの１回だけである。

したがって，全部で４回現れる。

(3)　(1)をふまえる。５けたまでの整数が並ぶ。

Aについて考える。４けたの整数の並びでは，2021 が並んだときに１回現れる。５けたの整数の並びでは，

12021，22021，…，92021 が並んだときと，20210，20211，…20219 が並んだときに現れるから，９＋10＝19(回)

よって，Aのように現れるのは，全部で１＋19＝20(回)

Bについて考える。４けたの整数の並びでは，(2)のように１回現れる。５けたの整数の並びでは，５，４けた目の整数を㋓，㋔で表すと，㋓㋔202 の次は㋓㋔203 となるから，Bのように現れるときは㋓＝１で，㋔には０～９の 10 通りの整数が入るから，10 回現れる。よって，Bのように現れるのは，全部で１＋10＝11(回)

Cについて考える。(2)より，４けたまでの整数の並びで１＋１＝２(回)現れる。

５けたの整数の並びでは，５，４，３けた目の整数を㋕，㋖，㋗で表すと，㋕㋖㋗20 の次は㋕㋖㋗21 となるから，Cのように現れるときは㋕＝２，㋖＝１で，㋗には０～９の 10 通りの整数が入るから，10 回現れる。

よって，Cのように現れるのは，全部で２＋10＝12(回)

したがって，求める回数は，20＋11＋12＝43(回)

《2021　理科　解説》

【１】

(3)　デンプンが分解されると，より小さいつぶの糖ができる。

(6)　実験２で，糊粉層(こふんそう)にジベレリンを加えると，溶液が青く染まらなかったことから，糊粉層(こふんそう)にジベレリンを加えると，デンプンを分解する物質が合成されると考えられる(②はエ)。オオムギの種子では，デンプンは胚乳(はいにゅう)にたくわえられており(③はウ)，実験１の図３で胚がないとデンプンが分解されなかったことから，ジベレリンが分泌されるのは胚(①はイ)だと考えられる。

(7)　①ダイズはタンパク質(ウ)，②イネはデンプン(ア)，③ゴマと④ラッカセイは脂質(イ)を最も多くふくむ。

【２】

(1)(2)　北の空の星は，北極星を中心に 24 時間で 360 度反時計回りに回転し，ほぼもとの位置に戻るので，１時間で 360÷24＝15(度)反時計回り(図１のアの向き)に回転する。写真では，北の空の星が北極星を中心におよそ 90 度動いているので，90÷15＝６(時間)となる。

(4)　ウ○…南半球のオーストラリアでは，地球が自転する軸(じく)(地軸)を北側に延長した方向にある北極星は，北の地平線の下にあって，見ることはできない。なお，北半球の日本からは，地球が自転する軸を南側に延長した方向にある南十字星は，南の地平線の下にあって，見ることはできない。

(5)　エ○…直前のお父さんの発言から，北極星の高度はその場所の緯度(いど)(北緯)とほぼ等しいことがわかる。北極星

の高度が高いほど，しずむことなく，１年中見ることのできる星の数が増えるので，最も緯度が高いエを選ぶ。

⑹　エ○…紀元前3000年は今からおよそ5000年前だから，図３より，天の北極は$10\times\frac{5000}{720}=69.4\cdots\rightarrow70$度時計回りに回転したエの位置にあったと考えられる。

⑺　ウ○…図３で，こと座のベガは北極星から約180度回転した位置にあるので，$720\times\frac{180}{10}=12960\rightarrow13000$年後には，こと座のベガが北極星に代わる星になる。

⑻　⑧ア○…およそ13000年後，デネブは今の北極星のように，１年を通じて見ることのできる星になる。

⑨イ○…デネブが天の北極の位置にくるとき，北極星は今のデネブのように，季節によって見えたり見えなかったりする。

⑼　13000×２＝26000(年後)

【３】

Ａ⑴　氷が水に変化する０℃と，水が水蒸気に変化する100℃で温度が一定になる。

⑵　Ｘ○…加えた熱が固体(氷)を液体(水)に変化させるのに使われるので，温度が０℃で一定になる。

⑶　36分から76分までの40分間で，水の温度が０℃から100℃まで一定の割合で上がっていくので，50－36＝14分間で，$100\times\frac{14}{40}=35$(℃)上がる。

⑷　グラフの０℃以下の部分では，「氷」の温度が４分間で20℃(１分間で５℃)上がった。⑶では，「液体の水」の温度が１分間で100÷40＝2.5(℃)上がり，１ｇの温度を１℃上昇させるのに必要な熱の量は，１分間で上がる温度に反比例するので，2.5÷５＝0.5(倍)となる。

⑸　氷の重さが200ｇの半分の100ｇになったので，同じ温度にするまでにかかる時間も半分になる。－10℃の氷200ｇが80℃に達するのにかかる時間は，⑷解説より，(10÷５)＋(36－４)＋(80÷2.5)＝66(分)となる。したがって，氷の重さが100ｇでは，66÷２＝33(分)となる。

Ｂ⑴　ＢＴＢ液は酸性で黄色，中性で緑色，アルカリ性で青色を示す。アルカリ性の水溶液(すいようえき)である水酸化ナトリウム水溶液(イ)，重そう水(ウ)を選ぶ。なお，酢は酸性，砂糖水は中性である。

⑵　実験１より，酸性のＡ，Ｂ，Ｃは炭酸水かミョウバン水か塩酸である。また，実験２より，加熱して気体が出てきたＡ，Ｂは炭酸水か塩酸(Ｃはミョウバン水)，Ｆはアンモニア水であり，Ａから出てきた気体をＥに通じたところ白くにごったことから，Ａは炭酸水(Ｂは塩酸)，Ｅは石灰水(せっかいすい)(Ｄは食塩水)である。

⑶①　あ．Ｂ(塩酸)は塩化水素の水溶液である。　②　表より，石灰石がなくなるまでは，出てきた気体の体積は水溶液の重さに比例し，出てきた気体の体積が400mLに達すると一定になることがわかるので，Ｘは400である。

③　実験３では，石灰石２ｇから400mLの気体が発生した。400mLの気体の重さは$0.2\times\frac{400}{100}=0.8$(ｇ)であり，10ｇの炭酸カルシウムから4.4ｇの気体が発生するので，反応した炭酸カルシウムは$10\times\frac{0.8}{4.4}=\frac{20}{11}$(ｇ)である。したがって，石灰石２ｇにふくまれる炭酸カルシウムの割合は$\frac{20}{11}\div2\times100=90.9\cdots\rightarrow91$%となる。

⑷　Ｙを合計３＋５＝８(ｇ)加えた時に出てきた気体は合計240mLで，実験３でＢ８ｇのときに発生した気体の体積が360mLであり，水溶液の濃さは発生した気体の体積に比例するので，$3\times\frac{240}{360}=2$(%)となる。

【４】

Ａ⑴　①３回の平均は(12.9＋12.5＋12.4)÷３＝12.6(秒)だから，１往復する時間は1.26秒である。　②３回の平均は(17.2＋17.4＋17.7)÷３＝17.43…→17.4秒だから，１往復する時間は1.74秒である。

⑵　ア○…おもりは一番低い位置で一番速く動く。

⑶　ア○…糸がくぎにかかってからの0.5往復は，ふりこの長さが短くなるので，手を放して元の位置にもどるま

での時間は短くなる。

(4)　ウ○…(1)①で求めた 12.6 秒より，ふりこの長さが 40÷10＝4(倍)→(2×2)倍になると，1往復する時間は1.26÷0.63＝2(倍)，ふりこの長さが90cmのときの1往復する時間は(19.1＋18.7＋18.9)÷3÷10＝1.89(秒)だから，ふりこの長さが90÷10＝9(倍)→(3×3)倍になると，1往復する時間は1.89÷0.63＝3(倍)になることがわかる。したがって，長さ12m→1200cmのふりこの長さは10cmのふりこの長さの1200÷10＝120(倍)→およそ(11×11)倍だから，1往復する時間はおよそ11倍の0.63×11＝6.93→7秒となる。

B(1)　北極点から赤道までの長さは1(m)×1000万＝1000万(m)→1万kmだから，経線に沿って地球を1周した距離は，その4倍の4万kmとなる。

(2)　ウ○…3000÷1万＝0.3(m)→30cm

(3)　光は真空中を1秒間に30万km進むので，(1)で求めた値を使って，30万÷4万＝7.5(周)となる。

(4)　1.5億÷30万＝500(秒)→8分20秒

(5)　問題文の式を使って，332＋0.6×30＝(秒速)350(m)となる。

(6)　95m→0.095kmより，0.095÷30万＝0.0000003…(秒)となるので，0でない数字が初めて現れるのは小数第7位である。

(7)　95÷350＝0.271…→0.27秒

《2021　社会　解説》

1　問1　レジ袋の有料化は，資源の節約・海洋プラスチックごみの削減・地球温暖化対策などのために行われている。

問2　ウが誤り。日本の発電量の約8割は火力発電だが，その割合は，ＬＮＧ(37.4%)＞石炭(28.3%)＞石油(3.7%)と，石油の割合は少ない。

問3　Ｇ８以外の工業国を考えれば，ロシア以外のＢＲＩＣＳ(ブラジル・インド・中国・南アフリカ)など，資源国を考えれば，サウジアラビア・インドネシア・オーストラリアなどが考えられる。なお，ロシアは2021年現在サミット(先進国首脳会議)から外され，Ｇ８はＧ７となっている。

問4　アが誤り。オーストラリアの人口は他国に比べて少ないから，食料自給率はアメリカ合衆国より高くなる。オーストラリア＞アメリカ合衆国＞フランス＞日本の順である。

問5　香港のイギリス統治は，1840年に起きたアヘン戦争の講和条約である南京条約が始まりである。その後，アロー戦争による北京条約で九龍半島もイギリス統治となり，1898年には99年間の租借が決定した。

問6　日本(左側)と清(右側)が，朝鮮(魚)を狙っている場面で，少し離れたところからロシアが狙っている。甲午農民戦争をきっかけとして日清戦争が起きる直前の東アジアの様子を表したものである。

問7　エが誤り。2000年以降，ミネラルウォーターの国内生産量は増え続けた(2019年に頭打ちとなった)。

問8　森には，雨水を蓄える保水力があるので，「緑のダム」と呼ばれる。

2　問1　イが誤り。最高裁判所長官を指名するのは，国会ではなく内閣である。

問2　アが誤り。衆議院・参議院ともに，法律案は，議員提出・内閣提出のどちらでも，委員会の審議を経て本会議で審議される。

問3　ウが誤り。2021年2月時点での議員定数は，衆議院が465，参議院が245である。2022年には，参議院の議員定数は248になる。

問4　エが誤り。国民審査は，衆議院議員総選挙のときに行われる。

問5　ウが誤り。閣議決定は，原則として全員一致である。

問6　エが誤り。国務大臣の任免権は，内閣ではなく内閣総理大臣にある。

問7　アが誤り。国務大臣の中には，いわゆる無任所大臣がいてもよい。

問8　エが誤り。違憲審査権(法令審査権)は，すべての裁判所がもつ権限である。

3　**問1**　エが正しい。実った稲の穂先を刈り取るために石包丁が使われた。

問2　イが誤り。藤原道長のむすめに仕えていたのは，清少納言ではなく紫式部であった。

問3　伊藤博文が正しい。明治時代の内閣総理大臣は，伊藤博文・黒田清隆・山縣有朋・松方正義・大隈重信・桂太郎・西園寺公望で，伊藤博文以外に「藤」の字がつく苗字をもった人物はいない。

問4　エ→イ→ウ→アである。エは飛鳥時代の公地公民制，イは安土桃山時代の太閤検地，ウは明治時代の地租改正，アは昭和時代の農地改革の内容と一致する。

問5　池田光政や黒田光之が，江戸時代前半の人物であることから考え，共通の文字「光」から徳川家光を導く。

問6　アの調を租と直せばよい。調は，都に納める特産物であった。

問7　農民などの平民が苗字を名のるようになったのは，明治時代の四民平等からだから，19世紀と答える。

問8　イが正しい。ア．誤り。金閣は，１層が寝殿造，２層が武家造，３層が禅宗様となっている。ウ．誤り。『洛中洛外図屏風』は，雪舟ではなく狩野永徳の作品である。雪舟の作品には，「秋冬山水図」「天橋立図」などがある。エ．誤り。田植えの際に演じられたのが田楽，祭りで演じられたのが猿楽であり，観阿弥・世阿弥が保護を受けたのは，足利義政ではなく足利義満である。

問9　大名と豊臣秀吉の主従関係が表されていればよい。

問10　ウが明治時代ではない。義務教育期間に中学校３年間が入ったのは，戦後の1947年の学校教育法による。

問11　エ→ア→ウであり，イが誤り。平塚らいてうがつくったのは，全国水平社ではなく青鞜社である。全国水平社は部落差別開放のための組織である。エ(太平洋戦争中)→ア(戦後1946年)→ウ(1985年)

問12　1946年が太平洋戦争の直後であること，「勝」の字がベスト10から消えたことから考える。

4　**問1**　兵庫県神戸市(A)，香川県高松市(B)である。Cは静岡県，Dは山形県，Eは長野県。

問2　Bの香川県は四国地方だから新幹線は通っていない。

問3　Aの兵庫県には姫路城，Cの静岡県には富士山がある。

問4　アは，県庁所在地の人口が県内１位でないことから，静岡県と判断しCと答える。静岡県は，浜松市＞静岡市の順に人口が多い。イは，県庁所在地の人口の３割程度の都市が３つもあることから，兵庫県のAと答える。兵庫県には，神戸市＞姫路市＞尼崎市＞西宮市などがある。ウは香川県である。

問5(2)　Xは，山形県の特産品，Yは静岡県の特産品だから，X＝D，Y＝Cである。

問6　ア＝大阪府，イ＝静岡県(C)，ウ＝福岡県，エ＝神奈川県である。政令指定都市を２都市以上含む都道府県は，大阪府(大阪市・堺市)，静岡県(浜松市・静岡市)，福岡県(福岡市・北九州市)，神奈川県(横浜市・川崎市・相模原市)だから，それぞれの府県の工業の特徴を考える。大阪府は阪神工業地帯にあるから，金属の割合が高いアである。静岡県はパルプ・紙の出荷額が全国１位だからイである。福岡県と神奈川県は，ともに似たような割合になっているが，横の合計(総額)を比べれば，総額の多いエが神奈川県，少ないウが福岡県と判断できる。

問7　抑制栽培や高冷地農業の説明があればよい。

ラ・サール中学校

《国　語》

《一》問一．彼女をくさいと感じなかったし、くさくないのに「くさい」とか「フケツ」とか言うことになんとなく抵抗を感じたから。　問二．意　問三．ニ　問四．皆から「くさい」と言われている自分と手をつなぐのも、そうすることで周りから「フケツがうつった」と言われるのも、相手が嫌がると思ったから。　問五．ホ

問六．理由もないのに周囲に合わせて拒絶することをせずに、こちらから関わることで、相手の心が動き、その動きがこちらに返ってきて、自分の心までも動かされるもの。

問七．①程度　②前述　③至〔別解〕到　④段階　⑤以降

《二》問一．A．チ　B．イ　C．ニ　問二．a．ロ　b．ハ　c．ホ　問三．ホ　問四．ハ

問五．花がうまく育たなかったらここに植えた自分たちの責任だと考え、すっきりしない思いを抱き始めるとともに、さみしげで頼りない花の様子が周囲にうまく順応できていない自分と重なり、自分も今いる場所でやっていけるのかと不安がつのっている。　問六．マスクを使って他者との深い交流を避けることで、再び自分が傷つくことを防ぐため。

《三》①基幹　②宿願　③枚挙　④老練　⑤刷新　⑥火急　⑦唱和　⑧処世　⑨息災　⑩専横　⑪才　⑫郷　⑬労　⑭奮〔別解〕憤　⑮機

《算　数》

1　(1)583　(2)$\frac{25}{81}$　(3)3.8

2　(1)最小…112　最大…728　(2)10200　(3)$3\frac{1}{3}$　(4)㋐58　㋑26

3　(1)40　(2)17，23

4　(1)(ア) 9　(イ) 3　(2)(ア)103　(イ)318

5　(1)48　(2)7　(3)$\frac{48}{55}$

6　(1)4　(2)$2\frac{4}{7}$　(3)63：31

《理　科》

【１】①24　②明石　③東　④おそく　⑤１　⑥11　⑦10　⑧９　⑨10　⑩18　⑪17　⑫10　⑬７　⑭もどす　⑮進める

【２】A．⑴２：３　⑵５　⑶イ　⑷A…10　B…６　⑸A…６　B…９　⑹50　⑺44，80

B．⑴①太い　②増やした　③小さくなる　⑵オ

【３】A．⑴水素　⑵④，⑤　⑶112　⑷168　⑸300，433

B．⑴２：１　⑵水素／60　⑶酸素／60

⑷右グラフ　⑸右グラフ　⑹70

【４】A．⑴ウ　⑵イ　⑶イ　⑷気孔　⑸１

⑹①下がり　②増える

B．⑴図１…ウ　図２…イ　図３…ア　⑵エ　⑶250

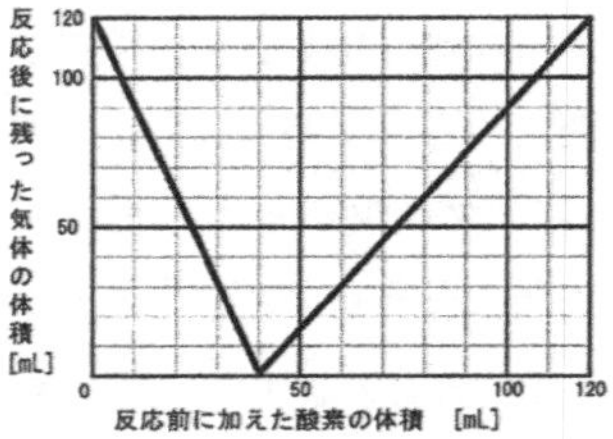

【３】B．⑷のグラフ

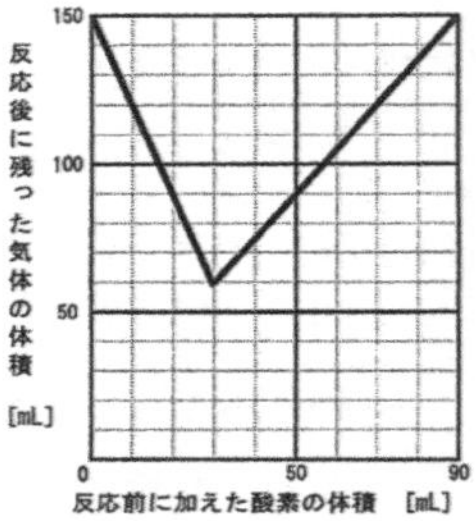

【３】B．⑸のグラフ

《社　会》

1　問１．エ　問２．⑴モスク　⑵コーラン〔別解〕クルアーン　問３．ウ　問４．長安　問５．一国二制度　問６．イ　問７．ダイナマイト　問８．京都　問９．エ

2　問１．エ　問２．ユニバーサル　問３．ウ　問４．※学校当局により全員正解　問５．ア　問６．イ　問７．イ　問８．A．エ　B．イ　問９．ウ

3　問１．ウ　問２．イ，ウ，ア，エ　問３．国際連盟　問４．エ　問５．イ　問６．エ　問７．応仁の乱で焼失した。　問８．エ　問９．遠方でとれるヤコウガイを入手できるほどの財力をもっていた。

〔別解〕その財力をつかって，遠方でとれるヤコウガイを入手した。　問10．ア，エ，イ，ウ

問11．エ，イ，ア　問12．L／M

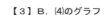

4　問１．⑴①イ　④ア　⑵香川県　⑶種子島　⑷①B　②D　問２．⑴⑦　⑵⑤キ　⑥カ　⑶⑤シ　果実…G　⑷⑤チ　⑥タ　問３．⑴ニ　⑵ナ

←解答例は前のページにありますので，そちらをご覧ください。

《2020　国語　解説》

≪一≫

著作権に関する弊社（へいしゃ）の都合により本文を非掲載（ひけいさい）としておりますので、解説を省略させていただきます。ご不便をおかけし申し訳ございませんが、ご了承（りょうしょう）ください。

≪二≫

問一Ａ　菊池（きくち）さんが、帰ろうとする阪田（さかた）をとがめている場面と、川口センパイが、勝手に花に名前をつけるふとまゆセンパイに文句を言っている場面にそれぞれ出てくるので、チの「口（をとがらせた）」（唇（くちびる）をつき出して激しく言う、または不満そうな顔をすること）が適する。　**Ｂ**　阪田の言葉は、「ぼく」にもショックを与（あた）えるものだった。よって、イの「胸（に刺（さ）さった）」が適する。　**Ｃ**　阪田の言葉に、菊池さんだけでなく「ぼく」自身も傷つき、さらに菊池さんも帰ってしまったので、「ぼく」は落ちこんでしまった。よってニの「肩（かた）（を落とした）」が適する。

問三　買い出しに行かないと言う阪田に、菊池さんが「そういうの、よくないよ」と注意したことに対して、阪田が不満に思って言い返した言葉。さらに阪田は「うちの姉ちゃんをかばおうとして、上級生に食ってかかったんだろ」と続けており、このエピソードから、菊池さんは悪いと思ったことは放っておけない、「正義感」の強い性格だということが読みとれる。しかし、阪田はそれを非難しているのだから、ホの「うすっぺらい正義感」が適する。

問四　「ぼく」が傍（ぼう）線部②のようになったのは、つぼみが切られてしまったから。この後で、ほんわかせんぱいにその理由を説明されるが、納得できず、７～８行後で「この花は突然（とつぜん）、ここに連れてこられた。そのうえ、これから咲（さ）こうとしていたつぼみの命まで勝手に奪（うば）われた。ちょっとひどくないか？」と考えている。この気持ちに合う、ハが適する。

問五　植え付けが終わった花壇（かだん）は、花がまばらに感じられ、「ぼく」は「こんな状態でいいんだろうか？」と不安になり、最後から３行目では「本当に見栄（ば）えがよくなるほど育つの？　育たなかったら、ぼくたちのせいだよな」と責任を感じている。さらに「さみしげに植わっている花に、どうも気持ちがすっきりしない～どこか自分に似ているような気」がしている。「ぼく」が花に自分を重ねている場面は、これより前にもあり、ホームセンターで花を眺（なが）めているときも、「ふと、（花が）ぼくたちに重なるように思えた～ぼくみたいに、うまく順応できないやつもいる」「育つ環境（かんきょう）が合わなかったら、枯（か）れてしまうのかな……」と考えている。クラスに馴染（なじ）めなかった経験のある「ぼく」が、新たな環境に植えられた花に、中学で新生活の始まった自分を重ね、不安な気持ちでいることをおさえる。

問六　「ぼく」がアレルギーでマスクをつけているわけではないことは、《注》に書かれている。マスクについて出てくるのは、本文前半の菊池さんと阪田とのやりとりの後である。菊池さんがハブにされたことを阪田が指摘（てき）したとき、「ぼく」も、自分自身の「クラスで不要とされた記憶（おく）」がよみがえってしまう。そして、「自分で勝手にからまわりして、孤（こ）立した。ぼくはマスクに触（ふ）れた。マスクに守られているのを、確かめたかった」と続く。この描写（びょうしゃ）から、「ぼく」が、マスクを“うまくいかない人間関係から、自分を守ってくれるもの”であると感じていることを読みとる。

≪三≫

Ⅱ⑪　「青二才」は、年が若くて経験にとぼしい男性のこと。　⑫　「理想郷」は、理想として描かれる完全な世界。　⑬　「徒労」は、苦労したことが報われないこと。　⑭　「発奮」（発憤）は、あることに刺激を受けて気持ちをふるいたたせること。　⑮　「動機」は、人が意志を決定したり、行動を起こしたりするときの直接の要因。

―《2020　算数　解説》

1　(1)　与式＝57×15.2－57×２×2.6＋13＝57×(15.2－5.2)＋13＝57×10＋13＝570＋13＝583

(2)　与式$=\frac{1}{8}\times\{(\frac{25}{9}+\frac{9}{11}-\frac{25}{81})-\frac{9}{11}\}=\frac{1}{8}\times(\frac{25}{9}-\frac{25}{81})=\frac{1}{8}\times\frac{25}{9}\times(1-\frac{1}{9})=\frac{1}{8}\times\frac{25}{9}\times\frac{8}{9}=\frac{25}{81}$

(3)　与式より，1.4×(2.7＋□)＝19.9－10.8　　1.4×(2.7＋□)＝9.1　　2.7＋□＝9.1÷1.4

2.7＋□＝6.5　　□＝6.5－2.7＝3.8

2　(1)　ある整数は，商と余りをＡとすると，27×Ａ＋Ａ＝Ａ×28 と表せ，Ａは 27 より小さい整数である。

100÷28＝３余り 16 より，Ａ×28 が最小となる３けたの整数は，Ａ＝４のときの，４×28＝112

Ａは 27 より小さいから，Ａ×28 が最大となる３けたの整数は，Ａ＝26 のときの，26×28＝728

(2)　はじめのＡ君の所持金を⑤とおくと，はじめのＢ君の所持金は③と表せる。

Ａ君の収入とＢ君の支出があったあとの２人の所持金は，(⑤＋2400)：(③－720)＝７：３だから，

(③－720)×７＝㉑－5040 が，(⑤＋2400)×３＝⑮＋7200 と等しい。よって，㉑－⑮＝⑥が 7200＋5040＝12240(円)にあたるから，はじめのＡ君の所持金⑤＝12240×$\frac{⑤}{⑥}$＝10200(円)

(3)　正六角形の面積から白い部分の面積を引いて斜線部分の面積を求める。右のように，正六角形の中に合同な正三角形が６個作図でき，１個の面積は６÷６＝１(㎠)になる。

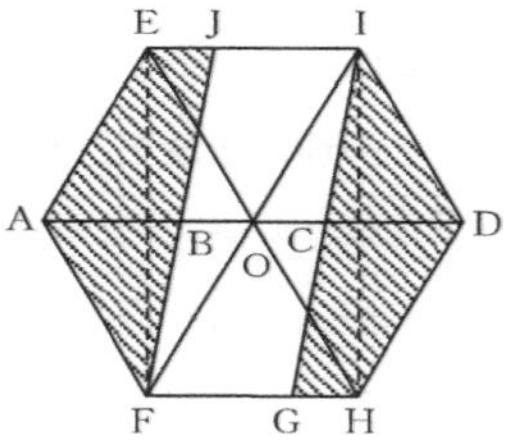

四角形ＥＦＨＩと四角形ＪＦＧＩは高さが等しい平行四辺形だから，面積比は

ＥＩ：ＪＩ＝ＡＯ：ＢＣ＝ＡＤ×$\frac{1}{2}$：ＡＤ×$\frac{1}{3}$＝３：２

四角形ＥＦＨＩの面積は正三角形４個分だから４㎠なので，四角形ＪＦＧＩの面積は，

$4\times\frac{2}{3}=\frac{8}{3}=2\frac{2}{3}$(㎠)　　よって，斜線部分の面積は，$6-2\frac{2}{3}=3\frac{1}{3}$(㎠)

(4)　角ＢＧＥ＝180－122＝58(度)だから，三角形ＢＧＥにおいて，

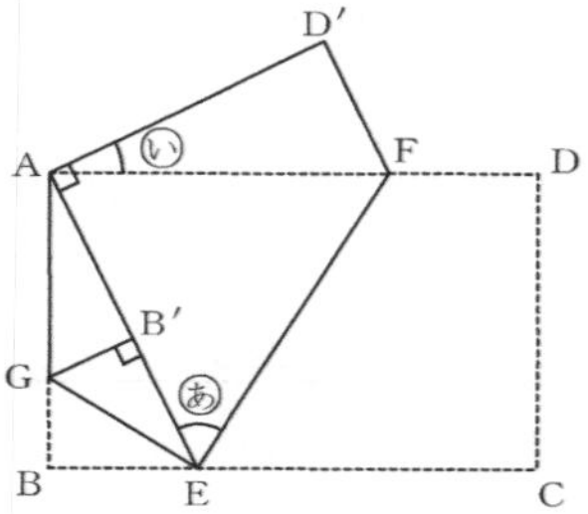

角ＢＥＧ＝180－90－58＝32(度)である。

三角形ＢＧＥと三角形Ｂ′ＧＥは合同だから，角Ｂ′ＥＧ＝角ＢＥＧ＝32 度

角ＡＥＣ＝180－32×２＝116(度)である。

四角形ＡＥＦＤ′と四角形ＣＥＦＤは合同だから，角ＡＥＦ＝角ＣＥＦなので，

角ⓐ＝116÷２＝58(度)である。

ＡＦとＢＣは平行だから，錯角は等しいので，角ＦＡＥ＝角ＡＥＢ＝32×２＝64(度)

角ⓘ＝角ＥＡＤ′－角ＦＡＥ＝90－64＝26(度)

3　(1)　右のような直方体ＡＢＣＤ－ＥＨＦＧの体積から，色をつけた三角すいＢ－ＥＨＦの体積を引けばよい。三角すいＢ－ＥＨＦの体積は，

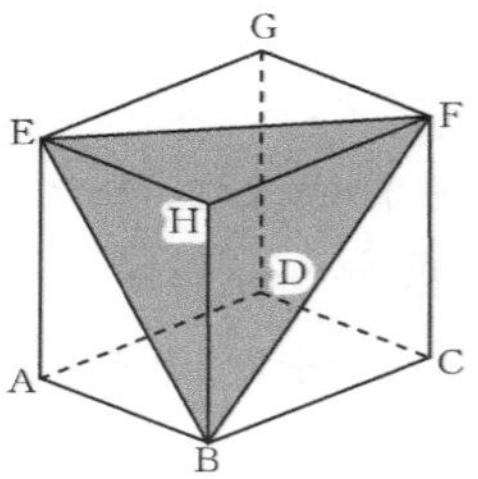

(３×４÷２)×４÷３＝８(㎤)だから，求める体積は，３×４×４－８＝40(㎤)

(2)　(1)で考えた直方体ＡＢＣＤ－ＥＨＦＧを，先にＭを通り面ＥＡＢＨに平行な

平面で切ると，直方体の体積は２等分される。そこから，右図の斜線で示した三角すいN－PQFの体積を引けば，点Cをふくむ側の立体の体積が求められる。三角すいN－PQFと三角すいB－EHFは，同じ形の三角すいで，対応する辺の比が１：２だから，体積比は（１×１×１）：（２×２×２）＝１：８になるので，三角すいN－PQFの体積は，$8\times\frac{1}{8}=1$（㎤）である。

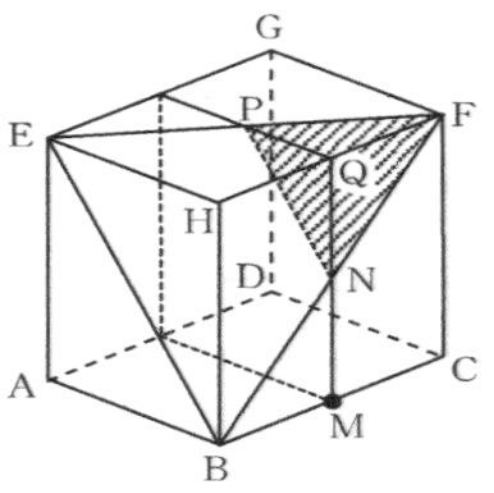

よって，点Cをふくむ側の立体の体積は，３×４×４÷２－１＝23（㎤）だから，点Aをふくむ側の体積は，40－23＝17（㎤）

4 (1)　2020×333333＝673332660 だから，けた数は$_{（ア）}$<u>９けた</u>で，数字３は$_{（イ）}$<u>３回</u>あらわれる。

(2)　(1)を参考にして考える。2020×3333＝6732660，2020×33333＝67332660，2020×333333＝673332660 だから，Aのけた数が１つ増えるごとに 67 と 2660 の間にある３の数が１つずつ増えていき，それ以外の数に変化がないことがわかる。よって，100 けたの数 333…333 は，６けたの 333333 より 100－６＝94(けた)多いから，けた数は，９＋94＝$_{（ア）}$<u>103（けた）</u>である。また，位の数の中に，３は３＋94＝97(個)，６が３個，７が１個，２が１個あるから，各位の数の和は，３×97＋６×３＋７×１＋２×１＝$_{（イ）}$<u>318</u>

5 (1)　点Pは 48÷３＝16(秒)に１回，点Qは 48÷８＝６(秒)に１回，点Aに戻ってくる。したがって，はじめて２点P，Qが点Aで重なるのは，16 と６の最小公倍数の 48 秒後である。

(2)　点Pと点Qの時間ごとの位置関係をグラフにすると，右のようになる。グラフが交わるところが２点P，Qの重なりを表すから，図のように全部で７回重なっている。

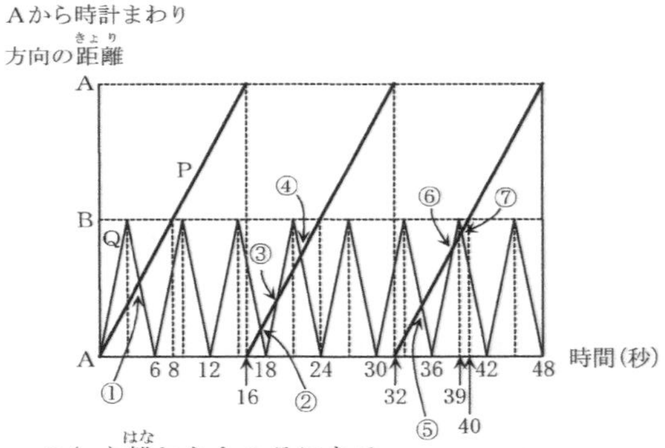

(3)　グラフを見ると，６回目から７回目にかけての時間が最も短いとわかる。２点P，Q間の距離は，２点P，Qが同じ向きに進むときは，１秒あたり８－３＝５(cm)増減し，反対方向に進むときは，１秒あたり８＋３＝11(cm)増減する。点Qが 39 秒後に点Bに着いたとき，点Pは点Bに着く 40－39＝１(秒)前だから，点Bから３×１＝３(cm)離（はな）れたところにある。
この少し前に６回目の重なりがあり，重なってから３cm離れるまでに$\frac{3}{5}$秒かかる。
点Qが 39 秒後に点Bに着いてから，７回目の重なりまでは，$\frac{3}{11}$秒かかる。
よって，６回目に重なってから７回目に重なるまでに，$\frac{3}{5}+\frac{3}{11}=\frac{48}{55}$(秒)かかる。

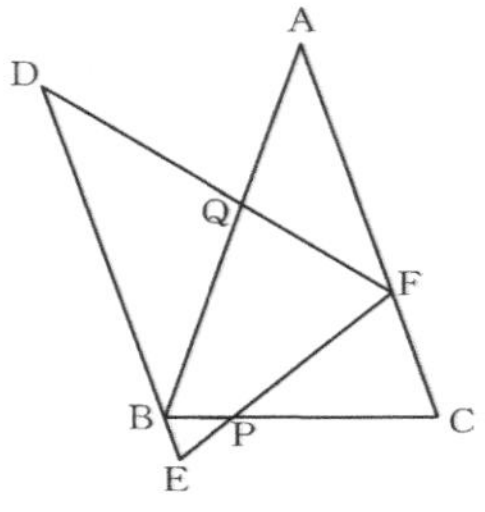

6 (1)　三角形PBE，三角形PCFはどちらも二等辺三角形だから，角PBE＝角PEB，角PFC＝角PCFであり，２つの二等辺三角形の頂角である，角BPEと角CPFが対頂角によって等しいため，２つの底角どうしも等しいとわかる。このとき，錯角が等しくなるのでDEとACは平行である。さらに，角ABC＝角PEBであり，角PEB＝角ACBだから，角ABC＝角ACB，つまり，三角形ABCはAB＝ACの二等辺三角形とわかる。したがって，三角形ABCと三角形PCFは同じ形の二等辺三角形であり，対応する辺の長さの比は，AB：PC＝６：（４－１）＝２：１だから，CF＝BC×$\frac{1}{2}$＝２(cm)とわかり，AF＝AC－CF＝６－２＝４(cm)である。

⑵　三角形ＰＥＢと三角形ＰＣＦは同じ形の三角形で，対応する辺の比がＢＰ：ＣＰ＝１：３だから，

ＥＢ＝ＣＦ$\times\frac{1}{3}=\frac{2}{3}$(cm)である。

ＤＥとＡＣが平行だから，三角形ＱＤＢと三角形ＱＦＡも同じ形の三角形で，対応する辺の比が，ＢＤ：ＡＦ＝$(6-\frac{2}{3})$：４＝４：３だから，ＢＱ：ＡＱも４：３である。よって，ＡＱ＝ＡＢ$\times\frac{3}{4+3}=\frac{18}{7}=2\frac{4}{7}$(cm)

⑶　三角形ＤＥＦと三角形ＡＢＣは合同な三角形であり，四角形ＢＥＦＱの面積は，三角形ＤＥＦの面積から三角形ＤＢＱの面積を引けば求められるので，三角形ＡＢＣと三角形ＤＢＱの面積の関係を求める。

三角形ＤＢＱの面積は，(三角形ＤＥＦの面積)$\times\frac{BD}{ED}\times\frac{DQ}{DF}$で求めることができる。

ＢＤ＝ＥＤ－ＢＥ＝$6-\frac{2}{3}=\frac{16}{3}$(cm)より，$\frac{BD}{ED}=\frac{16}{3}\times\frac{1}{6}=\frac{8}{9}$，ＤＱ：ＦＱ＝ＢＤ：ＡＦ＝４：３より，$\frac{DQ}{DF}=\frac{4}{4+3}=\frac{4}{7}$だから，三角形ＤＢＱの面積は，

(三角形ＤＥＦの面積)$\times\frac{BD}{ED}\times\frac{DQ}{DF}$＝(三角形ＡＢＣの面積)$\times\frac{8}{9}\times\frac{4}{7}$＝(三角形ＡＢＣの面積)$\times\frac{32}{63}$

よって，四角形ＢＥＦＱの面積は，(三角形ＡＢＣの面積)$\times(1-\frac{32}{63})$＝(三角形ＡＢＣの面積)$\times\frac{31}{63}$と表されるから，三角形ＡＢＣと四角形ＢＥＦＱの面積比は，１：$\frac{31}{63}$＝63：31

―《2020　理科　解説》―

【１】

③④太陽は東の地平線からのぼって南の空で最も高くなり(南中し)，西の地平線にしずんでいく。よって，西にある地点の方が，日の出，南中，日の入りの時刻がおそくなる。　⑤太陽は１日で１回転して元の位置にもどってくると考えればよいので，１時間では360÷24＝15(°)動く。これは地球が１日で１回転(自転)していることによる見かけの動きである。　⑥⑦日本が正午のとき(太陽が南中したとき)，日本より西にある国々では太陽がまだ真南より東にあるから，正午より前の時間である。また，経度が15°異なると時刻が１時間異なるから，日本より15°西にある中国やフィリピンは正午の１時間前の11時，30°西にあるタイやベトナムは正午の２時間前の10時である。

⑧～⑩日本より135°西にあるイギリスでは，太陽の南中(＝時刻)が日本より135÷15＝９(時間)おそくなる。よって，飛行機が日本を出発したとき(12月10日14時)，イギリスは12月10日５時であり，飛行機がとう着するのはその13時間後の12月10日18時である。　⑪～⑬日本より135＋120＝255(°)西にあるロサンゼルスでは，時刻が日本より255÷15＝17(時間)おそくなる。よって，飛行機が日本を出発したとき(12月10日14時)，ロサンゼルスは12月９日21時であり，飛行機がとう着するのはその10時間後の12月10日７時である。　⑭⑮日本が12月10日14時のときのロサンゼルスの時刻を日付変更線(へんこうせん)を考えずに求めると，日本より360－255＝105(°)東にあるロサンゼルスでは，日本の105÷15＝７(時間後)の12月10日21時になる。これは⑪～⑬解説で求めた時刻より１日早くなっているから，日付変更線を西から東にまたいで考えたときは，日付を１日もどせばよいことがわかる。よって，東から西にまたいで考えたときはその逆で，日付を１日進めればよいということである。

【２】

〔Ａ〕⑴　図１より，100ｇのおもりをつるしたとき，Ａは10cm，Ｂは15cm伸(の)びたから，Ａ：Ｂ＝10：15＝２：３である。　⑶　イ○…おもりの重さが斜面にもかかるようになるので，Ａにかかる重さは50ｇより小さくなる。

⑷　図４のようにつなぐと，Ａには60＋40＝100(ｇ)，Ｂには40ｇの重さがかかるから，Ａは10cm，Ｂは$15\times\frac{40}{100}$＝６(cm)伸びる。　⑸　図５のようにつなぐと，ＡにもＢにも60ｇの重さがかかるから，Ａは$10\times\frac{60}{100}$＝６(cm)，Ｂは$15\times\frac{60}{100}$＝９(cm)伸びる。　⑹　図６で，ＡとＢはどちらも43－40＝３(cm)伸びたから，Ａには$100\times\frac{3}{10}$＝30(ｇ)，Ｂには$100\times\frac{3}{15}$＝20(ｇ)の重さがかかっている。よって，Ｘは30＋20＝50(ｇ)である。　⑺　図７で，Ｙは棒の中央につるしたから，Ｙの重さはＡとＣに等しく分かれてかかる(ＡとＣに同じ重さがかかる)。図１より，

同じ重さがかかったときのCの伸びはAの２倍であることがわかり，もとの長さはCの方が40－36＝４(cm)短いから，Cがその２倍の８cm伸びて36＋８＝44(cm)になったとき，Aが４cm伸びて40＋４＝44(cm)になる。また，Aの伸びが４cmになるのは$100\times\frac{4}{10}=40$(ｇ)のおもりをつるしたときだから，Yは40×２＝80(ｇ)である。

〔Ｂ〕(1)　電熱線に流れる電流が強いほど，発熱の量は大きくなる。　①電熱線は太く，短いほど，電流が流れやすい。　②直列につながっている乾電池を増やすほど電熱線に流れる電流は強くなる。　③乾電池を並列つなぎで増やしていっても電熱線に流れる電流は乾電池が１個のときと同じである。つまり，直列つなぎになっている２個の乾電池を並列にしてつなぎかえると，電熱線に流れる電流は乾電池が１個のときと同じになる(電流は弱くなる)。
(2)　(1)解説参照。電熱線が最も太く，短いのはイとオである。また，直列につながっている乾電池の数は，アとオとカが３個，イとウが２個と考えればよいから，オの電熱線の発熱の量が最も大きくなる。

【３】

〔Ａ〕(1)　アルミニウムは，塩酸にも水酸化ナトリウム水溶液(すいようえき)にもとけ，このとき水素が発生する。　(2)　酸性のXとアルカリ性のYを混ぜ合わせると，たがいの性質を打ち消し合う反応(中和)が起こり，中性の食塩水ができる。③でAが発生しなかったのは，XとYが過不足なく反応して，食塩水だけになったためである(アルミニウムは食塩水にとけない)。よって，③と比べてYが少ない①と②ではXが残り，Yが多い④と⑤ではYが残る。BTB溶液は酸性で黄色，中性で緑色，アルカリ性で青色に変化するから，①と②では黄色，③では緑色，④と⑤では青色に変化する。　(3)　③より，X100mLとY200mLが過不足なく反応するから，Yの体積が③の半分の①では，100mLの半分の50mLのXが反応し，50mLのXが残る。つまり，50mLのXと十分な量のアルミニウムが反応すると，56mLのAが発生するということだから，100mLのXと十分な量のアルミニウムが反応すると，56mLの２倍の112mLのAが発生する。　(4)　(3)解説と同様に考えると，④では100mLのXと200mLのYが反応し，300－200＝100(mL)のYが残っていることになるから，これと十分な量のアルミニウムが反応すると，168mLのAが発生する。
(5)　Xが残って56mLのAが発生する場合と，Yが残って56mLのAが発生する場合の２通りを考えればよい。(3)解説より，50mLのXが反応すると56mLのAが発生するから，アには200－50＝150(mL)のXと反応するYの体積が当てはまる。③の体積を利用して，$200\times\frac{150}{100}=300$となる。また，(4)解説より，100mLのYが反応すると168mLのAが発生するから，56mLのAが発生するのは$100\times\frac{56}{168}=\frac{100}{3}$(mL)のYが反応したときである。よって，200mLのXと過不足なく反応するYは③の２倍の400mLだから，アには$400+\frac{100}{3}=433.3\cdots\rightarrow433$が当てはまる。

〔Ｂ〕(1)　図３より，加えた酸素の体積が50mLのときに，反応後に残った気体の体積が０mLになるから，水素と酸素が過不足なく反応するときの体積比は(150－50)：50＝２：１である。　(2)　反応前は，酸素が30mL，水素が150－30＝120(mL)であり，酸素30mLと水素30×２＝60(mL)が反応するから，反応後は水素が120－60＝60(mL)残る。
(3)　反応前は，酸素が90mL，水素が150－90＝60(mL)であり，水素60mLと酸素60÷２＝30(mL)が反応するから，反応後は酸素が90－30＝60(mL)残る。　(4)　水素と酸素が過不足なく反応するときの体積比が２：１だから，反応前の酸素の体積が全体の$\frac{1}{2+1}=\frac{1}{3}$であればよい。よって，反応前に加えた酸素の体積が$120\times\frac{1}{3}=40$(mL)のときに，反応後に残った気体の体積が０mLになるから，この点を，グラフの左上の点と右上の点のそれぞれと直線で結べばよい。　(5)　窒素(ちっそ)を60mL加えるから，反応前の水素と酸素の体積の合計は150－60＝90(mL)であり，(4)解説と同様に考えて，反応前に加えた酸素の体積が$90\times\frac{1}{3}=30$(mL)のとき，60mLの窒素だけが残る。よって，反応前に加えた酸素の体積が30mL，反応後に残った気体の体積が60mLの点を，グラフの左上の点と右上の点のそれぞれと直線で結べばよい。　(6)　反応後に残った気体の体積の50%を酸素が占めるのは，反応後に残る酸素の体積が窒素と同じ60mLになるときである。よって，反応した水素と酸素の体積の合計は150－(60×２)＝30(mL)であり，反応した酸素は$30\times\frac{1}{3}=10$(mL)だから，反応前に加えた酸素の体積は60＋10＝70(mL)である。

【４】

〔Ａ〕(2)　水を運ぶ管を道管，養分を運ぶ管を師管といい，道管と師管の集まりが束になったものを維管束という。アが師管，イが道管である。　(3)　イ○…右表は，ワセリンを塗った部分をもとに，水が出ていった部分についてまとめたものである。葉の表からはＡ－Ｂ＝0.6(ｇ)，葉の裏からはＢ－Ｃ＝5.8(ｇ)，茎からはＣ－Ｄ＝0.3(ｇ)，水面からは0.1ｇの水が出ていったことになる。

試験管	A	B	C	D	E
水が出ていった部分	葉の表 葉の裏 茎 水面	葉の裏 茎 水面	茎 水面	水面	葉の表 茎 水面
水の減少量(ｇ)	6.8	6.2	0.4	0.1	a

(5)　(3)解説より，0.6(葉の表)＋0.3(茎)＋0.1(水面)＝１(ｇ)である。　(6)　①水が水蒸気になる(蒸発する)ときにまわりから熱をうばうので，植物の表面の温度は下がる。

〔Ｂ〕(2)　岩などに一度付着したイワガキには移動能力がない。　(3)　$\frac{45\times50}{9}=250$(匹)

《2020　社会　解説》

1　問１　エが正しい。1494年のトルデシリャス条約でポルトガルがブラジル東端の支配権を得て，植民地支配をはじめたために，南米大陸のうちブラジルだけがポルトガル領となり，それ以外の国はスペイン領となった。

問２　イスラム教では，コーランを経典とし，偶像崇拝が禁じられ，１日に５回メッカの方向に向かって礼拝し，ハラル認証を受けた食品だけを食べる習慣がある。また，日の出から日没までの間，断食をするラマダンと呼ばれる期間もある。イスラム教のモスクとして，トルコのイスタンブールにあるスルタンアフメト・モスク(ブルーモスク)が有名である。

問３　ウが正しい。破傷風菌の純粋培養に成功したのが北里柴三郎，赤痢菌を発見したのが志賀潔である。

問４　長安は，漢・周・隋・唐の都であった。長安は，現在の西安あたりになる。

問５　一国二制度では，2048年までの資本主義の採用，報道・言論・出版の自由，集会の自由などが保障された。

問６　イが正しい。スリランカとバングラデシュはインドの東に位置する。

問７　アルフレッド・ノーベルは，スウェーデンの化学者で，ダイナマイトをはじめとする約350もの特許を取得し，巨万の富を築いた。

問８　京都議定書では，1990年を基準年として，５～８％の温室効果ガスの削減が定められた。

問９　エが誤り。もともとイギリスはユーロを採用せず，自国の通貨ポンドを使用していた。ユーロ圏でないＥＵ加盟国には，スウェーデン・デンマークなどがある。

2　問１　エが誤り。市の公共事業は，市役所が発注元となる入札によって事業者が決定される。

問２　すべての人に使いやすいデザインをユニバーサルデザイン，障害のある人に対する物理的・精神的障壁を取り除くことをバリアフリー，障害のある人が障害のない人と同等に生活し，ともに生き生きと生活する社会を目指す取り組みをノーマライゼーションという。それぞれの意味と用法に注意しよう。

問３　ウが正しい。ア．市議会議員の被選挙権年齢は満25歳である。イ．憲法＞条約＞法律＞政令＞条例だから，下位の市議会が上位の内閣の命令を改正・廃止することはできない。エ．地方自治の考えから，市町村の予算は，それぞれの市町村で決めることになっている。

問4　アとオが正しい。イ．消費税 10%への引き上げの際，食料品と定期購読される新聞については８％に据え置く軽減税率が採用された。ウ．所得税は，年間所得が 103 万円以上ある人にかかる税である。カ．国の税収は，所得税＞消費税＞法人税の順に多い。

問5　アが正しい。地方裁判所は北海道に４，残りの 46 都府県に各１あるので全部で 50 ある。裁判員制度は，裁判に国民の意見を広く取り入れ，司法に対する国民の理解を増進することと信頼の向上を目的としている。

問6　イが正しい。2020 年は東京オリンピック・パラリンピックの開催に向けて，７月 23 日(木)を海の日(本来は７月の第３月曜日)，７月 24 日(金)をスポーツの日(本来は 10 月の第２月曜日)，８月 10 日(月)を山の日(本来は８月 11 日)とする特例を設けた。

問7　イが正しい。「健康で文化的な最低限度の生活を営む権利」＝生存権は必ず覚えておく。

問8　訪日外国人旅行者数は，中国＞韓国＞台湾＞香港＞アメリカ合衆国の順だから，Ａは中国(エ)，Ｂは韓国(イ)，Ｃは台湾(ウ)，Ｄは香港(オ)，Ｅはアメリカ合衆国(ア)である。

問9　ウが正しい。ア．サウジアラビアから輸入しているのは石炭ではなく石油である。イ．機械製品や航空機・農産物は，アメリカ合衆国への輸出ではなくアメリカ合衆国からの輸入品目である。エ．日本と韓国は，竹島をめぐる領土問題が起きている。北方領土は，日本とロシアの間での領土問題である。

3　**問1**　ウが誤り。琉球王国は，1872 年に琉球藩となり，その後軍隊が派遣されて，琉球王国は滅亡し，沖縄県が置かれた(琉球処分)。

問2　イ．(1922 年)→ウ．(1940 年)→ア．(1941 年)→エ．(1945 年)

問3　アメリカ合衆国のウィルソン大統領の提案によって設立された国際連盟であったが，アメリカ合衆国は議会の反対によって加盟しなかった。

問4　エが正しい。ア．内容が誤り。「東海道五十三次」は歌川広重の作品である。イ．年代が合わない。松尾芭蕉は元禄期(17 世紀)に活躍した俳人である。ウ．内容が誤り。本居宣長が大成させた国学は，仏教や儒教が伝わる前の日本独自の文化を明らかにしようとした。

問5　イが誤り。江戸時代まで蝦夷地では稲作は行われていない。アイヌ民族との交易の中で収奪を繰り返す松前藩に対して立ち上がったのがシャクシャインであった。

問6　エが正しい。ア．年代が合わない。桶狭間の戦いはＦより前の 1560 年。イ．朝鮮出兵は暴風雨での撤退はしていない。１度目の文禄の役では，朝鮮水軍の抵抗にあい停戦。２度目の慶長の役では，秀吉の死により撤退した。ウ．内容が誤り。関ヶ原の戦いでの豊臣方は関東地方ではなく関西以西の大名であった。

問7　「1469 年・京都」から 1467 年に起きた応仁の乱と結びつける。

問8　エが正しい。ア．年代が合わない。鉄砲伝来は 16 世紀のできごとである。イ．年代が合わない。雪舟は 15 世紀から 16 世紀初頭に活躍した画僧である。ウ．内容が誤り。金閣の１層目は寝殿造，２層目は書院造，３層目は禅宗様である。

問9　中尊寺金色堂に多くの金が使われていたことと，ヤコウガイが高価であったことを結び付けて考える。

問10　ア．(630 年)→エ．(645 年)→イ．(694 年)→ウ．(712 年)

問11　エ．(縄文土器・縄文時代)→イ．(吉野ケ里遺跡の甕棺墓・弥生時代)→ア．埴輪(古墳時代)
ウは奈良時代に聖武天皇が愛用したと言われる水差し(漆胡瓶)だから，Ｎ(619 年)より後である。

問12　ウの内容が正しいので，ＬとＭの間に入れる。ア．条約改正交渉はノルマントン号事件より前の明治維新から進めていた。イ．保元の乱で敗れたのは後白河天皇ではなく，崇徳上皇である。

4　問1(1)　①は気温が低く梅雨も見られないことから北海道の気候と判断し，「昆布やウニ」からイを選ぶ。①の島は利尻島である。④は１年中気温が高く降水量も多いことから，南西諸島の気候と判断し，「日本の国土の端」「小型の馬」からアを選ぶ。④は与那国島，小型の馬はヨナグニウマである。　(2)　②の雨温図を見ると，比較的温暖で１年を通して降水量が少ないことから瀬戸内の気候と判断し，ウの小豆島を選び，香川県と答える。瀬戸内海で１番大きな島は，淡路島(兵庫県)である。　(3)　島の形と選択肢エから種子島と判断する。　(4)　①の利尻島は，北海道の面積に対して割合が低いことからＢと判断できる。②の小豆島は，香川県が日本で最も面積の小さい県であることからＤと判断する。Ａは与那国島，Ｃは種子島である。

問2(1)　⑦が大きい。福岡市は154万人，宮崎市は40万人だから，差は154－40＝114(万人)，⑤は新潟市が79万人，水戸市が27万人，差が79－27＝52(万人)，⑥は福井市が26万人，甲府市が18万人，差が26－18＝８(万人)
(2)　⑤はキである。新潟市と水戸市の間には，新潟県から福島県にかけて1000～2000m級の御神楽岳や那須岳などがある。⑥はカである。福井市と甲府市の間には，2000mを超える飛驒山脈・木曽山脈・赤石山脈の日本アルプスがある。　(3)　⑤にあてはまるものはシ，果実はＧである。新潟市と福井市と福岡市を比べた場合，農業産出額に占める米の割合が高いのは，福井市である。よって，２番目に割合の高いシが新潟市となる。また，水戸市と甲府市を比べた場合，扇状地に位置する甲府市の米の割合が低いことからも判断できる。果実については，サの▲が甲府市とわかれば，極端に割合が高いＧを果実と判断する。　(4)　内陸にある甲府市は繊維工業や化学工業の割合が低いと判断して⑥をタとする。そうすれば，輸送用機械器具製造業の発達したツの○が福岡市と判断できるので，残ったチが⑤になる。

問3　×印が西側の主要道路からはずれた場所に集中していることから仏教寺院と判断できる。そうすれば，道路沿いに多くある▲印をコンビニエンスストア，数の少ない●印を小学校と判断する。

ラ・サール中学校

《国　語》

《一》問一．ロ，ハ，ト　　問二．システムの限界ラインを見きわめること。　　問三．冒険者が公衆に対して冒険のあらましを報告することで、システムの外側から目撃した現代システムの全体像や、その限界と内実をさらけ出し、自分たちがそのようなシステムの管理下にあることを自覚させるから。

問四．人間が認知している世界　　問五．(1)太陽の昇らない闇の中で北極星や月の光を頼りに冬の北極圏を旅した。　(2)現代テクノロジーに頼らず、自力で食料を現地調達しながら登山した。

問六．リアルな経験そのものの身体的表現なので、言論による批評よりも強いインパクトをあたえることができ、他人より先にシステムの外に出た経験を示すことで、人々がシステムの外に出た冒険者やシステムの内部に居続ける自身をどう思うか問いかける力を持つ点。

問七．a．営　b．乗員　c．登頂　d．予期　e．意義

《二》問一．a．ハ　b．ニ　c．ホ　　問二．仁美／香奈恵

問三．道幅に余ゆうが無くて誰かが下がらなければならないが、その誰かは会話に入れない愛衣しかいないと思ったから。　　問四．イ　　問五．ロ　　問六．愛衣が仁美と香奈恵に仲間外れにされていることを疑いいら立ちを覚えつつも、そのいら立ちをおさえ込もうとしている。　　問七．仁美と香奈恵だけで宿題をしたことを愛衣に隠していたこと。

《三》①毛頭　②比類　③興奮　④歴訪　⑤転回　⑥可否　⑦破竹　⑧委細　⑨投機　⑩劇薬　⑪能　⑫勇　⑬延　⑭裁　⑮皇后陛下

《算　数》

1　(1) $\frac{3}{4}$　(2)637　(3)57

2　(1) $\frac{11}{144}$　(2)(ア)74　(イ)12　(3)42　(4)(ア)7.5　(イ)39

3　(1)5：53　(2)13.25

4　(1)24　(2)30　(3)60

5　(1)120　(2)右図　(3)右図

6　(1)5：3　(2)49：40　(3)392：125

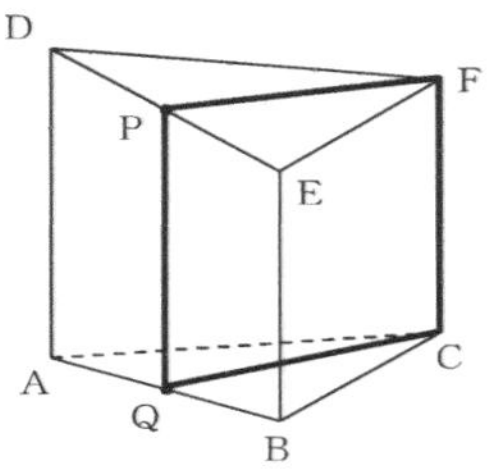

5(2)の図

図においてＥＲ：ＲＦ＝４：３

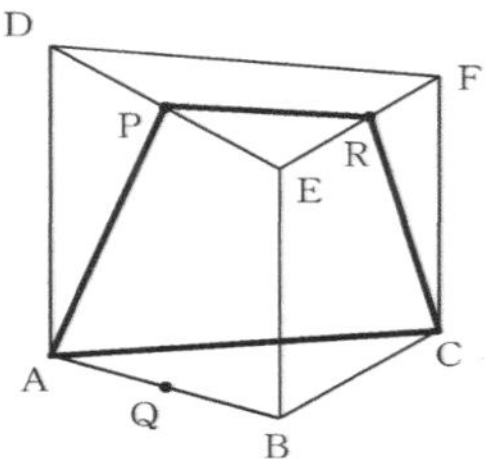

5(3)の図

《理　科》

【１】(1)イ　(2)球　(3)ウ　(4)ア　(5)自転の周期はどこでも同じはずだから。　(6)水素に比べて酸素が少なすぎるから。　(7)25　(8)エ

【２】A．(1)①－　②＋　③０　(2)a．イ　b．ア　c．ウ　(3)a．エ　b．オ　c．オ　(4)エ

B．(1)エ　(2)食物連鎖　(3)呼吸　(4)プランクトン　(5)ヤコウチュウ　(6)オ　(7)ウ，エ

【３】A．(1)①A　②C　③B　④C　(2)C　(3)イ　(4)ウ

B．(1)ア，イ　(2)A．二酸化マンガン　B．銅　C．石灰石　(3)体積は変わらない　(4)①１　②4.5

(5)③917　④917

【４】A．(1)120　(2)20　(3)30　(4)15　(5)60

B．(1)①ア　②エ　③ウ　(2)８　(3)10.9　(4)①B　②C　③13.1

《社　会》

1　問１．ア　問２．イ　問３．イ　問４．エ　問５．カ　問６．オ　問７．ウ　問８．エ

2　問１．山形県　問２．イ　問３．枕草子　問４．鉄鉱石　問５．X．南半球　Y．季節　問６．イ

問７．イ，ウ，エ

3　問１．１．ク　２．イ　問２．ウ　問３．(1)ユネスコ〔別解〕国際連合教育科学文化機関　(2)［E］

問４．ブラジル　問５．(1)上越／北陸　(2)［E］　問６．ジャストインタイム

問７．X．いちご　Y．みかん　Z．きゃべつ　問８．［D］　問９．前橋市／松山市

4　問１．あ．E，F　い．F，G　問２．土偶　問３．東大寺／国分寺／国分尼寺 などから１つ

問４．ア，ウ　問５．モンゴル／蒙古／元 などから１つ　問６．ア　問７．エ　問８．アイヌ

問９．ウ　問10．エ，ウ，オ

問11．被害を敵に知られるとまずいから。／国民の戦う意欲が失われるから。などから１つ

←解答例は前のページにありますので，そちらをご覧ください。

《2019　国語　解説》

《一》

問一　「システム」とは、現代のわれわれが暮らす日常を管理しているものを意味する。その「外側での経験」なので、「脱システム」（＝「冒険」）や、冒険で得られることを選ぶ。「私は北極星や月の光にすがるようにして旅をした」という筆者の「極夜探検」は冒険なので、ロが適する。ロと対照的なイは、「システム」の内側でのことなので適さない。また、「極夜探検」で体験した「太陽が昇ったときに想像を絶するような開放感を味わうこと」も、「脱システム」したからこそできたことなので、トも適する。「ショーン・エリスは狼の群れの中で暮らし、狼の視点を獲得して（＝「脱システム」して）狼を語ることで、遠くから双眼鏡で眺めて狼の行動に人間の基準をあてはめるだけだった生物学の研究（＝「システム」）の限界を明らかにした」とあるので、ハが適し、ニは適さない。「服部文祥は、現代のテクノロジーに依存した登山スタイルでは自力性が乏しいと考え～サバイバル登山を始めた」ことによって、「他者を殺して生きていることへの意識が希薄になった現代社会システム」に警鐘を鳴らした。よって、この例で「システム」の内側にあたる、ホとへは適さない。

問二　冒険者が「脱システム」するときにしていること。それは、傍線部②の１～２行前の「システムの性格や特質を自分なりにとらえ、そのシステムがどのあたりまで根を張っているのか、限界ラインがどのへんにあるのかを見極め」ることである。よって、この内容をまとめる。傍線部②の次行で「限界ラインの見定め」と表現しているのも参照。

問三　傍線部③の直後で「帰還した冒険者が公衆に対して何を報告し、どのようなことを明らかにするのか」を考えることに導いている。つまり「ここ」とは、直前に述べた「システムの内部に帰還した後に、自分が経験した冒険のあらましを～報告する」こと。ここでの言いたいことをまとめた「それが冒険の批評性である」（傍線部③で始まる段落の最後の一文）に着目する。冒険の報告が、「批評」のように何を指摘し、何を論じるものになるというのか。この段落で述べているのは、「報告するのは～外側から目撃した現代システムの全体像」であること、「報告するということは～システムの境界線を明示すること～現代システムの限界と内実をさらけ出す」ということ、報告によって「システムの内側にいる者は～限界がどこにあるのかということ～自分たちがそのようなシステムの管理下にあったことにはじめて気づかされる」ということ。筆者は本文で「冒険が批評だ」と言いたいのであり、冒険の報告が批評的な役割をもつという「ここ」が重要になるのである。

問四　「ショーン・エリスは狼の群れの中で暮らし、狼の視点を獲得して（＝「脱システム」して）狼を語ることで、遠くから双眼鏡で眺めて狼の行動に人間の基準をあてはめるだけだった生物学の研究（＝「システム」）の限界を明らかにした」という話から言えることが、他のことにもあてはまると一般化してまとめている部分に着目する。「この世界には人間が認知している世界とは異なる世界がパラレルに存在していること、われわれが知りえている地球や宇宙が決してすべてではなく、そのほんの一部にすぎないことを身体的な経験として提示した」より、下線部が「システム（の内側）」にあたること。「十字以上十五字以内」なので前者を抜き出す。

問五(1)　「極夜」とは、北極圏または南極圏で、冬に一日中太陽の昇らない状態が続く現象。「行動の具体的内容」なので、いつ、どのような場所で、どのように探検したのかがわかるように説明する。「極夜探検」について述べている３段落目と６段落目に着目し、「極夜という太陽のない世界」「極夜の世界で私は北極星や月の光にすがるようにして旅をした」「闇の中での彷徨」などからまとめる。なお、「北極星」が見えることから、北極圏に行ったのだとわかる。　(2)　「サバイバル」とは、困難な状況を乗りこえて生き残ること。傍線部⑤から始まる段落に「服部文祥は、現代のテクノロジーに依存した登山スタイルでは自力性が乏しいと考え～サバイバル登山を始めた」「このサバイバル登山自体が、生きることというのはほかの生き物を殺し、その肉を食べることにほかならないこと～明らかにし」とあることから、その目的と具体的な行動が読み取れる。これも「脱システム」(＝冒険)の例である。

問六　「挑発」とは、事を引き起こさせるように刺激をあたえるさま。ここでは、冒険をした者(＝「脱システム」をした者)が、冒険をしていない者(＝「システム」の内側にいる者)に、自分の冒険をきっかけに何かを考えさせることができる(＝批評性がある)ということ。冒険の批評性についてまとめた最後の４段落に着目する。「冒険とは批評的性格をかねそなえた脱システムという身体的表現である～リアルな経験そのものなので～言論による批評よりも強いインパクトをあたえることもできる」「冒険とはシステムの外に飛び出すことで、システムの内部を外から客観的に見つめて、その限界を明らかにする批評的性格を持った身体表現である。一言でいえば、ほかの人間に対して自分だけが飛び出す、自分だけが先に行くという行為だ。自分だけ(システムの)外に飛び出すことによって、冒険者は『私は飛び出したけど、その飛び出した私について、あなたはどう思う？　そして飛び出さない自分たちについて何を思う？』と、飛び出さない者たちに対して挑発的な問いかけを発している(＝挑発的な批評性がある)のだ」とある。このように、他者に問いかけ、考えさせる力があるという、筆者の考える冒険の意義をまとめる。

《二》

問二　傍線部②の直後に「仁美と香奈恵は、昨晩放送されたドラマについて喋っている」とあることから、傍線部①と直後の二つの会話文が、仁美と香奈恵の間で交わされたものだとわかる。

問三　傍線部②の前後の内容から読み取る。「この道は、人通りが多いわりに幅が狭い。三人並ぶことは憚られる場所である。「憚る」は、遠慮する、ためらう、という意味。つまり、三人(＝愛衣、仁美、香奈恵)が横に並んで歩くと他の人の通行のさまたげになるので、誰か一人が後ろに下がる必要があるということ。「仁美と香奈恵は、昨晩放送されたドラマについて喋っている～愛衣は、そのドラマを観られない」とあるので、愛衣は、ここで一歩下がるべきなのは、二人の会話に入れない自分だと判断したのだ。

問四　「見るともなしに」は、特にそれを見ているというわけでもないが、という意味。ここは、会話がとぎれて「沈黙」になってしまった状況である。傍線部③の直後に「仁美となにを喋ればいいのか分からない」とあることからも、話題が見つからず困っているのだと読み取れる。また、「あの匂いが一段と濃くなったような気がした」とある。「匂い」とは、本文前の説明に「愛衣は、自分に対する隠しごとを敏感に、文字通りに嗅ぎ取ってしまうという、不思議な嗅覚を持っています」とあるとおり、仁美が愛衣に隠しごとをしていることの表れである。よって、イが適する。

問五　問四でも見たように、「匂い」は、相手が愛衣に隠しごとをしていることの表れ。その「匂い」が消えるのだから、隠していたことが発覚した、つまり、もう隠しごとではなくなったということ。香奈恵の母親が「あ、仁美ちゃん、昨日は美味しいチョコレートをありがとう～愛衣ちゃんもまた遊びに来てね」と言ったことから、仁美が昨日香奈恵の家に行き、そのことを二人が愛衣に隠していたのだとわかった。よって、ロが適する。ここまでの本文に出てきた「前方(＝仁美と香奈恵がいる方)から漂う、甘さと酸っぱさの混じったあの匂い～今日は随分と匂いが強い」「あの匂いが一段と濃くなったような気がした」「あの匂いが急激に強く立ち上った」ということの原因が明らかになった。

問六　「靄」とは、前行の「黒い靄」のこと。「別に気にしてないよ」と仁美に嘘を言い、心の中では「呼ぼうとしたって嘘なんじゃないの？　私がいないほうがよかったんでしょう？」などと不愉快な思いをしている。その心のわだかまりが「黒い靄」にたとえられている。そのような、愛衣だけ呼ばなかった二人に不信感をいだき、いら立つ気持ちが「染み出さないよう」に、つまり、顔や態度に出ないように、がまんしているということ。仁美と別れたあとの「泣きたいのは私のほう、と～路傍の石を蹴飛ばした」という態度にも、それまでおさえていた腹立たしさが表れている。

問七　香奈恵の母親の発言で、昨日仁美と香奈恵が一緒にいたことが発覚してしまった。それまで愛衣に隠していたのに、言わざるを得ない状況になり、仁美は「算数の宿題でどうしても分からないところがあって～一緒にやろうって言われたのね」「愛衣ちゃんも呼んだほうがいいかなって思ったんだけど～宿題が違うし。そうしたら、仲間外れにしたって思われるのも嫌だから、言わないでおこうって、香奈ちゃんが」と、事情を説明している。このいきさつの中で、愛衣を傷つける一番の問題点(＝仁美が謝るべき点)がどこにあるかを考える。もちろん、愛衣を呼ばずに二人だけで宿題をしたことは謝るべき点だが、それだけではない。三人の人間関係を考えるうえで一番いけなかったのは、二人が愛衣に「言わないでおこう」と隠した点である。宿題は違うかもしれないが愛衣にも声をかけてみる、それをしなかったのだから、せめて、こういう理由で二人で宿題をしたと話し、仲間外れにしたわけではないと伝えるべきだった。それが愛衣に対する誠実な対応である。それをしなかったこと、つまり、隠していたことを謝っているということ。

《2019　算数　解説》

1　(1)　与式$=\frac{1}{4}\times\frac{1}{4}\times\frac{8}{3}+\frac{7}{5}\div\frac{12}{5}=\frac{1}{6}+\frac{7}{5}\times\frac{5}{12}=\frac{2}{12}+\frac{7}{12}=\frac{9}{12}=\frac{3}{4}$

(2)　与式$=12.1\times7\times13-1.1\times13\times7-13\times0.5\times7\times8=7\times13\times(12.1-1.1-4)=91\times7=637$

(3)　与式より，$1\div\{2+1\div(3+4\div\square)\}=1\frac{175}{407}-1$　　$2+1\div(3+4\div\square)=1\div\frac{175}{407}$

$1\div(3+4\div\square)=\frac{407}{175}-2$　　$1\div(3+4\div\square)=2\frac{57}{175}-2$　　$3+4\div\square=1\div\frac{57}{175}$　　$4\div\square=\frac{175}{57}-3$

$4\div\square=3\frac{4}{57}-3$　　$4\div\square=\frac{4}{57}$　　$\square=4\div\frac{4}{57}=4\times\frac{57}{4}=57$

2　(1)　求める分数を$\frac{b}{a}$とすると，$\frac{55}{18}\times\frac{a}{b}$と$\frac{121}{48}\times\frac{a}{b}$が整数になるのだから，aは18と48の公倍数，bは55と121の公約数とわかる。$\frac{b}{a}$を大きくするためにはaはできるだけ小さく，bはできるだけ大きい方がいいので，aは18と48の最小公倍数の144，bは55と121の最大公約数の11とわかり，求める分数は，$\frac{11}{144}$である。

(2)(ア)　ノート2冊と鉛筆10本を買うと500×2＝1000(円)になるから，鉛筆を10－6＝4(本)買ったときの代金は1000－704＝296(円)になる。よって，鉛筆1本の値段は，296÷4＝74(円)

(イ)　ノート1冊は500－74×5＝130(円)だから，2300－74×10＝1560(円)になるのは，1560÷130＝12(冊)買ったときである。

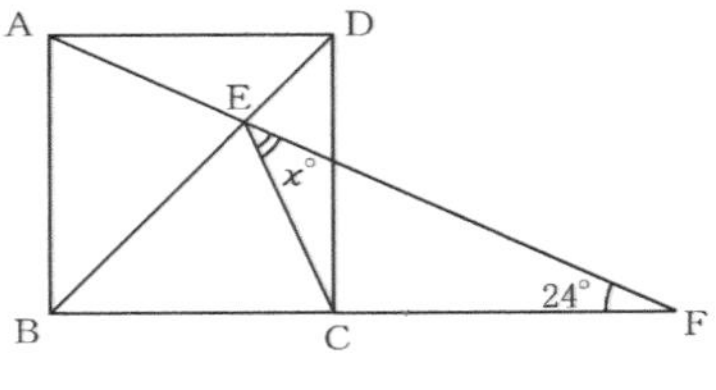

(3)　右図のように記号をおく。直角三角形ＡＢＦの内角の和から，角ＢＡＦ＝180－24－90＝66(度)である。三角形ＢＣＥと三角形ＢＡＥは合同だから，角ＢＣＥ＝角ＢＡＥ＝66度である。三角形の外角の性質か

ら，三角形ＥＣＦにおいて，x＝66－24＝42

(4)(ア)　ＡＣとＤＦが平行だから，三角形ＥＡＢと三角形ＦＤＢは同じ形になる。対応する辺の比は等しいので，ＡＥ：ＤＦ＝ＡＢ：ＤＢ＝24：(24－６)＝４：３とわかる。よって，ＤＦ＝ＡＥ×$\frac{3}{4}$＝10×$\frac{3}{4}$＝7.5(㎝)

(イ)　右のように作図する。三角形ＡＤＥの面積は６×10÷２＝30(㎠)，三角形ＤＣＥの面積は５×６÷２＝15(㎠)である。高さの等しい三角形の面積の比は底辺の長さの比に等しいので，三角形ＥＤＧと三角形ＥＤＣの面積の比は，ＤＧ：ＣＤに等しい。ここで，三角形ＧＤＦと三角形ＧＣＥが同じ形の三角形であることから，ＤＧ：ＣＧ＝ＤＦ：ＣＥ＝7.5：５＝３：２になるので，

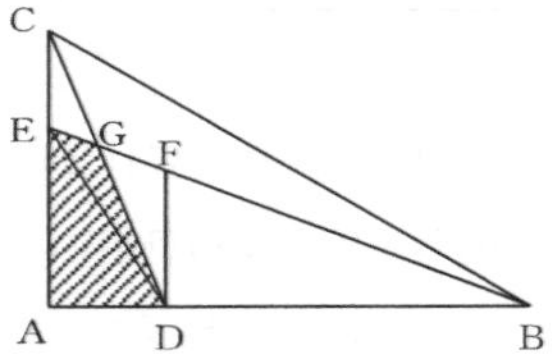

ＤＧ：ＣＤ＝３：５とわかる。したがって，三角形ＥＤＧの面積は，三角形ＥＤＣの$\frac{3}{5}$倍の，15×$\frac{3}{5}$＝９(㎠)とわかる。よって，斜線部の面積は，30＋９＝39(㎠)

3　(1)　車なら15－10＝５(分)で進める道のりを，15＋38＝53(分)で歩いたことになる。同じ道のりを進んだときの速さはかかった時間に反比例するので，徒歩と車でかかった時間の比が53：５だから，速さの比は５：53である。

(2)　同じ時間に進む道のりは速さに比例するから，15分間進んだときの，徒歩と車で進んだ道のりの比は５：53になる。この比の数の差の53－５＝48が12㎞にあたるから，駅前から公園までは，12×$\frac{53}{48}$＝13.25(㎞)

4　(1)　となりあわないで４人が座るためには，①，③，⑤，⑦の席に座らなければならない。①の席から座っていくとして，①に座ることができるのは４人，③に座ることができるのは①に座った１人を除いた３人，⑤に座ることができるのは①と③に座った２人を除いた２人，⑦に座ることができるのは残った１人だから，全部で，４×３×２×１＝24(通り)の座り方がある。

(2)　となりあえない問題では，空席を先に設けて，空席の間に座っていくと考えればよい。
空席を○，座れる場所を●で表すことにする。まず空席を５つ準備すると，○○○○○になり，座れる場所は●○●○●○●○●○●の６か所あるので，ＡとＢがこの６か所のうちの２か所を選べばよい。Ａが先に選ぶとすると，Ａの選び方は６通り，Ｂの選び方はＡが選んだ場所以外の５通りだから，全部で６×５＝30(通り)の座り方がある。

(3)　(2)と同じように考える。まず空席を４つ準備すると，○○○○になり，座れる場所は●○●○●○●○●の５か所になる。Ａ→Ｂ→Ｃの順に席を選ぶとすると，Ａは５か所，Ｂは４か所，Ｃは３か所の席を選べるので，全部で５×４×３＝60(通り)の座り方がある。

5　(1)　右図のように，三角柱と三角すいに分けて考える。
２つの立体の底面積は，６×６÷２＝18(㎠)である。
下の三角柱の体積は，18×６＝108(㎤)である。
上の三角すいの体積は，18×(８－６)÷３＝12(㎤)である。
よって，求める体積は，108＋12＝120(㎤)

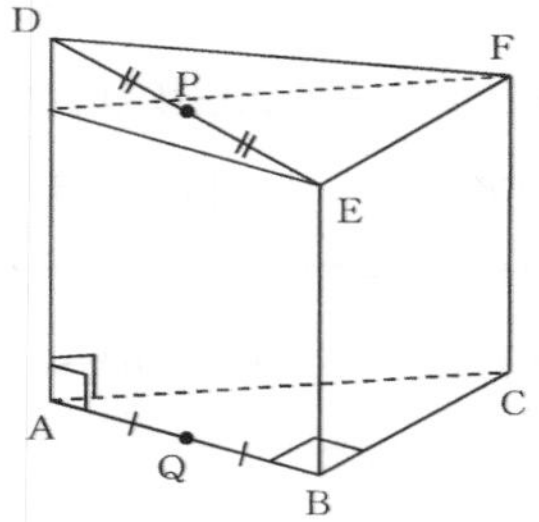

(2)　立体の切り口を作図するときは，同じ平面上にない２点を直線で結ばないように注意すること。まず，同じ平面上にあるＰとＱ，ＱとＣは直線で結ぶことができる。そうすると，ＰＱとＦＣが平行になるから，ＦＣも切り口になるとわかる。ＦとＰは同じ平面上にあるのでＦとＰを結ぶ。そうすると，切り口は台形ＰＱＣＦになるとわかる。

(3)　右図のように，ＡＰとＢＥを延長して交わる点をＨとし，三角柱ＡＢＣＧＨＩを考えると，ＡＨは三角柱ＡＢＣＧＨＩを３点Ｃ，Ｐ，Ａを通る平面で切ったときの切り口になる。ＨとＣを結ぶと，ＥＦと交わる点Ｒができるので，ＲとＰを結べば解答例のようになる。

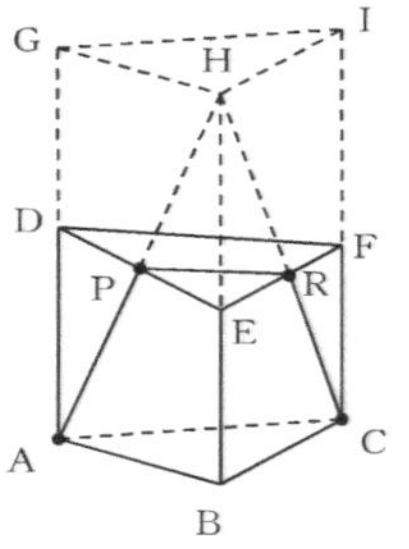

三角形ＡＰＤと三角形ＨＰＥが合同になるから，ＨＥ＝ＡＤ＝８㎝となる。
ＢＨとＣＩが平行だから，三角形ＨＥＲと三角形ＣＦＲは同じ形なので，
ＥＲ：ＦＲ＝ＨＥ：ＣＦ＝８：６＝４：３である。

6　(1)　四角形ＡＱＰＤと三角形ＢＣＱの面積が等しいことから，三角形ＡＣＤと三角形ＢＣＰの面積も等しいとわかる。右のように作図すると，ＡＤ×ＣＦの値とＢＣ×ＰＥの値が等しくなるから，ＡＤ：ＢＣ＝５：８ならばＣＦ：ＰＥ＝８：５になる。ＣＦとＰＥは平行だから，ＣＤ：ＣＰ＝ＣＦ：ＰＥ＝８：５より，
ＣＰ：ＰＤ＝５：(８－５)＝５：３

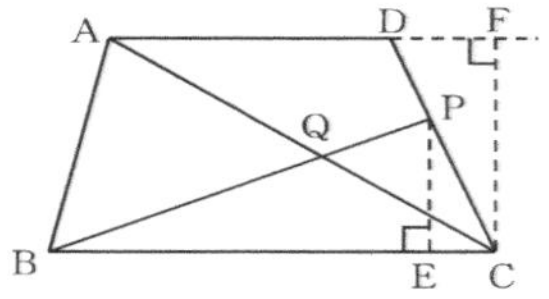

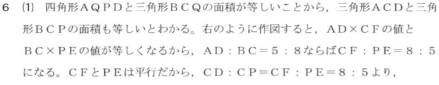

(2)　右のように作図すると，ＡＧとＢＣが平行だから，三角形ＰＢＣと三角形ＰＧＤは同じ形になり，ＢＣ：ＧＤ＝ＣＰ：ＤＰ＝５：３になる。
そこで，ＢＣ＝㊵とおくと，ＧＤ＝ＢＣ×$\frac{3}{5}$＝㊵×$\frac{3}{5}$＝㉔になる。

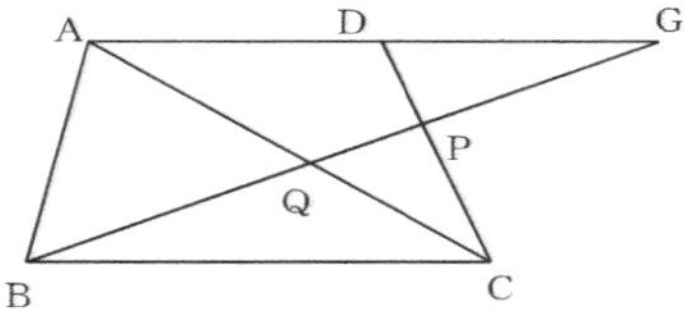

また，ＡＤ：ＢＣ＝５：８だから，ＡＤ＝ＢＣ×$\frac{5}{8}$＝㉕とおける。ＡＧとＢＣが平行だから，三角形ＡＱＧと三角形ＣＱＢも同じ形になり，ＡＱ：ＣＱ＝ＡＧ：ＣＢ＝(㉕＋㉔)：㊵＝49：40 になる。

(3)　(2)の解説図でＣとＧを結ぶと，三角形ＡＢＣの面積と三角形ＧＢＣの面積が等しくなるので，これら２つの三角形から重なっている部分を除いた三角形ＡＢＱと三角形ＧＣＱの面積も等しいとわかる。
つまり，三角形ＡＢＱと三角形ＣＰＱの面積の比は，(2)の解説図の三角形ＧＣＱと三角形ＣＰＱの面積の比に等しいので，ＧＱ：ＰＱを求めればよい。(2)の解説をふまえると，ＧＱ：ＢＱ＝ＡＧ：ＣＢ＝49：40 だから，ＧＱ：ＧＢ＝49：89 になるので，ＧＱ＝ＧＢ×$\frac{49}{89}$である。
また，ＧＰ：ＢＰ＝ＤＰ：ＣＰ＝３：５だから，ＧＰ：ＧＢ＝３：８になるので，ＧＰ＝ＧＢ×$\frac{3}{8}$である。
したがって，ＧＱ：ＧＰ＝(ＧＢ×$\frac{49}{89}$)：(ＧＢ×$\frac{3}{8}$)＝392：267 になるので，ＧＱ：ＰＱ＝392：(392－267)＝392：125 になる。よって，三角形ＡＢＱと三角形ＣＰＱの面積の比も 392：125 になる。

《2019　理科　解説》

【１】

(1)　太陽の表面の温度は約 6000℃で，黒点はそれより約 2000℃低い約 4000℃である。

(3)　周辺部は，中心部に比べて密度が小さく温度が低いため，中心部より暗く見える。この現象を周辺減光といい，太陽だけでなく，他の自ら光る星についても同様の現象が起こる。

(4)　黒点は全体的に左から右へ動いていることがわかる。まん中の(赤道付近にある)黒点が，下のほう(極付近)にある黒点を追い抜いたと考えればよいので，自転の周期(１回自転するのにかかる時間)は赤道付近のほうが短い。

(5)　固体であれば，全体が一体となって回転するから，赤道付近と極付近で自転の周期が等しくなるはずである。

(6)　水素は燃える気体であるが，水素が燃えるには酸素が必要である。酸素にはものが燃えるのを助けるはたらきがある。

(7) 地球の公転の向きと太陽の自転の向きは同じだから，27 日後に地球と黒点が再び元の位置関係になったということは，太陽は 27 日間で，360 度よりも地球が 27 日間で公転した角度だけ多く自転したということである。地球は 365 日で 360 度公転するから 1 日では約 1 度，27 日間では約 27 度公転するので，太陽は 27 日間で約 360＋27＝387(度) 自転する。したがって，360 度自転するのにかかる日数は $27\times\frac{360}{387}=25.1\cdots\rightarrow25$ 日である。

(8) ア．植物が光合成によって作り出しているのはでんぷんである。イ．空気はおもに，太陽によって暖められた地面によって暖められるので，太陽が最も高くなる正午ごろから少しおくれて気温が最も高くなる。ウ．太陽電池は太陽の光のエネルギーを直接電気のエネルギーに変える装置である。

【2】

〔A〕(2) a．花粉のとりあいをするのだから，互いに損害を受けるイである。b．互いに利益を得るアである。c．コマユバチは利益を得るが，ガは損害を受けるので，ウである。　(3) a．キリンとシマウマは食べる草が異なるから，互いに影響をほとんど受けないエである。b．カクレウオはナマコの消化管を隠れ家にすることで利益を得るが，ナマコはカクレウオから利益を得ることも損害を受けることもないので，オである。c．コバンザメはサメに付着することで利益を得るが，サメはコバンザメから利益を得ることも損害を受けることもないので，オである。　(4) アブラムシのように，さなぎにならず，卵，幼虫，成虫の順に育つことを不完全変態という。これに対し，卵，幼虫，さなぎ，成虫の順に育つことを完全変態という。

〔B〕(1) 見た目がカメの手のような形をしていることからこの名がつけられた。　(2) 生物どうしの食べる・食べられるの関係を食物連鎖といい，これが図 2 のように複雑につながっているものを食物網という。　(4) プランクトンとは水中で浮遊生活する生物群のことだから，クラゲもプランクトンである。　(6) 実験の①で，ヒトデいなくなったことで，イガイとフジツボが著しく増加したから，図 2 のイガイ以外で太い矢印が出ているYはフジツボである。実験の③で，海藻が著しく減少したことでカサガイとヒザラガイが著しく減少したから，カサガイとヒザラガイは海藻を食べると考えられる。したがって，Zはヒザラガイに食べられる海藻，Xは海藻を食べるカサガイである。　(7) 実験ではヒトデがいなくなった区画でイガイだけが残ったから，ウは正しい。また，実験の②に，イガイとフジツボが著しく増加したので，海藻の生活場所が奪われて，海藻が著しく減少したとあるので，エは正しい。ア．図 2 で，Xがカサガイ，Yがフジツボで，太い矢印のフジツボを多く食べるから誤り。イ．図 2 より，イガイは海藻(Z)を食べないので誤り。オ．実験の①②より，海藻の生活場所が減るのはヒトデに食べられなくなったフジツボやイガイが増えることによるものだから誤り。

【3】

〔A〕(1) Aを外炎，Bを内炎，Cを炎心という。Aでは気体のろうが酸素と十分に反応して完全燃焼するので，もっとも温度が高い。Bでは気体のろうが酸素と十分に反応せず不完全燃焼をするので，すすが残り，これが熱せられてもっとも明るくなる。Cでは気体のろうがほとんど燃焼しておらず，もっとも温度が低く，もっとも暗い。

(2) 白い煙は，燃焼していない気体のろうが冷やされたものである。したがって，気体のろうがもっとも多く残っている炎心にガラス管を差し入れると，白い煙がよく出てくる。　(3) (1)解説の通り，内炎の場所にすすがつくから，イが正答となる。　(4) ロウは液体から固体に変化するときに体積が小さくなる。このとき，ビーカーの外側から冷やされて固体に変化していくので，中央部分がへこんだウのようになる。

〔B〕(1) ウとオはどちらにも反応せず，エはどちらとも反応する。　(2) アルミニウムは水酸化ナトリウム水溶液に溶けて水素が発生するから，実験 1 より，A～Cにアルミニウムは含まれていない。実験 2 より，過酸化水素水と反応して気体(酸素)が発生したAは二酸化マンガンである。実験 3 より，酸素中で熱すると，熱する前より重くなったBは，熱することで酸素が結びつく銅である。実験４より，塩酸を加えて気体(二酸化炭素)が発生したCは石灰石である。　(3)　この反応でAは変化しない。Aには，過酸化水素水が変化するのを促すはたらきがある。したがって，過酸化水素水の体積が変わらなければ，発生する気体の体積も変わらない。　(4)　①Xが $4\times1.25=5$ (g)になるから，結びついた酸素は $5-4=1$ (g)である。②空気９gあたり酸素が２g含まれるので，酸素が１g含まれる空気は $9\div2=4.5$ (g)である。　(5)　③Cの重さが1.2gのとき，塩酸の体積を２倍にするとでてきた気体の体積も２倍になったから，塩酸５mLが反応すると気体が100mL発生することがわかる。Cの重さが2.4gのとき，塩酸の体積を２倍にしてもでてきた気体の体積が２倍になっていないから，C2.4gが反応すると気体が440mL発生することがわかる。以上のことから，440mLの気体を発生させる(C2.4gがすべて反応する)には塩酸が $5\times\frac{440}{100}=22$ (mL)必要であり，C５gがすべて反応するには塩酸が $22\times\frac{5}{2.4}=45.8\cdots$ (mL)必要だとわかる。したがって，③と④にはC５gがすべて反応したときに発生する気体の体積が入るので，$440\times\frac{5}{2.4}=916.6\cdots\rightarrow$ 917mLとなる。

【４】

〔A〕(1)　図２では，入射光と鏡の間の角度が30度だから，入射角は $90-30=60$ (度)であり，反射角も60度である。したがって，$60+60=120$ (度)が正答となる。　(2)　入射角が10度減少するから反射角も10度減少し，合計で20度減少する。　(3)　図Ⅰ参照。求める角度と鏡Bでの反射角は平行線の同位角の関係にある。鏡Aでの入射角と反射角は $90-30=60$ (度)だから，鏡Bでの入射角と反射角は $90-60=30$ (度)である。したがって，30度が正答となる。　(4)　図Ⅱ参照。鏡Bでの反射光が水平になるとき，鏡Bでの入射角と反射角の和と，鏡Aでの反射光と水平な面との角は平行線の錯角の関係にある。したがって，鏡Bでの入射角と反射角の和は30度であり，図Ⅰのときより30度減少しているから，(2)と同様に考えて，鏡Bを $30\div2=15$ (度)倒したと考えられる。　(5)　(4)解説より，鏡Bでの反射光は，鏡を倒した角度の２倍の角度で反時計回りに回転していくと考えることができる。鏡Bでの反射光が水平な面と垂直になるのは図Ⅲのときだから，鏡Bでの反射光の角度は図Ⅱから図Ⅲで反時計回りに90度回転したことがわかる。したがって，図Ⅱから図Ⅲで鏡を $90\div2=45$ (度)倒したことになり，図３の位置からは $15+45=60$ (度)倒したことになる。

図Ⅰ
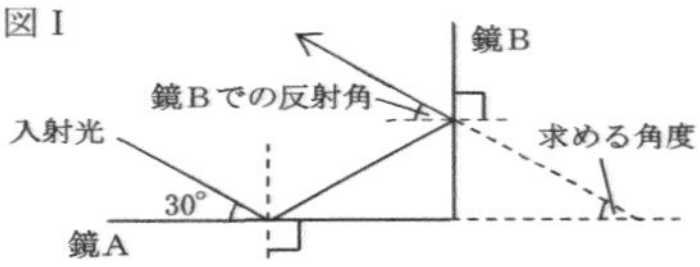

図Ⅱ
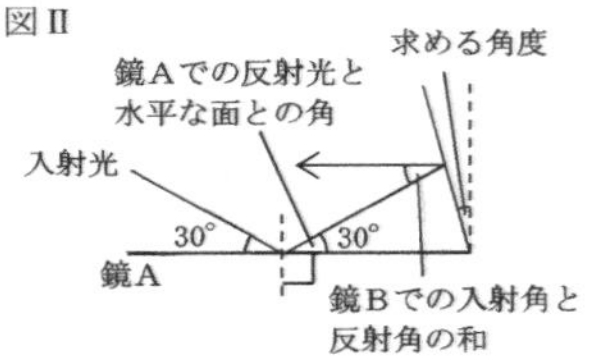

図Ⅲ
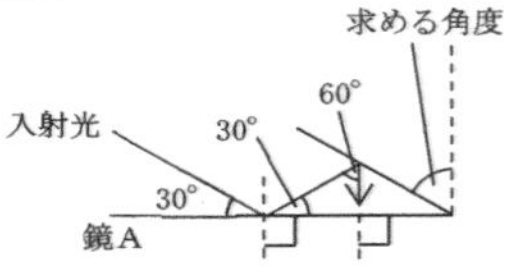

〔B〕(1)　①Xが支点で，Aの重心が支点より右側にあるように置けば，右(時計回り)に傾いて落ちる。②③てこでは，支点の左右で棒を傾けるはたらき〔おもりの重さ×支点からおもりまでの距離〕が等しくなると，つり合う。この関係が成り立つとき，左右のおもりの重さの比と，支点から左右のおもりまでの距離の逆比が等しくなる。BはAの２倍の長さだから，重さの比はA：B＝１：２である。したがって，Yからの距離の比がこの逆のA：B＝２：１になればよいので，図Ⅳより，Aの先端はYから最大で $6\times\frac{2}{2+1}+3=7$ (cm)だけ右側に出すことができる。

(2)　図６のＡとＢは，図Ⅳのと Ａ とＢの左右を入れかえただけだから，図ⅣにおいてＹからＢの左端までの距離を求めればよい。したがって，６＋(６－４)＝８(㎝)が正答となる。

(3)　図Ⅳで板が傾いて落ちなかったことから，ＡとＢを１つの板として考えたときに，この板の重心がＹの上にあると考えることができる。図７では，まず，Ｃの重心がＢの右端にくるようにのせる。すると，ＢとＣ全体の重心が図Ⅴのように，Ｃの右端から$6\times\frac{2}{3+2}+9=11.4$(㎝)の位置にくる。さらに，図Ⅵのように，ＢとＣ全体の重さがＡの左端にかかると考えると，Ａ～Ｃ全体の重心はＡの左端から$3\times\frac{1}{1+5}=0.5$(㎝)の位置にくるので，台の右端からＣの右端までの距離は11.4－0.5＝10.9(㎝)になる。

図Ⅳ

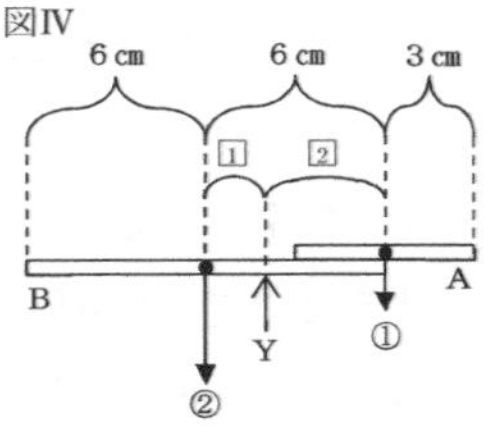

図Ⅴ

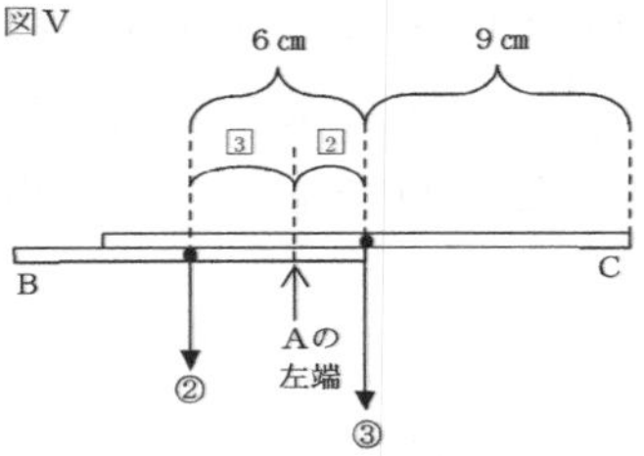

図Ⅵ

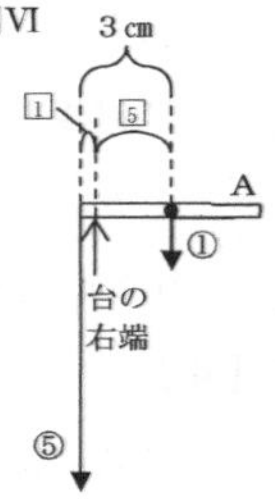

(4)　ＢとＣ全体の重心から右端までの距離が一番大きくなる重ね方を考える。図Ⅴのように，上にある板を右にずらすと，Ｂを上にした場合でもＣを上にした場合でも右端から重心までの距離は11.4㎝になる。これに対し，上にある板を左にずらすと，図Ⅶのように，Ｂを上にした場合の右端から重心までの距離が$9\times\frac{2}{3+2}+9=12.6$(㎝)で最大になる。この重心をＡの右端にのせると，Ａ～Ｃ全体の重心は，図Ⅵと同様に考えて，Ａの右端から0.5㎝の位置にくることがわかる。したがって，Ａの右端を台の右端から0.5㎝出すことができるので，台の右端からＣの右端までの距離は最大で0.5＋12.6＝13.1(㎝)になる。

図Ⅶ

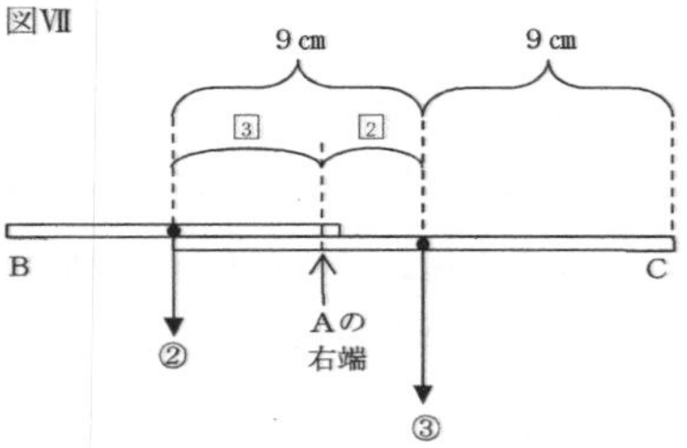

―《2019　社会　解説》―

１　**問１**　アが誤り。ＴＰＰ離脱を表明したのはインドネシアではなくアメリカであり，2018年12月アメリカを除く11か国でＴＰＰ11が発効した。

問２　イが誤り。１票の格差を是正するため，議員１人あたりの有権者数が最も多かった選挙区の定数が増加する。

問３　イが誤り。閣議は，多数決ではなく全会一致を原則とする。

問４　エが誤り。アメリカの核の傘の下にある日本は，核兵器禁止条約に署名していない。

問５　カが正しい。アについて，国家予算に関する仕事は財務省が担当する。イについて，国家予算の税収は約57兆円，公債金は34兆円程度と税収の方が多い。ウについて，金額が多い順に，所得税＞消費税＞法人税である。エについて，金額が多い順に，社会保障費＞国債費＞地方財政費である。オについて，2017年度の防衛関係費は約５％程度であるが，軍部が力を持っていた1935年では約47％と多かった。

問６　オが誤り。ＵＮＨＣＲ(国連難民高等弁務官事務所)，ＷＦＰ(国連世界食糧計画)をはじめ国際連合の各機関は，多くの人々の寄付から成り立っている。

問７　ウが誤り。条約の締結の承認は国会の権限であり，天皇は条約の公布を行う。

問８　エが誤り。都道府県議会議員の選挙に立候補できる年令は30才以上ではなく25才以上である。

２　**問１**　庄内平野・最上川から山形県を導き出す。

問２　イが正しい。夏の南東季節風は，太平洋側では暖かく湿った風だが，越後山地や奥羽山脈を越えるときに雨を降らせることで，あたたかくかわいた風になって日本海側を吹き下ろす(フェーン現象)。

問３　イ．聖徳太子が中国に小野妹子らを遣隋使として派遣した。→ア．日本の朝廷の招きをうけた鑑真は，数度の航海の失敗を乗りこえて来日し，奈良に唐招提寺を開いた。→エ．中国から伝えられた漢字をもとにして，かな文字が作られ，清少納言によって枕草子が書かれた。→ウ．平清盛が，現在の神戸港の一部である大輪田泊を修築して，中国との貿易を行った。

問４　オーストラリア西部のピルバラ地区で鉄鉱石がさかんに産出される。

問５　季節が逆になる南半球から輸入される農産物として，オーストラリア産のアスパラガスのほか，ニュージーランド産のカボチャなどがよく扱われる。これによって，１年中農産物を手に入れることができる。

問６　イが誤り。海洋プラスチック憲章にアメリカと日本は署名しなかった。

問７　イ・ウ・エが 1960 年以前である。東海道新幹線開通は 1964 年，奄美群島復帰は 1953 年，国際連合加盟は 1956 年，サンフランシスコ平和条約締結は 1951 年，日韓基本条約締結は 1965 年のことである。

3　［A］は静岡県，［B］は群馬県，［C］は広島県，［D］は福岡県，［E］は愛媛県である。

問１⑴　県西部の中心都市とは浜松市だから，クのピアノを選ぶ。浜松市にはヤマハ・カワイ・ローランドなどのキーボードメーカーがある。　⑵　県庁所在地が松山市，銅山開発(別子銅山)をきっかけに栄えた県東部に位置する都市が新居浜市とわかれば，間にある今治市が導き出されるので，イのタオルを選ぶ。

問２　浜松市にあるのは浜名湖だからウのうなぎを選ぶ。

問３⑴　ＵＮで始まる機関は「国連」，Ｉで始まる機関は「国際」，Ｗで始まる機関は「世界」と訳す。

⑵　［E］の愛媛県には世界遺産はない。静岡県には富士山と韮山反射炉，群馬県には富岡製糸場，広島県には厳島神社と原爆ドーム，福岡県には八幡製鉄所と宗像・沖ノ島がある。

問４　工場で働く外国人労働者には，ブラジルからきたブラジル人や日系人が多い。

問５⑴　交通の拠点となる都市とは高崎市のことで，上越新幹線と北陸新幹線が乗り入れている。

⑵　［E］の愛媛県には新幹線は通らない。静岡県には東海道新幹線，群馬県には上越新幹線と北陸新幹線，広島県には山陽新幹線，福岡県には九州新幹線が通っている。

問６　ジャストインタイム方式では，在庫をできるだけ少なくすることで生産ロスを減らし低コスト化が実現した。しかし，災害などによって一部の部品の供給や生産がストップすると，生産全体がストップするという危険性もある。

問７　栃木県＞福岡県ときたら「いちご」，和歌山県＞愛媛県ときたら「みかん」，群馬県＞愛知県ときたら「きゃべつ」であることは確実に覚えておきたい。年によって，みかんときゃべつの１・２位は逆転することもある。

問８　日本でもっとも日の入りの時刻がおそいということは，より西側に位置する県を選べばよいから，［D］の福岡県を選ぶ。東にあるほど日の出と日の入りは早くなり，西にあるほど日の出と日の入りはおそくなる。

問９　群馬県前橋市と愛媛県松山市を答える。都道府県名と都道府県庁所在地が異なるものは 18 ある。

4　**問１あ**　イが正しいので，ＥとＦの間と答える。アは蘇我馬子が誤り。正しくは蘇我入鹿・蝦夷である。ウは「富嶽三十六景」が誤り。正しくは「東海道五十三次」であり，「富嶽三十六景」は葛飾北斎の作品である。

い　イが正しいので，ＦとＧの間と答える。アは北山が誤り。正しくは東山である。北山には足利義満が建てた金閣がある。ウは大久保利通が誤り。民選議院設立建白書は，政府を去った板垣退助らによって書かれたもので，政府の要人(内務卿)であった大久保利通は関与していない。

問２　Ａは縄文時代の記述だから土偶を答える。石包丁と銅鐸は弥生時代，埴輪は古墳時代のものである。

問３　鎮護国家の考えのもとに，全国に国分寺・国分尼寺を建て，総国分寺として奈良の都に東大寺を建てた。

問４　正しい文はア，ウ，エ，オであり，平安後期から鎌倉後期のものはア，ウの２つだから，ア→ウとなる。アは平安時代末期，ウは鎌倉時代前半である。イは『平家物語』が誤り。エはＣより前のできごと，オはＤより後のできごとである。

問５　「1301年」「再び攻めてくる」から「元寇」を導き出す。1274年の文永の役と1281年の弘安の役をまとめて「元寇(蒙古襲来)」という。

問６　アが誤り。熊本県の江田船山古墳と埼玉県の稲荷山古墳から出土した鉄刀や鉄剣に同じ「獲加多支鹵」の文字が刻まれていたことから，古墳時代の大和王権は，九州から関東北部までを支配していたことはわかっているが，北海道までは支配していない。

問７　エが誤り。明は1644年に滅び，代わって清が成立している。

問８　アイヌ民族やアイヌの人々でもよい。

問９　ウが正しい。日露和親条約では，択捉島とウルップ島の間に国境を設定すること以外に，樺太については今まで通りとすること，ロシア領事を日本に置くこと，下田と函館を開くこと，裁判権は双方の国の規定に準ずることなどが決められた。

問10　正しい文はウ，エ，オであり，これらはすべて幕末から大正時代初期にあてはまるから，エ→ウ→オである。岩倉使節団は1871年，日韓併合は1910年，全国水平社の結成は1922年である。アは樋口一葉が誤り。「君死にたまふことなかれ」は与謝野晶子の作品である。イは完全に回復の部分が誤り，また，ポーツマス条約にも調印も誤り。陸奥宗光は領事裁判権の撤廃には成功したが，関税自主権の回復にはいたっていない。ポーツマス条約の全権大使は，小村寿太郎である。

ラ・サール中学校

《国　語》

《一》問一．法律的には何の問題もなく、人々の生き死ににも関係ない　問二．ホ　問三．言語道断

問四．所有できないはずのものに自分のものだという意識が働くこと。　問五．社会的承認

問六．自然に対する人のかかわりは多様であり、そのかかわりのどこまでが社会的に承認されているのかについても、その承認のされ方についても実に多様である、ということ。　問七．ホ

問八．a．浴　b．細心　c．拾　d．座　e．状態

《二》問一．ロ　問二．未成年の「私」が食べるサヴァランにお酒が使われていたという問題。

問三．サンタクロースが本当にいると信じているということ。　問四．ホ　問五．ニ

問六．「私」は自分の思いこみに対する感想として「甘かったなぁ」とつぶやいたが、楽さんはそのつぶやきをサヴァランの味の感想だと思って返答したところ。　問七．楽さんとのやりとりの中で、人の考え方の多様性に気づかされ、その発見を幸せに思いながらも、同時にそれまでの自分は他人の考え方を決めつけてしまっていたことを理解し、後ろめたさも味わって、大人に近づく貴重な経験をしたというような意味。

《三》①育　②供　③守秘　④講　⑤個展　⑥至宝　⑦功罪　⑧過労　⑨検討　⑩背徳　⑪去就　⑫根幹　⑬固辞　⑭通底　⑮望外

《算　数》

1　(1) $\frac{9}{20}$　(2)29，3，10　(3) $\frac{14}{15}$

2　(1)49　(2)(ア) 8　(イ)20　(3)ア．36　イ．146

(4)57.6　(5)197

3　(1) 1 : 6　(2)22

4　(1)35.14　(1)の図…右図　(2)6.58

5　(1)90　(2)738　(3)1248

6　(1)6.75　(2)18　(3)16.5

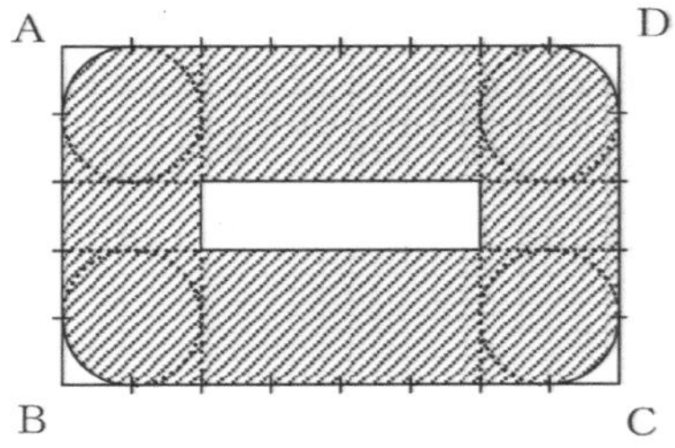

《理　科》

【1】A．⑴イ　⑵a．ア　b．ア　⑶a．ア　b．イ　c．ア　d．イ　e．イ　⑷A，B，C

B．⑴N　⑵イ　⑶エ　⑷ウ　⑸イ　⑹a．ア　b．イ　c．イ　⑺エ，ク

【2】⑴あ．横かく膜　い．ろっ骨　⑵しゃっくり　⑶ウ　⑷500　⑸エ　⑹ア　⑺静脈　⑻弁

⑼①ウ　②7　⑽①ウ　②イ　③イ

【3】⑴ア　⑵イ

⑶記号…ウ　理由…さえぎるものがないため，夜の間に熱が逃げやすく，朝の気温が低くなるから。

⑷ア　⑸エ　⑹⑥ア　⑦イ　⑧ア　⑺結しょう　⑻雪からたくさんの水蒸気が気化するとき熱を奪うから。

【4】A．⑴①カ　②オ　⑵気体の名前…水素　気体の性質…B，D　⑶キ　⑷薬品…ク　色の変化…A

B．⑴3.5　⑵13　⑶①6.4　②78　⑷8　⑸①イ　②ウ　③ア

《社　会》

1　問1．イ　問2．プレミアムフライデー　問3．ア　問4．ウ　問5．ノルマントン号事件

問6．国…ミャンマー　住民…ロヒンギャ　問7．エ　問8．ア　問9．ニューヨーク

2　問1．エ　問2．ア　問3．エ　問4．ウ　問5．イ　問6．エ　問7．イ　問8．ア

3　問1．参勤交代　問2．隣組　問3．エ　問4．C→B→A　問5．徴兵令　問6．エ　問7．ウ

問8．応仁の乱　問9．E→F→D　問10．ペリーが来航した。　問11．イ

問12．日本の植民地であったこと。　問13．明治　問14．A，G

4　問1．イ，オ，カ　問2．②記号…ウ　市名…神戸　③※学校当局により問題削除　問3．石炭産業

問4．①ウ　②イ　問5．⑴ア．栃木　イ．岐阜　ウ．静岡　⑵浜松

問6．②キ　④ク　⑤カ　問7．②ス　③ソ　⑤サ

ラ・サール中学校

←解答例は前ページにありますので，そちらをご覧ください。

《2018　国語　解説》

《一》

問一　続く５文に「このエピソード」の面白さが説明されている。「ゴッホの絵がこの世からなくなることは、少なくとも人々の生き死にには関係ない」し、所有者である齊藤氏が絵を焼くことは「法律的には何の問題もない」。にもかかわらず、世界中から非難の声が上がり、またそのことが当然だと感じられるのが面白いと述べている。

問二　どのようなことをしようともという意味の、「煮て食おうと焼いて食おうと」という言葉がある。

問四　直前の段落の内容に着目する。この段落では、「『所有』とは何かという問題」について考えるために、景観問題を取り上げて論じている。段落の最後に「景観を『所有』することはできない。しかし、ここには確実に『私たちの景観』という意識が働いている」とある。つまり、傍線部④は、所有できないものに対して、自分のものだという意識を持つことを指している。

問五　２～３行後に「広義の『所有』、ということを考えてみると、それは、『人がモノ・コトに及ぼす関係について社会的に承認された状態』だと言うことができる」とある。つまり「所有」が成立するためには、「他人が存在」することに加えて、「社会的に承認され」ることが必要になる。

問六　広義の「所有」については、３～４行前に「人がモノ・コトに及ぼす関係について社会的に承認された状態」だと説明されている。自然について、この「人がモノ・コトに及ぼす関係」が多様で、「社会的に承認された状態」も多様で幅広いということは、自然の「所有」の形も多様で幅広いということである。

問七　イ．「人類の文化遺産保護のために副葬品とすべきであると非難された」が誤り。齊藤氏はゴッホの絵を焼いてほしいと発言したのであり、絵を焼くことは人類の文化遺産保護の権利を侵害するものだとして非難されたのである。　ロ．「その所有者へのどんな発言も要らぬ干渉とはみなされない」が誤り。「どんな発言も」とは書かれていない。　ハ．「体の一部が壊されることになる」が誤りで、正しくは「体の一部が壊されるような感覚」をもつである。また、町の景観が変わると必ずこのようなことが起こるというわけでもない。　ニ．「自由にその所有物の使用、収益及び処分をする権利」は、民法第206条に定められている「法律的な所有」であり、多様な「所有」のごく一部にすぎない。この「所有」はせまい意味の所有にあたり、広義な所有の一つとして定められたわけではない。　ホ．最後の段落の内容と一致する。

《二》

問一　４行後の「父はそれを見落としたのだ」に着目する。本文全体の内容から考えて、「私」は楽さんと二人きりでケーキを食べている。すると、ショートケーキとサヴァランを選ぶときに、楽さん、つまり「私」の父が、サヴァランのアルコール表示を見落としたということになる。よって、ロが適する。

問二　５～７行後に「ひと口食べた瞬間に、お酒の染みこんだケーキだと分かった～まぁいいかと思いながら、十歳の私はせっせとサヴァランを食べる」とある。

問三　このとき話題にしているのは、サンタクロースのことである。「私」がまだサンタクロースを信じているかどうか分からなかった楽さんは、どちらなのかを確認するためにこのような質問をした。「私」がもう信じていなければ、サンタクロースの正体を知っている（魔法は解けている）というような返事をするし、まだ信じていれば質問の意味が分からず、どういう意味なのかたずねることになる。質問のしかたが難しい「サンタ問題」について、「素敵な表現」でうまく質問しているといえる。

問四　ここでの「サンタ問題」は、「私」と南野さん、「サンタを信じてる子」の３人の間で起こっていることである。楽さんは、３人のそれぞれの思いに理解を示しているので、誰かが考えを変えることで済ませる問題ではないと考えていることが分かる。よって、ホが適する。イ、ロ、ニは、３人のうち２人のことだけを問題にしているので、適さない。また、クラスの雰囲気が悪くなることを深刻だと考えているわけではないので、ハも適さない。

問五　傍線部⑤の前で、楽さんは南野さんの気持ちも分かると言っている。しかし、自分の考えが正しいと信じ、南野さんの気持ちが理解できない「私」は、「分かるの？」と聞き返した。それに対する楽さんの「人の夢がうっとうしく思えることって、たまにあるから」という言葉は、サンタを信じている子(夢を信じている子)に意地悪したくなった南野さんの気持ちも分かるということを、夢についての楽さんの考え方をまじえて改めて説明したもの。よって、ニが適する。

問六　本文の最後から 14 行目から始まる、ケーキの苺に関するやりとりに着目する。「好きだから最後に残したって、そう思いこんでしまった自分に私はとても驚いた」「思いこみで人を決めつけてしまった後ろめたさ」とあることから、「甘かったなぁ」という「私」の言葉は、自分の思いこみに対する感想であることが読みとれる。一方、そのような「私」のひそかな反省に気づいていない楽さんは、「私」が自分の言い方をまねて「甘かったなぁ」とつぶやいたのを聞いて、ケーキの感想だと思ったのである。

問七　本文の最後から３～６行目の「ああそうか～まさにサヴァランにぴったりだった」より考える。南野さんのことも苺のことも、「私」は自分の感覚でこうだと決めつけていた。しかし、楽さんの苺が苦手という言葉をきいて、「私」は人の考え方の多様性に気づき、「当たり前のことを大発見したような幸せな気分」になった。同時に、これまで「思いこみで人を決めつけて」きたことに気づき、「後ろめたさ」も味わった。この「甘さと苦さを上手に混ぜたようなあと味」が、アルコール入りのサヴァランの味にぴったりだったのである。この発見で、「大人のふりをしたい子ども」だった小学生の「私」は、一歩大人に近づいたのである。

《2018　算数　解説》

1　(1)　与式$=\frac{3}{8}\times\frac{12}{25}+\frac{1}{12}\times\frac{17}{5}-\frac{1}{75}=\frac{9}{50}+\frac{17}{60}-\frac{1}{75}=\frac{54}{300}+\frac{85}{300}-\frac{4}{300}=\frac{135}{300}=\frac{9}{20}$

(2)　与式＝(２×60×60＋18×60＋30)秒÷(４×60＋40)秒＝8310 秒÷280 秒＝29 余り 190 秒＝29 余り３分 10 秒

(3)　与式より，$2\div\{21-4\div(\square-\frac{2}{3})\}=\frac{3}{5}-\frac{4}{15}$　　$21-4\div(\square-\frac{2}{3})=2\div\frac{1}{3}$　　$4\div(\square-\frac{2}{3})=21-6$

$\square-\frac{2}{3}=4\div15$　　$\square=\frac{4}{15}+\frac{2}{3}=\frac{14}{15}$

2　(1)　$\frac{3}{35}$の分母と分子に同じ整数を加えても，約分する前は分母と分子の差が 35－３＝32 のままであることを利用する。できた分数は$\frac{3}{35}+\frac{8}{15}=\frac{65}{105}=\frac{13}{21}$である。$\frac{13}{21}$の分母と分子の差は 21－13＝８だから，$\frac{13}{21}$の分母と分子に 32÷８＝４をかけると約分する前の分数となり，それは$\frac{13\times4}{21\times4}=\frac{52}{84}$である。よって，加えた整数は，52－３＝49

(2)　以下の解説では表を「○」，裏を「×」で表す。３つの○のまとまりと，残りの○か×の並べ方を計算しようとすると，同じ並べ方を二重に数えてしまうことが起こるため，左右の並びが線対称な並べ方と線対称ではない並べ方に分けて考える。

(ア)　線対称な並べ方は，右表アのように２通りある。線対称ではない並べ方は，右表の３通りとこれらを逆の順番で並べた３通りがある。よって，並べ方は全部で，２＋３×２＝８(通り)

表ア

線対称な並べ方	線対称ではない並べ方
○○○○○	○×○○○
×○○○×	×○○○○
	××○○○

(イ)　線対称な並べ方は，右表イのように２通りある。線対称ではない並べ方は，右表の９通りとこれらを逆の順番で並べた９通りがある。

よって，並べ方は全部で，２＋９×２＝20(通り)

表イ

線対称な並べ方	線対称ではない並べ方
○○○○○○	○○×○○○
×○○○○×	○×○○○○
	×○○○○○
	○××○○○
	×○×○○○
	××○○○○
	×××○○○
	○×○○○×
	××○○○×

(3)　右図のようにＢとＤを結ぶと，図形全体は直線ＢＤを軸(じく)とした線対称な図形である。したがって，角ＢＣＥ＝角ＢＡＥ＝89度

三角形ＣＢＤはＣＢ＝ＣＤの二等辺三角形だから，

角ＣＢＤ＝(180－89－55)÷２＝18(度)となるため，角ア＝18×２＝36(度)

三角形ＢＣＥの内角の和より，角ＢＥＣ＝180－89－18＝73(度)となるため，

角イ＝73×２＝146(度)

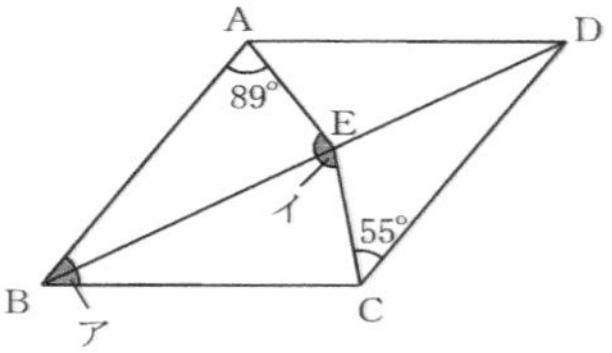

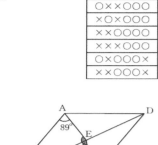

(4)　右図のように記号をおく。三角形ＡＧＦは三角形ＡＢＨを$\frac{2}{2+6+12}$＝$\frac{1}{10}$(倍)に縮小した三角形だから，ＧＦ＝ＢＨ×$\frac{1}{10}$＝12×$\frac{1}{10}$＝1.2(cm)

これより，ＧＣ＝６－1.2＝4.8(cm)

三角形ＧＣＥと三角形ＢＤＥは同じ形であり，底辺をそれぞれＧＣ，ＢＤとしたときの高さの比が６：12＝１：２だから，辺の比も１：２である。

したがって，ＢＤ＝ＧＣ×$\frac{2}{1}$＝4.8×２＝9.6(cm)

よって，斜線部分の面積は，9.6×12÷２＝57.6(cm²)

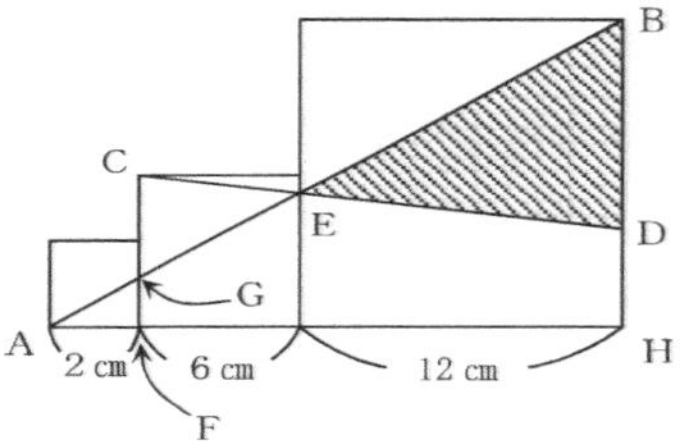

(5)　この立体は右図Ⅰのようになる。切り取った部分は，右図Ⅱのように四角すいＦ－ＡＢＥＤと三角すいＦ－ＡＢＣに分けることができる。

三角形ＡＢＣが直角二等辺三角形で，ＡＣとＤＦが平行だから，三角形ＤＥＦも直角二等辺三角形となるため，ＤＥ＝ＦＥ＝２cm

図Ⅰ　　図Ⅱ

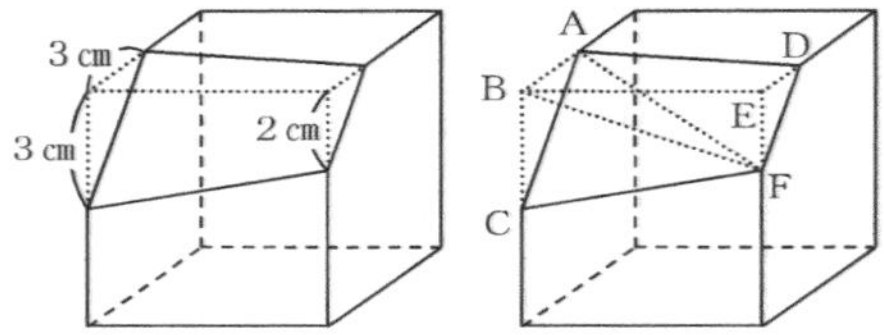

よって，切り取った部分の体積は，{(２＋３)×６÷２}×２÷３＋(３×３÷２)×６÷３＝10＋９＝19(cm³)だから，この立体の体積は，６×６×６－19＝197(cm³)

3　(1)　Ａが休んだ地点をＲとする。Ａが２時間走って３時間歩いたとすると，ＰＲ間は９×２＝18(km)，ＲＱ間は５×３＝15(km)となるから，ＰＱ間は18＋15＝33(km)となる。この場合，ＢはＰＱ間を33÷６＝5.5(時間)で歩いたことになるから，Ａが休んだ時間は，5.5－(２＋３)＝0.5(時間)である。

よって，Ａが休んだ時間とＡが歩いた時間の比は，0.5：３＝１：６

(2)　(1)より，Ａが歩いた時間は20×$\frac{6}{1}$＝120(分)，つまり，２時間である。

したがって，Ａが走った時間は２×$\frac{2}{3}$＝$\frac{4}{3}$(時間)だから，ＰＱ間の道のりは，９×$\frac{4}{3}$＋５×２＝22(km)

4　(1)　長方形の面積から，円が通過できない部分の面積を引けばよい。

右図Ⅰのように，大きい長方形の中央に円が通過できない縦1cm，横4cmの小さい長方形ができる。この長方形の面積は，$1 \times 4 = 4$ (cm^2)

また，大きい長方形の四隅（よすみ）にも円が通過できない部分ができ，四隅の1辺1cmの正方形をあわせると，右図Ⅱのように1辺が2cmの正方形と円ができる。図Ⅱの白い部分の面積の和は，$2 \times 2 - 1 \times 1 \times 3.14 = 0.86$(cm^2)

よって，円が通過できる部分の面積は，$5 \times 8 - (4 + 0.86) = 35.14$(cm^2)

図Ⅰ

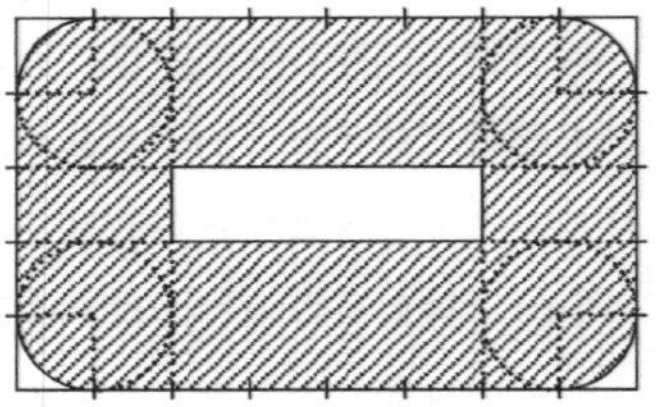

図Ⅱ

(2)　(1)の解説をふまえる。図Ⅰの白い長方形は大きい円だけが通過でき，この長方形の面積は4cm^{2}である。また，大きい長方形の四隅にある1辺2cmの正方形をあわせると，右図Ⅲのようになる(色をつけた部分は2つの円が通過できる部分，斜線部分は小さい円だけが通過できる部分である)。図Ⅲの白い部分の面積の和は図Ⅱの白い部分の面積の和と等しく0.86cm^{2}だから，斜線部分の面積の和は，$4 \times 4 - 0.86 - 2 \times 2 \times 3.14 = 2.58$(cm^2)

よって，求める面積は，$4 + 2.58 = 6.58$(cm^2)

図Ⅲ

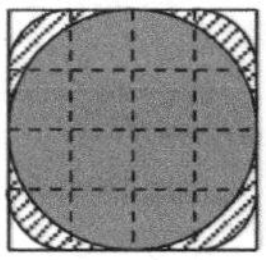

※1目もりの長さは1cm

5　以下の解説では，同じ数字を2回以上用いないで表される整数を，Xと表す。

(1)　98は2けたのXのうち最も大きい数である。

1けたのXは，1～9の9個ある。

2けたのXをつくるために，十の位，一の位の順に数を決めるとする。十の位の決め方は1～9の9通りあり，一の位の決め方は0～9から十の位の数字をのぞいた9通りある。したがって，2けたのXは$9 \times 9 = 81$(個)ある。

よって，98は，$9 + 81 = 90$(番目)

(2)　987は3けたのXのうち最も大きい数である。(1)の解説をふまえる。

1けたと2けたのXは全部で90個ある。

3けたのXをつくるために，位の大きい順に数を決めるとする。百の位の決め方は1～9の9通りあり，十の位の決め方は0～9から百の位の数字をのぞいた9通りあり，一の位の決め方は0～9から使われた数字を除いた8通りある。したがって，3けたのXは$9 \times 9 \times 8 = 648$(個)ある。

よって，987は，$90 + 648 = 738$(番目)

(3)　(2)の解説をふまえる。1けたと2けたと3けたのXは全部で738個ある。

4けたのXのうち千の位が1のXをつくるために，位の大きい順に数を決めるとする。百の位の決め方は1以外の9通りあり，十の位の決め方は8通りあり，一の位の決め方は7通りあるから，千の位が1のXは$9 \times 8 \times 7 = 504$(個)ある。したがって，1987は$738 + 504 = 1242$(番目)である。

1987以降のXを1つ1つ確認していくと，2013，2014，2015，2016，2017，2018，…となるから，2018は，$1242 + 6 = 1248$(番目)

6　３点Ｐ，Ｑ，Ｒは12秒で３辺の長さだけ移動したので，１辺の長さを移動するのに12÷３＝４(秒)かかるから，立方体の１辺の長さを④とする。３点の速さは秒速①となる。４秒後の切り口は右図Ⅰのように正三角形ＢＤＥとなる。この正三角形の１辺の長さ(各面の対角線の長さ)を４とする。また，ある図形をａ倍に拡大(または縮小)すると，面積はａ×ａ(倍)になることを利用する。

図Ⅰ

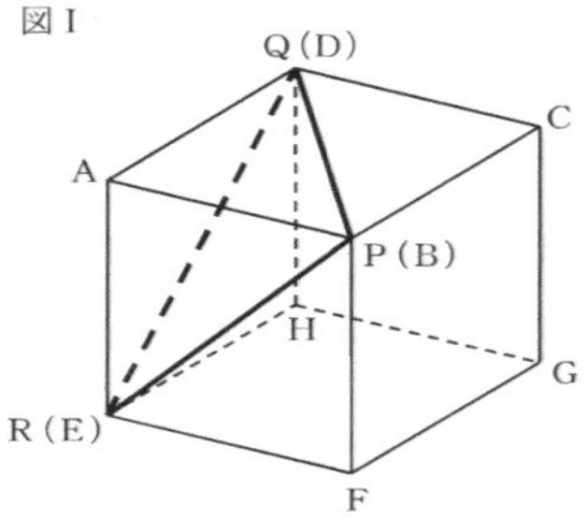

(1)　３秒後は３点が③ずつ進んでいるから，切り口は右図Ⅱのようになる。ＡＲ：ＡＥ＝３：４なので，三角形ＡＰＲは三角形ＡＢＥを$\frac{3}{4}$倍に縮小した三角形である。したがって，正三角形ＰＱＲは正三角形ＢＤＥを$\frac{3}{4}$倍に縮小した正三角形なので，その面積は，

(正三角形ＢＤＥの面積)$\times\frac{3}{4}\times\frac{3}{4}=12\times\frac{9}{16}=6.75$(cm²)

図Ⅱ

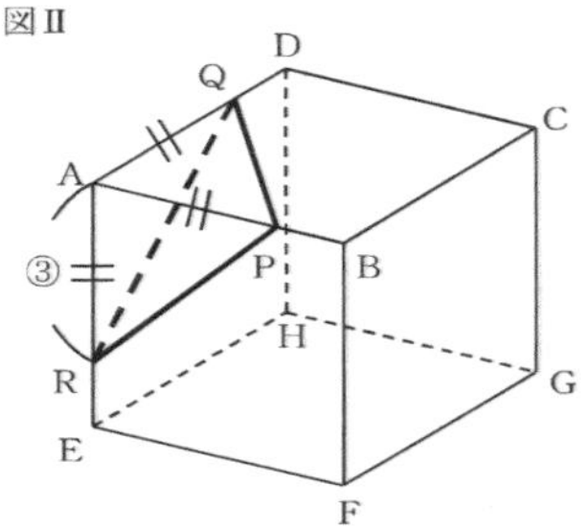

(2)　６秒後は３点が⑥ずつ進んでいるから，３点Ｐ，Ｑ，Ｒはそれぞれ辺ＢＣ，ＤＨ，ＥＦのちょうど真ん中にある。図Ⅲのように立方体の展開図上でＰとＲを結んだ直線と辺ＢＦが交わる点をＳとすると，Ｓは辺ＢＦの真ん中の点である。同様に，切り口の線は立方体の各辺の真ん中の点を通るので，切り口は図Ⅳのように正六角形となる。

三角形ＦＳＲは三角形ＦＢＥを$\frac{1}{2}$倍に縮小した三角形だから，

ＳＲ＝$4\times\frac{1}{2}=2$である。したがって，切り口を右図Ⅴのように１辺が２の正三角形６個に分けることができる。１辺が２の正三角形は１辺が４の正三角形を$\frac{1}{2}$倍に縮小した正三角形だから，切り口の面積は，

図Ⅲ

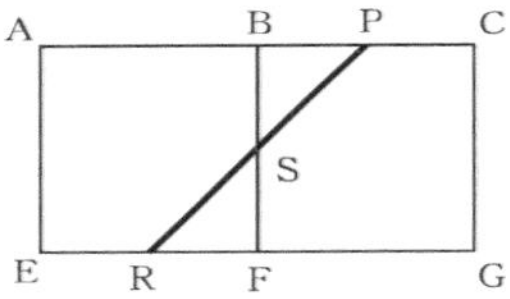

図Ⅳ

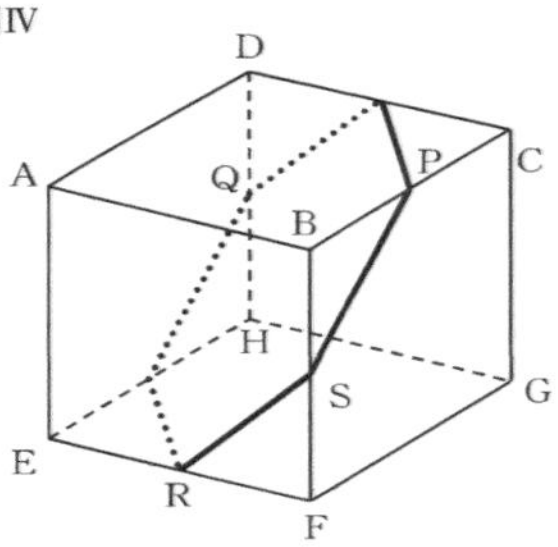

図Ⅴ

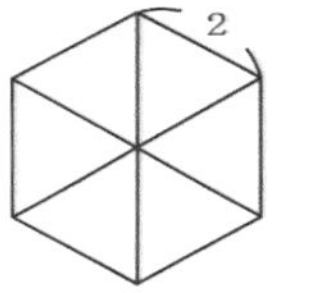

$\{(\text{正三角形ＢＤＥの面積})\times\frac{1}{2}\times\frac{1}{2}\}\times6=12\times\frac{1}{4}\times6=18$(cm²)

(3)　７秒後は３点が⑦ずつ進んでいるから，

ＢＰ＝③，ＲＦ＝①となる。図Ⅵのように立方体の展開図上でＰとＲを結んだ直線と辺ＢＦが交わる点をＴとする。三角形ＢＰＴと三角形ＦＲＴは同じ形でＢＰ：ＦＲ＝３：１だから，ＢＴ：ＦＴ＝３：１となる。同様に，切り口の線は立方体の各辺を３：１に分けるので，切り口は図Ⅶのように六角形となる。

図Ⅵ

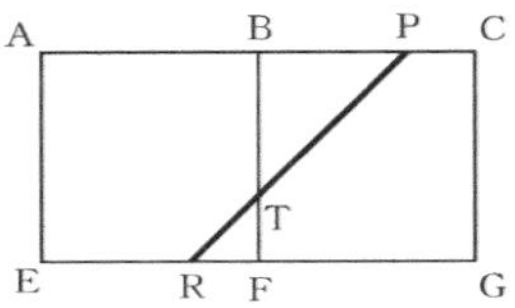

図Ⅶ

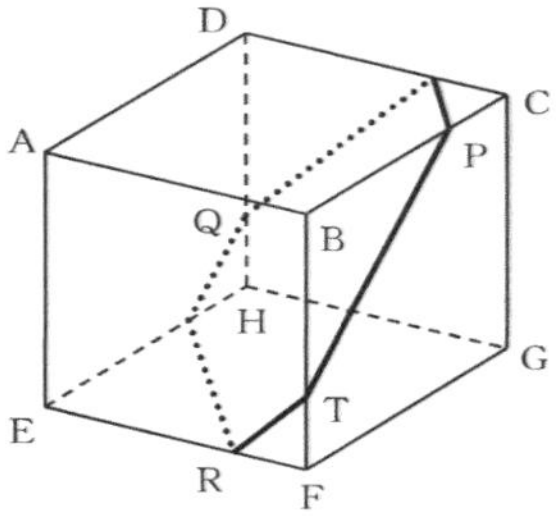

図Ⅵにおいて，ＰＲ＝ＢＥ＝４でＰＴ：ＲＴ＝３：１だから，ＰＴ＝３，ＲＴ＝１である。

したがって，切り口は図Ⅷのように作図できる。切り口の面積は，１辺が３＋１＋１＝５の正三角形の面積から，１辺が１の正三角形３個分の面積を引くと求められる。

１辺が５の正三角形の面積は，（正三角形ＢＤＥの面積）$\times\frac{5}{4}\times\frac{5}{4}=12\times\frac{25}{16}=\frac{75}{4}$(cm²)

１辺が１の正三角形の面積は，（正三角形ＢＤＥの面積）$\times\frac{1}{4}\times\frac{1}{4}=12\times\frac{1}{16}=\frac{3}{4}$(cm²)

よって，切り口の面積は，$\frac{75}{4}-\frac{3}{4}\times3=\frac{33}{2}=16.5$(cm²)

図Ⅷ

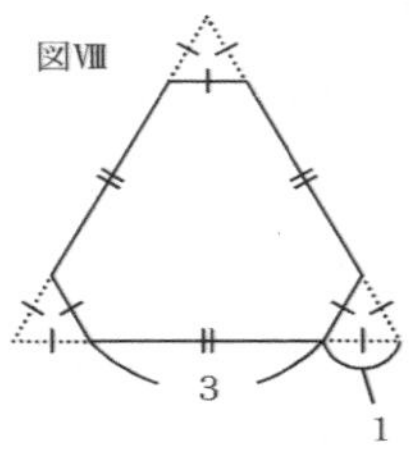

《2018　理科　解説》

【１】

〔Ａ〕(1)　ア．液の先が目盛りの間にきたときは上と下で近い方の目盛りを読み，ちょうど真ん中にきたときは上の目盛りを読む。ウ．目線は必ず温度計に対して直角にする。　(2)　ａ．おもりのみのときよりおもりをボトルに入れたときの方が体積が大きく，おもりをボトルに入れたときは浮(う)いたことから，体積が大きいほど，浮く力(浮力(ふりょく)という)の大きさが大きいことがわかる。ｂ．おもりのみのときとおもりをボトルに入れたときでは，(ボトルの重さは軽いので)重さはどちらも等しいが，体積はおもりのみのときの方が小さい。つまり，同じ体積あたりの重さはおもりのみのときの方が重いことになる。　(3)　ａ，ｂ．水を加熱したとき，温められた部分が上に動き，冷たい部分が下に動くという水の流れができ，やがて全体が温かくなる。このような熱の伝わり方を対流といい，このことからも温かいときは軽くなる性質があるとわかる。ｃ，ｄ．ボトルが水中でちょうど止まるときは，ボトルの重さとボトルと同じ体積の水の重さが等しい。また，水の温度が低いほど，同じ体積あたりの重さは重いので，Ａが最も重く，Ｅが最も軽い。ｅ．例えば，23℃の水にＤを入れると，Ｄの方が同じ体積あたりの重さが軽いので浮くが，水の温度を 28℃まで上げると，Ｄの方が同じ体積あたりの重さが重くなって沈(しず)む。　(4)　同じ体積あたりの重さが，Ａ，Ｂ，Ｃは23℃の水より重いので沈んでいて，ＤとＥは軽いので浮いている。

〔Ｂ〕(1)　電磁石の左端(はし)に方位磁針のＳ極が引きつけられているので，Ｎ極である。　(2)　電流の向きを逆にすると電磁石の極は逆になるので，方位磁針の針の向きも逆になる。　(3)　(1)より，電磁石の左端がＮ極なので，右端はＳ極である。したがって，(あ)の位置に置いた方位磁針はＮ極が引きつけられてエのようになる。

(4)　エナメル線を短くすると，回路を流れる電流が大きくなることがあるので，エナメル線の長さは変えずに実験を行う。このようにすることで，コイルの巻き数によるちがいを正確に比べることができる。　(5)　コイルを巻く向きと電流の向きに着目して，電磁石の極を考える。図２の 100 回巻コイルでは，図１で(a)の向きに電流を流したときと同じなので，右端がＳ極になる。200 回巻コイルでは，図１で(b)の向きに電流を流したときと同じなので，左端がＳ極になる。コイルの巻き数が多いほど電磁石の力は強くなるので，(い)の位置に置いた方位磁針は200回巻コイルによる電磁石の力を大きく受け，200 回巻コイルの電磁石のＳ極にＮ極が引きつけられるようにイの向きになる。

(6)　ａ．図４で，Ａの左にあるＮ極に反発する力がはたらけばよいので，アが正答となる。ｂ．図５で，ＡがＮ極のままだと，右にあるＳ極に引きつけられる力がはたらくので，イが正答となる。ｃ．Ａが図５の位置にあるときには，右にあるＳ極に反発する力がはたらけばよいので，イが正答となる。　(7)　図６で，Ａがウの位置にあるときにはＡはＮ極でなければならない。(6)より，Ａがオの位置にあるときにはＡはＳ極でなければならないので，エの位置にきたときにＮ極からＳ極に切り替(か)えればよいことがわかる。同様に考えて，Ａがクの位置にきたときにＳ極からＮ極に切り替えればよい。

【2】

(1)(3)　肺には筋肉がなく，自ら動くことができないので，横かく膜とろっ骨の動きによって，空気を出し入れしている。横かく膜が縮んで下がり，ろっ骨が持ち上がることで肺がふくらむと，空気が流れ込んでくる。

(4)　吸い込む空気とはき出す空気に含まれている酸素の体積の割合の差は 21－16＝５(%)である。体積にすると，１回の呼吸では 500×0.05＝25(mL)の差になるので，１分間(20 回)では 25×20＝500(mL)の差になる。

(5)　魚類であるサメ(エ)を選べばよい。なお，ア，イ，ウ，オはホニュウ類なので，肺で呼吸する。

(6)　運動をすると，体の各部でより多くの酸素を必要とするため，呼吸数も拍動数も増加する。

(7)(8)　心臓にもどる血液が流れる血管を静脈，心臓から送り出された血液が流れる血管を動脈という。静脈を流れる血液は動脈に比べて勢いが弱いため，血液の逆流を防ぐための弁がある。

(9)①　50×70＝3500(ｇ)　②　１分間あたり心臓から送り出される血液が 3500ｇ→3.5 kgなので，10 分間では 3.5×10＝35(kg)である。体重 65 kgのヒトの血液の重さは $65\times\frac{1}{13}$＝５(kg)なので，35÷５＝７(回)が正答となる。

(10)①　１分間あたり心臓から送り出される血液は 3500ｇで，ヘモグロビンは $16\times\frac{3500}{100}$＝560(ｇ)含まれている。酸素ヘモグロビンの割合が 100%のとき，１ｇあたり 1.3mL の酸素を吸収するので，95%のときには 1.3×560×0.95＝691.6→692mL の酸素が含まれている。　②　酸素を放出した酸素ヘモグロビンの割合は 95－50＝45(%)だが，これは，全てのヘモグロビンに対しての割合である。ここでは，心臓から送り出された血液の酸素ヘモグロビン(95%)に対する割合を求めるので，$\frac{45}{95}$×100＝47.36…→47.4%となる。　③　①，②より，692×0.474＝328.008→328mL となる。

【3】

(1)(2)　空気に含むことのできる水蒸気の量は，温度が低くなるほど少なくなる。このため，空気が冷やされて温度が下がると，空気に含むことのできなくなった水蒸気が水てきとなって現れる。暖かい部屋の中にある空気が，外気で冷やされた窓ガラスによって冷やされると，部屋の中の水蒸気が水てきに変化して，窓ガラスの内側に付く。

(4)　ア．暖かい海水面から出ていく水蒸気が，冷たい空気に冷やされて水てきに変化したものである。

(5)　エ．空気に含むことのできる水蒸気の量は，空気の温度が高くなるほど増加量が大きくなる。このため，湿度が高くても，気温が高い夏の方が，ふつう，さらに空気に含むことのできる水蒸気の量が多く，洗濯物がよく乾く。

(6)　空気は気圧の高いところから気圧の低いところに動く。したがって，空気がまわりから流れ込んでくるところは低気圧，空気がまわりに流れ出していくところは高気圧である。低気圧の中心では，流れ込んできた空気が上に上がっていき，このとき空気の温度が下がっていくので，水蒸気が水てきや氷のつぶに変化して，雲ができる。

(8)　空気が乾いているときほど水蒸気が出ていきやすくなるが，水蒸気が出ていくことで熱がうばわれて，温度が上がりにくくなる(雪が溶けにくくなる)。

【4】

〔A〕(1)　①は色で銅だと判断できる。②は色だけではアルミニウムか鉄かの判断はできず，実験３で，水酸化ナトリウム水溶液と反応したことからアルミニウムだと判断できる(銅と鉄は水酸化ナトリウム水溶液と反応しない)。

(2)　うすい塩酸やうすい水酸化ナトリウム水溶液が，金属と反応したときに発生する気体は水素である。水素は，気体の中で最も軽く，空気中で燃え，水に溶けにくく，色やにおいがない。なお，Ｃは二酸化炭素など，Ｆは酸素の性質である。　(3)(4)　ア～ケの中で，白色で水に溶けるのはイ，キ，クのいずれかである。また，イとキの水溶液は中性なのでリトマス紙の色を変化させず，クの水溶液は石灰水でアルカリ性なので赤色リトマス紙を青色に変化させる。④は，実験４で，こげなかったことからイではなく，実験５で，リトマス紙の色が変化しなかったことからキだとわかる。

〔Ｂ〕(1)　表１で，加熱後の重さとはじめの重さの差が，結びついた酸素の重さである。10.0ｇのマグネシウムは17.0－10.0＝7.0(ｇ)の酸素と結びつくので，10.0ｇの半分の 5.0ｇのマグネシウムは，7.0ｇの半分の 3.5ｇの酸素と結びつく。　(2)　2.0ｇのアルミニウムを完全に反応させると 3.8ｇになるので，加熱後の重さが 24.7ｇになるのは，はじめのアルミニウムの重さが $2.0\times\frac{24.7}{3.8}=13$(ｇ)のときである。　(3)①　はじめの重さと加熱後の重さは比例の関係にあるので，6.0ｇの銅を完全に反応させると $2.6\times\frac{6.0}{2.0}=7.8$(ｇ)になるはずである。したがって，はじめの重さが6.0ｇのときの6.4が正答となる。　②　①解説より，6.0ｇの銅は最大で7.8－6.0＝1.8(ｇ)の酸素と結びつくが，ここでは酸素が 6.4－6.0＝0.4(ｇ)しか結びついていない。つまり，残っている銅と結びつく酸素は1.8－0.4＝1.4(ｇ)なので，$\frac{1.4}{1.8}\times100=77.7\cdots$→78％の酸素が銅と結びついていないと言える。したがって，酸素と結びついていない銅(反応せずに残っている銅)も 78％である。　(4)　はじめの重さ 13.0ｇがすべて銅だとすると，加熱後の重さは $2.6\times\frac{13.0}{2.0}=16.9$(ｇ)になる。これは，実験の結果より 20.1－16.9＝3.2(ｇ)小さい。ここで，はじめの重さを 2.0ｇだけマグネシウムに変えたとすると，表１より，加熱後の重さは 3.4－2.6＝0.8(ｇ)大きくなる。したがって，加熱後の重さを3.2ｇ大きくするには，マグネシウムを $2.0\times\frac{3.2}{0.8}=8$ (ｇ)にすればよい。　(5)　①炭素と空気中の酸素が結びついて二酸化炭素となり，空気中に出ていくので，加熱後は重さが減少する。②食塩は加熱しても重さは変化しない。③マグネシウムなどを加熱したときと同じように，酸素と結びついて重さが増加する。

―《2018　社会　解説》―

1　問１　江戸には，参勤交代で各地からやってくる大名のための武家屋敷が建設され，大名の妻や子どもなどが住んだため人口が増加し，それに伴い町人人口が増していった。

問３　イのコッホはドイツ人で結核菌やコレラ菌を発見，ウの志賀潔は北里柴三郎に師事し，赤痢菌を発見した細菌学者である。エのフェノロサは，岡倉天心と協力して日本の美術の復興に努めた人物である。

問４　イスラム教では，豚肉のほかに飲酒も禁じられている。

問５　治外法権とは，外国人が在留している国で罪を犯しても，その国の法律では裁かれず，本国の法律で裁判を受ける権利のことをいう。

問６　難民とは，民族・宗教・国籍・政治的意見などを理由に迫害を受け，他国に逃れた人々を指す。ミャンマーは国民の大多数が仏教徒であるため，イスラム系住民のロヒンギャは以前から差別や迫害の対象であった。

問７　エのＩＯＣ(国際オリンピック委員会)は，International Olympic Committee の略である。アのＷＨＯは世界保健機関，イのＷＦＰは国連世界食糧計画で国際連合の専門機関である。ウのＩＣＡＮは核兵器廃絶国際キャンペーンである。

問８　アの湯川秀樹は中間子に関する理論を発表したことでノーベル物理学賞を受賞した人物である。イの江崎玲於奈とエの朝永振一郎はノーベル物理学賞，ウの川端康成はノーベル文学賞を受賞した人物である。

問９　国連(国際連合)は，戦争の反省から，世界の平和と安全を守ることを目的に設立された機関である。

2　問１　エ．言論の自由も，集会の自由も保障されている(21 条)ので誤り。

問２　ア．都道府県や市町村に納める税として住民税があるので誤り。

問３　エ．最高裁判所長官の任命は天皇，高等裁判所長官の任命は内閣が行うので誤り。

問４　ウ．衆議院の比例代表選挙では，全国を 11 のブロックに分けて扱うので誤り。

問５　イ．2017 年には，９月 28 日に衆議院が解散した後，11 月１日に特別会が開かれたので誤り。

問６　エ．2017 年の衆議院議員選挙の小選挙区選挙の投票率は約 53%であったので誤り。

問７　イ．内閣総理大臣は国会議員の中から選ばれ，「衆議院議員」に限定されていないので誤り。なお，内閣総理大臣の指名について衆議院の優越が認められているため，これまでに参議院議員から内閣総理大臣が選ばれたことは一度もない。

問８　ア．民事裁判で，簡易裁判所が第一審になると地方裁判所は第二審になるので誤り。

3　問１　参勤交代は，徳川家光が武家諸法度に追加した法令で，大名を江戸と領地に１年おきに住まわせる制度である。将軍と大名の主従関係の確認という意味合いを持った。

問２　エ．政府が行った国民がおたがいを監視するしくみは，五人組ではなく隣組である。五人組は，犯罪の防止や年貢の納入のため，江戸幕府が作った連帯責任を負わせる制度である。

問３　Ｃは「平城京」から奈良時代。　ア．誤り。税を都に運ぶ仕事は運脚で，雑徭は国内(国府)で，土木工事を行う年間 60 日以内の労役である。　イ．誤り。荷札として使われたのは土器ではなく木簡である。　ウ．誤り。内容は正しいが，飛鳥時代の記述である。　エ．正しい。「聖武天皇」「恭仁京や難波宮」「国分寺や大仏を造るよう命じた」「正倉院」などから奈良時代。

問４　Ａは「江戸」から江戸時代，Ｂは「望月の歌」「摂政」から藤原氏が実権を握った平安時代。摂政は天皇が幼少だったり女性だったりしたときに天皇に代わって政治を行う役職のこと。

問５　徴兵令が出された当初は免除規定が多く，実際に徴兵されたのは農家の次男・三男などが大半であった。

問６　ア．誤り。警察予備隊と自衛隊が逆である。　イ．誤り。サンフランシスコ平和条約調印は 1951 年，国際連合加盟は1956 年である。　ウ．誤り。1968 年の日本の国民総生産は世界第２位であった。　エ．正しい。

問７　ウ．誤り。ペキン近くでの日本軍と中国軍の衝突(盧溝橋事件)をきっかけに始まったのは日中戦争である。

問８　「京都」「大名たちが争う」から応仁の乱を導き出そう。1467 年，８代将軍足利義政の跡継ぎ争いに有力守護の勢力争いが複雑にからみあって，応仁の乱が始まった(～1477 年)。

問９　Ｄは昭和時代，Ｅは鎌倉時代，Ｆは室町時代である。

問10　「きびしい警備体制」「浦賀」からペリー来航を導き出そう。1853 年にペリー率いる黒船が浦賀に来航し，日本に開国を求めた。

問 11　ア．誤り。卑弥呼は中国の皇帝から「親魏倭王」の称号をもらった。　ウ．誤り。旧士族の娘や全国から集まった優秀な女性たちが伝えたのは綿糸ではなく生糸の生産方法である。　エ．誤り。1925 年成立の普通選挙法では，満 25 歳以上の男子にのみ選挙権が認められた。

問 12　植民地とは，政治的・経済的に本国に従属する地域のこと。台湾は 1895 年の下関条約で，朝鮮は 1910 年の韓国併合によって日本の植民地となった。

問13　Hは「横浜から新橋まで，開通して間もない」から，Ⅰは「日露戦争」から明治時代だとわかる。

問14　Gは「オランダの商館」「唐人屋敷」から江戸時代だとわかる。

4　**問1**　イは民間の電力会社など，オは日本郵便，カは国土地理院の仕事である。

問2　アは千葉市，イは北九州市，ウは神戸市である。図を見ると，②は 1995 年に人口が急減していることから，阪神淡路大震災の被害があったと読み取れるのでウを選ぶ。

問3　1960 年代に，主要なエネルギーが石炭から石油に代わるエネルギー革命が起こり，国内での石炭生産量は減少した。

問4　表より，③は 1989 年と 2016 年ともに市の数が圧倒的に少ないことからアの秋田県と島根県だとわかる。残った①と②を比べると，①の方が 1989 年と 2016 年ともに市町村の数が多く，またほとんど変化していないことから，人口の集中する大阪を含むウだとかわかるので，②はイとなる。

問5(2)　2018 年２月時点の人口数はそれぞれ，アの日光市が約６万人，イの高山市が約９万人，ウの浜松市が約 80 万人であり，浜松市の人口は，県庁所在地である静岡市の人口よりも多い。

問6　①輸送用機械器具の割合が高いことから，トヨタ自動車がある愛知県豊田市(ケ)だとわかる。　②・③石油製品・石炭製品の割合が高いことから，石油化学コンビナートがある千葉県市原市(キ)と岡山県倉敷市(コ)のどちらかであるが，③は鉄鋼の割合が高いので倉敷市，②は市原市と判断できる。市原市の隣の千葉市に鉄鋼は集中している。④パルプ・紙・紙加工品の割合が高いことから，製紙工場が多い静岡県富士市(ク)だとわかる。　⑤非鉄金属や電気機械器具の割合が高いことから，日立製作所がある茨城県日立市だとわかる。

問7　表の内訳の割合が高いものに着目しよう。①は花きの割合が高いことから愛知県田原市(セ)，②は野菜の割合が高いことから茨城県鉾田(ほこた)市(ス)，③は畜産の割合が高いことから宮崎県都城市(ソ)，④は米の割合が高いことから新潟市(シ)，⑤は果実の割合が高いことからりんごの生産がさかんな青森県弘前市(サ)だとわかる。

■ ご使用にあたってのお願い・ご注意

（１）問題文等の非掲載

著作権上の都合により，問題文や図表などの一部を掲載できない場合があります。

誠に申し訳ございませんが，ご了承くださいますようお願いいたします。

（２）過去問における時事性

過去問題集は，学習指導要領の改訂や社会状況の変化，新たな発見などにより，現在とは異なる表記や解説になっている場合があります。過去問の特性上，出題当時のままで出版していますので，あらかじめご了承ください。

（３）配点

学校等から配点が公表されている場合は，記載しています。公表されていない場合は，記載していません。

独自の予想配点は，出題者の意図と異なる場合があり，お客様が学習するうえで誤った判断をしてしまう恐れがあるため記載していません。

（４）無断複製等の禁止

購入された個人のお客様が，ご家庭でご自身またはご家族の学習のためにコピーをすることは可能ですが，それ以外の目的でコピー，スキャン，転載（ブログ，ＳＮＳなどでの公開を含みます）などをすることは法律により禁止されています。学校や学習塾などで，児童生徒のためにコピーをして使用することも法律により禁止されています。

ご不明な点や，違法な疑いのある行為を確認された場合は，弊社までご連絡ください。

（５）けがに注意

この問題集は針を外して使用します。針を外すときは，けがをしないように注意してください。また，表紙カバーや問題用紙の端で手指を傷つけないように十分注意してください。

（６）正誤

制作には万全を期しておりますが，万が一誤りなどがございましたら，弊社までご連絡ください。

なお，誤りが判明した場合は，弊社ウェブサイトの「ご購入者様のページ」に掲載しておりますので，そちらもご確認ください。

■ お問い合わせ

解答例，解説，印刷，製本など，問題集発行におけるすべての責任は弊社にあります。

ご不明な点がございましたら，弊社ウェブサイトの「お問い合わせ」フォームよりご連絡ください。迅速に対応いたしますが，営業日の都合で回答に数日を要する場合があります。

ご入力いただいたメールアドレス宛に自動返信メールをお送りしています。自動返信メールが届かない場合は，「よくある質問」の「メールの問い合わせに対し返信がありません。」の項目をご確認ください。

また弊社営業日（平日）は，午前９時から午後５時まで，電話でのお問い合わせも受け付けています。

2025 春

株式会社教英出版
〒422-8054　静岡県静岡市駿河区南安倍３丁目 12-28
TEL　054-288-2131　　FAX　054-288-2133
URL　https://kyoei-syuppan.net/
MAIL siteform@kyoei-syuppan.net

福岡県

①［国立］福岡教育大学附属中学校（福岡·小倉·久留米）
②［県立］
- 育徳館中学校
- 門司学園中学校
- 宗像中学校
- 嘉穂高等学校附属中学校
- 輝翔館中等教育学校

③西南学院中学校
④上智福岡中学校
⑤福岡女学院中学校
⑥福岡雙葉中学校
⑦照曜館中学校
⑧筑紫女学園中学校
⑨敬愛中学校
⑩久留米大学附設中学校
⑪飯塚日新館中学校
⑫明治学園中学校
⑬小倉日新館中学校
⑭久留米信愛中学校
⑮中村学園女子中学校
⑯福岡大学附属大濠中学校
⑰筑陽学園中学校
⑱九州国際大学付属中学校
⑲博多女子中学校
⑳東福岡自彊館中学校
㉑八女学院中学校

佐賀県

①［県立］
- 香楠中学校
- 致遠館中学校
- 唐津東中学校
- 武雄青陵中学校

②弘学館中学校
③東明館中学校
④佐賀清和中学校
⑤成穎中学校
⑥早稲田佐賀中学校

長崎県

①［県立］
- 長崎東中学校
- 佐世保北中学校
- 諫早高等学校附属中学校

②青雲中学校
③長崎南山中学校
④長崎日本大学中学校
⑤海星中学校

熊本県

①［県立］
- 玉名高等学校附属中学校
- 宇土中学校
- 八代中学校

②真和中学校
③九州学院中学校
④ルーテル学院中学校
⑤熊本信愛女学院中学校
⑥熊本マリスト学園中学校
⑦熊本学園大学付属中学校

大分県

①［県立］大分豊府中学校
②岩田中学校

宮崎県

①［県立］五ヶ瀬中等教育学校
②［県立］
- 宮崎西高等学校附属中学校
- 都城泉ヶ丘高等学校附属中学校

③宮崎日本大学中学校
④日向学院中学校
⑤宮崎第一中学校

鹿児島県

①［県立］楠隼中学校
②［市立］鹿児島玉龍中学校
③鹿児島修学館中学校
④ラ・サール中学校
⑤志學館中等部

沖縄県

①［県立］
- 与勝緑が丘中学校
- 開邦中学校
- 球陽中学校
- 名護高等学校附属桜中学校

もっと過去問シリーズ

北海道
北嶺中学校
7年分（算数・理科・社会）

静岡県
静岡大学教育学部附属中学校
（静岡·島田·浜松）
10年分（算数）

愛知県
愛知淑徳中学校
7年分（算数・理科・社会）
東海中学校
7年分（算数・理科・社会）
南山中学校男子部
7年分（算数・理科・社会）
南山中学校女子部
7年分（算数・理科・社会）
滝中学校
7年分（算数・理科・社会）
名古屋中学校
7年分（算数・理科・社会）

岡山県
岡山白陵中学校
7年分（算数・理科）

広島県
広島大学附属中学校
7年分（算数・理科・社会）
広島大学附属福山中学校
7年分（算数・理科・社会）
広島学院中学校
7年分（算数・理科・社会）
広島女学院中学校
7年分（算数・理科・社会）
修道中学校
7年分（算数・理科・社会）
ノートルダム清心中学校
7年分（算数・理科・社会）

愛媛県
愛光中学校
7年分（算数・理科・社会）

福岡県
福岡教育大学附属中学校
（福岡·小倉·久留米）
7年分（算数・理科・社会）
西南学院中学校
7年分（算数・理科・社会）
久留米大学附設中学校
7年分（算数・理科・社会）
福岡大学附属大濠中学校
7年分（算数・理科・社会）

佐賀県
早稲田佐賀中学校
7年分（算数・理科・社会）

長崎県
青雲中学校
7年分（算数・理科・社会）

鹿児島県
ラ·サール中学校
7年分（算数・理科・社会）

※もっと過去問シリーズは国語の収録はありません。

教英出版
〒422-8054
静岡県静岡市駿河区南安倍3丁目12－28
TEL 054-288-2131
FAX 054-288-2133
詳しくは教英出版で検索
教英出版　検索
URL https://kyoei-syuppan.net/

④[府立]富田林中学校
⑤[府立]咲くやこの花中学校
⑥[府立]水都国際中学校
⑦清風中学校
⑧高槻中学校（A日程）
⑨高槻中学校（B日程）
⑩明星中学校
⑪大阪女学院中学校
⑫大谷中学校
⑬四天王寺中学校
⑭帝塚山学院中学校
⑮大阪国際中学校
⑯大阪桐蔭中学校
⑰開明中学校
⑱関西大学第一中学校
⑲近畿大学附属中学校
⑳金蘭千里中学校
㉑金光八尾中学校
㉒清風南海中学校
㉓帝塚山学院泉ヶ丘中学校
㉔同志社香里中学校
㉕初芝立命館中学校
㉖関西大学中等部
㉗大阪星光学院中学校

兵庫県

①[国立]神戸大学附属中等教育学校
②[県立]兵庫県立大学附属中学校
③雲雀丘学園中学校
④関西学院中学部
⑤神戸女学院中学部
⑥甲陽学院中学校
⑦甲南中学校
⑧甲南女子中学校
⑨灘中学校
⑩親和中学校
⑪神戸海星女子学院中学校
⑫滝川中学校
⑬啓明学院中学校
⑭三田学園中学校
⑮淳心学院中学校
⑯仁川学院中学校
⑰六甲学院中学校
⑱須磨学園中学校(第1回入試)
⑲須磨学園中学校(第2回入試)
⑳須磨学園中学校(第3回入試)
㉑白陵中学校
㉒夙川中学校

奈良県

①[国立]奈良女子大学附属中等教育学校
②[国立]奈良教育大学附属中学校
③[県立] 国際中学校
　　　　 青翔中学校
④[市立]一条高等学校附属中学校
⑤帝塚山中学校
⑥東大寺学園中学校
⑦奈良学園中学校
⑧西大和学園中学校

和歌山県

①[県立] 古佐田丘中学校
　　　　 向陽中学校
　　　　 桐蔭中学校
　　　　 日高高等学校附属中学校
　　　　 田辺中学校
②智辯学園和歌山中学校
③近畿大学附属和歌山中学校
④開智中学校

岡山県

①[県立]岡山操山中学校
②[県立]倉敷天城中学校
③[県立]岡山大安寺中等教育学校
④[県立]津山中学校
⑤岡山中学校
⑥清心中学校
⑦岡山白陵中学校
⑧金光学園中学校
⑨就実中学校
⑩岡山理科大学附属中学校
⑪山陽学園中学校

広島県

①[国立]広島大学附属中学校
②[国立]広島大学附属福山中学校
③[県立]広島中学校
④[県立]三次中学校
⑤[県立]広島叡智学園中学校
⑥[市立]広島中等教育学校
⑦[市立]福山中学校
⑧広島学院中学校
⑨広島女学院中学校
⑩修道中学校
⑪崇徳中学校
⑫比治山女子中学校
⑬福山暁の星女子中学校
⑭安田女子中学校
⑮広島なぎさ中学校
⑯広島城北中学校
⑰近畿大学附属広島中学校福山校
⑱盈進中学校
⑲如水館中学校
⑳ノートルダム清心中学校
㉑銀河学院中学校
㉒近畿大学附属広島中学校東広島校
㉓AICJ中学校
㉔広島国際学院中学校
㉕広島修道大学ひろしま協創中学校

山口県

①[県立] 下関中等教育学校
　　　　 高森みどり中学校
②野田学園中学校

徳島県

①[県立] 富岡東中学校
　　　　 川島中学校
　　　　 城ノ内中等教育学校
②徳島文理中学校

香川県

①大手前丸亀中学校
②香川誠陵中学校

愛媛県

①[県立] 今治東中等教育学校
　　　　 松山西中等教育学校
②愛光中学校
③済美平成中等教育学校
④新田青雲中等教育学校

高知県

①[県立] 安芸中学校
　　　　 高知国際中学校
　　　　 中村中学校

神奈川県

①［県立］相模原中等教育学校
　　　　　平塚中等教育学校
②［市立］南高等学校附属中学校
③［市立］横浜サイエンスフロンティア高等学校附属中学校
④［市立］川崎高等学校附属中学校
✿⑤聖光学院中学校
✿⑥浅野中学校
⑦洗足学園中学校
⑧法政大学第二中学校
⑨逗子開成中学校（1次）
⑩逗子開成中学校（2・3次）
⑪神奈川大学附属中学校（第1回）
⑫神奈川大学附属中学校（第2・3回）
⑬栄光学園中学校
⑭フェリス女学院中学校

新潟県

①［県立］村上中等教育学校
　　　　　柏崎翔洋中等教育学校
　　　　　燕中等教育学校
　　　　　津南中等教育学校
　　　　　直江津中等教育学校
　　　　　佐渡中等教育学校
②［市立］高志中等教育学校
③新潟第一中学校
④新潟明訓中学校

石川県

①［県立］金沢錦丘中学校
②星稜中学校

福井県

①［県立］高志中学校

山梨県

①山梨英和中学校
②山梨学院中学校
③駿台甲府中学校

長野県

①［県立］屋代高等学校附属中学校
　　　　　諏訪清陵高等学校附属中学校
②［市立］長野中学校

岐阜県

①岐阜東中学校
②鶯谷中学校
③岐阜聖徳学園大学附属中学校

静岡県

①［国立］静岡大学教育学部附属中学校（静岡・島田・浜松）
②［県立］清水南高等学校中等部
　［県立］浜松西高等学校中等部
　［市立］沼津高等学校中等部
③不二聖心女子学院中学校
④日本大学三島中学校
⑤加藤学園暁秀中学校
⑥星陵中学校
⑦東海大学付属静岡翔洋高等学校中等部
⑧静岡サレジオ中学校
⑨静岡英和女学院中学校
⑩静岡雙葉中学校
⑪静岡聖光学院中学校
⑫静岡学園中学校
⑬静岡大成中学校
⑭城南静岡中学校
⑮静岡北中学校
⑯常葉大学附属常葉中学校
　常葉大学附属橘中学校
　常葉大学附属菊川中学校
⑰藤枝明誠中学校
⑱浜松開誠館中学校
⑲静岡県西遠女子学園中学校
⑳浜松日体中学校
㉑浜松学芸中学校

愛知県

①［国立］愛知教育大学附属名古屋中学校
②愛知淑徳中学校
③名古屋経済大学市邨中学校
　名古屋経済大学高蔵中学校
④金城学院中学校
⑤椙山女学園中学校
⑥東海中学校
⑦南山中学校男子部
⑧南山中学校女子部
⑨聖霊中学校
⑩滝中学校
⑪名古屋中学校
⑫大成中学校
⑬愛知中学校
⑭星城中学校
⑮名古屋葵大学中学校
　（名古屋女子大学中学校）
⑯愛知工業大学名電中学校
⑰海陽中等教育学校（特別給費生）
⑱海陽中等教育学校（I・II）
⑲中部大学春日丘中学校
新刊⑳名古屋国際中学校

三重県

①［国立］三重大学教育学部附属中学校
②暁中学校
③海星中学校
④四日市メリノール学院中学校
⑤高田中学校
⑥セントヨゼフ女子学園中学校
⑦三重中学校
⑧皇學館中学校
⑨鈴鹿中等教育学校
⑩津田学園中学校

滋賀県

①［国立］滋賀大学教育学部附属中学校
②［県立］河瀬中学校
　　　　　守山中学校
　　　　　水口東中学校

京都府

①［国立］京都教育大学附属桃山中学校
②［府立］洛北高等学校附属中学校
③［府立］園部高等学校附属中学校
④［府立］福知山高等学校附属中学校
⑤［府立］南陽高等学校附属中学校
⑥［市立］西京高等学校附属中学校
⑦同志社中学校
⑧洛星中学校
⑨洛南高等学校附属中学校
⑩立命館中学校
⑪同志社国際中学校
⑫同志社女子中学校（前期日程）
⑬同志社女子中学校（後期日程）

大阪府

①［国立］大阪教育大学附属天王寺中学校
②［国立］大阪教育大学附属平野中学校
③［国立］大阪教育大学附属池田中学校

《一》　次の文章を読んで、後の問いに答えなさい。（字数制限のある問題は、句読点も一字に数えます。）

著作権に関係する弊社の都合により
本文は省略いたします。
教英出版編集部

著作権に関係する弊社の都合により
本文は省略いたします。
教英出版編集部

（星野概念「静かな分岐点」『新潮二〇一八年十二月号』所収）

問一　傍線部Ａ「それに同調してポーズをとることはできませんでした」とありますが、それはなぜですか。六十字以内で説明しなさい。

問二　空欄 X に入る適切な漢字一字を書きなさい。

問三　傍線部Ｂ「皆から遠ざけられている女子」とありますが、彼女が遠ざけられていた理由を現在の筆者はどう考えていますか。次の中から最も適切なものを一つ選び、符号を書きなさい。

イ　「あいつを無視しよう」という誰かの言葉に反発したから。
ロ　家が貧しく、毎日同じ服装なので、汚くてくさかったから。
ハ　「バリア」のポーズをされても、平気で無視していたから。
ニ　やむをえぬ事情で、クラスの中で大多数と違っていたから。
ホ　自分勝手で、言動が乱暴で、人の話を少しも聞かないから。
ヘ　自分から「バリア」のポーズをして、皆をさけていたから。

問四　傍線部Ｃ「手、つながないでいいよ」と言ったのは、彼女がどのように思ったからだと考えられますか。七十字以内で説明しなさい。

問五　傍線部Ｄ「思慮深さは伴わず」とありますが、具体的にはどうであったことをそう言っているのですか。次の中から最も適切なものを一つ選び、符号を書きなさい。

イ　くさくなるけど別にいいじゃないかと思って手をつないだこと。
ロ　好きな人に断られたショックでやけになって手をつないだこと。
ハ　友人たちから色々なことを言われ、反発して手をつないだこと。
ニ　自分が無視されていた辛い経験を思いだして手をつないだこと。
ホ　ルールを守らないで怒られるのが嫌なだけで手をつないだこと。
ヘ　皆に嫌がられているのをかわいそうに思って手をつないだこと。

問六　傍線部Ｅ「『バリア』と簡単に断絶しないことで成立する対話」とありますが、それはどういうものですか。八十字以内で説明しなさい。

問七　傍線部①～⑤のカタカナを漢字に改めなさい。

〈四十点〉

《二》次の文章は、ささきありの小説『天地ダイアリー』の一節です。中学一年生の「ぼく」は、栽培委員会に所属しています。これを読んで、後の問いに答えなさい。（字数制限のある問題は、句読点も一字に数えます。）

　菊池さんは、ぼくと阪田の顔を見た。
「買い出し、行くよね？」
　ぼくは「え……」と、言葉をつまらせた。
　正直に言うと、帰りたい。
　中学校生活は、あれもこれも慣れないことばかり。アンテナをたてて集中をきらさないようにして、もうへとへとだった。けど、ここで足並みを乱すようなことをしたら、まずいよな。
　ぼくは気が乗らないながらも、うなずいた。
「うん、行こうかな」
　ところが、阪田はあっさり断った。
「おれは帰る」
　菊池さんが［Ａ］をとがらせた。
「えー、なんで？」
「全員参加じゃないんだから、いいだろ」
「そういうの、よくないよ。みんながやっているんだから、いっしょにやろうよ」
　阪田は菊池さんから目をそらして、舌打ちした。
「ったく、めんどくせえな。［①］を押しつけんなよ。そんなだから、ハブられるんだろっ」
　菊池さんがびくっと、肩をふるわせる。
「おまえ、選抜メンバーに責められたうちの姉ちゃんをかばおうとして、上級生に食ってかかったんだろ。それで上級生にハブられたうえ、上級生のチクリを**a**鵜呑みにしたコーチにも、なまいきなやつってレッテル貼られてさ。おまえは脳まで筋肉だから、勢いで行動して失敗するんだよ！」
　ミニバスケットボールクラブで起きた、トラブルのことだろう。阪田はまくしたてるように言い放つと、技術室を出ていった。
　阪田はぼくに言ったわけじゃない。わかっているけど、ざくっと［Ｂ］に刺さった。クラスで不要とされた記憶がよみがえり、鼓動が速くなる。
　菊池さんはうつむいて、こぶしをにぎりしめていた。あのころのぼくを見ているようで、直視できない。
　わざわざ指摘すんなよ。わかってんだよ。だれのせいでもない、自分が悪いんだって。自分で勝手にからまわりして、孤立した。
　ぼくはマスクに触れた。マスクに守られているのを、確かめたかった。
　菊池さんが消えそうな声でつぶやいた。
「ごめん、わたしも帰る」
　バタバタと技術室を出ていく。遠ざかる足音を聞きながら、ぼくは［Ｃ］を落とした。

　学校からホームセンターまでは、歩いて十八分ほどだった。
　外の木製デッキに、黒いビニールポットに入った植物が並んでいる。植物を眺めてまわっていると、ピンクの小さな星が集まっているような花が目にとまった。
　そばにあった札に「ペンタス」１８４円、置き場「日なた」、耐寒温度「５℃」、開花時期「５月～11月」、「多年草」と、記されている。ほかの札にも、それぞれ名前と価格、置き場などの説明があった。
　そうかと、札に見入る。
　いまさらだけど、植物ってみんな同じ場所と季節で育つわけじゃないんだよな。日なたがいい植物もあれば、日陰がいい植物もある。同じ四月に咲き始めても、夏前に終わるものがあれば、秋まで咲き続けるものもある。
　ふと、ぼくたちに重なるように思えた。
　どんな環境でも順応できる人もいれば、ぼくみたいに、うまく順応できないやつもいる。きっと、菊池さんもそうだ。これまで菊池さんみたいに意見をはっきり言えるタイプは、どこでも自分の居場所をつくっていけるものだと思ってきた。けど、そうでもないようだ。
　育つ環境が合わなかったら、枯れてしまうのかな……。
　と、背後ではずんだ声がした。
「あー、これもいいね。長く咲くし、安い！」
　後ろにいたのは、川口センパイだった。
「涼音ー、これ、寄せ植えにいいんじゃない？」
　呼ばれて、ほんわかせんぱいがやってきた。
「ペンタス。うん、いいね。白とピンクの両方を買って、ペチュニアと合わせようか」

ミッキー先輩もやってきて、「いいですね」と、うなずいた。
先輩たちは、ペチュニアのピンクと青紫の苗、ペンタスのピンクと白の苗を、それぞれ四株ずつ十六株買った。
ほんわかせんぱいに渡されたのは、二つのビニール袋。どちらも背の低いやわらかそうな葉の上に、アサガオを小ぶりにしたような花がいくつか見える。ぴらぴらしたペチュニアの花びらは頼りなく、ちょっと触れただけで傷つきそうだ。
弱々しくても、がんばって咲いたんだな……。
ぼくは自分の体に花びらがあたってつぶれないよう、両腕を広げて袋を持った。変に力を入れたせいで、歩き始めてすぐ腕と肩が痛くなる。
ぼくは信号で立ちどまるたびに袋をのぞいて、花びらの無事を確かめた。
「木下くん、ずいぶん慎重だねえ」
川口センパイに言われて、見られていたんだと、少しはずかしくなった。
「あ、えと、花がつぶれたら、まずいかと思って」
言い訳するようにもごもご答えると、川口センパイが笑った。
「そんなに気を遣うことないって。平気だよ」
「はあ」
ぼくはb相づちを打ったものの、腕の力をゆるめることができなかった。
ぼくたちが正門に着くと、花壇で作業をしていたしんちゃん先輩と近藤先輩、マジショー先輩が立ちあがった。
「肥料、混ぜたから、植えつけしていいよ」
しんちゃん先輩の言葉に、ほんわかせんぱいがうなずく。
「ありがとう。じゃあ、苗のポットを置いて、レイアウトを確認しようね」
川口センパイの指示で、ぼくたちは苗の入ったビニールポットを土の上に置いていった。正門向かって右側の花壇はピンク系とし、奥に星型のペンタスを四株、手前にアサガオ型の淡いピンクのペチュニアを四株置く。左側の花壇はブルー系として、奥に白のペンタスを四株、手前に青紫のペチュニアを四株置いた。
しんちゃん先輩が「うーん」と、腕を組んだ。
「なんか、さみしげだなあ」
「大丈夫。ペチュニアは摘心で大きく育つし、ペチュニアもペンタスも挿し芽で増やせるんだよ」
ほんわかせんぱいはマジショー先輩に、からのビニールポット四つに赤玉土を入れるよう頼んだ。
「お母さんがやってたんだけど、摘心っていって、脇芽が出ている枝を切ると、本体の枝が増えて花が多く咲くようになるんだって。その切った枝は、挿し芽にするの」
と言いながら、剪定バサミでペチュニアの枝を五センチメートルほど切った。
「つぼみも切っておいたほうがいいんだって」
あっと思った瞬間、パチンッと挿し芽のつぼみが切られた。②ぼくの背中にひやっとしたものが走る。
「あの、なんでつぼみを切ると、いいんですか?」
思わず聞くと、ほんわかせんぱいが顔を上げた。
「つぼみがあると、花を咲かすほうに栄養が使われるの。挿し芽を育てるには根を伸ばすほうに栄養をまわしたいから、つぼみをのぞくんだって」
「はあ……」
ぼくはあいまいにうなずいた。本当はそんな答えを聞きたかったわけじゃない。
この花は突然、ここに連れてこられた。そのうえ、これから咲こうとしていたつぼみの命まで勝手に奪われた。ちょっとひどくないか? 買い主は買ったモノに対して、なにをしてもいいのか。この花を、そのまま育ててやるわけにはいかないのか。
ほんわかせんぱいは同じようにいくつか枝を切ると、マジショー先輩が用意したビニールポットに枝を挿して、ジョウロでたっぷり水をかけた。
「これを明るい日陰に置いて育てるの。だいたい二週間か三週間で根が張るから、そしたら、花壇に植えるんだって」
「へえー」と、みんなの声が重なった。
ほんわかせんぱいは、持っていたジョウロを花壇の脇に置いた。
「予算は限られているから、いろいろ工夫しないとね」
「さ、どんどん植えてこう!」
川口センパイが花壇の縁に足をかけたそのとき、ふとまゆセンパイが正門から出てきた。花壇を見て、目をかがやかせる。
「おー、いいじゃん。おれも植えたい」
「しかたがないなあ」
川口センパイは笑いながら、ふとまゆセンパイにペチュニアのビニールポットを手わたした。ふとまゆセンパイが茶道の作法のように、ビニールポットを回して眺める。

「かわいいー。この子はやさしげな感じだから、優花にしよう」
「ちょっとお、その子はうちの子なんだから、勝手に名前をつけないでよ」
川口センパイが［Ａ］をとがらせると、ふとまゆセンパイは、
「名前をつけたって、いいじゃんねー？」
と、そばにいたぼくに同意を求めた。
えっ、ぼくにふるの？
ぼくはどぎまぎして「あ、はあ」と、c言葉をにごした。
「んじゃ、植えよっか」
ふとまゆセンパイがしゃがんで、移植ゴテで土を掘りだした。ぼくもとなりにしゃがんで穴を掘る。ふとまゆセンパイはビニールポットから苗を出して、掘った穴に置いた。「地面と水平になっているよね？」と、ぼくに聞く。
「あ、はい。なっていると思います」
「よっしゃ」と言って、ふとまゆセンパイは苗のまわりに土をかけた。仕上げに手でそっと土をおさえる。同じように、ぼくも苗を穴に置いて土をかけた。
「うん、いいんじゃない？」
ふとまゆセンパイが顔を上げて、ぼくを見た。マスクに目をとめる。
「それ、花粉症？」
「あ、はい。※アレルギーで、ハウスダストとかもダメなんです」
ふとまゆセンパイがうなずいた。
「そっかあ。園芸作業は花粉とか土ぼこりとか吸うことになるから、気をつけなきゃな。つらいときは遠慮しないで、作業をやめていいからね」
ぼくは、マスクの中でぽかんと口を開けた。
こんなことを言われたのは、はじめてだった。「つらいときは、やめていい」という言葉が、じわじわと胸の奥にしみていく。
「水、くんできました」
近藤先輩の声に、ぼくははっと我にかえった。
ふとまゆセンパイが立ちあがって言う。
「じゃんじゃん撒いちゃって」
ふとまゆセンパイにならって、ぼくも歩道に下がった。水を撒く近藤先輩やしんちゃん先輩を見守る。
花壇は夕焼けのオレンジ色に染まっていた。全体的に土の面積が広くて、花はちょぼちょぼっという感じだけど、こんな状態でいいんだろうか？
ほんわかせんぱいは花壇を眺めて、満足そうにうなずいた。
「育つのが、楽しみだね」
うんうんと、川口センパイたちもうなずく。
本当に見栄えがよくなるほど育つの？　育たなかったら、ぼくたちのせいだよな。
さみしげに植わっている花に、どうも気持ちがすっきりしない。③心の中でどんどん、もやもやしたものがふくらんでいく。
たかが植物なのに、そう思えない。どこか自分に似ているような気がして、ぼくは花を単なるモノとして見ることができなかった。

（ささきあり『天地ダイアリー』）

《注》※アレルギーで、ハウスダストとかもダメなんです――この発言は嘘であり、実際は「ぼく」にアレルギーはない。

問一　空欄［Ａ］～［Ｃ］にあてはまる最も適切な言葉を、次の中からそれぞれ一つずつ選び、符号を書きなさい。
イ　胸　ロ　眉　ハ　頭　ニ　肩　ホ　腰　ヘ　腹　ト　耳　チ　口

問二　波線部ａ～ｃの意味を、次の中からそれぞれ一つずつ選び、符号を書きなさい。
ａ　「鵜呑みにした」
イ　うまい言葉にだまされた　ロ　よく考えずそのまま受け入れた　ハ　疑いながらも聞き入れた
ニ　気分を害さないようにした　ホ　意見を認めつつ批判した
ｂ　「相づちを打った」
イ　言葉をさえぎった　ロ　こびを売った　ハ　調子を合わせた　ニ　口答えをした　ホ　つつしんで答えた
ｃ　「言葉をにごした」
イ　意見に同調した　ロ　暴言をはいた　ハ　相手を無視した　ニ　落ち着きを失った　ホ　うやむやにした

問三　空欄 ① にあてはまる言葉として最も適切なものを次の中から一つ選び、符号を書きなさい。

イ　あつかましい優越感　ロ　ちっぽけな違和感　ハ　でたらめな罪悪感
ニ　ゆがんだ距離感　ホ　うすっぺらい正義感

問四　傍線部②「ぼくの背中にひやっとしたものが走る」とありますが、これはなぜですか。その説明として最も適切なものを次の中から一つ選び、符号を書きなさい。

イ　買い主は買ったモノになにをしてもいいのだという先輩の意見を聞き、その傲慢さに驚いたから。
ロ　挿し芽を育てるにはつぼみを切るべきだ、という先輩の知識は間違っていることに気づいたから。
ハ　先輩の行為は、これから咲こうとしていたつぼみの命を勝手に奪う、ひどいものだと思ったから。
ニ　ためらうことなくつぼみを切る先輩の様子を見て、栽培委員会に入ったことを後悔し始めたから。
ホ　今から花が咲くつぼみを切ると、さみしげな花壇の様子が、さらにさみしげになってしまうから。

問五　傍線部③「心の中でどんどん、もやもやしたものがふくらんでいく」とありますが、ここでの「ぼく」の心情を、百二十字以内で説明しなさい。

問六　「ぼく」が「マスク」をつけているのは何のためですか。四十字以内で説明しなさい。

〈四十五点〉

《三》次のⅠ・Ⅱの問いに答えなさい。

Ⅰ　次の①～⑩の傍線部のカタカナを漢字に改めなさい。

①　観光業を国のキカン産業に育てていく。
②　リーグ戦を勝ち抜き、シュクガンであったベスト8進出を果たした。
③　彼がのこした功績は、マイキョにいとまがない。
④　町工場のロウレンな技術者達が力を結集した。
⑤　創業以来のロゴマークをサッシンする。
⑥　カキュウの用件で、先方から呼び出される。
⑦　店の理念を毎朝全員でショウワしている。
⑧　多様な人間関係の中でショセイ術を身に付ける。
⑨　「お父様はソクサイでいらっしゃいますか」ときかれた。
⑩　前会長のセンオウな振る舞いを、長年許してきてしまった。

Ⅱ　次の⑪～⑮が、下の四つの言葉全てと似通った意味の語になるように、空欄を漢字一字で埋めなさい。

⑪　青二□ ―― 《ひよっこ・駆け出し・若造・ビギナー》
⑫　理想□ ―― 《常若の国・楽園・極楽・ユートピア》
⑬　徒□ ―― 《ただ働き・無駄足・骨折り損・シジフォスの岩》
⑭　発□ ―― 《興起・猛り立つ・張り切る・ハッスル》
⑮　動□ ―― 《動因・理由・きっかけ・モチーフ》

2020年度　ラ・サール中学校　入学試験問題　算数　(60分・100点)　その1

１．次の □ にあてはまる数をそれぞれ求めなさい。（１２点）

(1) 57×15.2－114×2.6＋４×3.25＝□

(2) $\frac{1}{8}\times\left(2\frac{7}{9}+\frac{9}{11}-\frac{25}{81}\right)-\frac{9}{88}=$□

(3) 19.9－1.4×(2.7＋□)＝10.8

２．次の各問に答えなさい。（２８点）

(1) ある整数を 27 でわると，商と余りが等しくなりました。このような整数のうち，３けたで最小のものと最大のものを求めなさい。

(2) Ａ君とＢ君の所持金の比は５：３でしたが，Ａ君には 2400 円の収入が，Ｂ君には 720 円の支出があったので，所持金の比は７：３となりました。はじめのＡ君の所持金を求めなさい。

(3)

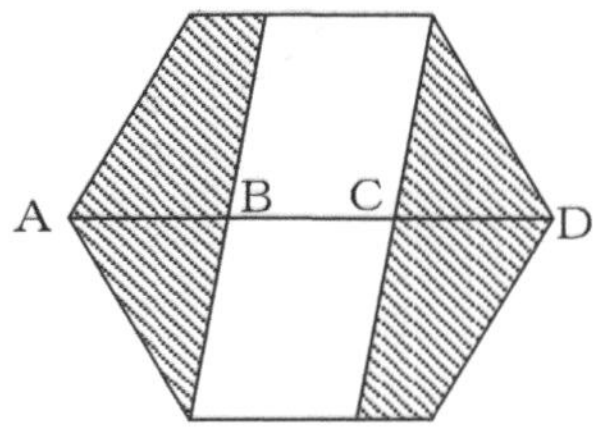

左の図のような，面積が６㎠の正六角形があって，ＡＢ＝ＢＣ＝ＣＤです。斜線部分の面積を求めなさい。ただし，Ａ，Ｂ，Ｃ，Ｄは一直線上です。

(4) 右の図は，長方形 ＡＢＣＤの点Ｃが点Ａに重なるようにＥＦで折り，さらに点Ｂが直線ＡＥ上にくるようにＧＥで折ったものです。ＡＧ，ＧＥのあいだの角が 122° のとき，図の角㋐と角㋑はそれぞれ何度ですか。

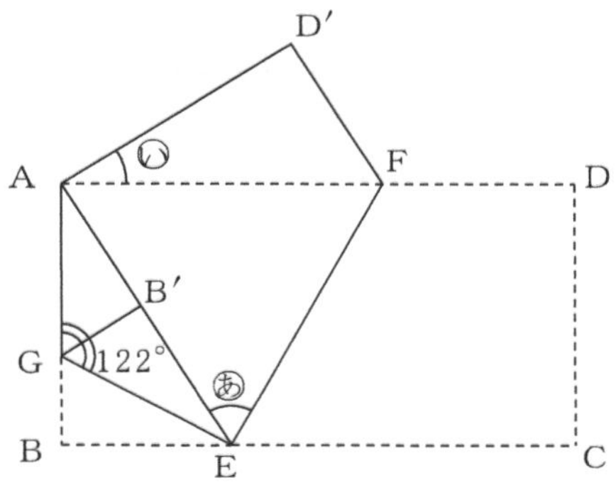

３．

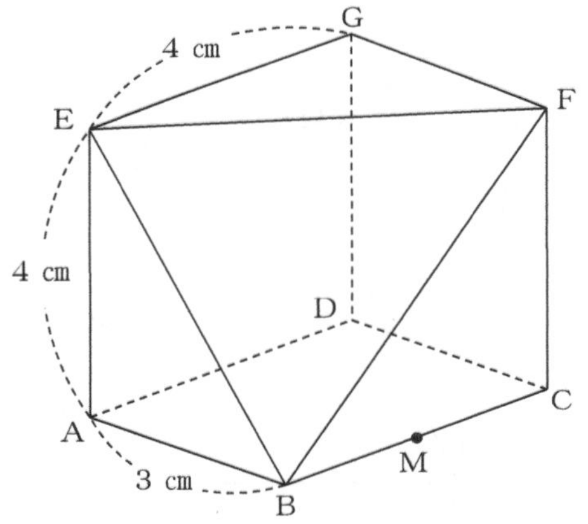

左の図のように，直方体を３つの頂点Ｂ，Ｅ，Ｆを通る平面で切ってできる立体について，次の問に答えなさい。（１２点）

(1) この立体の体積は何㎤ですか。
ただし，角すいの体積は(底面積)×(高さ)÷３です。

(2) 辺ＢＣのまん中の点Ｍを通り，面ＡＢＥに平行な平面でこの立体を２つに切り分けたとき，それぞれの 体積を求めなさい。

４．2020 と整数Ａの積について，次の問に答えなさい。（１６点）

⑴ Ａが６けたの数 333333 のとき，

(ア)何けたになりますか。　　(イ)各位の数のうち，数字３は何回あらわれますか。

⑵ Ａが 100 けたの数 333…333 のとき，

(ア)何けたになりますか。　　(イ)各位の数の和はいくつですか。

５．右の図のような一周 48 cmの円があって，ＡＢは直径です。２点Ｐ，Ｑが同時に点Ａをスタートして，この円周上を次のように動いています。

点Ｐ：毎秒３cmで時計まわりにまわりつづける。

点Ｑ：毎秒８cmで時計まわりにＢまで進むとすぐ反時計まわりにＡまで戻る。そのあと同じ動きでＡＢ間を往復しつづける。

このとき，次の問に答えなさい。（１６点）

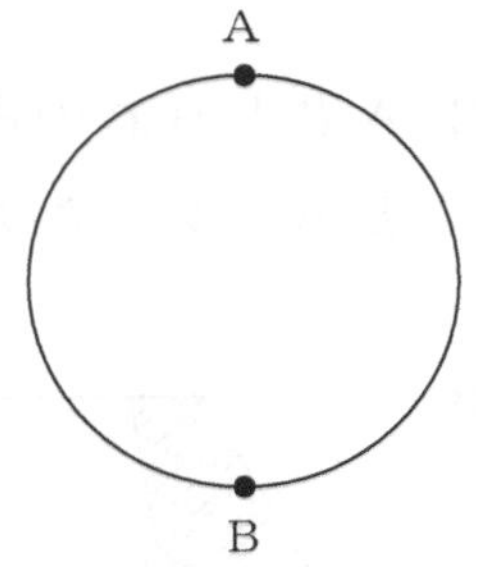

⑴ スタートしたあと，はじめて２点Ｐ，Ｑが点Ａで重なるのは何秒後ですか。

⑵ スタートしたあと，はじめて２点Ｐ，Ｑが点Ａで重なるまでのあいだに途中何回Ｐ，Ｑは重なりますか。

⑶ ２点Ｐ,Ｑが重なったときから次に重なるまでの最短の時間は何秒ですか。

６．右の図の三角形ＡＢＣで，ＡＢ＝６cm，ＢＣ＝４cm です。辺ＢＣ上の点で，ＢＰ＝１cmとなる点Ｐを中心として，三角形ＡＢＣを回転させると，ＡはＤに，ＢはＥに，ＣはＦにうつって，Ｆは辺ＡＣ上，ＢはＤＥ上となりました。辺ＡＢとＤＦの交点をＱとして，次の問に答えなさい。（１６点）

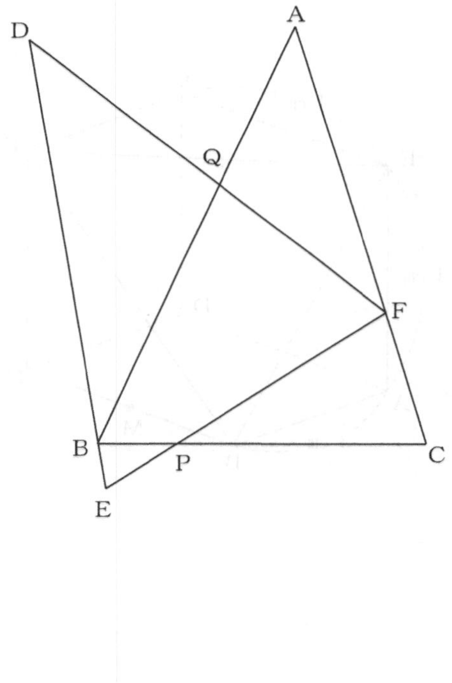

⑴ ＡＦは何cmですか。

⑵ ＡＱは何cmですか。

⑶ 三角形ＡＢＣと四角形ＢＥＦＱの面積比を最も簡単な整数の比で表しなさい。

令和２年度　ラ・サール中学校入学試験問題　理科　　（４０分）

注意：　１．解答はすべて解答用紙の答のらんに書きなさい。
　　　　２．いくつかの中から選ぶ場合は，記号で答えなさい。特に指示のない場合は１つ答えなさい。

【１】　①～⑮の（　）に適する数字や語を入れ，｛　｝からは適する語を選びなさい。なお，時刻を答える際には午前，午後は使わずに，２４時間制で答えなさい。

１２月のある日のことです。

ダイ吉　「お父さん，近ごろは日が短くなったせいか，時間が速く進むように感じるよ。」

お父さん「そう感じるのはわかるけど，時間の長さはいつでも同じだよ。」

ダイ吉　「そうだよね。ところで，時間や時刻はどうやって決めているのだろう。」

お父さん「太陽が南中したときを正午とし，正午から正午までの間を（ ① ）等分した時間の長さが１時間だよ。ただ，いろいろな地域で太陽が南中したときを正午とすると，日本全国でたくさんの正午ができてしまうので，東経１３５°にある兵庫県の（ ② ）市で太陽が南中したときを，日本では一律に正午と決めているんだ。」

ダイ吉　「ということは，鹿児島では正午には太陽が真南ではなく，真南より③｛東　西｝にあり，日の出，日の入りも（ ② ）より④｛早く　おそく｝なるということだね。」

お父さん「そうだよ。ところで，時刻を決める基準となる経度は，国によってちがっているよ。中国やフィリピンでは東経１２０°，タイやベトナムでは東経１０５°が基準となる経度だよ。」

ダイ吉　「正午のタイミングは国が違えば変わってくるわけだね。ところで，基準の経度が１５°刻みになっているのは？」

お父さん「太陽は（ ⑤ ）時間に１５°ずつ西に動くので，基準の経度を１５°刻みにすると，国ごとの時刻の差が考えやすくなるからさ。」

ダイ吉　「ということは，日本が正午のとき，中国やフィリピンの時刻は（ ⑥ ）時，タイやベトナムの時刻は（ ⑦ ）時ということだね。」

お父さん「ところで，１２月１０日１４時に日本を出発した飛行機が，０°を基準の経度とするイギリスに１３時間後にとう着したとき，イギリスは何月何日の何時だかわかるかな？」

ダイ吉　「イギリスは太陽の南中が日本より（ ⑧ ）時間おくれるので…わかった！
１２月（ ⑨ ）日の（ ⑩ ）時だね。」

お父さん「では，１２月１０日１４時に日本を出発した飛行機が，西経１２０°を基準の経度とするロサンゼルスに１０時間後にとう着したとき，ヨーロッパまわりで時刻を考えてごらん。ロサンゼルスは何月何日の何時だかわかるかな？」

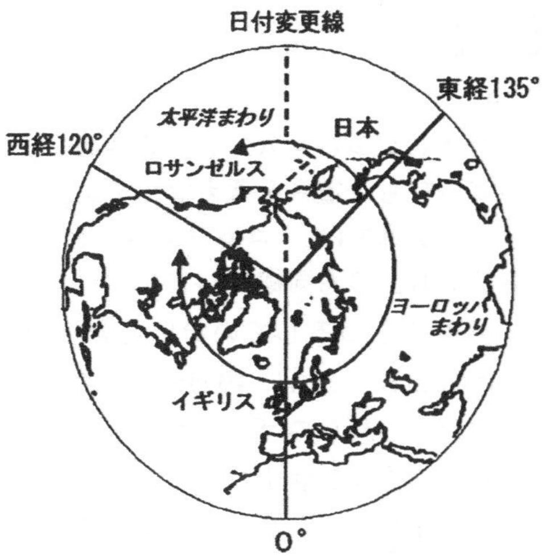

ダイ吉　「ロサンゼルスは太陽の南中が日本より（ ⑪ ）時間おくれるので…，
１２月（ ⑫ ）日の（ ⑬ ）時だね。
でも，不思議だよ。タイムマシンに乗っているみたいだね。」

お父さん「確かに不思議だけど，海外旅行に行くと，時々あることなんだ。」

ダイ吉　「あれれ，ロサンゼルスに着く時刻をヨーロッパまわりではなく，太平洋まわりで考えてみたら，違う答えが出たよ。」

お父さん「良いところに気づいたね。１８０°の経線に沿って，日付変更線（へんこうせん）というのが設定されているが，この線はその問題を解消するためにあるんだよ。」

ダイ吉　「というと…」

お父さん「日付変更線を西から東にまたいで考えたときは，日付を１日⑭｛進める　もどす｝。東から西にまたいで考えたときは，日付を１日⑮｛進める　もどす｝。そうすると，ヨーロッパまわりも，太平洋まわりも同じ答えになるんだ。」

ダイ吉　「なるほど。うまくできているね。そうだ！昼が短いのを忘れていた。ちょっと友だちの所へ行ってくるね。」

【2】

〔A〕

3本のゴムひもA，B，Cがあります。これらのゴムひもは重さを考えなくてよいものとします。以下の文章では，「ゴムひもA」を「A」とし，ゴムひもB，Cも同様にします。

おもりをつるしていないときのゴムひもの長さはAとBはともに40 cmで，Cは36 cmでした。

また，これらのゴムひもにそれぞれおもりをつるし，おもりが静止したところでゴムひもの長さを測りました。そのとき，「おもりの重さ」と「ゴムひもの伸(の)びた分の長さ」との関係は【図1】のようになりました。

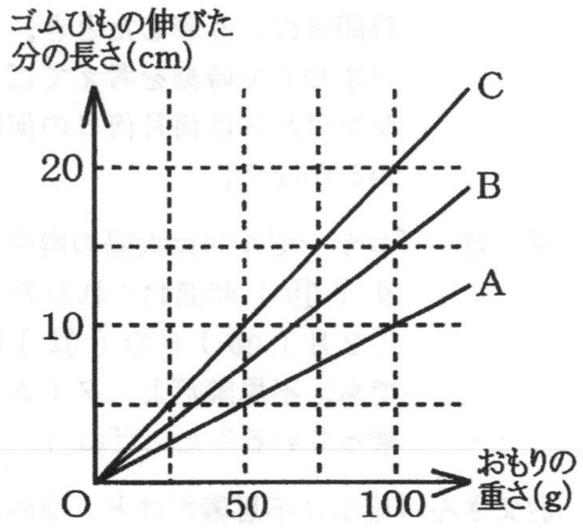

【図1】

以下の【図2】～【図7】ではおもりは静止しているものとし，棒および糸の重さは考えないものとします。次の問いに答えなさい。

（1）同じ重さのおもりをつるしたときの，AとBの伸びた分の長さの比はいくらですか。最も簡単な整数比で答えなさい。

（2）【図2】は50 gのおもりをAでつるした様子を表したものです。Aの伸びた分の長さは何 cmですか。

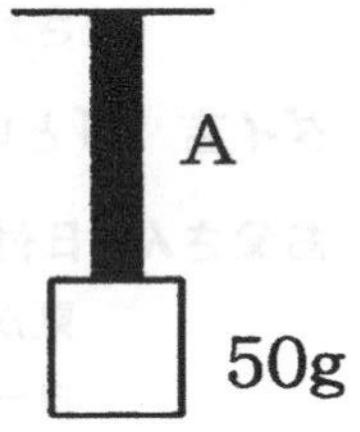

【図2】

（3）【図3】のように，50 gのおもりをAにつけてなめらかな斜面(しゃめん)におきました。次の文のうち正しいものをア～ウより選びなさい。

ア．Aの伸びた分の長さは【図3】と【図2】で等しい。

イ．Aの伸びた分の長さは【図3】が【図2】より小さい。

ウ．Aの伸びた分の長さは【図3】が【図2】より大きい。

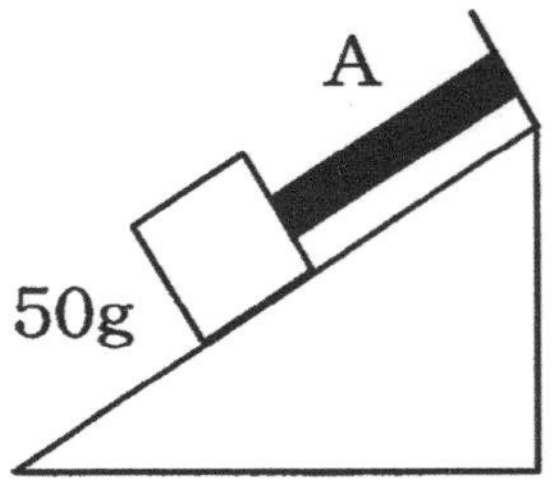

【図3】

（4）AとBを使い，【図4】のように2つのおもりをつるしました。AとBの伸びた分の長さはそれぞれ何 cmですか。

（5）【図5】は，AとBをつないだもので60 gのおもりをつるした様子を表したものです。AとBの伸びた分の長さはそれぞれ何 cmですか。

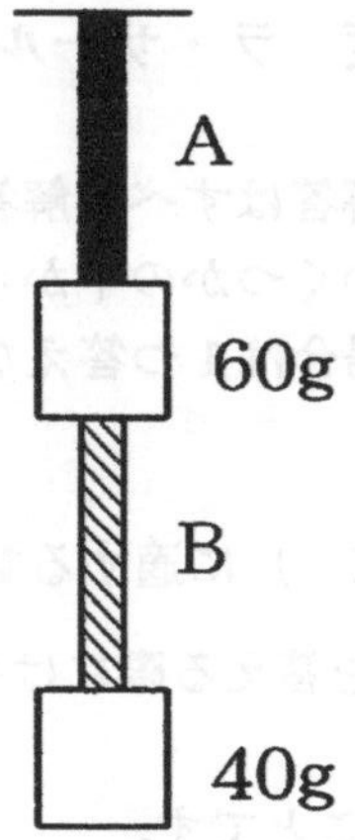

【図4】

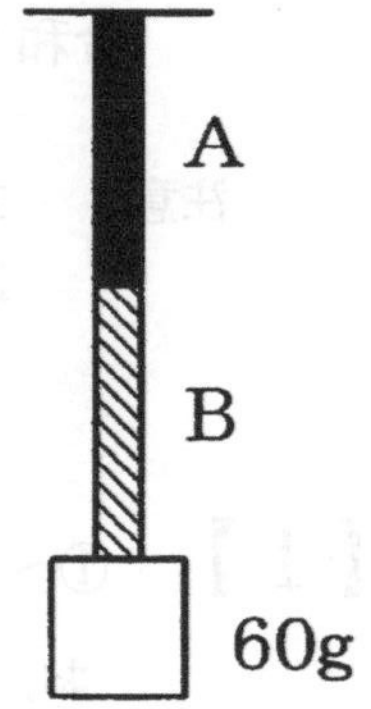

【図5】

（6）【図6】のように，棒の両端(りょうたん)にAとBを取り付け，棒に糸を結びつけておもりXをつるしたところ，2つのゴムひもはそれぞれ全体の長さが43 cmになり，棒が水平になりました。このとき，おもりXは何 gですか。

（7）【図7】のように，棒の両端にAとCを取り付け，棒の中央に糸を結びつけておもりYをつるしたところ，AとCの長さが等しくなり，棒が水平になりました。このとき，Cの全体の長さは何 cmですか。また，おもりYは何 gですか。

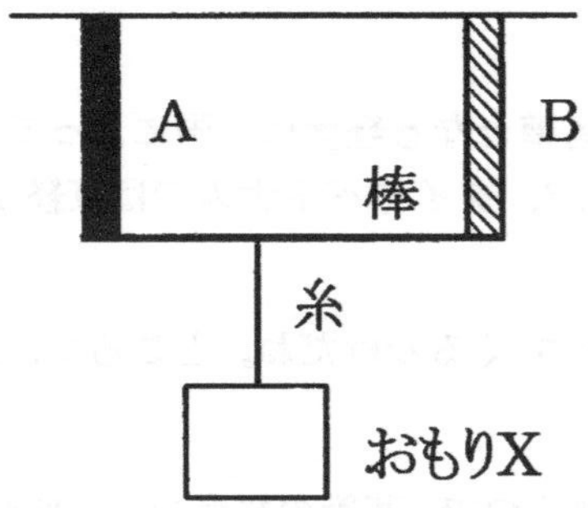

【図6】

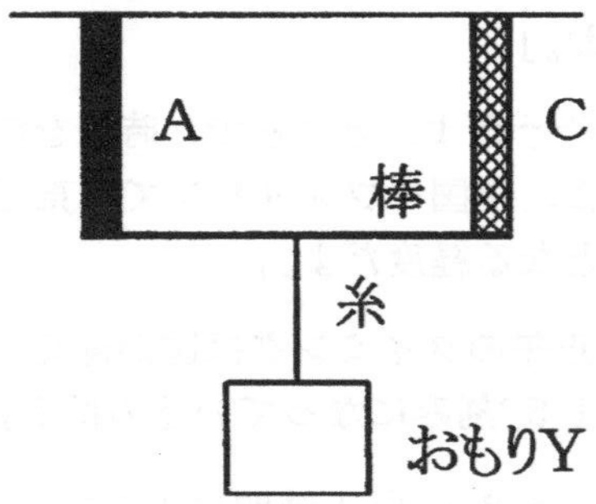

【図7】

〔B〕

図1のように二つの同じ乾電池(かんでんち)を直列にして電流計と電熱線につなぎ回路を作りました。電熱線の太さや長さ，乾電池の数やつなぎ方を変え，1分間あたりの電熱線の発熱の量の違いを調べました。以下の問いに出てくる乾電池はすべて同じものとします。

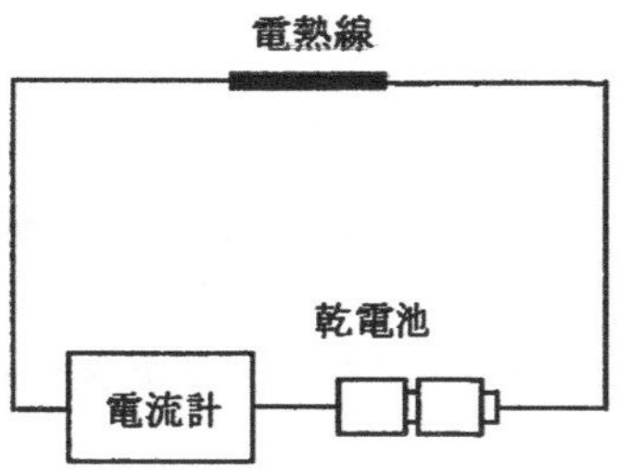

図1

（1）図1から条件を変え，電熱線の発熱の量の違いを調べたところ，回路を流れる電流が増えたときに発熱の量は大きくなっていました。以下の文中の①～③の（　）について適する語を選びなさい。

・図1の回路で電熱線の太さのみを変えた場合，①（**細い　太い**）電熱線のほうが図1のときに比べ発熱の量は大きくなる。

・図1の回路で直列につながっている乾電池の数を②（**減らした　増やした**）場合，図1のときに比べ発熱の量は大きくなる。

・図1の回路で二つの乾電池を並列にしてつなぎかえた場合，図1のときに比べ発熱の量は③（**小さくなる　大きくなる　変わらない**）。

・図1の回路で電熱線の長さのみを変えた場合，短い電熱線のほうが図1のときに比べ発熱の量は大きくなる。

（2）以下の回路において，電熱線の発熱の量が最も大きいものをア～カから選びなさい。ただし，電熱線の太さについては，ア・エ・カは同じ太さで，イ・ウ・オは同じ太さです。また，電熱線の長さについては，ア・イ・オ・カは同じ長さで，ウ・エは同じ長さです。

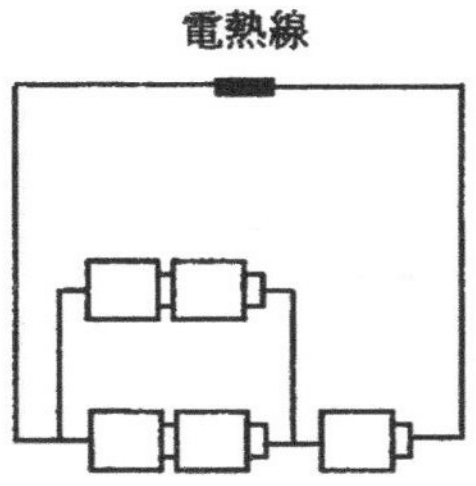

ア

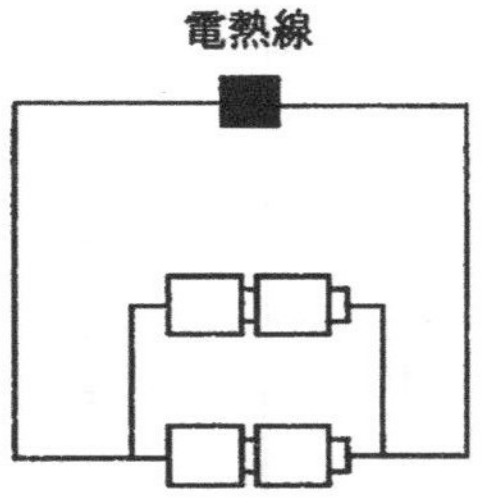

イ

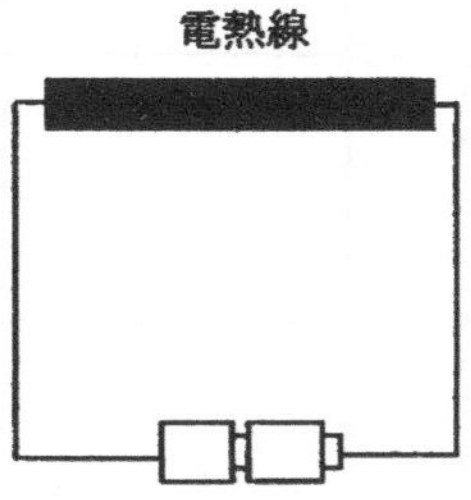

ウ

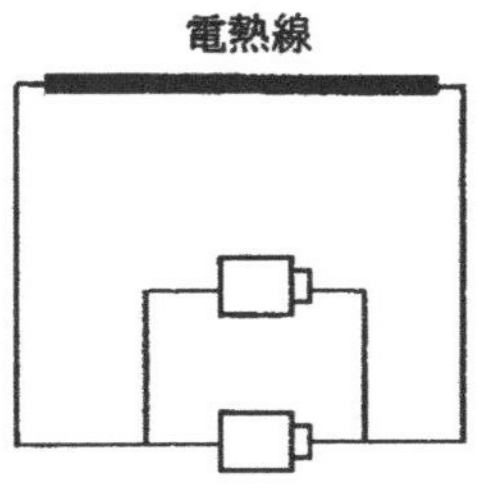

エ

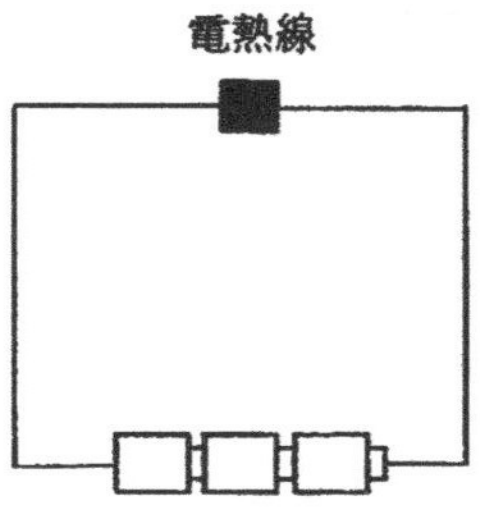

オ

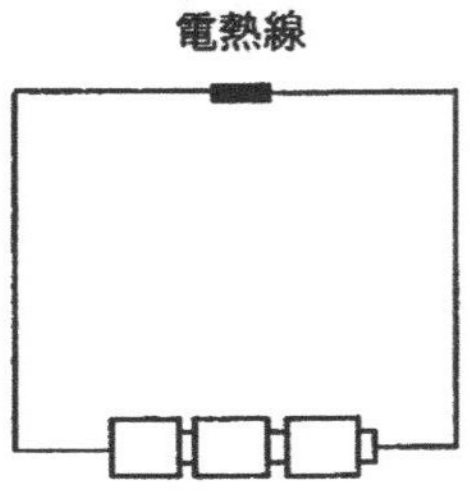

カ

【3】

〔A〕

塩酸Xと水酸化ナトリウム水溶液(すいようえき)Yの混合液に，アルミニウムを十分に加えたとき，発生した気体Aの体積を調べました。表は，混合液①～⑥を作ったときの塩酸Xおよび水酸化ナトリウム水溶液Yの体積と，それぞれの混合液に十分な量のアルミニウムを加えたときに，発生した気体Aの体積をまとめたものです。

	①	②	③	④	⑤	⑥
塩酸Xの体積［mL］	100	100	100	100	100	200
水酸化ナトリウム水溶液Yの体積［mL］	100	150	200	300	400	(ア)
気体Aの体積［mL］	56	28	0	168	336	56

（1）気体Aは何ですか。

（2）アルミニウムを加える前の混合液①～⑤のそれぞれにBTB溶液を加えました。青色に変化するものを①～⑤より2つ選びなさい。

（3）100mLの塩酸Xに十分な量のアルミニウムを加えると，気体Aは何mL発生しますか。

（4）100mLの水酸化ナトリウム水溶液Yに十分な量のアルミニウムを加えると，気体Aは何mL発生しますか。

（5）200mLの塩酸Xに，(ア) mLの水酸化ナトリウム水溶液Yを加えた混合液⑥に，十分な量のアルミニウムを加えたら，気体Aが56mL発生しました。(ア)に当てはまる可能性のある体積をすべて答えなさい。割り切れないときは，小数第1位を四捨五入して整数で答えなさい。

〔B〕

図1のような水槽を用意し，円筒形容器に水素と酸素の合計の体積が 150mL になるように混合した気体を入れました。次に，混合気体中で電気で火花を飛ばし点火すると，装置内の水素と酸素が反応して液体の水を生じて，気体の体積が減少しました。円筒形容器の底は開いていて，減少した気体の量に応じて図2のように水が入り込みます。

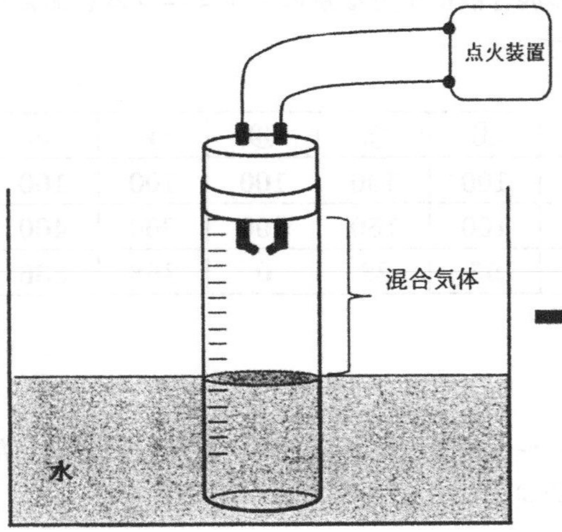

図1

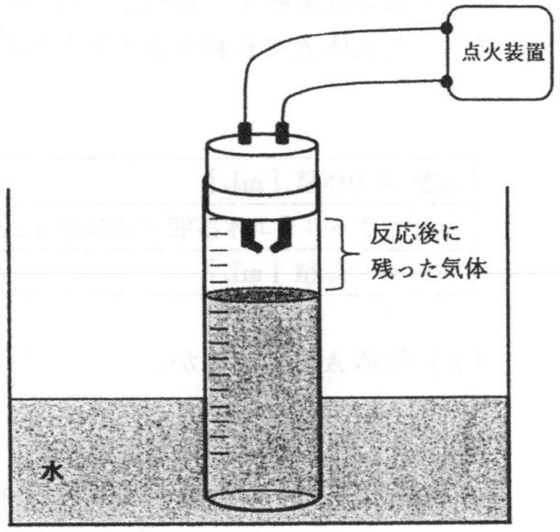

図2

体積の合計が 150mL になるように，混合する水素と酸素の割合を変えながら，反応後に残った気体の体積を測定した結果を図3のグラフに示してあります。グラフの横軸は「反応前に加えた酸素の体積」で，縦軸は「反応後に残った気体の体積」を表しています。

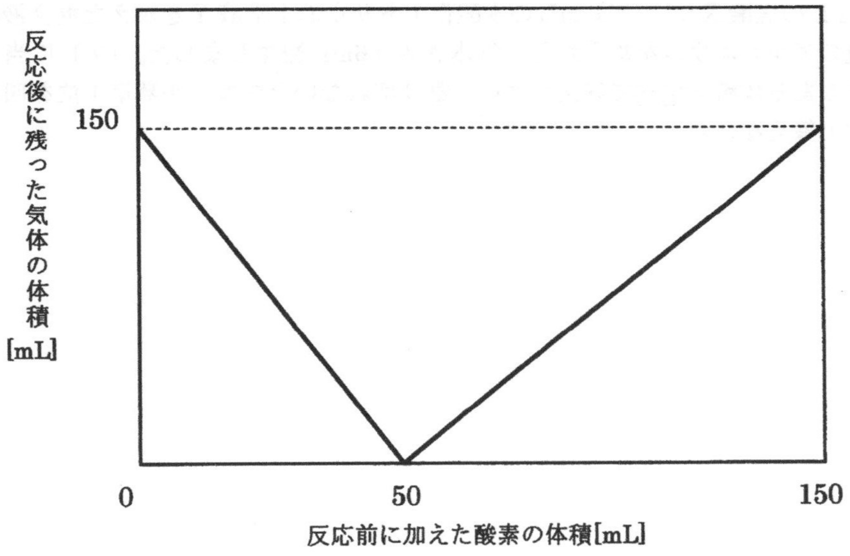

図3

（1）どちらの気体も残ることなく反応するとき，反応前に加えた水素と酸素の体積の比はいくらですか。最も簡単な整数比で答えなさい。

（2）反応前に加えた酸素を 30mL にして実験したとき，どちらの気体が何 mL 残りますか。

（3）反応前に加えた酸素を 90mL にして実験したとき，どちらの気体が何 mL 残りますか。

（4）下線部を『水素と酸素の合計の体積が 120mL』にかえて，同じ実験を行いました。「反応前に加えた酸素の体積」と「反応後に残った気体の体積」の関係はどのようになりますか。解答用紙のグラフに記入しなさい。

（5）下線部を『水素と酸素のほかに，窒素も 60mL 加えて，合計の体積が 150mL』にかえて，同じ実験を行いました。「反応前に加えた酸素の体積」と「反応後に残った気体の体積」の関係はどのようになりますか。解答用紙のグラフに記入しなさい。

（6）（5）の実験において，反応後に残った気体の体積の 50%を酸素が占めるのは，反応前に酸素を何 mL 加えたときですか。

下書き用

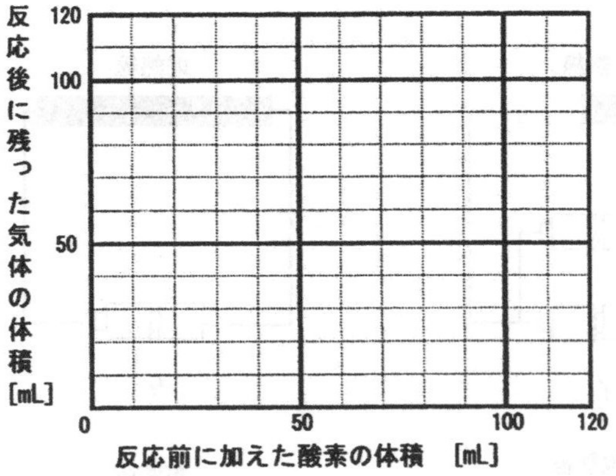

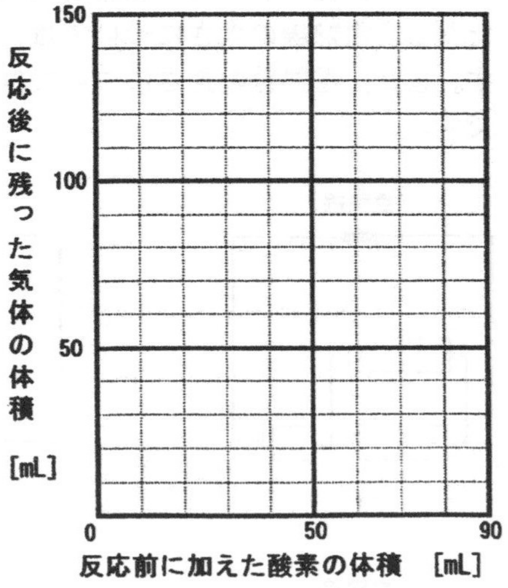

【4】

〔A〕

植物の根・茎・葉について，次の問いに答えなさい。

（1）単子葉植物では，茎のつけ根に同じくらいの太さのたくさんの根がついています。このような根をもつ植物の組み合わせを選び，記号で答えなさい。

ア.「エンドウ　ダイコン」　　イ.「アサガオ　イネ」

ウ.「トウモロコシ　ムギ」　　エ.「ソラマメ　ヒマワリ」

（2）葉のついているホウセンカの茎を赤色のインク水の入った試験管にさしておくと茎や葉に赤色がつきます。ホウセンカの茎を輪切りにした様子が右図です。赤色がつく部分は，ア～エのどの部分ですか。

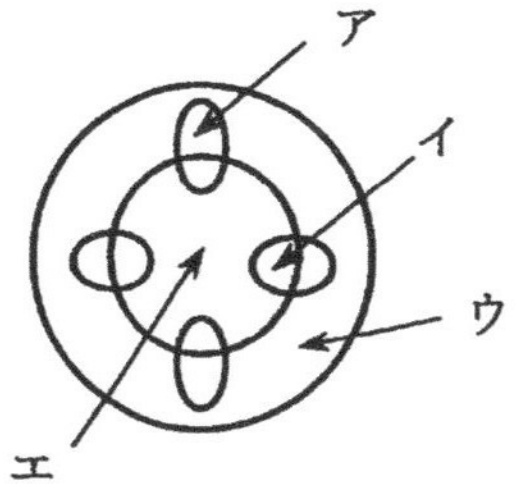

ある植物の葉のついている茎を水を入れた試験管にさしておくと，吸いあげられた水は，葉や茎の表面から蒸発します。水の蒸発する量を調べるために，葉のついている茎のいろいろな部分にワセリンを塗って水を入れた試験管にさし，風通しの良い日かげに 10 時間放置した後，水の減少量を測定しました。その結果を表にまとめました。なお，ワセリンは水や空気を通しません。また，実験で用いた植物の葉の数と面積，茎の太さは同じものとします。あとの問いに答えなさい。

	試験管 A	試験管 B	試験管 C	試験管 D	試験管 E
ワセリンを塗った部分	なし	葉の表	葉の裏表	葉の裏表と茎の全面	葉の裏
水の減少量（g）	6.8	6.2	0.4	0.1	（ a ）

（3）この実験において最も多く水が蒸発する部分はどこですか。

ア．葉の表　　イ．葉の裏　　ウ．茎　　エ．試験管の水面

（4）（3）を顕微鏡で観察したら，表面に小さなすきまがたくさんあいていました。このすきまを何といいますか。

（5）試験管 E について，表の（a）に当てはまる水の減少量を答えなさい。

（6）次の文の（　）に適する語を選びなさい。

「植物の表面から蒸発する水の量が増加すると植物の表面の温度が
①（上がり　下がり），根から吸収する水の量が ②（増える　減る）。」

〔B〕

図 1～3 は，ある地域に生息する生物の分布を模式的に示したものです。この分布は生物の行動の特徴と大きな関係があります。

図 1（一様分布）

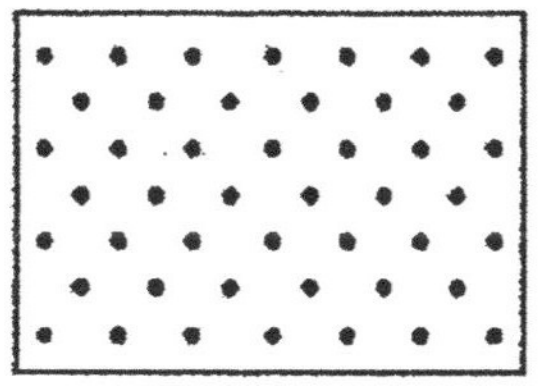

図 2（ランダム分布）

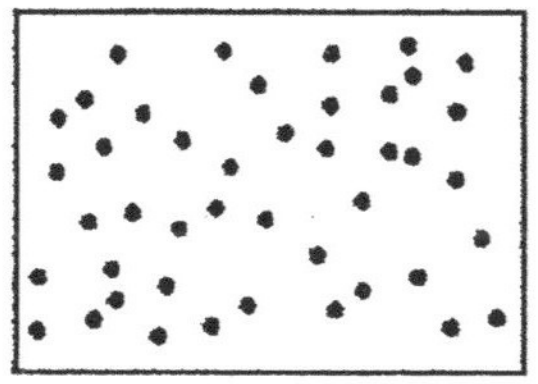

図 3（集中分布）

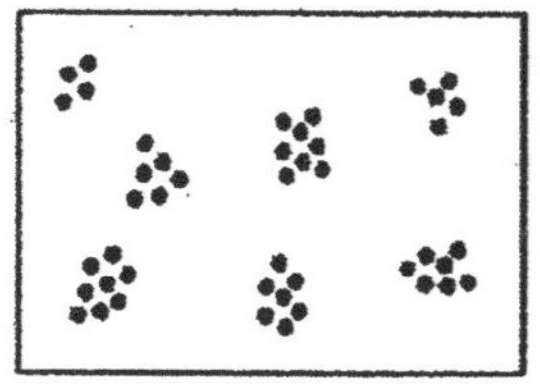

（1）図 1～3 のような分布になる生物の行動の特徴を説明したものを次のア～ウよりそれぞれ選びなさい。

ア．他の個体を引きつける何らかの要因があり，巣や群れを作る。

イ．他の個体の影響を受けず，他の個体の位置とは無関係になる。

ウ．個体間で食物などをめぐる競争があり，互いに一定の距離を保ち合う。

ある地域に移動能力の高い生物が一様分布もしくはランダム分布している時，その生物の全体の個体数は次の手順によって推定することができます。

1. わなを仕掛け，複数の個体を生け捕りにします。
2. 生け捕りにした全ての個体に印をつけ，再び放します。
3. 印がついた個体とそうでない個体が混ざり合ったころに再びわなを仕掛け，2 回目に生け捕りにした個体数と，その中にいる印をつけた個体（2 回連続で捕まえた個体）の数をもとに，全体の個体数を次の式を用いて計算します。

$$\text{全体の個体数} = \frac{(\text{最初に捕まえた個体数})\times(\text{2回目に捕まえた個体数})}{(\text{2回連続で捕まえた個体数})}$$

（2）上の式で全体の個体数を推定することができない生物を選びなさい。

ア．ゲンゴロウ　　イ．ザリガニ　　ウ．カブトムシ　　エ．イワガキ　　オ．フナ

（3）ある池にランダム分布して生息しているブラックバスの個体数を推定するために，池に網をしかけて，45 匹のブラックバスを捕まえました。捕まえたブラックバスに小さな印をつけて再び池の中に放しました。10 日後に再び網をしかけ，50 匹のブラックバスを捕まえました。捕まえた 50 匹中，印をつけたブラックバスは 9 匹でした。この池に生息するブラックバスの全体の個体数を推定しなさい。

［終わり］

2020年度　ラ・サール中学校入学試験問題（社会）　(40分)

注意：解答はすべて解答用紙に記入しなさい。

1　2019年に世界や日本で起きたできごとについて、以下の問いに答えなさい。

◆1月、ブラジルのミナスジェライス州で、鉱山のダムが決壊し、250人以上の人が亡くなりました。この州では以前にもダムの決壊事故が起きており、さらにこうした事故が起こるのではないかという不安が高まりました。

問1　ブラジルで使用される主要な言語を、次の**ア**～**エ**から1つ選び、記号で答えなさい。

ア　フランス語　　**イ**　オランダ語　　**ウ**　スペイン語　　**エ**　ポルトガル語

◆3月、ニュージーランドで、イスラム教の礼拝所で銃が乱射され、51人が亡くなるという事件が起きました。犯人は、イスラム教徒に強い憎しみをもっていました。宗教的な差別が少ないといわれているニュージーランドでこのような事件が起こったことに、大きな悲しみと怒りが広がりました。

問2　イスラム教では、(1)礼拝所 のことを何といいますか。また(2)イスラム教の聖典 を何といいますか。

◆4月、政府は2024年に紙幣のデザインを一新すると発表しました。紙幣に使われる肖像は、一万円札は渋沢栄一、五千円札は津田梅子、千円札は北里柴三郎になるということです。

問3　北里のもとで勉強した野口英世は、アフリカに渡り研究を行いました。しかし、研究していた病気に感染し亡くなりました。その病気の名前を、次の**ア**～**エ**から1つ選び、記号で答えなさい。

ア　破傷風　　**イ**　結核　　**ウ**　黄熱病　　**エ**　赤痢

◆5月、平成の天皇が退位し、新たな天皇が即位しました。これにあわせて元号が「令和」となりました。「令和」は『万葉集』から引用されています。

問4　『万葉集』は奈良時代に成立しました。奈良時代の都である平城京は、ある都市をモデルにして造られました。その都市の名前を漢字で答えなさい。

◆6月、香港で大規模なデモが発生しました。きっかけは香港政府が容疑者の引き渡しに関する条例を改正しようとしたことですが、香港政府や中国政府に不満をもつ人々は、警察と衝突をくり返し、混乱は収まろうとしませんでした。

問5　香港は、1997年にイギリスから中国に返還されました。その時中国政府は、「中国の一部となっても、香港には今から50年間、高度な自治を認める」と約束しました。この約束した内容を何といいますか。漢字5字で答えなさい。

◆8月、インド政府は、北部にあるジャンム・カシミール州の自治権をなくすことを決めました。そのため住民から強い反発が起き、治安が悪化するのではないかという不安が高まりました。

問6　このあたりはカシミール地方といいます。カシミール地方は、インドとその隣国が領有を争っているところです。この隣国とはどこですか。次の**ア**～**エ**から1つ選び、記号で答えなさい。

ア　アフガニスタン　　**イ**　パキスタン　　**ウ**　スリランカ　　**エ**　バングラデシュ

◆10月、ノーベル化学賞に、吉野彰さんとアメリカの研究者2人が選ばれました。リチウムイオン電池の開発に貢献したことが、受賞の理由です。

問7　ノーベル賞は、ノーベルが亡くなる前に「人類のために最大の貢献をした人に、自分が遺した財産から賞金を与えるように」と遺言したことから始まりました。ノーベルは何を発明することによって、財産を築きましたか。発明したものを答えなさい。

◆11月、アメリカ合衆国は、地球温暖化対策の国際的枠組み「パリ協定」から離脱すると発表しました。地球の温暖化で森林の面積が縮小したり、食糧不足が深刻化するなど、自然や人間への悪影響が心配されているなか、アメリカ合衆国の発表は国際社会に大きな失望をあたえました。

問8　地球温暖化対策について、1997年に国際社会の「行動の枠組み」が採択された都市はどこですか。

◆12月、イギリスで総選挙が行われ、ＥＵからの離脱を訴えるジョンソン首相の保守党が勝利しました。しかしイギリスの国内は依(い)然として、離脱と残留の意見に分かれています。

問９　イギリスの人たちがＥＵから離脱したい、あるいはＥＵに残留したいと考える理由を述べた文として、内容が適切でないものを、次の**ア**～**エ**から１つ選び、記号で答えなさい。

ア　ＥＵに残留すると、ＥＵの命令をきかなければならず、イギリス独自の政策がやりにくいので、離脱すべきだ。
イ　ＥＵに残留すると、移民がたくさん入ってきて、この人たちがイギリス人の仕事をとってしまうから、離脱すべきだ。
ウ　ＥＵを離脱すると、ＥＵの国々との自由な貿易がやりにくくなるので、残留すべきだ。
エ　ＥＵを離脱すると、現在の通貨ユーロとは異なる通貨を導入しないといけなくなって不便だから、残留すべきだ。

2　Ｌ小学校では、グループに分かれて社会科見学を行いました。今日はその報告会です。報告会の内容を読んで、以下の問いに答えなさい。

◆メイさん「わたしたちのグループは市役所へ行きました。市役所では、地域の住民の声を受けて、住民のためにさまざまな仕事を行っていることがわかりました。また、ａ<u>障がいや年令、性別、国籍(せき)などに関係なく、だれもが安心して幸せに生活できること</u>が大切だと感じました。」

問１　市役所に関する説明として誤っているものを、次の**ア**～**エ**から１つ選び、記号で答えなさい。

ア　市役所では、戸籍や住民票などに関する手続きを行うことができる。
イ　市役所では、ハザードマップを作るなどの防災活動を行っている。
ウ　市で子育て支援(えん)を行うときは、市役所が計画を立て、市議会が議決する。
エ　市で公共事業を行うときは、市役所を通さずに、事業者同士の話し合いで工事を行う事業者を決める。

問２　下線部ａに関連して、現在の日本では多目的トイレや幅(はば)の広い改札の設置などが進んでいます。このようなすべての人にとって使いやすい形や機能を考えたデザインのことを（　　）デザインといいます。（　　）にあてはまる語をカタカナで答えなさい。

◆ハルトくん「ぼくたちのグループは市議会へ行きました。市議会では、市の仕事を進めていくために必要なことを話し合っていることがわかりました。」

問３　市議会に関する説明として正しいものを、次の**ア**～**エ**から１つ選び、記号で答えなさい。

ア　市議会議員の選挙に立候補できる年令は、30歳(さい)以上である。
イ　市議会では、政令を制定、改正、廃(はい)止することができる。
ウ　市の仕事が正しく運営されているかを確認することは、市議会の役割の一つである。
エ　国がすべての市町村の予算を決めるため、市議会で予算を決めることはない。

◆ヒマリさん「わたしたちのグループは税務署へ行きました。税金が、わたしたちのくらしのさまざまなところに使われていることがわかりました。」

問４　税金に関する説明として正しいものを、次の**ア**～**カ**から２つ選び、記号で答えなさい。

ア　憲法は、納税の義務について規定している。
イ　税金の種類の一つに消費税がある。2019年10月から、食料品のみ税率が８％から10％へ引き上げられた。
ウ　税金の種類の一つに所得税がある。これは、年間200万円以上の所得がある人だけが支払(はら)う税金のことである。
エ　小・中学校は義務教育であるため、教科書や給食、修学旅行などにかかるお金はすべて税金でまかなわれている。
オ　警察や消防の仕事にかかる費用には、税金が使われている。
カ　国の税収をみてみると、消費税による税収がいちばん多く、次いで所得税、法人税となっている。

◆ソウタくん「ぼくたちのグループはｂ地方裁判所へ行きました。裁判所では、争いごとや犯罪に巻きこまれたときにｃ法律にもとづいて問題を解決し、ｄ国民の権利を守る仕事をしていることがわかりました。」

問５　下線部ｂに関連して、地方裁判所は全国に（　①　）か所あります。また、2009 年からは国民が裁判に参加する（　②　）制度が始まりました。（　①　）・（　②　）にあてはまる語の組み合わせとして正しいものを、次の**ア**～**エ**から１つ選び、記号で答えなさい。

ア　①50　②裁判員　　**イ**　①50　②陪審員　　**ウ**　①438　②裁判員　　**エ**　①438　②陪審員

問６　下線部ｃ「法律」の一つに、国民の祝日に関する法律があります。これに関連して、2020 年において、祝日がある月として正しいものを、次の**ア**～**エ**から１つ選び、記号で答えなさい。

ア　６月　　**イ**　８月　　**ウ**　10 月　　**エ**　12 月

問７　下線部ｄ「国民の権利」の一つとして、（　①　）で（　②　）的な生活を営む権利である（　③　）権が、憲法 25 条によって認められています。（　①　）～（　③　）にあてはまる語の組み合わせとして正しいものを、次の**ア**～**エ**から１つ選び、記号で答えなさい。

ア　①健康　②文化　③勤労　　**イ**　①健康　②文化　③生存

ウ　①勤勉　②能動　③勤労　　**エ**　①勤勉　②能動　③生存

◆ハナさん「わたしたちのグループは日本語学校へ行きました。ｅ外国から日本に来た人たちが、日本語の読み書きを勉強していました。いろんな国の人がいて、ｆ日本とつながりのある国が多いことがわかりました。」

問８　下線部ｅに関連して、次の表は、いくつかの国・地域について、2019 年の訪日外国人旅行者を月ごとに示したものであり、Ａ～Ｅは、アメリカ合衆国、韓国、台湾、中国、香港のいずれかです。ＡとＢにあてはまる国・地域名を、下の**ア**～**オ**から１つずつ選び、記号で答えなさい。

（単位：千人）

国・地域	１月	２月	３月	４月	５月	６月	７月	８月	９月	10 月	11 月*	12 月*
Ａ	754	724	691	726	756	881	1,050	1,001	819	731	751	710
Ｂ	779	716	586	567	603	612	562	309	201	197	205	248
Ｃ	387	400	402	403	427	461	459	420	376	414	392	348
Ｄ	154	179	171	195	189	209	217	190	156	181	200	250
Ｅ	103	93	177	170	157	175	157	118	127	153	149	145

*推計値。台湾・香港は中国に含めない。日本政府観光局（JNTO）の資料による。

ア　アメリカ合衆国　　**イ**　韓国　　**ウ**　台湾　　**エ**　中国　　**オ**　香港

問９　下線部ｆに関する説明として正しいものを、次の**ア**～**エ**から１つ選び、記号で答えなさい。

ア　日本は、サウジアラビアから多くの石炭を輸入している。

イ　日本は、アメリカ合衆国へ機械製品や航空機、農産物を中心に輸出している。

ウ　ブラジルには、明治時代以降、たくさんの日本人が仕事を求めて移り住んだ。

エ　韓国は日本に近い国の一つである。日本と韓国の間では、北方領土をめぐる対立がある。

3　昨年 2019 年は、新しい天皇が即位するなどいろいろなできごとがありました。次のＡ～Ｎは、2019 年から 50 年ずつさかのぼった年に起こったできごとなどを選び、年代の新しい順に並べたものです。これに関して、下の問いに答えなさい。

Ａ　1969 年、佐藤栄作首相とニクソン大統領の会談で、1972 年に①沖縄を返還することが約束されました。
Ｂ　1919 年、第１次世界大戦を終わらせるための講和会議がパリでおこなわれました。この時設立されることが決まった（　　）に日本は常任理事国として加盟することになりました。
Ｃ　1869 年、首都が東京に移されました。
Ｄ　1719 年、将軍徳川吉宗は、生活に苦しむ旗本や御家人の借金に関する訴えを取り上げないことにしました。
Ｅ　1669 年、②蝦夷地でアイヌの人々がシャクシャインを指導者として蜂起しました。
Ｆ　1569 年、宣教師のフロイスが京都で織田信長と面会しました。
Ｇ　③1469 年、京都の清水寺や建仁寺が焼失しました。
Ｈ　1369 年、明の皇帝が、日本に使いを送ってきて、海賊（倭寇）の取り締まりを求めてきました。
Ｉ　1219 年、鎌倉幕府の３代将軍源実朝が、甥の公暁によって、鶴岡八幡宮で暗殺されました。
Ｊ　1119 年、奥州藤原氏の藤原清衡が、紺色の紙に金色と銀色の文字で写された経典を④中尊寺に納めました。
Ｋ　919 年、律令制度がうまくいっていないことを天皇に伝えた三善清行という学者が亡くなりました。
Ｌ　819 年、最澄が、比叡山に戒壇（僧に戒律を授けるための施設）をつくる許可を朝廷に求めました。
Ｍ　719 年、皇太子（後の聖武天皇）が、初めて朝廷の政治に参加しました。
Ｎ　619 年、推古天皇、聖徳太子と蘇我馬子が協力して政治をおこなっていました。

問１　下線部①に関連する文として誤っているものを次のア～エから１つ選び、記号で答えなさい。
ア　琉球では、15 世紀前半に尚氏が、首里を都とし、沖縄島を統一しました。
イ　江戸時代、琉球王国は、薩摩藩の支配下にあり、中国との貿易の利益の多くを薩摩藩が取り上げました。
ウ　明治時代に入ると、政府は、軍隊を派遣して琉球王国を攻め滅ぼして、琉球藩を置きました。
エ　沖縄戦では、日米の兵士だけでなく、多くの沖縄県民も命を失いました。

問２　ＡとＢの間のできごとに関する次のア～エの文を、年代の古い方から順に並べかえなさい。
ア　アメリカ合衆国は、日本に対する石油の輸出を禁止しました。
イ　差別に苦しんできた人々は、全国水平社をつくり、差別をなくす運動に立ち上がりました。
ウ　斎藤隆夫は、衆議院本会議で、軍人による大臣殺害事件を取り上げ、軍人の横暴をいましめる演説を行いました。
エ　20歳以上の男女による衆議院議員の選挙が始まりました。

問３　Ｂの（　　）にあてはまる語を漢字で答えなさい。

問４　次のア～エから、内容的に正しくて、なおかつＣとＤの間に入れるのにふさわしいものを１つ選び、記号で答えなさい。
ア　葛飾北斎が、各地の風景を「東海道五十三次」「富嶽三十六景」などの浮世絵に描いて人気を得ました。
イ　松尾芭蕉は、自然をたくみによみこんだ味わい深い俳句を、数多くつくりました。
ウ　本居宣長は、キリスト教や儒学が伝わる前の日本人の考え方を明らかにしようとして『古事記伝』を著しました。
エ　伊能忠敬は、幕府の命令を受けて、西洋の天文学や測量術をもとに全国を歩き、正確な日本地図を作りました。

問５　下線部②に関連する文として誤っているものを次のア～エから１つ選び、記号で答えなさい。
ア　松前藩は、蝦夷地を支配し、幕府からアイヌの人々と交易する権利を認められていました。
イ　この蜂起は、米が不作なのに、年貢の取り立てがきびしかったことによっておこりました。
ウ　蝦夷地の函館は、日米和親条約によって開港され、日米修好通商条約によって貿易港とされました。
エ　2019 年、アイヌ民族を先住民族として位置付けた法律が成立しました。

問６　次のア～エから、内容的に正しくて、なおかつＥとＦの間に入れるのにふさわしいものを１つ選び、記号で答えなさい。
ア　織田信長は、桶狭間の戦いで、駿河（静岡県）の大名である今川義元を破りました。
イ　豊臣秀吉は、明を征服しようとして、２度にわたり朝鮮に大軍を送りましたが、暴風雨によって引きあげました。
ウ　徳川家康は、関ヶ原の戦いで、石田三成ら関東地方の豊臣方の大名と戦い、勝利しました。
エ　キリスト教の信者が中心となり、重い年貢に反対する人々も加わって、島原の乱を起こしました。

問７　下線部③に関して、清水寺や建仁寺が焼失した理由を簡単に答えなさい。

問８　次の**ア～エ**から、内容的に正しくて、なおかつ**Ｈ**と**Ｉ**の間に入れるのにふさわしいものを１つ選び、記号で答えなさい。

ア　鉄砲が、ポルトガル人によって伝えられ、堺や国友で大量に生産されるようになりました。

イ　雪舟は、中国へ渡って修業し、中国の形式をきちんとまもった水墨画を広めていきました。

ウ　足利義満は、京都の北山に金閣を建て、１層目は書院造りとし、２層目・３層目には金箔をはりました。

エ　承久の乱に勝利した幕府は、執権北条氏のもとで、御成敗式目などを定め、支配力を強めました。

問９　下線部④に関して、1123 年に完成した中尊寺金色堂には、南西諸島（多くは奄美群島以南）で多くとれる貴重なヤコウガイ（夜光貝）が大量に装飾に用いられました。これからどのようなことがわかりますか。「奥州藤原氏は」に続けて、「遠方」と「財力」という言葉を使って説明しなさい。

問 10　**Ｍ**と**Ｎ**の間に入るできごとに関する次の**ア～エ**を、年代の古い方から順に並べかえなさい。

ア　はじめて遣唐使が派遣されました。

イ　藤原京という都がつくられました。

ウ　『古事記』が完成しました。

エ　蘇我氏がたおされ、天皇を中心とする国づくりが始まりました。

問 11　次の**ア～エ**の焼き物・うつわのうち、**Ｎ**より古い時期のものをすべて選び、古い順に並べかえなさい。

ア

イ

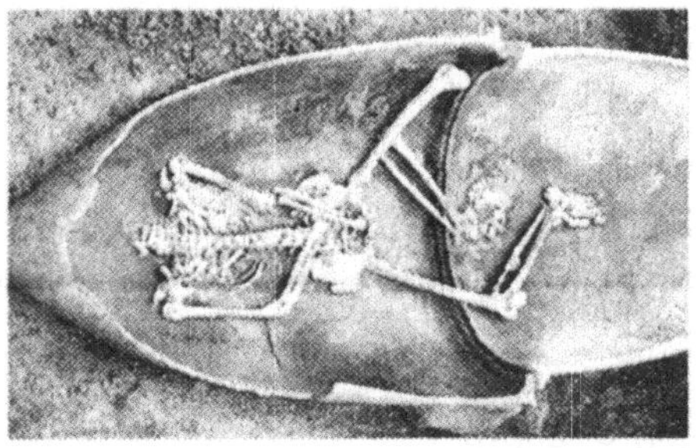

ウ

エ

問 12　次の**ア～ウ**から内容的に正しいものを１つ選び、それを上の**Ａ～Ｎ**のどこに入れるのが適当か、「○と○の間」というかたちで答えなさい。（**ア～ウ**の記号を答える必要はありません。）

ア　ノルマントン号事件で、国民の不満が高まったため、政府は条約を改正しました。

イ　平清盛は、保元の乱で、後白河天皇の勢力をやぶりました。

ウ　東大寺の大仏が完成し、その式典で用いられた品々は正倉院に納められました。

4 日本の地理に関する次の問いに答えなさい。

問1 日本は多くの島で構成されている国です。次の地図は、日本の島のうちから4つを選び、島の形や標高を示したものです。それぞれの地図の横には、地図中に○で示した地点の雨温図も示しています。下の文**ア**～**エ**は、①～④のいずれかの島について述べたものです。

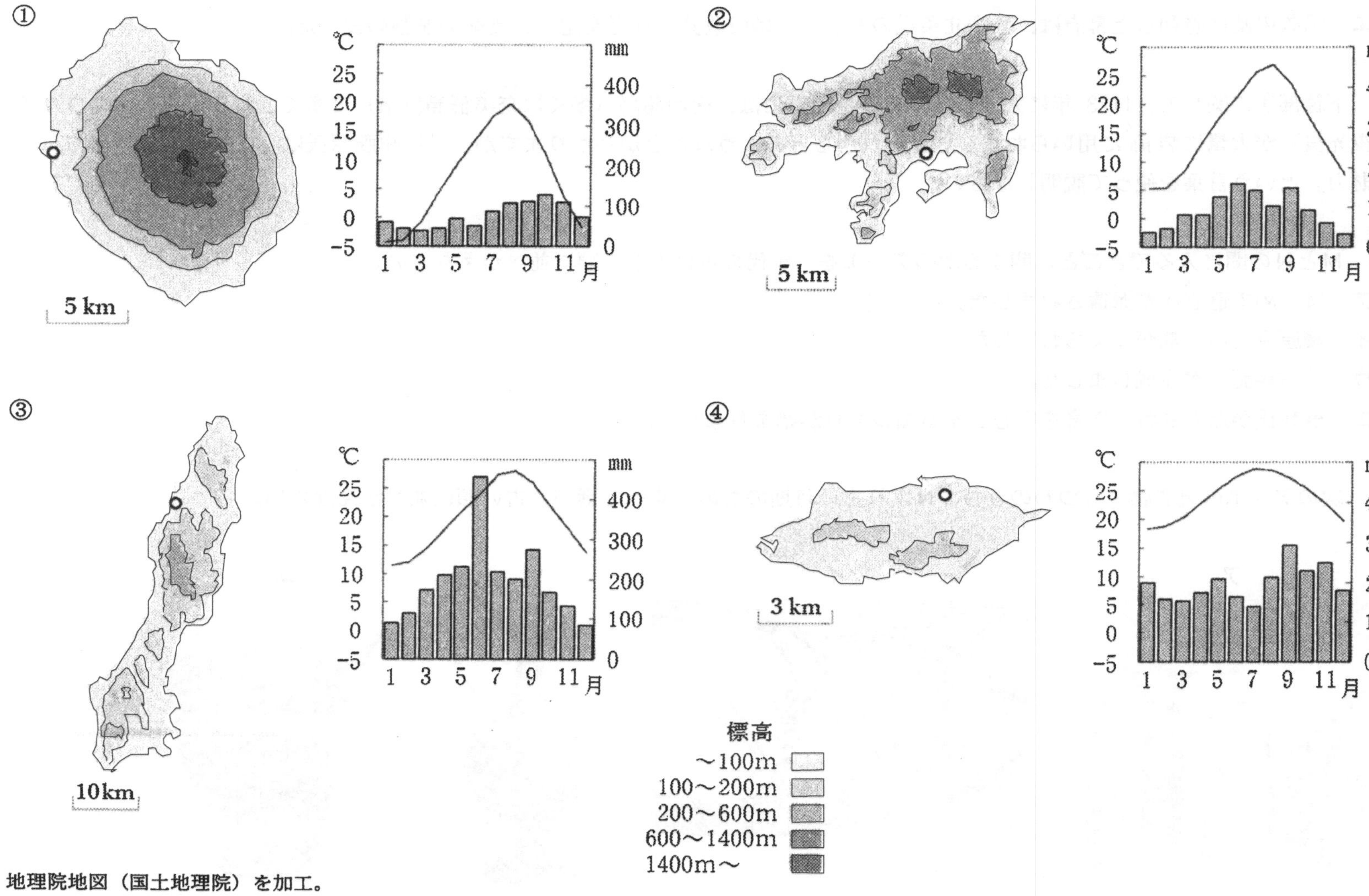

地理院地図（国土地理院）を加工。

ア 日本の国土の端（はし）にあたります。小型の馬の放牧が行われてきました。
イ 島の中央部にある火山は形が富士山に似ています。水産業が盛んで、昆布（こん）やウニの生産で知られています。
ウ 瀬（せ）戸内海で2番目に大きい島です。しょうゆやそうめんの生産が盛んです。
エ 宇宙センターが置かれ、ロケット打ち上げの基地になっています。サツマイモやサトウキビの栽培（さいばい）が盛んです。

(1) ①と④にあてはまる文を**ア**～**エ**から1つずつ選び、記号で答えなさい。

(2) ②が属する都道府県名を答えなさい。

(3) ③の島名を漢字で答えなさい。

(4) 右の図中の**A**～**D**は、①～④の島のいずれかについて、各都道府県面積にしめる島の面積の割合と、都道府県庁と島との直線距離（きょり）を示したものです。①と②にあてはまるものを**A**～**D**から1つずつ選び、記号で答えなさい。

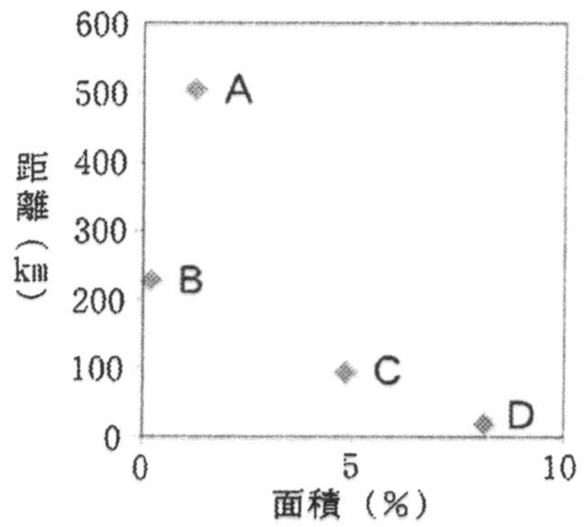

問２　日本には47の都道府県があります。次の⑤～⑦は、２つの県庁所在都市（○と▲）の組み合わせを３つ作ったものです。

⑤ ○新潟市、▲水戸市　　⑥ ○福井市、▲甲府市　　⑦ ○福岡市、▲宮崎市

(1) ○と▲の市の人口（2019年）を比べたとき、最も差が大きいものはどれですか。⑤～⑦から１つ選び、番号で答えなさい。

(2) 次の図は、⑤～⑦のいずれかについて、２市間の直線上の標高の変化を示した地形断面図です。いずれも２市間の直線距離はほぼ同じで、図中の○と▲は、⑤～⑦の○と▲に対応しています。⑤と⑥にあてはまる地形断面図をカ～クから１つずつ選び、記号で答えなさい。

カ

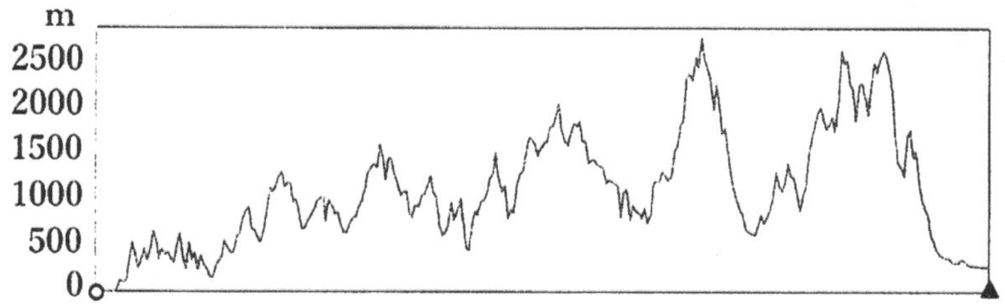

キ

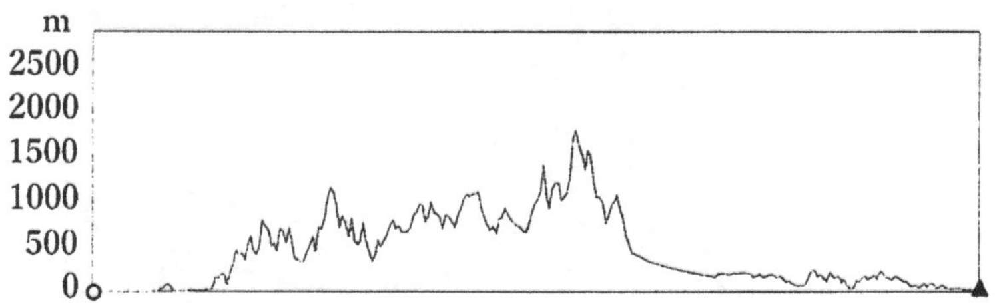

ク

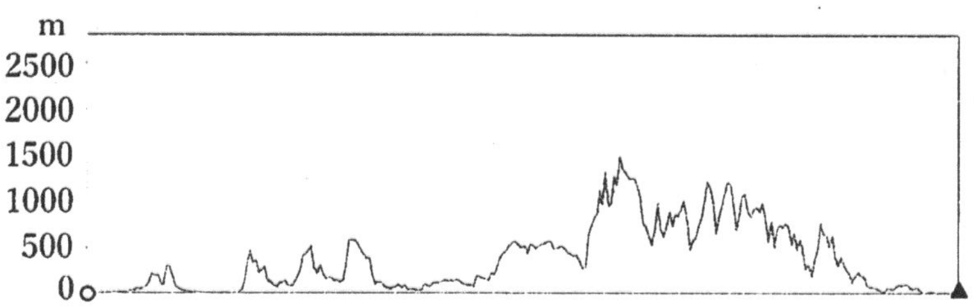

(3) 右の表は、⑤～⑦の○と▲が属する県の農業に関するものであり、各県の農業産出額にしめる米、果実、野菜、畜(ちく)産の割合を示しています。表中のサ～スは⑤～⑦のいずれか、またＥ～Ｇは果実、野菜、畜産のいずれかです。⑤にあてはまるものをサ～スから１つ選び、記号で答えなさい。また、果実にあてはまるものをＥ～Ｇから１つ選び、記号で答えなさい。

（単位：％）

		米	E	F	G
サ	○	64.3	18.2	9.9	1.9
	▲	6.7	13.6	8.6	63.3
シ	○	57.0	14.1	20.8	3.2
	▲	17.5	41.7	26.9	2.7
ス	○	19.4	36.2	17.9	10.9
	▲	5.1	19.8	64.1	3.7

統計年次は2017年。生産農業所得統計（農林水産省）による。

(4) 次の表は、⑤～⑦の○と▲が属する県の製造業に関するものであり、各県の製造業出荷額等にしめる繊維(せんい)工業、化学工業、電子部品・デバイス・電子回路*製造業、輸送用機械器具製造業の割合を示しています。表中のタ～ツは⑤～⑦のいずれかです。⑤と⑥にあてはまるものをタ～ツから１つずつ選び、記号で答えなさい。

*電子部品・デバイス・電子回路……電気機器や情報通信機器の部品

（単位：％）

		繊維工業	化学工業	電子部品・デバイス・電子回路製造業	輸送用機械器具製造業
タ	○	11.4	11.1	16.0	8.4
	▲	1.4	1.4	8.5	4.0
チ	○	1.6	12.8	7.6	5.0
	▲	0.5	13.1	2.3	7.5
ツ	○	0.5	4.6	2.0	34.7
	▲	5.1	9.9	10.9	3.1

従業員４人以上の事業所に関する統計。

統計年次は2017年。工業統計表（経済産業省）による。

問3　次の図は、日本のある地方都市（人口約５万２千人）の中心付近における施設の場所を示したもので、**ナ〜ヌ**は、コンビニエンスストア、小学校、仏教寺院のいずれかです。(1)コンビニエンスストア と(2)小学校 にあてはまるものを**ナ〜ヌ**から１つずつ選び、記号で答えなさい。

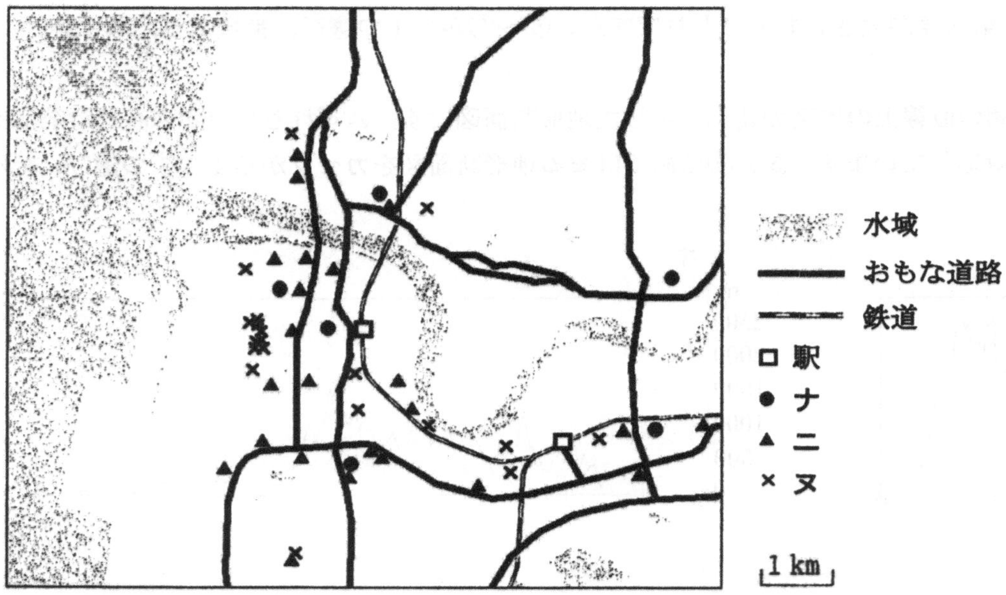

地理院地図（国土地理院）を加工。
施設の場所は Google Map（2020 年１月閲覧）による。

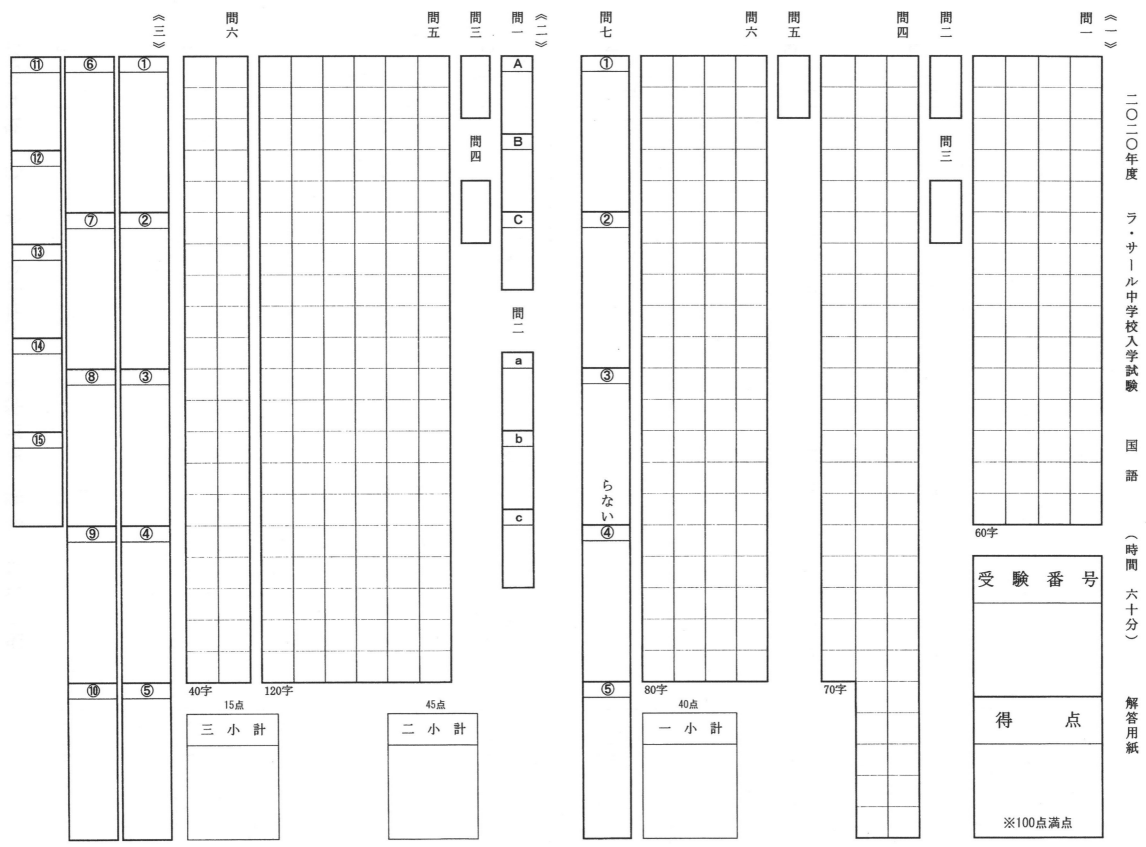

二〇二〇年度　ラ・サール中学校入学試験　国語　（時間　六十分）　解答用紙

《一》

問一

60字

受験番号

得　点

※100点満点

問二

問三

問四

70字

問五

問六

80字

40点

一　小　計

問七

①

②

③

らない

④

⑤

《二》

問一

A

B

C

問二

a

b

c

問三

問四

問五

120字

45点

二　小　計

問六

40字

15点

三　小　計

《三》

①

②

③

④

⑤

⑥

⑦

⑧

⑨

⑩

⑪

⑫

⑬

⑭

⑮

2020年度　ラ・サール中学校　入学試験　算数　解答用紙

1

(1)		(2)		(3)	

1.小計
12

2

(1)	最小	最大
(2)	円	
(3)	cm²	
(4)	㋐　°	㋑　°

2.小計
28

3

(1)	cm³	(2)	cm³,	cm³

3.小計
12

4

(1)	(ア)　けた	(イ)　回
(2)	(ア)　けた	(イ)

4.小計
16

5

(1)	秒後	(2)	回	(3)	秒

5.小計
16

6

(1)	cm	(2)	cm	(3)	:

6.小計
16

受験番号	得　点
	※100点満点

令和２年度　ラ・サール中学校入学試験　理科　解答用紙

【１】（１２点）

①	②	③	④	⑤	⑥	⑦	⑧

⑨	⑩	⑪	⑫	⑬	⑭	⑮

【２】（１３点）

	(1)	(2)	(3)	(4) A	(4) B	(5) A	(5) B
A	A:B ：	cm		cm	cm	cm	cm

(6)	(7)		B	(1) ①	(1) ②	(1) ③	(2)
g	cm	g					

【３】（１３点）

	(1)	(2)	(3)	(4)	(5)
A			mL	mL	

B

(1)	(2)
水素：酸素 ：	が　　mL

(3)
が　　mL

(6)
mL

(4)

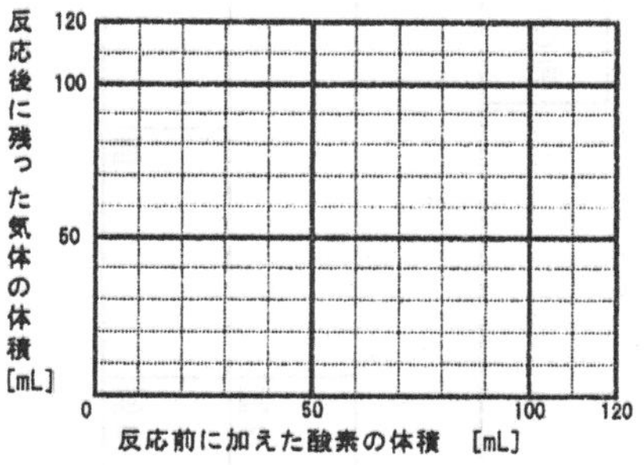

(5)

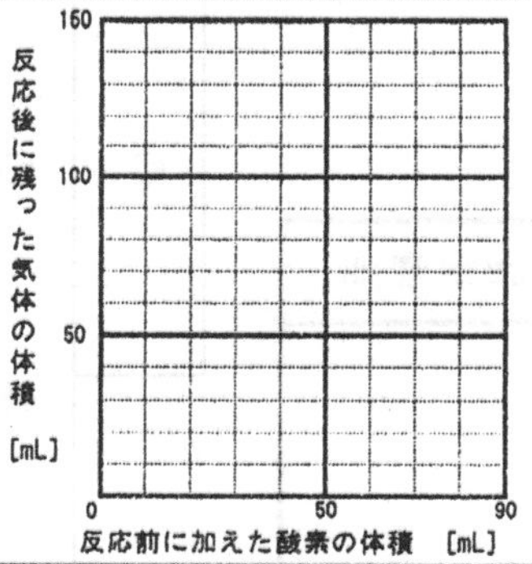

【４】（１２点）

	(1)	(2)	(3)	(4)	(5)	(6) ①	(6) ②
A					g		

	(1) 図1	(1) 図2	(1) 図3	(2)	(3)
B					匹

受験番号	得　点
	※50点満点

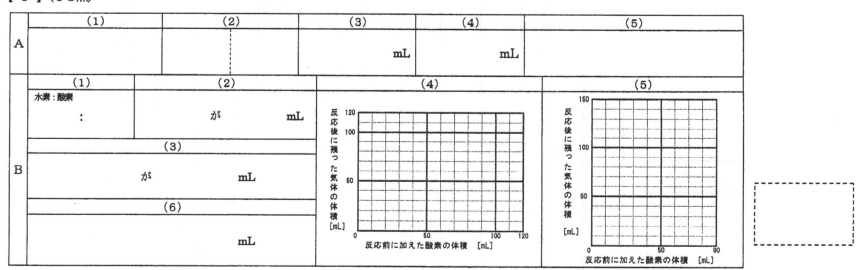

解答用紙　2020年度中学社会

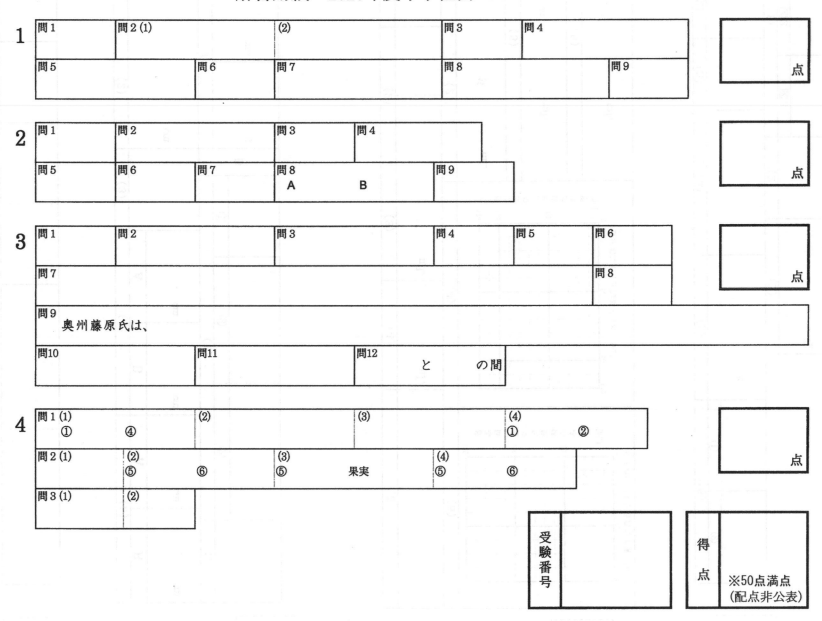

1

問1	問2 (1)	(2)	問3	問4
問5	問6	問7	問8	問9

点

2

問1	問2	問3	問4	
問5	問6	問7	問8 A　B	問9

点

3

問1	問2	問3	問4	問5	問6
問7					問8
問9 奥州藤原氏は、					
問10	問11	問12 と　の間			

点

4

問1 (1) ①　④	(2)	(3)	(4) ①　②
問2 (1)	(2) ⑤　⑥	(3) ⑤　果実	(4) ⑤　⑥
問3 (1)	(2)		

点

受験番号

得点　※50点満点（配点非公表）

《一》　次の文章を読んで、後の問いに答えなさい。（字数制限のある問題は、句読点も一字に数えます。）

「雑草は踏まれても～」こんな言葉をよく聞きます。「雑草は踏まれても［　］」この空欄には、どんな言葉が入るでしょう。もしかすると、あなたは、「立ち上がる」という言葉を思いついたかもしれません。「踏まれても踏まれても立ち上がる」それが、雑草のイメージですよね。しかし、それは間違いです。じつは、雑草は踏まれると立ち上がらないのです。「雑草は踏まれても立ち上がらない」これが、A本当の雑草魂です。確かに一度踏んだくらいなら、立ち上がってくるかもしれません。しかし、何度も踏まれると雑草は立ち上がることはないのです。何だか、情けないと思うかもしれません。「せっかく雑草のように頑張ろうと思っていたのに」とがっかりしてしまった人もいるかもしれません。しかし、そうではありません。じつは、踏まれたら立ち上がらないことこそが、雑草のすごいところなのです。

雑草は踏まれたら、立ち上がりません。どうして、立ち上がろうとしないのでしょうか。考え方を少し変えてみることにしましょう。そもそも、どうして踏まれたら立ち上がらなければならないのでしょうか？　植物にとって、もっとも大切なことは何でしょうか？　それは花を咲かせて、種を残すことです。そうだとすれば、踏まれても踏まれても立ち上がろうとするのは、かなり無駄なエネルギーを使っていることになります。そんな余計なことにエネルギーを割くよりも、踏まれながらも花を咲かせることのほうが大切です。踏まれながらも種を残すことにエネルギーを注がなければなりません。だから雑草は、踏まれても踏まれても立ち上がるような無駄なことはしないのです。踏まれる場所で生きて行く上で、一番大切なことは、立ち上がることではありません。踏まれたら立ち上がらなければならないというのは、人間の勝手な思い込みなのです。もちろん、踏まれっぱなしという訳ではありません。踏まれて、上に伸びる事ができなくても、雑草は決してあきらめることはありません。横に伸びたり、茎を短くしたり、地面の下の根を伸ばしたり、なんとかして花を咲かせようとします。もはや、やみくもに立ち上がることなどどうでも良いかのようです。雑草は花を咲かせて、種を残すという大切なことを忘れはしません。大切なことをあきらめることもありません。だからこそ、どんなに踏まれても、必ず花を咲かせて、種を残すのです。「踏まれても踏まれても大切なことを見失わない」これこそが、本当の雑草魂なのです。

植物の成長を測る方法に「草高」と「草丈」があります。この二つの言葉は、よく似ていますが、意味するところは違います。草高は「根元からの植物の高さ」を言います。一方、草丈は「根元からの植物の長さ」を言います。何だ、同じじゃないかと思うかもしれませんが、そうではありません。確かに上に伸びる植物にとっては、草高と草丈は同じです。しかし、踏まれながら横に伸びている雑草はどうでしょうか。横に伸びてゆくので、草丈は大きくなっても、上に伸びることはないので、草高はゼロのままです。アサガオが二階まで伸びましたと喜んでみたり、もうこんなに伸びたからそろそろ草を刈ろうかと言ってみたり、人間は、植物の成長を「高さ」で測りたがります。それが一番、簡単な方法だからです。しかし、まっすぐ上に伸びる事だけが成長ではありません。身の周りの雑草を見てみてください。みんな曲がったり、傾いたりしながら成長しています。まっすぐに伸びている雑草は一つもないのです。

横に伸びたり、斜めに伸びたり、何度も曲がったり、雑草の伸び方はそれぞれです。そんな複雑な成長を測る事は大変です。そのため人間は植物を「高さ」で評価します。人間の持っているものさしは、まっすぐなものさしです。そのため、まっすぐな高さで測ることしかできないのです。「高さで評価される」ということは、皆さんにとっては成績や偏差値という言葉が当てはまるかもしれません。「高さ」という尺度は大切な尺度です。「高さ」で測ることはダメなことではありません。成績は悪いより良いほうがいいに決まっていますし、成績が良い人はほめられるべきです。しかし、それだけのことです。それはたった一本のものさしで測ったたった一つの尺度に過ぎません。大切なことは、高さで測れることは、成長を測るたった一つの尺度でしかないと知ることです。雑草の成長がそうであるように、「何が大切か？」を考えれば、「高さ」がすべてではありません。まっすぐなものさしで、すべての成長を測ることはできません。そしておそらく、本当に大切なことは、ものさしでは測ることのできないものなのです。

人々が行きかう歩道の隙間に、雑草が生えているのを見かけます。あるものは茎を横に伸ばしていたり、あるものは大きくなることなく、身を縮ませています。そんな雑草を見て、何だかかわいそうと思ってしまうかもしれません。地べたで暮らす雑草たちを惨めに思ってしまうかもしれません。しかし、本当にそうでしょうか。確かに他の植物たちが、天に向かって高々と伸びようとしているのと比べると、踏まれている雑草は成長していないように見えます。他の植物が高く高くと縦に伸びているのに、踏まれる場所の雑草は本当に縦に伸びることをあきらめてしまって良いのでしょうか。植物が上に向かって伸びようとするのには、理由があります。先にも説明しましたが、植物が成長するためには、光を浴びて光合成をしなければなりません。光を浴びるためには、他の植物よりも高い位置に葉をつけなければなりません。もし、他の植物よりも低ければ、他の植物の陰で光合成をしなければならなくなります。有利に光合成をするためには、他の植物よりも少しでも高く伸びなければならないのです。光を求める植物たちにとって、自分がどれだけ伸びたのかという［B］的な高さは、じつは重要ではありません。光を浴びるために大切なのは、他の植物よりも、少しでも高く伸びるという［C］的な高さです。そして、他の植物よりも少しでも上に葉を広げようと上へ上へと伸びるのです。植物たちはこうして激しい競争を繰り広げています。D踏まれる場所の雑草は、本当にこの競争に参加しなくても大丈夫なのでしょうか。もちろん、大丈夫です。よく踏まれる場所には、上へ上へと伸びようとする植物は生えることができません。上へ伸びても踏まれて折れてしまうからです。そのため、草高がゼロの横に伸びる雑草も、小さな小さな雑草も、広げた葉っぱいっぱいに太陽の光を存分に浴びています。こんなに光を独占している植物は、他の場所ではなかなか見られません。

（稲垣栄洋『はずれ者が進化をつくる　生き物をめぐる個性の秘密』ちくまプリマー新書　より）

（出題に際し、原文の改行を小見出しごとに詰めています。）

問一　傍線部A「本当の雑草魂」とありますが、筆者は雑草のどのようなあり方に「本当の雑草魂」を見出していますか。次の中から最も適切なものを選び、符号を書きなさい。

イ　名のある草花に負けないようにと、同じ環境でも競り勝とうとするあり方。
ロ　人に踏まれる経験を糧にして、花を美しく咲かせることを優先するあり方。
ハ　踏まれれば踏まれるほどに、へこたれないで復元していこうとするあり方。
ニ　劣悪な環境になじんでいって、光を浴びなくても生き抜こうとするあり方。
ホ　踏まれることは受け入れた上で、種子を残していくことに力を注ぐあり方。
へ　派手な成長は避けることで、出来るだけ踏まれないようにしていくあり方。

問二　空欄 B と C には対になる言葉が入ります。適切な言葉を次の中からそれぞれ選び、符号を書きなさい。

イ　無機　ロ　利他　ハ　相対　ニ　現実　ホ　利己　へ　空想　ト　絶対　チ　有機

問三　傍線部D「踏まれる場所の雑草は、本当にこの競争に参加しなくても大丈夫なのでしょうか。もちろん、大丈夫です」とありますが、なぜ「踏まれる場所の雑草」は「大丈夫」だといえるのですか。五十字以内で説明しなさい。

問四　二重傍線部『踏まれても踏まれても立ち上がる』それが、雑草のイメージですよね」とありますが、なぜ人間はそのようなイメージを抱いてしまうのですか。六十字以内で説明しなさい。

問五　筆者は本文のしばらく後で次のように述べています。そこに波線部「そんなことを教えられます」とありますが、雑草に「教えられ」ることとはどのようなことですか。本文の内容に即して百字以内で説明しなさい。

踏まれた雑草は立ち上がりません。踏まれた雑草は上にも伸びません。そもそも、立ち上がらなければならないのでしょうか。そもそも、上に伸びなければならないのでしょうか。踏まれて生きる雑草を見ていると、そんなことを教えられます。

〈三十五点〉

《二》次のⅠ・Ⅱの問いに答えなさい。

Ⅰ　次の①～⑮の傍線部のカタカナを漢字に改めなさい。

① 新しい技法をタイトクする。
② 目標達成はシナンの業だ。
③ 忠臣たちが没落した主家のサイコウを図った。
④ カダンな行動により危機を脱した。
⑤ 国の指導者としてのキリョウに乏しい。
⑥ セキヒン洗うがごとし。
⑦ グローバリズムは、文化のキンシツ化を招く側面がある。
⑧ セイトウ派ラブロマンスからB級ホラーまで様々な映画を見る。
⑨ 古い友人が訪ねて来たので、オウセツ間に通した。
⑩ 大河ドラマの時代コウショウを受け持つ。
⑪ 最近のニュースは同じ話題ばかりで、いささかショクショウ気味だ。
⑫ 論者の主張にキョウメイする。
⑬ 審判にイを唱えた監督が退場になった。
⑭ 政策にギギをはさむ。
⑮ 神よ、どうかこの惨劇をショウランあれ。

Ⅱ　次の⑯～⑳の空欄に、例にならって漢字を一字補うことで文意が通るようにしなさい。それぞれの空欄に入る字は後の語群のカタカナを漢字に改めて答えること。

例　□々しいお世辞を言うな。→　空々

⑯　会合には各界のお□々が集まっていた。
⑰　二度あることは□々にして三度あるものだ。
⑱　朝から□々と続く雪かきに苦しんでいる。
⑲　昔の失敗を思い出すと、心が□々に乱れてしまう。
⑳　感染が拡大しており、□々しき事態だ。

《語群》ソラ　ドク　コク　エン　ヒ　チ　レキ　メ　ユ　ミャク　ドウ　オウ　フシ

〈二十点〉

《三》次の文章を読んで、後の問いに答えなさい。（字数制限のある問題は、句読点も一字に数えます。）

新は、ブラインドマラソン（視覚に障がいのある人が参加するマラソン）を始めてまもない兄の朔の伴走者をつとめている。一年前、朔と新が乗る予定だったバスの便を新の都合で変更したが、そのバスが事故を起こし朔は視力を失った。中学時代、長距離走者として注目を浴びていた新だったが、兄が視力を失ったことに責任を感じ、事故以降、選手として走ることをやめてしまっていた。

「まあいいや、で、メールどう思った？」
新は唇を噛んだ。
まだ見ていなかった。というより見られなかった。
数時間前注1境野に代わりの伴走者を見つけてほしいと頼んだときは本気だった。それはうそではない。自分は伴走者に向いていないし、これから続ける自信もなかった。代わりを探してくれと頼んだのも、それを望んだのも新自身だ。なのに、いざとなると胸がざわついた。
新はベッドの上に腰かけて、静かに息をついた。
「朔のしたいようにするのがいいと思う」
「マジで？」
新は頷いた。
「境野さんもいいと思ったから朔に勧めてくれたんだろうし」
「そりゃそうだろ。オレにちょうどいいって思ったんじゃないかな」
①ちょうどいいって、なにがだよ――。
じりっと首元から流れた汗を、新は手の甲で拭った。
「だったら、オレに相談する必要とかないと思うけど」
「なんで？」
「決めるのは朔だろ！　オレには関係ないし」
思わず新が声を荒らげると、朔は顔をしかめた。
「関係ないってことは」
「……ないよ」
朔はため息をついた。
「新がそんなんじゃ、大会なんて出らんないだろ」
「そんなことオレには……大会？」
「十二月の。おまえ、なんの話だと思ってたの？　つーかメール読んだんだよな」
「………」
「読んでないのかよ！」
朔はちっと舌打ちして、早く読めとばかりにあごをあげた。

〈境野です。十二月に神宮外苑チャレンジフェスティバルという大会があります。この大会は障がいがあるランナーも一般ランナーも一緒に参加できます。距離は十キロと五キロ。十キロの制限時間は八十分。君たちなら問題なく十キロで参加できるはずです。神宮球場からスタートして神宮外苑を周回するというコースです。出てみませんか？〉

大会の概要と参加を誘うひと言が書いてあるだけのあっさりとした内容だった。

「どう思う？」

読み終わったタイミングで朔に問われて、新はどきりとした。

「どうって、十キロならもう余裕だよ」

「うん。そこはオレも心配してない。完走はできる。でもどうせやるなら入賞を目指したい」

真っすぐに言い切る朔を見つめて、②新はふっと笑った。おかしいとか嬉しいというのではない。もちろんバカにしているわけでも呆れているわけでもない。ただ笑ってしまった。

やっぱり朔は朔だ。

「いいんじゃないの。可能性はあるよ」

新が言うと、朔は安堵したように表情を緩めた。

「でも、それならやっぱり伴走者は代えたほうがいい」

朔がぴくりと動き、それから頭をかいた。

「なんか、うーん、そんなこと言い出すような気がしてた」

驚いて新が視線をあげると、朔は唇をこすった。

「今日転んだこと、気にしてるんだろ」

新はすっと視線を床に落とした。

「おまえってわかりやすいっていうか、マジで単純だよな」

「人をバカみたいに言うなよ」

ぼそりと新がつぶやくと、朔は目元にかかった髪に息を吹きかけた。

「オレさ、ブラインドマラソンを始めたとき、オレと新はチームなんだって思った。ほら、伴走者ってガイドともいうけど、パートナーともいうだろ、そっちの感覚。でも実際走ってると、やっぱりオレは新に支えられているだけで、パートナーっていう関係にはなれていないんだってずっと思ってた」

「ダメなの？」

「ダメじゃない。ガイドっていう考えかたが間違ってるとも思ってない。ただ、オレはそれじゃあおもしろくないなって」

「…………」

「今日さ、転ぶ直前、あれってあきらかにオレのペースじゃなかっただろ。焦ったし、無理だって思ったし、まあ実際ついていけなくて転んだんだけど。でも、怖いとかそういうんじゃなかった。なんていうか、高揚したっていうか。一瞬だけど、知らない世界に足突っ込んだっていうか」

新はaかぶりを振った。

「ランナーのペースに合わせるのが伴走者の仕事で、その逆はない」

「それはわかってる。新の言ってることは正しいよ。伴走者はランナーを導いていくガイドだ」

そう、伴走者はガイドだ――。

新は膝の上でぎゅっとこぶしを握った。ランナーの目になり、的確な指示を出して安全に確実にゴールまで導いていく。伴走者が走るのはランナーのためだ。自分のためじゃない。

オレには、伴走者として朔の隣で走る覚悟も自信も、資格もない――。

「あのさ、転んだの今日が初めてだからな。毎日走っているのに、一度もなかったんだぞ。新がいつも神経張って伴走してくれてることは、オレが一番わかってるつもりだけど」

「でもケガさせた」

朔は大きく息をつくと、「ちょっと待ってろ」と部屋を出ていき、筒状になっている画用紙を持って戻ってきた。

「見てみな」

戸惑いながら新はそれを受け取ると、ゴムを外して画用紙を開いた。

画面に大きく、笑顔の男の子の顔が描いてある。世辞にもうまいとはいえない。けれどよく見ると、絵に沿って小さな盛り上がった点がついていることに気がついた。

「その絵、点を指でなぞるとオレにもちゃんと見える」

「これって」

「あのバスに乗ってた女の子がくれた」

「…………」

朔と事故のことについて話すのは初めてだった。
「その女の子、バスの中でも絵を描いていたんだろうな。で、クレヨンを落としちゃったんだ。水色のクレヨン。それがオレの席のそばに転がってきて、手を伸ばしたんだけど拾えなくて。で、シートベルトを外して通路に出たとき、事故が起きた。あとのことは覚えてないけど、たぶん吹っ飛んで、頭を打ったんだと思う」
あの事故で大きなケガや亡くなった人は、シートベルトをしていなかったと聞いた覚えがある。けれど朔はシートベルトをしていなかった理由を言わなかったし、両親も朔を問うようなことはしなかった。
「タイミングが悪かったんだよ」
机のイスを引いて、朔は腰かけた。
「もちろんオレがこうなったのは、その子のせいなんかじゃない。オレが勝手に拾おうとしただけで、頼まれたわけでもない。でも、めぐちゃん、あ、その女の子の名前だけど。めぐちゃんは事故のショックでしゃべれなくなっちゃって。四ヵ月たって声が出るようになって。それでお母さんにオレのことを話したんだって」
朔は淡々と話を続けた。
「めぐちゃんのお母さんたち、いろいろ調べたんだろうな。オレのこと知って、去年の夏頃かな、うちに手紙くれたらしくて。要は、オレに会いたいってことだったんだけどさ。母さんは反対したらしいけど、父さんがオレのいるとこを教えたんだって。で、そのときオレが注2厄介になってた寺に来てくれて、めぐちゃんから、それもらった。めぐちゃん、お母さんと一緒に点字で書いてくれたんだよ。でもオレさ、そのとき点字なんてまったくわからなくて」
そう言ってふっと笑った。
「③すげー恥ずかしかったよ。めぐちゃんは一年生になったばっかりでさ。そんな小さい子が一生懸命書いてオレんとこ来てくれたのに、オレはなにやってんだろうなって。きっと、来るまで怖かったと思うんだ。お母さんにしてもめぐちゃんをオレに会わせること、悩んだと思う。うん、絶対悩んで、迷ったと思う。でも来てくれて」
朔は膝に肘を当て、手のひらを組んだ。
「あの頃、オレぜんぜんダメで、盲学校に行ったのだって、ただ逃げただけだと思う。みっともないだろ」
ううん、と新は唇を噛んでかぶりを振った。
「めぐちゃんからもらった画用紙にも、なにが書いてあるのかわからなくて。でもそれをめぐちゃんに聞くこともできなくて。そりゃそうだろ、めぐちゃんはお母さんと勉強して、点字打ってくれたんだよ。それをオレが読めないって。で、自分で読めるようになろうと思って勉強始めたんだ。事故にあってから初めてオレ、自分でなにかしようって思った」
新はじっと画用紙を見た。
朔らしき男の子の顔の上に、横書きで b たどたどしいひらがなが書いてある。

——おにいちゃんへ
もういたくないですか
おにいちゃんがいっぱい
みえるようになりますように

その文字の上にも、盛り上がった小さな点、点字記号が並んでいる。
「この先、もしもどこかでめぐちゃんに会ったら、ちゃんと笑っていたい。笑って、顔をあげて、たくさん見えるものがあるよって、言えるようになっていたい」
「……それと走ることと、どう関係あるの」
朔はふっと息をついた。
「見たいんだよ、オレは。世の中にあるもの、なんだって見たい」
「…………」
「できなかったことができるようになることも、わからないことがわかるようになることも、知らない世界を知ることも、全部、オレにとっては見ることなんだ」
ヴうううぅと、扇風機の微かな風音が朔の声に混じる。
「見るって、目に映るものだけじゃないんだよ」
朔は柔らかく c 目を細めた。
「オレにとって、走るってそういうこと。新はオレにいろんなものを見せてくれる」

（いとうみく『朔と新』より）

注1　境野……朔の通っていた盲学校の陸上部コーチ。
注2　厄介になってた寺……盲学校が休みの時、家に帰りたくなかった朔は、寺にお世話になっていた。

問一　波線部a～cの意味を、次の中からそれぞれ一つずつ選び、符号を書きなさい。

a　「かぶりを振った」
イ　うなずいた　ロ　とまどった　ハ　否定した　ニ　不思議に思った　ホ　驚いた

b　「たどたどしい」
イ　くせが強い　ロ　ぎこちない　ハ　かわいらしい　ニ　間違っている　ホ　整っている

c　「目を細めた」
イ　眉根を寄せた　ロ　じっと見つめた　ハ　反論した　ニ　理解を示した　ホ　笑みを浮かべた

問二　傍線部①「ちょうどいい」とありますが、
（1）朔は、何を「ちょうどいい」と言っているのですか。十五字以内で答えなさい。
（2）新は、朔が何を「ちょうどいい」と言っていると思ったのですか。十五字以内で答えなさい。

問三　傍線部②「新はふっと笑った」とありますが、それはなぜですか。その説明として最も適切なものを次の中から選び、符号を書きなさい。

イ　伴走者としての自信を失っていた新だったが、彼を肯定的に受け入れてくれる朔の発言に、伴走者としての自信を取り戻したから。
ロ　初めてブラインドマラソンの大会に参加するのに、なぜか自信満々に入賞を目指したいと言う朔の言動を、滑稽なものに感じたから。
ハ　一年前に視力を失うという事故に遭い、生きる気力を失っていた朔が前向きな発言をしていることに、喜ばしい思いを抱いたから。
ニ　ケガをした直後なのに、それを気にすることなく高みを目指そうとする朔の言葉が、いかにも朔が発言しそうなものだったから。
ホ　朔がレース参加に前向きであることが分かり、しばらく出場していなかったレースに、久しぶりに参加できるという実感が湧いてきたから。

問四　傍線部③「すげー恥ずかしかったよ」とありますが、朔がこのように感じたのはなぜですか。百三十字以内で説明しなさい。

問五　二重傍線部「自分は伴走者に向いていない」とありますが、新がこのように考えるのはなぜですか。八十字以内で説明しなさい。

問六　朔は自分の伴走者についてどのように考えていますか。本文全体の内容をふまえて九十字以内で説明しなさい。

〈四十五点〉

2021年度　ラ・サール中学校　入学試験問題　算数　(60分・100点)　その1

1． 次の □ にあてはまる数をそれぞれ求めなさい。(12点)

(1) $82\times17-111\times9+76\times11-43\times27+82\times5=$ □

(2) $3.5\div1\frac{1}{5}-\{12\times(\frac{1}{3}-0.3)-0.15\}=$ □

(3) $\{14+(3\times$ □ $-1\frac{1}{4})\div\frac{3}{7}\}\times0.8=21$

2． 次の各問に答えなさい。(28点)

(1) 右図において，ADとBCは平行で，AE＝BE，BC＝BDです。角㋐，角㋑はそれぞれ何度ですか。

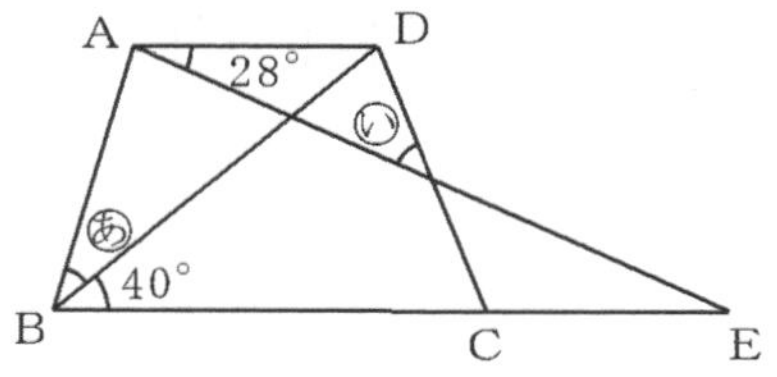

(2) 下の表は10点満点のテスト40人分の結果をまとめたものです。平均が7.3点のとき表のア，イにあてはまる数を求めなさい。

得点	0	1	2	3	4	5	6	7	8	9	10	計
人数	0	0	0	0	1	4	ア	10	イ	8	2	40

(3) $3\frac{4}{7}$ 倍しても $\frac{1}{5}$ をたしても整数となる数で最小のものを求めなさい。

(4) A中学，B中学の部活動への加入者数は等しく，加入率はそれぞれ $\frac{2}{3}$，$\frac{3}{5}$ です。A中学，B中学を合わせた全体での加入率を分数で表しなさい。

3． A地からB地の方へ1320mはなれたC地をP君が出発し，一定の速さで歩いてB地へ向かいます。P君がC地を出発して5分後に車がA地を出発し，時速36kmでB地へ向かいます。車は，AB間の $\frac{1}{3}$ を進んだ地点でP君を追いこしました。そしてP君は車より54分遅れてB地へ着きました。このとき，次の問に答えなさい。(14点)

(1) P君の歩く速さは分速何mですか。

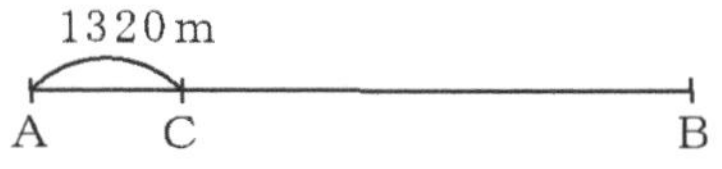

(2) AB間は何kmですか。

2021年度　ラ・サール中学校　入学試験問題　算数　（60分・100点）　その２

４． 図の五角形ＡＢＣＤＥにおいて，四角形ＡＢＣＤは長方形，三角形ＡＤＥは四角形ＡＢＣＤと面積が等しい正三角形です。次の問に答えなさい。（１６点）

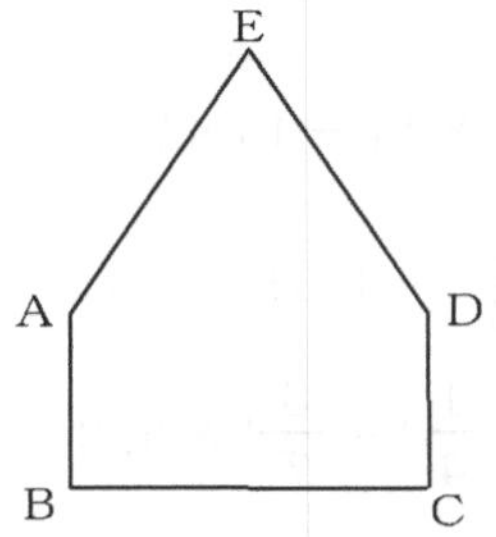

⑴ 直線ＥＢでこの五角形はどのような面積比に分けられますか。

⑵ 辺ＤＥのまん中の点をＭとすると，直線ＭＢでこの五角形はどのような面積比に分けられますか。

⑶ 次のア，イ，ウを正しくうめなさい。
「⑵の点Ｍと五角形の辺［ア］を［イ］：［ウ］に分ける点を通る直線は，この五角形の面積を二等分します。」

５．

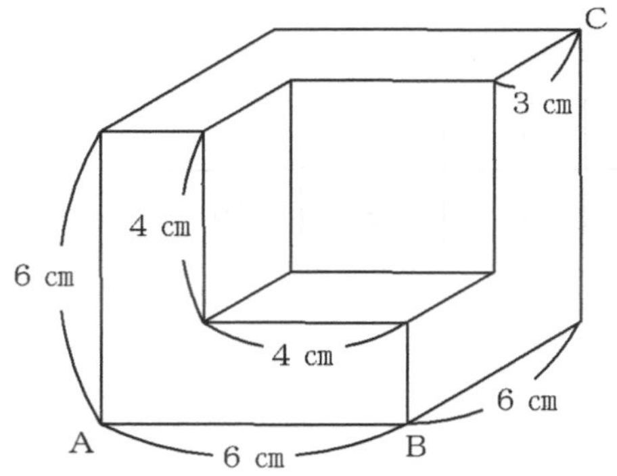

左図のような１辺６㎝の立方体から直方体を切りとった形の立体があります。次の問に答えなさい。（１４点）

⑴ この立体の体積を求めなさい。

⑵ この立体を３点Ａ，Ｂ，Ｃを通る平面で切って２つに分けたとき，２つの立体の体積を求めなさい。

６． １からＡまでの整数を左から小さい順に並べます。これらをつなげてひとつの長い数字の列を作りました。

123456789101112・・・

次のとき 2021 という数字の並びは何回あらわれますか。（１６点）

⑴ Ａ＝99

⑵ Ａ＝9999

⑶ Ａ＝99999

令和３年度　ラ・サール中学校入学試験問題　理科　　（４０分）

注意：　１．解答はすべて解答用紙の答のらんに書きなさい。
　　　　２．いくつかの中から選ぶ場合は，記号で答えなさい。特に指示のない場合は１つ答えなさい。

【１】

図１はオオムギの種子の構造を示したものです。種子の表面の皮（種皮）の下には白い層（糊粉層）があり，この内側に葉や茎や根のもとになる胚，養分を貯める胚乳が入っています。Ａさんは発芽の仕組みを調べるために水を吸わせたオオムギの胚乳にヨウ素液をかけて顕微鏡で観察しました。すると青い粒が見え，デンプンが含まれていることが分かりました。しかし，発芽後の種子でおなじ実験をしたところ，青い粒は観察できなくなっていました。Ａさんはさらに次の[実験 1]を行いました。

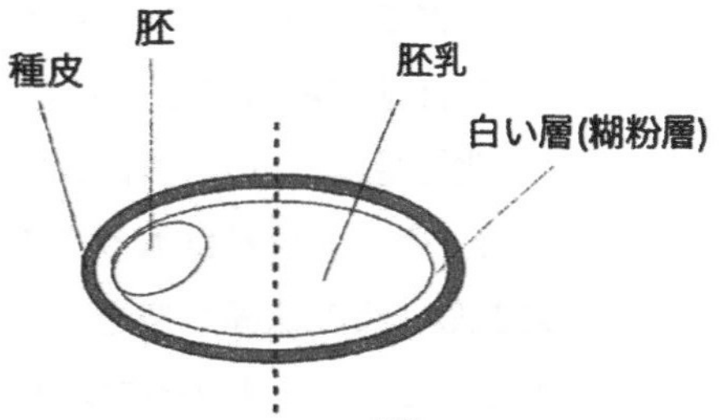

図１

[実験 1]　水を吸わせたオオムギの図１の点線の部分で種子を半分に切り，胚の入っている部分と入っていない部分に分けました。図２のように，デンプンを含んだ寒天を二つ作り，片方には種子の胚の入った部分を，もう片方には胚の入っていない部分を，それぞれ種子の切り口を下にして置きました。数日後，種子を取り除いた寒天にヨウ素液をかけ，切り口を置いた部分とそれ以外の部分で色の違いがあるかどうかを観察したところ，以下のような結果になりました（図３）。

・ 胚の入っている部分を置いた寒天では，種子の切り口を置いた部分以外が青く染まりました。
・ 胚の入っていない部分を置いた寒天では，寒天の全体が青く染まりました。

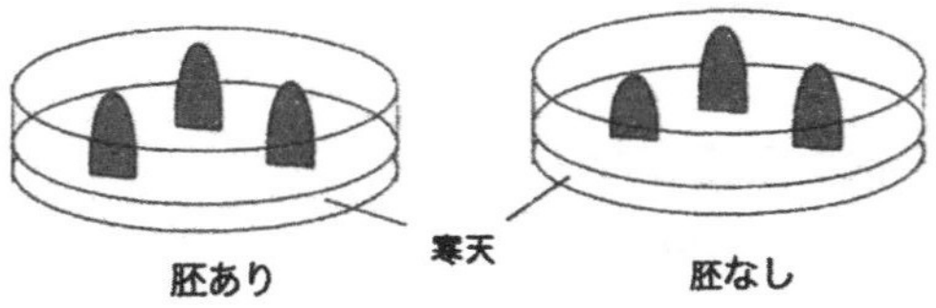

図２

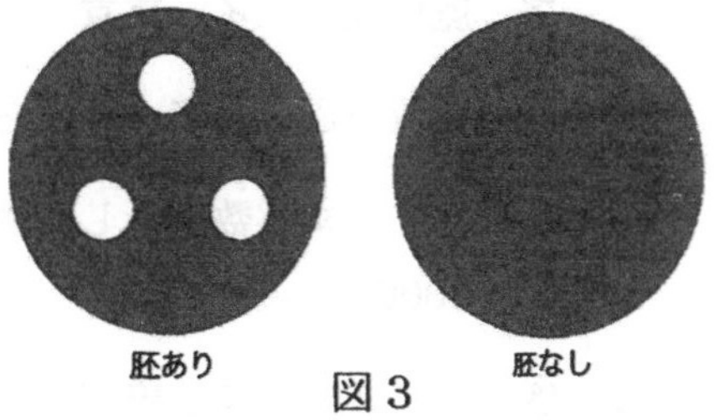

図３

（１）オオムギの養分を貯める部分は胚乳ですが，インゲンマメの種子の中で養分を貯める部分の名前を答えなさい。

（２）種子が発芽するために一般的に必要な条件を３つ答えなさい。

K 教英出版　理4の1

（３）図３のヨウ素液に青く染まらなかった部分ではデンプンが分解されて何ができましたか。

（４）ヒトでデンプンを分解するはたらきがある消化液の名前を答えなさい。

（５）デンプンには，デンプンの分解物と比べて種子内に留まるために有利な性質があります。どのような性質でしょうか。簡単に説明しなさい。

発芽中の種子の胚の周辺からジベレリンという物質が発見されました。Ａさんはジベレリンがオオムギの発芽に関係するのではないかと考え，以下の[実験 2]を行いました。

[実験 2]　図１の点線部分で半分に切った種子の胚の入っていない側から糊粉層と胚乳を分け，それぞれにジベレリンを溶かした水を加えて数日置きました。数日後，この溶液にデンプンを加えて１時間置き，ヨウ素液をかけて色の変化を調べたところ，以下のような結果になりました。
・糊粉層にジベレリンを加えたものでは，溶液が青く染まりませんでした。
・胚乳にジベレリンを加えたものでは，溶液が青く染まりました。

（６）Ａさんはこれらの実験をもとに発芽の仕組みを考えました。以下の空らんにあてはまる語句を以下のア～エから選びなさい。
「（　①　）からジベレリンが分泌され，これが（　②　）に働きかけます。（　②　）でデンプンを分解する物質が合成され，（　③　）のデンプンを分解します。そして，デンプンの分解物を使ってオオムギは発芽します。」
ア．種皮　イ．胚　ウ．胚乳　エ．糊粉層

（７）植物の種子の中には発芽に用いるおもな養分として
ア．デンプンを貯めるもの
イ．脂質（脂肪）を貯めるもの
ウ．タンパク質を貯めるもの
があります。以下の植物①～④の種子はア～ウのどれにあてはまりますか。
①ダイズ　②イネ　③ゴマ　④ラッカセイ

【2】

ダイ吉君とお父さんが星について話しています。

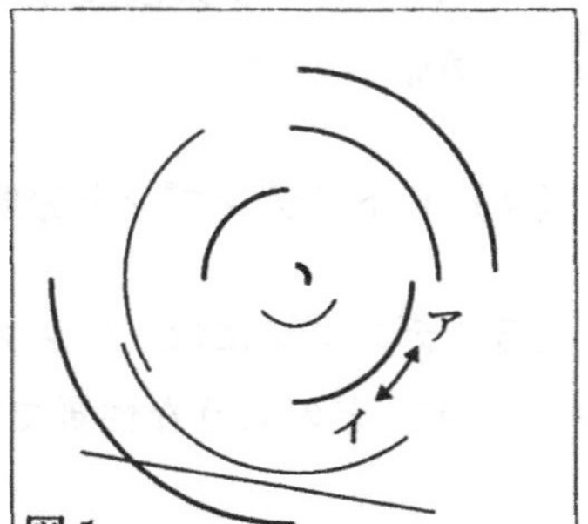

図1

ダイ吉「北の空の中心といえば，北極星だよね。」

お父さん「これは（図1），昨夜，カメラのシャッターを（①）時間開けたままにしてとった，北極星周辺の星の写真だよ。②星が時間とともに移動する様子がよくわかるだろう。」

ダイ吉「ところで，このまっすぐな線は何？飛行機かな？」

お父さん「いやいや飛行機や人工衛星のような人工物だったら，線がとぎれないはずだよ。」

ダイ吉「ということは，（③）だね。ところで北極星はなぜほとんど位置を変えないの？」

お父さん「それは地球が自転するときの軸（じく）である地軸を延長した方向に北極星があるからだよ。」

ダイ吉「なるほど。北極星は，宇宙の中心にあるとか，特別の星ではないんだね。南半球のオーストラリアでも，北極星は北を示す星として役に立っているのかな？」

お父さん「残念ながら，オーストラリアでは北極星は（④），1年を通じて見ることができないんだよ。」

ダイ吉「反対に，日本で季節に関係なく1年中見える星もあるの？」

お父さん「北極星やその近くにある星の多くはそうだよ。詳しく調べるためには，北極星の北の地平線からの高度が必要だけど，この高度は，その場所の緯度（いど）（北緯）とほぼ等しいんだ。」

ダイ吉「ということは，鹿児島，東京，仙台，札幌で，しずむことなく，1年中見ることのできる星の数を比べると，（⑤）が一番多いということだよね。ところで，北極星は大昔から北を示す星として利用されていたのかな？」

お父さん「ところがそうではないんだよ。かたむいたコマがこのような（図2）首ふり運動をするように，かたむいて自転している地球の地軸も同様の運動をしているんだ。地軸を北に延長した空の点を天の北極と呼んでいるけど，天の北極は720年ごとに10°ずつ位置を変えながら，このように（図3）円をえがきながら反時計回りに星座の中を動いていくんだ。」

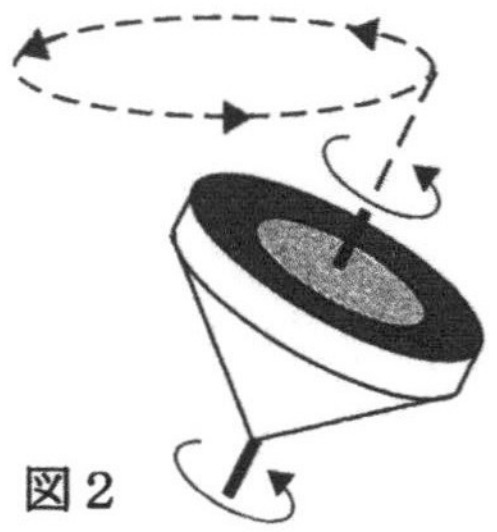
図2

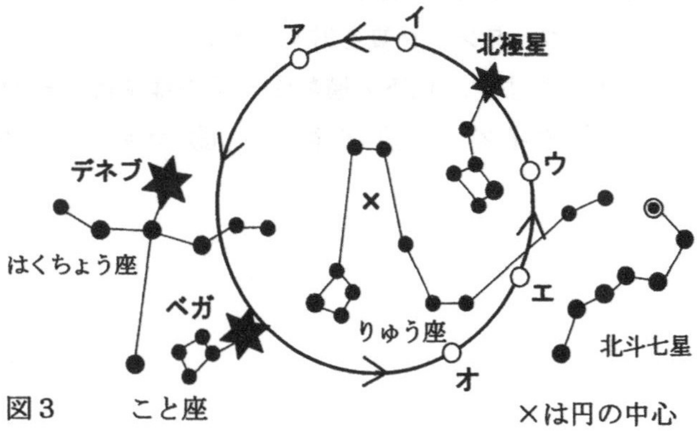

図3

ダイ吉「ということは，エジプトでピラミッドが造られていた紀元前3000年ころは，（⑥）の位置に天の北極があったわけで，今の北極星は北とは関係ないふつうの星だったんだね。信じられないな！」

お父さん「およそ（⑦）年後は，こと座のベガが北極星に代わる星になると予想されているよ。」

ダイ吉「そのときは鹿児島から見える星空の様子も変わっているのだろうね。」

お父さん「現在鹿児島では，夏にデネブ，ベガ，北斗七星はよく見えるけど，冬になって高度が低くなると，デネブとベガは全く見えなくなり，北斗七星は図3の二重丸の星以外は地平線の下にしずんで見えなくなる時期があるんだ。（⑦）年後，デネブは（⑧），北極星は（⑨）となっているはずだよ。」

ダイ吉「今の北極星はもう二度と北を示す星になることはないの？」

お父さん「天の北極が空を一周する（⑩）年後には，再び北極星と呼ばれているはずだ。」

ダイ吉「そうか，よかった。星を見るのもそれなりに楽しいけど，早く友だちと外で思いっきり遊びたいな。」

（1）①にあてはまる数字を次から選びなさい。

〔 2　4　6　8 〕

（2）②の移動する向きは，図1のア，イのどちらですか。

（3）③にあてはまる言葉を入れなさい。

（4）④にあてはまる説明を次から選びなさい。
- ア．常に太陽と同じ方向にあって
- イ．常に月の裏側にかくれていて
- ウ．常に北の地平線の下にあって
- エ．常に南の地平線の下にあって

（5）⑤にあてはまる地名を次から選びなさい。

ア．鹿児島　イ．東京　ウ．仙台　エ．札幌

（6）⑥の位置を図3のア～オから選びなさい。

（7）⑦にあてはまる数字として適当なものを次から選びなさい。

ア．3000　イ．7000　ウ．13000　エ．18000

（8）⑧，⑨にあてはまる説明として適当なものを次から選びなさい。
- ア．1年を通じて見ることのできる星
- イ．季節によって見えたり見えなかったりする星
- ウ．1年を通じて全く見ることのできない星

（9）⑩にあてはまる数字を百の位を四捨五入した数で答えなさい。

【３】

〔A〕<u>－20℃の氷を 200g</u> とってビーカーに入れたものを，発泡スチロール容器に入れて熱が逃げないようにして，1分間あたりに与える熱の量を一定に保ちながら加熱しました。このときの加熱時間と温度の関係をグラフに示してあります。

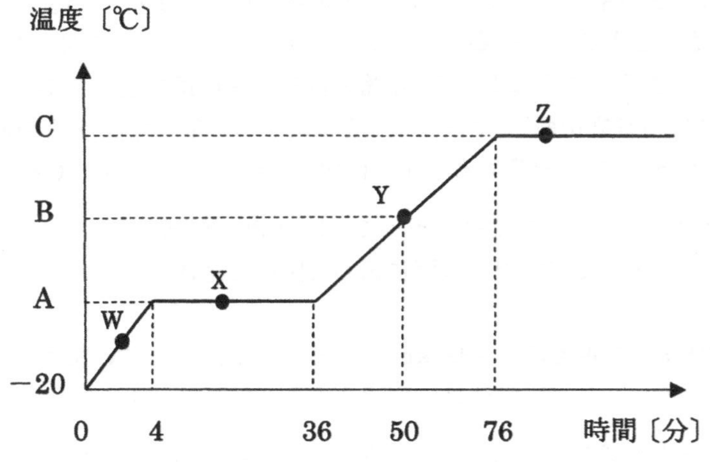

（１）A，C の温度はそれぞれ何℃ですか。

（２）固体と液体の水が共存しているのは，点 W，X，Y，Z のうちどれですか。

（３）B の温度は何℃ですか。

（４）1g の「氷」の温度を 1℃上昇させるのに必要な熱の量は，1g の「液体の水」の温度を 1℃上昇させるのに必要な熱の量の何倍ですか。

（５）下線部の条件を「－10℃ の氷 100g」に変更して，同じ実験を開始した場合，80℃に達するのにかかる時間は何分ですか。

〔B〕水溶液Ａ～Ｆは次のいずれかです。実験１～実験３を読んで後の問いに答えなさい。

炭酸水，食塩水，ミョウバン水，アンモニア水，塩酸，石灰水

実験１　ＢＴＢ液を黄色に変化させた溶液は，水溶液Ａ，Ｂ，Ｃであった。

実験２　水溶液Ａ～Ｆを熱したところＡ，Ｂ，Ｆからは水蒸気以外の気体が出てきた。また水溶液Ａから出てきた気体を水溶液Ｅに通じたところ白くにごった。

実験３　水溶液Ｂ 4g，8g，12g，16g を入れた 4 本の試験管を準備し，それぞれに石灰石を 2g ずつ入れて出てきた気体の体積をはかった。その結果を下の表に示した。ただし，この実験で使用した水溶液Ｂはすべて 3%の濃さであった。

水溶液Ｂ[g]	4g	8g	12g	16g
出てきた気体[mL]	180mL	360mL	X mL	400mL

（１）ＢＴＢ液を青色に変化させる溶液を次からすべて選びなさい。
　ア．酢　　イ．水酸化ナトリウム水溶液　　ウ．重そう水　　エ．砂糖水

（２）水溶液Ｄ，Ｆは何ですか。

（３）実験３に関する次の文章を読んで次の問いに答えなさい。

　実験３は石灰石に含まれる炭酸カルシウムという物質が水溶液Ｂに溶けている（　あ　）と反応して気体の（　い　）を発生する現象である。たとえば 10 g の純粋な炭酸カルシウムに気体が出なくなるまで水溶液Ｂを加えると，4.4 g の気体がでてくることが知られている。また，（　い　）の気体は 100mL あたり 0.2 g である。石灰石に含まれる炭酸カルシウム以外の成分は水溶液Ｂと反応しないものとする。

① 上の文章の（　あ　）（　い　）にあてはまる物質の名前を書きなさい。

② 表のＸにあてはまる数を答えなさい。

③ 実験３で用いた石灰石に含まれる炭酸カルシウムは何%ですか。答えが割り切れないときは小数第１位を四捨五入して整数で答えなさい。

（４）3%の水溶液Ｂを水でうすめて水溶液Ｙを作りました。ある重さの石灰石に水溶液Ｙを 3 g 加えたときに，出てきた気体が 90mL でした。さらに水溶液Ｙを 5 g 加えた時に出てきた気体は 150mL で，合計 240mL になりました。水溶液Ｙの濃さは何%ですか。

【4】

〔A〕ふりこが往復する時間をふりこの長さを変えて調べ，その結果を以下の表1にまとめました。表1にはふりこの長さ，ふりこが10往復したときの時間を3回はかったもの，その3回を平均した時間，その平均した時間を10で割った1往復する時間をのせています。なお，3回の平均の値が割り切れなかった場合，小数第2位を四捨五入し小数第1位まで表すことにします。以下の問いに答えなさい。

表1

長さ(cm)	1回目(秒)	2回目(秒)	3回目(秒)	3回の平均(秒)	1往復する時間(秒)
10	6.3	6.1	6.5	6.3	0.63
19	8.9	8.5	8.8	8.7	0.87
40	12.9	12.5	12.4		①
76	17.2	17.4	17.7		②
90	19.1	18.7	18.9		

図1

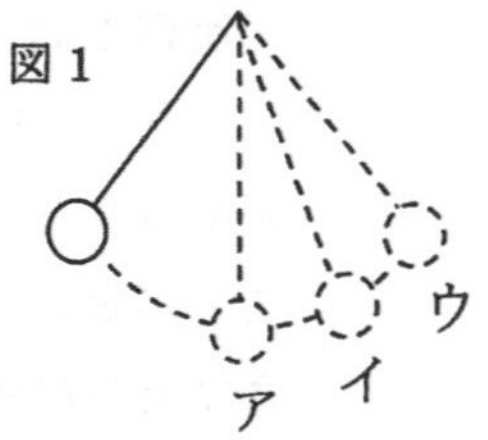

（1）表1の①，②にあてはまる値を答えなさい。

（2）ふりこの1往復について考えます。図1のア，イ，ウの位置のうちおもりはどこで一番速く動いていますか。

図2

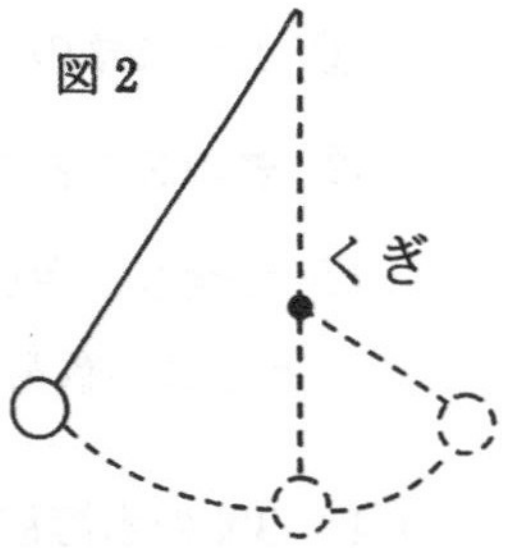

（3）図2のようにくぎを打ち，ふりこがゆれるときに糸がくぎにかかるようにしました。手を放して元の位置にもどるまでの時間はくぎを打たないときと比べてどうなりますか。以下のア～ウから選びなさい。

ア．短くなる　イ．変わらない　ウ．長くなる

（4）ロサンゼルスにあるグリフィス天文台には長さ12ｍの大きなふりこ時計があります。ふりこの長さと1往復の時間には一定の関係性があります。表1からその関係性を推測し，それを用いてグリフィス天文台のふりこ時計の1往復の時間として最も近いものを以下のア～キの中から選びなさい。

ア．2秒　イ．4秒　ウ．7秒　エ．19秒　オ．28秒　カ．38秒　キ．49秒

〔B〕　次の文章を読み，以下の問いに答えなさい。

【Ⅰ】　現在多くの国では，長さの単位としてメートル（m）を使用しています。メートルはフランスが1791年に定めた単位で，パリを通過する経線の北極点から赤道までの長さの1000万分の1を1mと決めました。これをもとにすると，経線に沿って地球を1周した距離は（　あ　）万kmです。

かつて，日本では長さの単位として尺という単位を日常的に使っていました。1尺をメートル法で書くとどのように書けるでしょうか。「アルプス一万尺，小槍の上で．．．．♪」の歌詞から推測してみましょう。小槍とは槍ヶ岳山頂付近にある岩で，アルプスとは北アルプス（飛騨山脈）のことです。その山々の山頂の標高は約3000mです。一万尺を約3000mとして計算すると1尺は約（　い　）とわかります。

【Ⅱ】　光の速さは，真空中であっても空気中であっても秒速30万kmであることが知られています。つまり，光が真空中で1秒間に伝わる距離は地球（　う　）周分の距離に等しいです。

また，太陽から地球までの距離は1.5億kmであることが知られています。これより，太陽から出た光は（　え　）で地球に到達することがわかります。

【Ⅲ】　風のないときの空気中の音の速さ（音が1秒間に伝わる距離（m））は気温（℃）によって変わり，次の式で書けることが知られています。

空気中の音の速さ＝332＋0.6×気温（℃）

この式より気温30℃で風がないときの，空気中の音の速さは秒速（　お　）mとわかります。

この状態で，100m走のタイムをストップウオッチで計測することを考えてみましょう。出発係（出発のピストルをうつ係）は選手からはなれたところにいて，出発係と計測係との距離は95mです。95mを光が伝わる時間は（　か　）秒で，音が伝わる時間は（　き　）秒です。これらの間に時間差があるので，計測係はピストルの白いけむりが見えたときに出発のストップウオッチを押し，選手が100mを走っている時間（真の値）にできるだけ近い時間を測定します。

（1）（あ）にあてはまる数字を答えなさい。

（2）（い）にあてはまる値を以下のア～オから選びなさい。

ア．3mm　イ．3cm　ウ．30cm　エ．3m　オ．30m

（3）（う）にあてはまる数字を答えなさい。

（4）（え）にあてはまる時間は何分何秒ですか。

（5）（お）にあてはまる数字を答えなさい。

（6）（か）にあてはまる数字について，0でない数字が初めて現れるのは小数第何位ですか。

（7）（き）にあてはまる数字を小数第3位を四捨五入して小数第2位まで答えなさい。

［終わり］

2021 年度　ラ・サール中学校入学試験問題（社会）

注意：解答はすべて解答用紙に記入しなさい。

（40分）

1　以下の文章を読み、問いに答えなさい。

◆現在世界中で、石油に依存した社会からの脱却に向け、様々な取り組みが行われています。日本で 2020 年７月１日から始まった（　　）有料化もそういった運動の一つです。一方で、まだまだ石油に依存した社会から完全に脱却することは難しいのが現状です。

問 1.　文中の（　　）に適する語を答えなさい。

問 2.　石油について述べた以下のア～エのうち、誤りを含むものを１つ選び記号で答えなさい。ただし、統計は 2018 年の経済産業省の資料にもとづいています。

ア．日本において、燃料となる石油の割合は、自動車用が航空機用よりも高い。

イ．日本の石油輸入の大半は、中東地域からのものである。

ウ．日本の火力発電に用いられる燃料は、ほとんどが石油である。

エ．石油を燃やした時に排出される二酸化炭素は、地球温暖化の原因になる。

◆20 の国と地域（Ｇ20）の農業を担当する閣僚による会合がテレビ会議で開かれ、新型コロナウイルス感染拡大を踏まえた食料の安定的な供給について話し合いが行われました。　日本も様々な食料を外国からの輸入に頼っています。

問 3.　下線部に当てはまる国・地域名を、**アメリカ合衆国・イギリス・フランス・ドイツ・日本・イタリア・カナダ・ＥＵ・ロシアを除いて**２つあげなさい。国名等は通称でかまいません。

問 4.　日本の食料供給について述べた以下のア～エのうち、誤りを含むものを１つ選び記号で答えなさい。ただし、自給率の統計は 2017 年の農林水産省の資料にもとづいています。

ア．日本・アメリカ合衆国・フランス・オーストラリアのうち、最も食料自給率が高いのはアメリカ合衆国で、最も低いのは日本である。

イ．日本における品目別の自給率を比べたとき、米・野菜・肉類・大豆のうち、最も自給率が高いのは米で、最も低いのは大豆である。

ウ．日本向けエビの養殖のため、インドネシアでマングローブ林が伐採されるなど、日本向けの食料生産が現地の環境破壊につながる場合もある。

エ．カボチャは日本では夏から秋が生産の時期だが、それ以外の時期でもニュージーランドやメキシコなどから輸入するので、一年を通じて買うことができる。

◆中国の全国人民代表大会で香港国家安全維持法が成立しました。その後、香港の民主活動家の逮捕が相次いで「一国二制度」は動揺しています。

問 5.　香港は 19 世紀からある国によって統治されており、1997 年に中国に返還されました。そのため香港には 1997 年以後は中国本土とは異なる制度が適用されていました。このある国とはどこか答えなさい。国名は通称でかまいません。

問 6.　下の絵は、1890 年前後の東アジア情勢を描いた風刺画です。この風刺画の中で魚の［　　］部分（矢印部分）にはある国名が書かれていますが、その国名を答えなさい。国名は通称でかまいません。

◆私たちの健康で安全な暮らしを支えるために社会には様々なしくみが存在しています。安全な水を作るためのしくみもそのうちの一つです。

問７．水やダムについて述べた以下のア～エのうち、誤りを含むものを１つ選び記号で答えなさい。

ア．浄水場には沈殿池や濾過池などの施設があり、薬で水を消毒したり、活性炭を使って有害物質を取り除いたりしている。

イ．日本の政府や企業が、外国の浄水場や海水を真水にする施設の建設に協力したり、井戸を掘る支援をしたりしている。

ウ．河川にダムを建設すると計画的に配水を行うことができるだけでなく、発電などにも利用することができる。

エ．2000年以降、日本では浄水場の水質が向上したため、ミネラルウォーターの生産量は減り続けている。

問８．水源の森について述べた下の文中の、（　　）に適する語を漢字１字で答えなさい。

水源の森は、雨水を蓄える働きがあることから「（　　）のダム」と呼ばれることがある。

2　以下の文章を読み、問いに答えなさい。

近代憲法は、国民の権利や自由を保障することを目的としています。そして、そのために権力を制限しています。権力の制限の具体的な形が、統治機構における三権分立です。

日本国憲法も近代憲法の特徴を備えています。憲法は、第１章「ａ天皇」、第２章「戦争の放棄」の後、第３章を「国民の権利及び義務」として、基本的人権や義務について規定しています。統治機構については、第４章以下で、国会、内閣、裁判所について定めています。

ｂ法律の制定など、国の運営のきまりを決める機関が国会です。国会は、衆議院および参議院によって構成され、両議院は、全国民を代表するｃ選挙された議員で組織されます。構成員全員が選挙によって選ばれる国会は、３つの権力のなかで、最もｄ国民主権の原則を忠実に反映した機関です。

税金の徴収や道路の建設など、私たちの生活に直接かかわっているのは行政です。ｅ内閣は法律に基づいて行政を行います。憲法は内閣について、「首長たるｆ内閣総理大臣及びｇその他の国務大臣でこれを組織する」と定めています（第66条第１項）。内閣は、行政権の行使について、国会に対して責任を負うことになっています。

争いごとを裁いたり、犯罪が発生したときに罪のあるなしを決めたりするのが裁判所の仕事です。ｈ裁判は公正に行われる必要があります。それを実現するために、憲法は、裁判官の権限の独立や身分保障について定めています。

問1．下線部ａに関連して、天皇が行う国事行為についての記述として誤っているものを、以下のア～エから１つ選び、記号で答えなさい。

ア．憲法改正や法律などを公布するが、最高裁判所規則について天皇による公布は行われない。

イ．国会が指名した最高裁判所長官を任命する。

ウ．外国の大使に会う。

エ．国会議員の選挙を公示するが、地方公共団体の長や地方議会議員の選挙について天皇による公示は行われない。

問2．下線部ｂに関連する記述として誤っているものを、以下のア～カから１つ選び、記号で答えなさい。

ア．内閣提出の法律案については、委員会の審査を経ずに直接、本会議で審議する。

イ．衆議院で可決し、参議院で否決した法律案について、衆議院で出席議員の３分の２以上の多数で再び可決したときは、法律が成立する。

ウ．法律案については、先に衆議院に提出しても参議院に提出してもかまわない。

エ．議員が法律案を提出するとき、１人ではできず、法律が定める人数の賛成者が必要である。

オ．内閣総理大臣は、内閣が決定した法律案を、内閣を代表して国会に提出する。

カ．衆議院で可決した法律案を参議院が否決したとき、衆議院は両院協議会を開くことを求めることができる。

問3. 下線部ｃに関連する記述として誤っているものを、以下のア～カから１つ選び、記号で答えなさい。

ア. 衆議院議員総選挙において、選挙人は、小選挙区選挙では候補者の氏名、比例代表選挙では政党の名称をそれぞれ書いて投票する。

イ. 参議院議員の比例代表選挙において、選挙人は、政党が届け出た名簿に載っている候補者個人の氏名か、または政党の名称か、どちらか一方を書いて投票する。

ウ. 法律は、衆議院議員の定数を465人、参議院議員の定数を242人と定めている。

エ. 比例代表制の導入の時期は、衆議院より参議院の方が早かった。

オ. 参議院議員の任期は６年で、３年ごとに議員の半数が改選される。

カ. 2015年に法律が改正され、2016年の選挙から選挙人の年齢資格が、20歳から18歳になった。

問4. 下線部ｄまたはそれを実現するための制度についての記述として誤っているものを、以下のア～エから１つ選び、記号で答えなさい。

ア. 憲法改正は国民投票によって承認されるが、憲法改正案を発議する権限は国会がもっている。

イ. 国民は、その属する地方公共団体の長や議員について、選挙することができる。

ウ. 国民は、その属する地方公共団体の条例について、制定または改正や廃止を請求することができる。

エ. 最高裁判所の裁判官に対する国民審査は、衆議院議員および参議院議員の選挙のときに行われる。

問5. 下線部ｅに関連する記述として誤っているものを、以下のア～エから１つ選び、記号で答えなさい。

ア. 内閣は予算案を作成して国会に提出し、国会の議決を経て予算が成立する。

イ. 内閣は、法律などを実施するために政令を制定する。

ウ. 内閣の意志は閣議によって決まるが、閣議決定は出席した内閣構成員の過半数で行われる。

エ. 内閣は臨時国会の召集を決定することができるが、その決定をするときに国会の承認はいらない。

問6. 下線部ｆに関連する記述として誤っているものを、以下のア～エから１つ選び、記号で答えなさい。

ア. 内閣総理大臣の指名について、衆議院と参議院とが異なった指名をした場合に、両院協議会を開いても意見が一致しないときは、衆議院の指名した者が内閣総理大臣になる。

イ. 内閣総理大臣は、閣議で決定した方針に基づいて、行政各部を指揮監督する。

ウ. 内閣総理大臣が辞職した場合、内閣は総辞職しなければならない。

エ. 内閣総理大臣は、閣議の決定に基づいて、国務大臣を任命する。

問7. 下線部ｇに関連する記述として誤っているものを、以下のア～エから１つ選び、記号で答えなさい。

ア. 国務大臣は、全員が、各省の長として各省を担当する大臣である。

イ. 国務大臣の過半数は、国会議員のなかから任命されなければならない。

ウ. 国務大臣は、議院に議席をもたない場合であっても、議案について発言するため議院に出席することができる。

エ. 国務大臣は、議案を内閣総理大臣に提出して、閣議の開催を求めることができる。

問8. 下線部ｈに関連して、裁判または裁判所についての記述として誤っているものを、以下のア～エから１つ選び、記号で答えなさい。

ア. 高等裁判所は、全国で８か所設置されている（支部を除く）。

イ. 最高裁判所には、大法廷と小法廷があり、大法廷は15人の裁判官によって、小法廷は５人の裁判官によって構成される。

ウ. 高等裁判所の法廷は、３人または５人の裁判官によって構成される。

エ. 法律などが憲法に違反するかどうかの裁判ができるのは、最高裁判所だけであり、下級裁判所にその権限はない。

3 日本人の姓（せい）や苗字（みょうじ）（名字）、名前に関する以下の文章を読み、問いに答えなさい。

◆「田中」という苗字を持つ人はとても多い。日本で稲（いな）作が始まってから、日本の各地に田中という地名が生まれ、そこに住んだ人々が田中を名乗ったと考えられる。

問1. 以下のうち、稲作と直接関係する道具を１つ選び、記号で答えなさい。
ア. 銅鐸（どうたく）　イ. 銅剣　ウ. 石皿　エ. 石包丁

◆平安時代、特に女性は自分の本当の名前を他人に教えないことがふつうだった。そのため女流文学の作者の本当の名前は分からない。

問2. 歴史上活躍（やく）した女性についての以下の文のうち、内容に誤りを含むものを１つ選び、記号で答えなさい。
ア. 卑弥呼（ひみこ）は、うらないによって人々を導いた。魏（ぎ）に使いを送り、その皇帝（てい）から倭（わ）王と認められた。
イ. 清少納言（せいしょうなごん）は、天皇のきさきだった藤原道長（ふじわらのみちなが）のむすめに仕え、『枕草子（まくらのそうし）』をあらわした。
ウ. 北条政子は、源頼朝のご恩の大きさを説いて御家人（ごけにん）をまとめ、幕府を承久（じょうきゅう）の乱での勝利に導いた。
エ. 津田（つだ）梅子は、大久保利通らが参加した使節団とともにアメリカにわたって学び、帰国後、女子英学塾（じゅく）を開いた。

◆「加藤（かとう）」など、藤の字がつく苗字がいろいろある。「藤」は藤原氏に、もう一字は朝廷の役職や土地にちなむ。例えば加賀国（かがのくに）の役人をしていた藤原氏の一族が「加藤」と名乗ったと考えられる。

問3. 明治時代に内閣総理大臣を務めた人物の中で「藤」の字がつく苗字をもつ人物の名を漢字で答えなさい。

◆土地を持つ武士は自らが支配している土地の名にちなんで苗字を名乗った。

問4. 日本の土地のしくみの変化について述べた以下の文を時代の古い方から順にならべかえ、記号で答えなさい。
ア. 小作農家のほとんどが自分の農地を持てるようになった。
イ. 田からとれる米の量や耕す人の名を調べて記録し、農民には土地を耕す権利を認めた。
ウ. 土地に値段をつけ、それを基準にお金で税を納めさせて、国の収入を安定させた。
エ. 豪（ごう）族がそれぞれ持っていた土地はすべて国のものとされ、その土地が改めて農民に貸しあたえられた。

◆武士の社会では、元服（成人）するときに、主人など偉（えら）い人の名前から一字もらって自分の名前にすることが多かった。

問5. 岡山藩主の池田光政や福岡藩主の黒田光之（ゆき）などに自分の名前の一部をあたえた人物の名を答えなさい。

◆仕事にちなんだ苗字が名乗られることもあった。国の役所で税を扱う仕事をしていたことから「税所（さいしょ）」と名乗る人が現れ、また鎌倉幕府の問注所（もんちゅうじょ）の代表を長年勤めたことから「問注所」と名乗る人が現れた。

問6. さまざまな時代の税や役職について述べた以下の文に、一カ所だけ誤りがあります。<u>それを訂（てい）正した語句</u>を答えなさい。記号を答える必要はありません。
ア. 米の形で納める税は、奈良時代には調と呼ばれ、江戸時代には年貢（ぐ）と呼ばれた。
イ. 京都には、鎌倉時代には六波羅（ろくはら）探題が、江戸時代には京都所司代が、それぞれ置かれた。
ウ. 将軍の補佐（さ）を行うのは、鎌倉時代は執権であり、江戸時代は大老や老中だった。
エ. 都の警備は、奈良時代には全国の農民が、鎌倉時代には御家人が、それぞれ行うことになっていた。

◆庶（しょ）民は平安時代の終わりごろから、公（おおやけ）には苗字を名乗らなくなった。

問7. その後、日本ですべての庶民に苗字を名乗ることが義務づけられるのは何世紀のことですか。数字で答えなさい。

◆足利氏は代々、名前に同じ字を含めた。足利尊氏の息子の義詮以後、将軍は皆「義」という字を名前に含む。

問8．足利氏が幕府を動かした時代の政治や文化について述べた以下の文のうち、内容の正しいものを１つ選び、記号で答えなさい。

ア．足利義満は各地の守護大名を従えて強い権力をもち、京都の北山に三層の金閣を建て、書院造を用いた。
イ．京都の町衆は織物などの伝統的な手工業を復活させ、町を立て直し、応仁の乱でとだえた祇園祭も復活させた。
ウ．水墨画を学んだ雪舟は、中国に渡って技能を高め、帰国後は各地を歩いて『洛中洛外図屏風』など美しい自然をえがいた。
エ．田植えの際に演じられた猿楽や、祭りで演じられた田楽をもとに、観阿弥・世阿弥が足利義政の保護のもと、能を完成させた。

◆豊臣秀吉は、「羽柴」や「豊臣」という苗字や姓を新たに作り、それを有力な大名にわけあたえて、一族に準じるあつかいをした。

問9．大名と、天下統一をなしとげた後の秀吉とは、どのような関係にあるのか説明しなさい。

◆明治時代の作家二葉亭四迷は、「くたばってしまえ」と叱られたことからこのペンネームをつけた。

問10．明治時代やそれ以降の文化について述べた以下の文の中に、１つだけ明治時代とはちがう時代についての文があります。それを選び、記号で答えなさい。

ア．夏目漱石や樋口一葉が小説で有名になり、詩や短歌・俳句では与謝野晶子や正岡子規がすぐれた作品を発表した。
イ．北里柴三郎は破傷風の治療法を開発し、伝染病の研究所をつくり、野口英世や志賀潔がここから育った。
ウ．教育の目的は平和な国家や社会をつくる国民を育てることだとされ、義務教育が小学校６年、中学校３年とされた。
エ．政府は学校のしくみを整えたが、授業料の負担が重く、就学率はなかなかのびなかった。

◆明治時代の民法は、女性が結婚したら夫の苗字を名乗ることを定め、現在の民法は、結婚の際に夫または妻の苗字を選んでともに名乗ることを定めている。しかし現在、夫婦が同じ苗字を名乗らなくてもよいのではないかという議論がなされている。

問11．この問題は男女平等の実現とも関係があります。それについて述べた以下の文に、誤りを含むものが１つあります。それを除いた３つを、時代の古い方から順にならべかえ、記号で答えなさい。

ア．女性の参政権が認められ、それにもとづいた初めての衆議院議員総選挙で、女性の国会議員が誕生した。
イ．平塚らいてう（らいちょう）は、女性の地位向上を求める運動を起こし、全国水平社をつくった。
ウ．男女雇用機会均等法がつくられ、就職や職場の待遇などに関する女性への差別の防止がはかられた。
エ．軍需工場では、男性労働者が不足して女子生徒が動員された。沖縄の女子生徒には、陸軍病院に動員され戦争にまきこまれた人もいた。

◆1942年から1945年まで「勝」は男の子につけられた名前の１位だったが、1946年にはベスト10から消えた。

問12．この名前がベスト10から消えた理由となるできごとは何ですか。漢字２字で答えなさい。

4　次の５つの都道府県（島は省略している）について、以下の問いに答えなさい。なお、図中の◎は都道府県庁所在地を表しており、太線は海岸線です。また、縮尺は同じで、上が北の方向です。

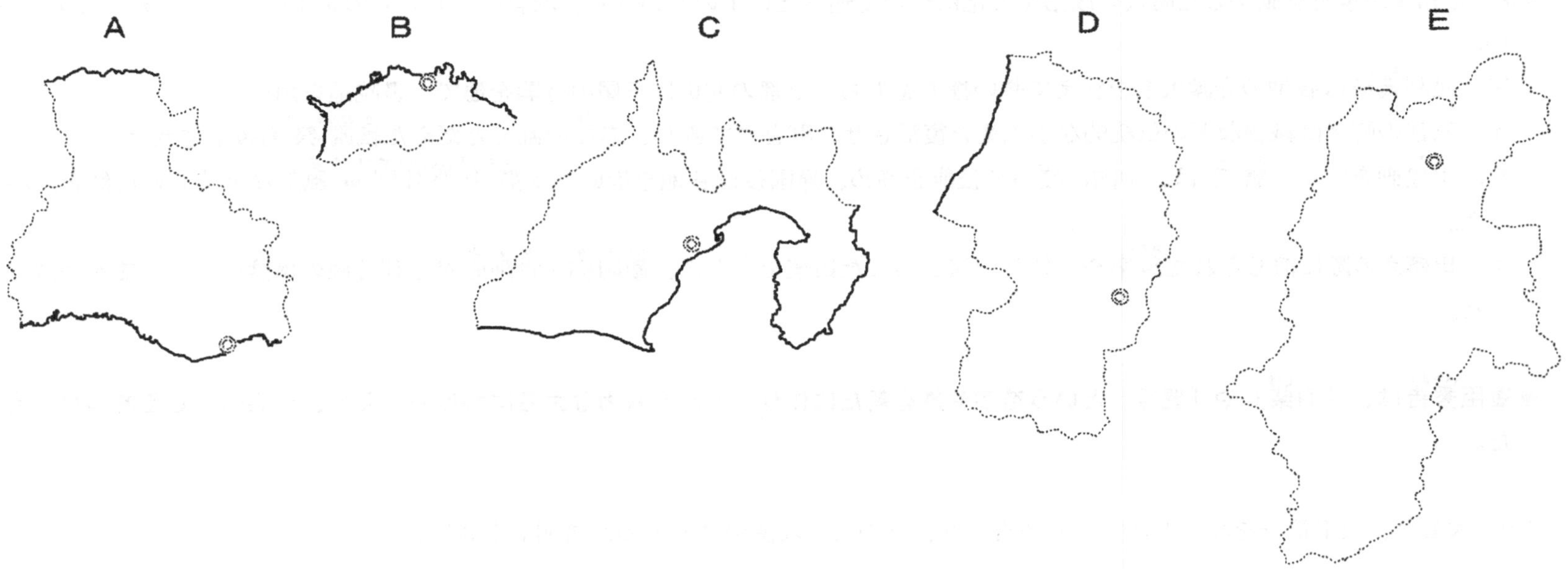

問1.　A～Eのうち、都道府県名と都道府県庁所在地名が異なるものが２つあります。その２つの都道府県庁所在地名を答えなさい。

問2.　A～Eのうち、新幹線が通っていない都道府県をすべて選び、記号で答えなさい。

問3.　A～Eのうち、世界遺産がある都道府県をすべて選び、記号で答えなさい。また、選んだ都道府県にある世界遺産のうち、もっとも西に位置する世界遺産の名称を答えなさい。

問4.　次の表は、A～Cの都道府県庁所在地の人口を１とした時に、それぞれの都道府県の人口上位５都市（都道府県庁所在地も含む）の人口の割合を示したものです。アとイにあてはまるものをA～Cから１つずつ選び、記号で答えなさい。

	第１位都市	第２位都市	第３位都市	第４位都市	第５位都市
ア	1.15	1	0.36	0.28	0.24
イ	1	0.35	0.32	0.30	0.20
ウ	1	0.26	0.15	0.14	0.12

（統計年次は2019年。『日本国勢図会2020/21』より作成）

問5.　はなれた土地から、自分の生まれた故郷や応援したい自治体に寄付をし、そのことで自分の住んでいる自治体への税金の負担が軽くなる制度があります。

（1）このような制度を何というか答えなさい。

（2）この寄付に対して、名産品などが返礼品としてもらえる場合があります。次のX・YはA～Eのいずれかの都道府県の返礼品の一部です。それぞれどの都道府県の返礼品か１つずつ選び、記号で答えなさい。

X　さくらんぼ、ブランド米、牛肉、ラフランス（洋なし）

Y　茶、わさび、ウナギ、しらす、桜エビ

問6.　日本には政令指定都市を２都市以上含む都道府県が４つあります。下の表はそれらの４つの都道府県の製造品別出荷額を表しています。ア～エの都道府県を、A～Eの都道府県の場合は記号で、それ以外の場合は都道府県名で答えなさい。

（単位：億円）

	食品	繊維	パルプ・紙	印刷	化学	窯業※	金属	輸送用機械	その他
ア	13156	2676	3410	4438	40661	1767	36743	7761	65002
イ	21034	879	8575	1475	27611	1077	13815	44711	56217
ウ	13468	503	900	1801	10203	3380	11499	35459	25164
エ	19134	312	1916	1787	44853	2584	12493	41495	59856

※窯業とは、粘土などの鉱物質原料を窯や炉で高熱処理をして、陶磁器・かわら・ガラス・セメントなどを製造する工業。

（統計年次は2018年。『経済産業省工業統計』より作成）

問7.　Eの都道府県は野菜の栽培がさかんです。この地域の野菜栽培の特色を簡単に説明しなさい。

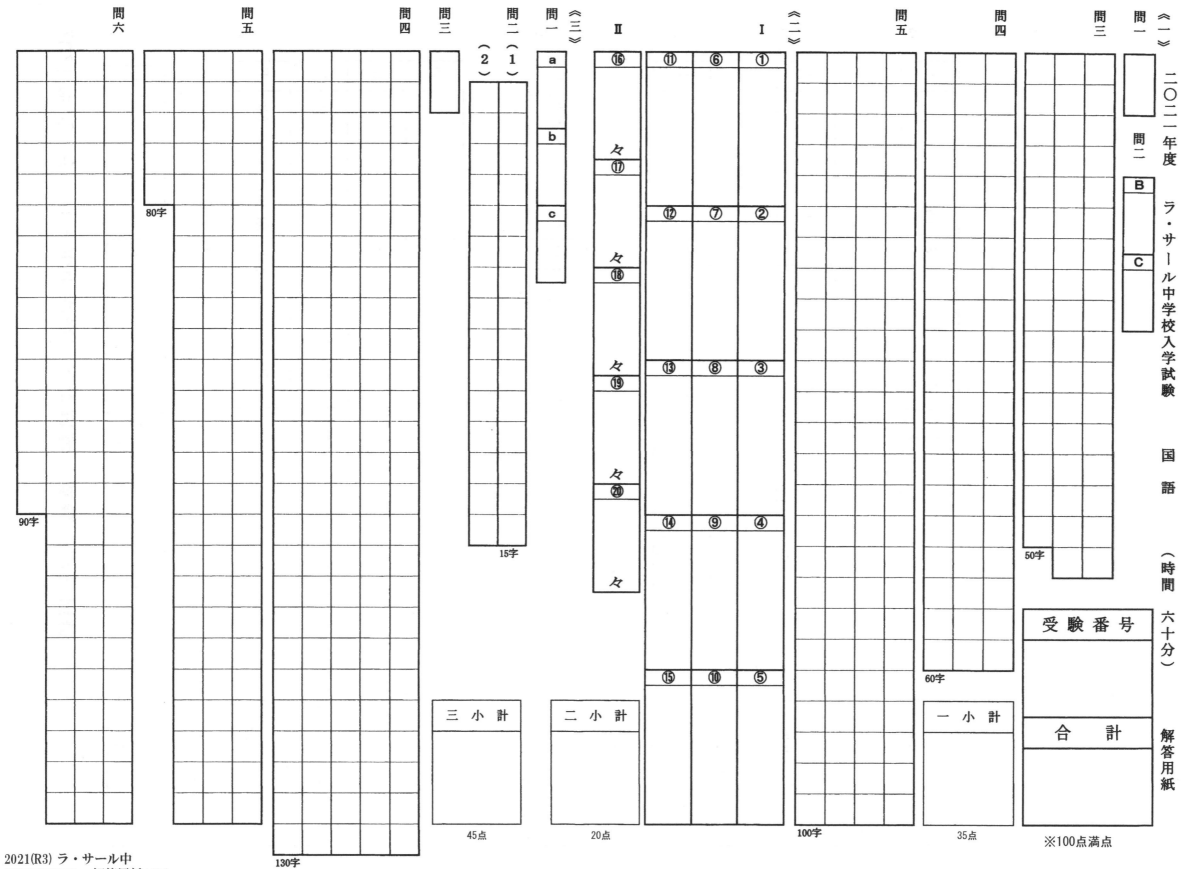

二〇二一年度　ラ・サール中学校入学試験　国語（時間六十分）解答用紙

《一》

問一

問二　B　C

問三　50字

問四　60字

問五　100字

一小計　35点

受験番号

合計

※100点満点

《二》

Ⅰ　①　②　③　④　⑤　⑥　⑦　⑧　⑨　⑩　⑪　⑫　⑬　⑭　⑮

Ⅱ　⑯　々　⑰　々　⑱　々　⑲　々　⑳　々

二小計　20点

《三》

問一　a　b　c

問二（1）（2）　15字

問三

問四　130字

問五　80字

問六　90字

三小計　45点

2021 年度　ラ・サール中学校　入学試験　算数　解答用紙

1.

(1)		(2)		(3)	

1．小計

2.

(1)	㋐　　　　度，㋑　　　　度
(2)	ア　　　　，イ
(3)	
(4)	

2．小計

3.

(1)	分速　　　m	(2)	km

3．小計

4.

(1)	：	(2)	：	(3)	ア	イ：ウ　：

4．小計

5.

(1)	cm³	(2)	cm³，　　cm³

5．小計

6.

(1)	回	(2)	回	(3)	回

6．小計

受験番号	得点

※100点満点

令和３年度　ラ・サール中学校入学試験　理科　解答用紙

【１】（10点）

(1)	(2)		

(3)	(4)	(5)

(6)			(7)			
①	②	③	①	②	③	④

【２】（11点）

(1)	(2)	(3)	(4)	(5)

(6)	(7)	(8)		(9)
		⑧	⑨	

【３】（15点）

	(1)		(2)	(3)	(4)	(5)
A	A ℃	C ℃		℃	倍	分

	(1)	(2)	
B		D	F

	(3)				(4)
	①		②	③	
B	あ	い		%	%

【４】（14点）

	(1)		(2)	(3)	(4)
A	①	②			

	(1)	(2)	(3)	(4)	(5)	(6)	(7)
B				分　秒		小数第　位	

受験番号	得点

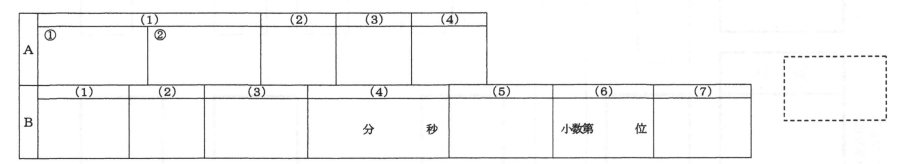

※50点満点

解答用紙　2021年度中学社会

1

問1	問2	問3		問4
問5	問6	問7	問8	

点

2

問1	問2	問3	問4	問5	問6	問7	問8

点

3

問1	問2	問3	問4　→　→　→
問5	問6	問7　世紀	問8
問9			
問10	問11　→　→	問12	

点

4

問1		問2	問3 記号	名称
問4 ア	イ	問5 (1)	(2) X　Y	
問6 ア	イ	ウ	エ	
問7				

点

受験番号	

得点	

※50点満点
(配点非公表)

《一》　次の文章を読んで、後の問いに答えなさい。（字数制限のある問題は、句読点も一字に数えます。）

朝の散歩は心地いい。散歩道のほとりには、色々な花が咲いている。黄色い花やピンクの花。綺麗だな、と眺めているうち、ふと思った。なぜ僕は花を綺麗だと思うのだろう。

そんな素朴な疑問が頭をよぎったが最後、ボケーッと歩いていた心地いい散歩は、一風違う、論理※演繹の散歩に変わる。お楽しみの、科学の時間だ。そう、なぜ僕は花を綺麗だと思うのだろうか、その理由が知りたくてたまらなくなる。

花には様々な色がある。そうか、花が目立つのは、葉っぱが全部緑でつまらないからなのではないか。そうに違いない。

「花がムッチャ綺麗なんは、葉っぱが綺麗ちゃうからやんなぁ」と、散歩で隣を歩く妻に話しかけた。すると「はぁ？　なにゆうてんの？　葉っぱも綺麗やんか」と怒られてしまった。

確かに、僕は葉の緑も好きである。けれども、現在の問題は好き嫌いではなく、花をなぜ綺麗だと感じるのかという問題である。僕は妻の意見を無視し、「葉っぱの色が単調すぎる」説をさらにたどってみることにした。

つまり、花がなぜ綺麗なのか、という問題の答えは、葉っぱが全部緑色で単調すぎるから、と自分を納得させたのだが、すると次の問題がやってくるのである。なぜ、すべての葉っぱは緑なのか？

答えはもちろん、中学校の理科で学んだように、植物は光合成でエネルギーを作り出すのであり、光合成を行うのは、葉っぱの中にある葉緑体だからである。

ここで注意すべきは、光の反射の性質である。物が緑色に見えるという時には、実はその物は、他の色の光を吸収しているのだ。これも中学校の理科で学ぶのだが、太陽の光は、赤や青、緑、といった様々な色の光が重なっていて、全部で白くなっている。その光が葉っぱに当たった時、赤や青が葉っぱに吸収されて、緑だけが吸収されない。だから、緑の光だけが反射されて、葉っぱは緑色に見えるのだ。葉緑体は、もっぱら、赤や青といった、緑ではない色の光を吸収して光合成をしているのだ。

それではなぜ、植物は緑色の光を吸収しないのだろうか？　光合成を行うには、どの色も吸収すれば①ツゴウがよいだろう。それなのに、なぜ緑色だけは特別に、吸収しないことになっているのだろうか？

それさえ解ければ、花がなぜ綺麗なのかという大問題に一つの答えが見つかるのに、と苦心しながらの散歩が続いた。容赦なく、目には木々の美しい緑が飛び込んでくる。Aくっそう、僕は科学者なのに、こんな毎日の問いにも答えられないボンクラなのか。

色々な解を頭の中で検討し始めた。どうせ、僕のよく理解していない光合成の複雑な仕組みのせいだろう。化学反応のエネルギー②コウリツの特殊性に帰着されるんじゃないか。それなら化学だから、僕は物理学者だし、わからなくても仕方がない。

いやいや、これには生物の進化的な理由があるんじゃないか。たまたま緑が選ばれて、偶然の産物だから、説明などできないんじゃないか。進化は生物学、僕は知らないから、わからないのも当たり前だ。

こんな風に、自分が答えを思いつかない理由すら探し始める始末だ。でも実は楽しい。なぜなら、知らないということは、一番ワクワクすることだからだ。

有力な解を思いつかず、足を速めて、自宅へ直行した。そう、家に着けば、ネットの世界で先行論文を検索して、科学の先人たちの知恵を誰でも③ハイシャクできるのだ。急いでパソコンを開き、検索してみた。すると、日本の大学の研究成果の※プレスリリースがいくつか見つかった。

B僕は仰天した。答えは、僕の専門の物理学に帰着するからだ。その生物学研究では、植物が緑色の光を吸収しないのは、太陽からの様々な色の光のうち緑色の光が強すぎるからだ、と④シュチョウされていた。つまり、あまりにも光を吸収しすぎるとダメージがあるため、最も強い緑色の光はなるべく吸収しない仕組みになっているという。

この説を信用するとすれば、原因は太陽の光の構成にある、ということになる。実は、太陽の光は「黒体輻射」と呼ばれるルールで構成されている。黒体輻射は温度だけで決まる光だ。太陽の表面温度はおよそ６０００度だと習った記憶がある。手元のメモ用紙で計算する。黒体輻射の数式に表面温度を代入し、最も強い光の波長を計算すると、約５００※ナノメートル。おお、これは、緑色を示す波長ではないか！

僕はベランダからぼんやり、家の周りの木々を眺めた。そうか、C花が綺麗なのは、太陽のせいか。D他の恒星系に生まれていたら、生物の色も全く違っていただろう。黒体輻射の公式の発見から量子の世界を⑤ミチビいたドイツの物理学者マックス・プランクに想いを馳せながら、僕は、木々の緑の美しさにまた心を奪われていった。

（橋本幸士『物理学者のすごい思考法』より）

〈語注〉　演繹　一般的な原理を、個別の事柄に当てはめて考えること。
　　　　プレスリリース　官庁や企業などが広報として報道関係者に行う公式発表。またそのときに配布する資料。
　　　　ナノメートル　長さの単位で十億分の一メートル。

問一　筆者は散歩をしながら様々な疑問を持って考えを進めています。その中でも特に重要な三つの疑問を、文章に出てくる順に書きなさい。

問二　傍線部A「くっそう、僕は科学者なのに、こんな毎日の問いにも答えられないボンクラなのか」とありますが、このときの筆者の気持ちを五十字以内で説明しなさい。

問三　傍線部B「僕は仰天した」とありますが、筆者はなぜ「仰天した」のですか。七十字以内で説明しなさい。

問四　傍線部C「花が綺麗なのは、太陽のせい」とありますが、「太陽のせい」で「花が綺麗」であるとはどういうことですか。本文全体を踏まえて百二十字以内でわかりやすく説明しなさい。

問五　傍線部D「他の恒星系に生まれていたら、生物の色も全く違っていただろう」とありますが、なぜですか。その説明として最も適切なものを次の中から選び、符号を書きなさい。

ア　進化の仕方が太陽系とは異なるから。
イ　光合成の仕組みが地球と異なるから。
ウ　恒星の表面温度が太陽と異なるから。
エ　他の恒星系では全ての色の光を反射するから。
オ　他の恒星系では全ての色の光を吸収するから。

問六　この文章全体を踏まえた見出しとして最も適切なものを次の中から選び、符号を書きなさい。

ア　木々の緑の美しさ
イ　植物の光合成
ウ　太陽の黒体輻射
エ　緑の散歩道と科学
オ　量子の世界と物理学者

問七　傍線部①～⑤のカタカナの語を漢字に改めなさい。

〈四十五点〉

《二》　次の文章を読んで、後の問いに答えなさい。（字数制限のある問題は、句読点も一字に数えます。）

友梨の家では、お弁当はお父さんがつくる。会社を辞めたお父さんが家事全般を担うことになったのは三年前だが、友梨がお弁当を持参するようになったのは、高校に入った今年からだ。

お弁当作りがお父さんの担当になったのは当然といえばそうだが、友梨にとっては憂鬱だった。というのも、お父さんの料理は力が入っていたからだ。

野菜にこだわりがあるからか、彩りも鮮やかで目を引く。最近は特に、めずらしい野菜を使いたがるので、カフェご飯みたいになっていて、教室でクラスメイトに覗かれるのだ。

A「それ、もしかしてきんぴら？　友梨のお弁当って、何でもおいしそうに見えるよね」

単なるきんぴらゴボウでも、赤みの強いニンジンや金色のゴマで、不思議と見栄えがよくなっている。

友梨のお母さんって料理上手なんだね。センスあるね。しかし、母が専業主婦ではないとわかると、本当にお母さんがつくっているのか、とⅠ勘ぐる子もいたため、友梨はあせり、自分でつくったと言ってしまった。お父さんがつくったことは、どうしても知られたくないからだ。

だからクラスでは、友梨は家庭的な子だと思われている。

「新鮮な野菜があるから。ご近所は農家ばかりだし、お裾分けをもらったりしてさ」

「でもさ、通学に時間がかかるのに、お弁当も自分でつくって、友梨はえらいよ」

①ちっともえらくなんかないから、ご飯を口の中に詰め込む。返事をしなくてすむし、クラスメイトたちの話題は、すぐ別のことに移る。

お父さんの手作りがいやで、みんなにうそをつくくらいなら、本当に自分でつくればいいのだけれど、友梨は相変わらず、お父さんの手作り弁当を持参している。結局、言い訳なのだ。自分でつくるとなると、もっと早起きしなければならないし大変だし、親に頼っているくせに、不満だなんて甘えているのはわかっている。それに、本当言うと不満なのかどうかよくわからない。お父さんの料理はおいしいし、栄養のバランスを考えて野菜をたくさん使っているのもいい。見た目だって文句のつけようがない。

なのに、友梨は、お父さんのことが認められない。働くのがきらいだなんてわがまま、子供みたいだと思ってしまう。いや、お父さんは怠けているわけじゃない。家にいるときは料理も掃除も洗濯も、あらゆる家事をこなしている。母親が専業主婦の家庭はいくらでもあるのだから、お父さんが家にいて家事をやっていたっていいではないか。

認められないのは、周囲の反応が気になるからだ。

「②ねえ、友梨の家って、お父さんが主夫してるって本当？」

高校に入ってからもそんなふうに訊かれるたびに、どきりとする。友梨と同じ中学にいた子からⅡ小耳にはさんだのだろう。

B「ふつうに働いてるけど。どうして？」

めずらしいから、単なる興味本位で訊いているだけ。だからそう返すと、興味を失って立ち去る。けれどその興味本位の質問に、〝父親が無職だなんてかわいそう〟という気持ちが潜んでいるのを友梨は感じてしまう。実際、「大変だね」と言われることも多い。

中学のとき、お父さんが自宅にいることを友梨が話したのは、一番仲がよかった立花芽依だ。C彼女だけに打ち明けたのに、いつの間にかクラス中に広まってしまった。

昼間からスーパーで買い物をしている中年男性を見かけたら、友梨のお父さんじゃない？　と言われたり、お父さんに部屋を掃除してもらうのは抵抗がないか、オネエ言葉なのかとまで、物珍しいからとあれこれ訊かれるのもうんざりだった。

芽依は、友梨が秘密にしてと言ったことも、自分がほかの人に話してしまったことも忘れたのか、みんなといっしょになって、友梨に〝主夫〟の話題を振ることもあった。

そのうえ、D主夫になってみたい？　と、わざわざ男子生徒に訊くなんて、どういうつもりだったのだろう。その男の子は、友梨と同じ図書委員で、話すことも多かったけれど、べつに意識したこともないただのクラスメイトだったのに。③そのとき彼が言った言葉は、ずっともやもやしたまま残っている。

えー、おれはやだよ、女は働かなくてもいいけどさ。

主婦をしているお母さんはたくさんいるのに、主夫のお父さんはめったにいない。だから友梨も、父親が家にいるということが恥ずかしい。でも、めったにいないからって恥ずかしいのはどうしてだろう。

ひいおばあちゃんの家に引っ越して、お父さんは農業をはじめようとしている。それも、みんなの家のお父さんとは違っている。なのに引っ越してからのお父さんは、以前よりずっと生き生きしている。今のところ家庭菜園に毛が生えたような収穫しかなく、友梨たちは相変わらず母の収入に頼っているが、お父さんは食事をつくり、掃除をする。毎日、家族が快適に暮らせるようⅢ心を砕いている。お父さんがそれを楽しんでいて一生懸命なのだから、否定するのはおかしいと、友梨自身理解しているのに、周囲には知られたくないのだ。いったい、お父さんのことをどう受け入れればいいのか、いまだにわからない。

E「友梨のと、丸山のが、お弁当ツートップだね」

いつの間にか、丸山のことが話題にのぼっていたらしい。みんなが深く頷くのを横目に、友梨は丸山太貴のほうを見た。よく日焼けした彼はフットサル部で、がさつでぶっきらぼうだけれど、わりと女子には人気がある。そして彼が持参するお弁当は、友梨のお弁当みたいに華やかというわけではないが、料理自体に手が込んでいて、エビのフリッターとかミートローフとかラザニアとか、ちょっとお店で出てきそうなものだったりする。彼の母親は、かなり料理が上手なようだ。

じっと見ていると、視線を感じたのか丸山が振り向いた。友梨はあわてて目をそらす。目をそらしても、彼がこちらを見ているのを感じて、④なんだか居心地が悪かった。

（谷瑞恵『神さまのいうとおり』より）

問一　波線部A～Eを時系列（起こった順序）で並べなさい。

問二　二重傍線部Ⅰ～Ⅲのここでの意味を次の中から選び、それぞれ符号を書きなさい。

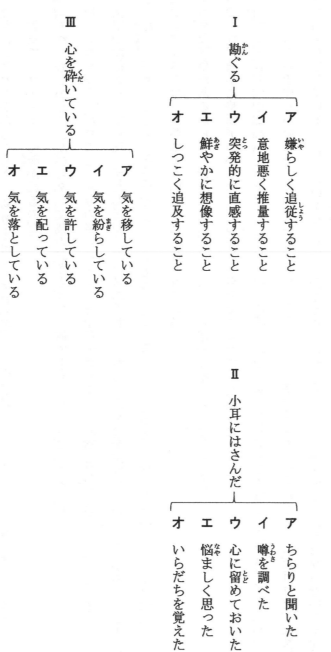

Ⅰ　勘ぐる
- ア　嫌らしく追従すること
- イ　意地悪く推量すること
- ウ　突発的に直感すること
- エ　鮮やかに想像すること
- オ　しつこく追及すること

Ⅱ　小耳にはさんだ
- ア　ちらりと聞いた
- イ　噂を調べた
- ウ　心に留めておいた
- エ　悩ましく思った
- オ　いらだちを覚えた

Ⅲ　心を砕いている
- ア　気を移している
- イ　気を紛らしている
- ウ　気を許している
- エ　気を配っている
- オ　気を落としている

問三　傍線部①「ちっともえらくなんかない」とありますが、「えらくなんかない」と友梨が思うのはなぜか、五十字以内で説明しなさい。

問四　傍線部②「ねえ、友梨の家って、お父さんが主夫してるって本当？」とありますが、この質問に友梨はどのような気持ちを読み取っているか、五十字以内で説明しなさい。

問五　傍線部③「そのとき彼が言った言葉は、ずっともやもやしたまま残っている」とありますが、友梨はどういう気持ちを抱いているのか、百三十字以内で説明しなさい。

問六　傍線部④「なんだか居心地が悪かった」とありますが、このときの友梨の気持ちの説明として最も適切なものを次の中から選び、符号を書きなさい。

ア　芽依がお父さんの話をしてしまったせいで、自分の弁当の彩りが鮮やかだったりめずらしい野菜を使っていたりする本当の理由を丸山に説明できなくなり、少し引け目を感じている。

イ　弁当のレベルの高さでライバルだとみなしている丸山の視線を感じ、自分の弁当を作っているのが本当は父親なのだということが知られてしまうのではないかと不安になっている。

ウ　友梨が作ったことになっている弁当が丸山の弁当とともにクラスのトップレベルだと評価される中で、丸山に視線を向けられ、うそをついていることにいたたまれなさを感じている。

エ　女子に人気がある丸山から注目してもらえて少し嬉しく思ってはいるものの、自分で作っているわけではない弁当を使って不正に自分の評価を上げているような気がして、後ろめたくなっている。

オ　丸山の弁当をじっと見つめていたことが気づかれてしまったのだと思い、レベルの高い弁当を持ってくる丸山なら自分の秘密に気がついてしまうのではないかと少し恐くなってきている。

〈四十点〉

《三》次の①～⑮の傍線部のカタカナを漢字に改めなさい。

①　ヒガンの初優勝を成し遂げた。
②　特別キュウフ金による支援が決定した。
③　にぎやかなパーティーにショウタイされた。
④　ＳＤＧｓの達成に向けた、具体的な行動シシンを示す。
⑤　ショウソクを絶った旅客機は無事見つかった。
⑥　祇園精舎の鐘の声、ショギョウ無常の響きあり。
⑦　新年を迎えても、受験の準備にヨネンがない。
⑧　ガンカには、雄大な景色が広がっていた。
⑨　キせずして、自分に有利に事が進んだ。
⑩　様々なジュッサクを施して相手と戦う。
⑪　敵チームの弱点を、一目でカンパすることができた。
⑫　コウミョウ心にはやり、結果として失敗した。
⑬　農村の、ボッカ的な風景を収めた写真。
⑭　あのコンビは、二人で出演料をセッパンしているそうだ。
⑮　坂本龍馬はトウジのため、鹿児島の温泉にやって来た。

〈十五点〉

2022年度　ラ・サール中学校　入学試験問題　算数　（60分・100点）　その1

1． 次の [　　] にあてはまる数をそれぞれ求めなさい。（１２点）

⑴　$1.7 \times 3.09 + 4.9 \times 1.03 + 1.7 =$ [　　]

⑵　$\left\{4 \times \left(2.1 - \frac{5}{6}\right) - 4\frac{1}{6}\right\} \div \left(4\frac{2}{5} - 1.025\right) =$ [　　]

⑶　$8\frac{7}{11} \div (0.2 +$ [　　] $) \div 2\frac{3}{11} = 17$

2． 次の各問に答えなさい。（３０点）

⑴　290を割ると18余り，212を割ると８余る整数をすべて求めなさい。

⑵　はじめ，りんごとみかんの個数の比は２：７でした。ここから，りんご１個とみかん３個を１セットにして何人かに配っていきます。残ったりんごの個数がはじめの２割となったとき，みかんは33個残りました。はじめにあったりんごとみかんの個数はそれぞれいくつですか。

⑶　図のように，正三角形ＡＢＣと正五角形ＡＤＥＦＧが重なっており，頂点Ｅは辺ＢＣ上にあります。このとき，㋐の角と㋑の角の大きさを求めなさい。

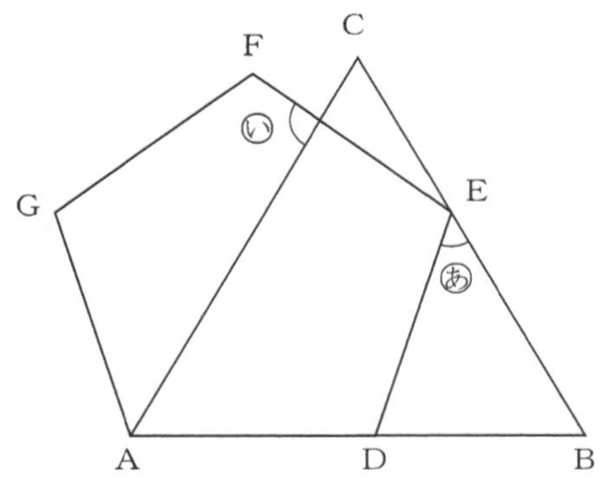

⑷　１辺の長さがａcmの正方形の中に，たて７cm，横９cmの長方形①を図１のように重なることなくできるだけたくさんしきつめていくと，48枚並びました。次に，たて７cm，横５cmの長方形②を図２のように同じくしきつめていくと，96枚並びました。考えられる整数ａをすべて求めなさい。

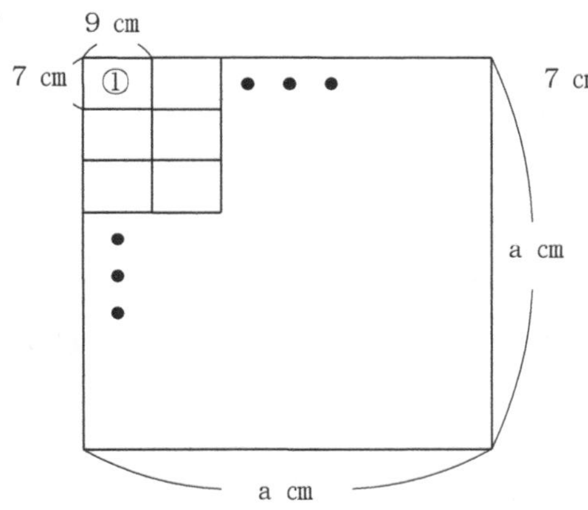

図１

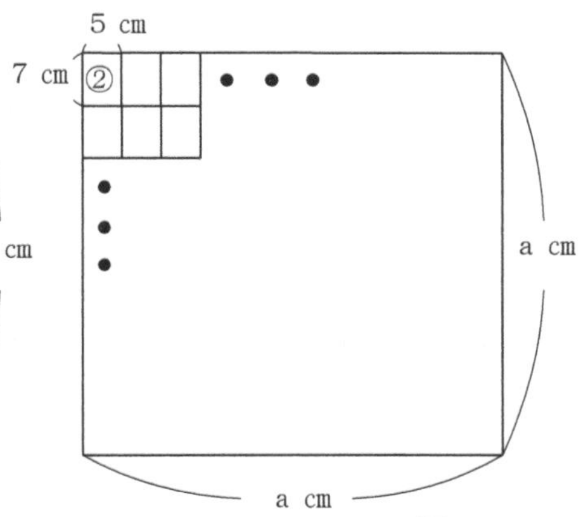

図２

3． 　２つの時計ＡとＢがあります。Ａを午前７時の時報に合わせたところ，その日の正午には午後０時６分を指していました。同じ日，午前７時の時報のとき，Ｂは午前７時７分を指していましたが，午後５時の時報のときには午後４時55分を指していました。次の問に答えなさい。（１４点）

⑴　このあと，Ａがはじめて午前０時を指すとき，正しい時刻は午後何時何分ですか。

⑵　この日，Ｂが正しい時刻を指したのは午後何時何分ですか。

⑶　この日，ＡとＢが同じ時刻を指したとき，正しい時刻は午前何時何分ですか。

2022 年度　ラ・サール中学校　入学試験問題　算数　(60 分・100 点)　その 2

4．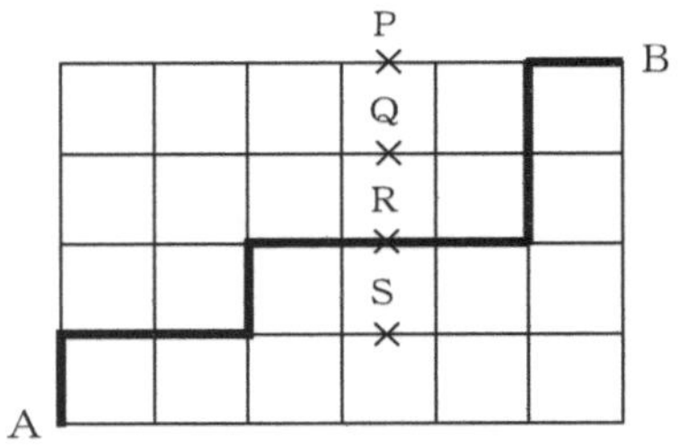

たて 4 cm，横 6 cm の長方形を図のように 1 辺の長さが 1 cm の正方形 24 個に区切ります。そして，点Ａから点Ｂへ至る最短経路で長方形の面積を 2 等分することを考えます。図の太線はその 1 例です。次の問に答えなさい。（１６点）

(1) 点Ｐを通るものと，点Ｓを通るものはそれぞれ１通りです。それらを解答用紙に書きなさい。

(2) 点Ｑを通るものは何通りありますか。

(3) 全部で何通りありますか。

5．　図の三角形ＡＢＣにおいて，点Ｄ，Ｅ，Ｆはそれぞれ辺ＡＢ，ＡＣ，ＢＣ上の点で，点ＧはＤＥとＡＦが交わる点です。さらに，三角形ＡＤＧの面積は 10 cm²，三角形ＡＧＥの面積は 2 cm²，三角形ＤＢＧの面積は 5 cm²，三角形ＣＥＧの面積は 3 cm² です。このとき，次を求めなさい。（１４点）

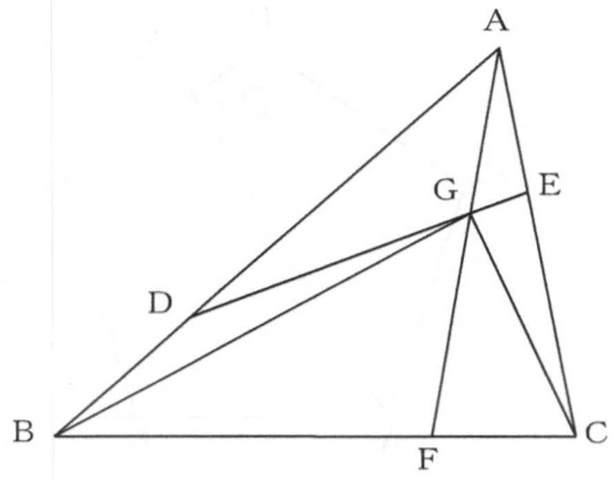

(1) 長さの比ＢＦ：ＦＣ

(2) 三角形ＧＢＣの面積

(3) 長さの比ＡＧ：ＧＦ

6．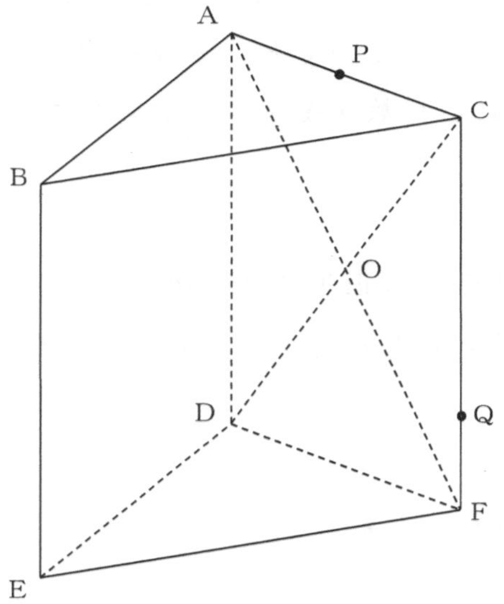

図のように，底面がＡＢ＝ＡＣ＝6 cm の直角二等辺三角形で，高さが 10 cm の三角柱があります。ＡＦとＣＤの交点をＯ，辺ＡＣのまん中の点をＰとし，辺ＣＦ上に点Ｑをとります。
次の問に答えなさい。ただし，角すいの体積は，
(底面積)×(高さ)×$\frac{1}{3}$です。（１４点）

(1) この三角柱を 3 点Ｅ，Ｏ，Ｐを通る平面で切ったとき，点Ｆを含む立体の体積は何 cm³ ですか。

(2) ＦＱ＝2 cm のとき，この三角柱を 3 点Ｅ，Ｏ，Ｑを通る平面で切ると，点Ｆを含む立体の体積は何 cm³ ですか。

(3) この三角柱を 3 点Ｅ，Ｏ，Ｐを通る平面と 3 点Ｅ，Ｏ，Ｑを通る平面で切ると，点Ｆを含む立体の体積が 16 cm³ になるとき，ＦＱの長さは何 cm ですか。

令和４年度　ラ・サール中学校入学試験問題　理科　　（４０分）

注意：　１．解答はすべて解答用紙の答のらんに書きなさい。
　　　　２．いくつかの中から選ぶ場合は，記号で答えなさい。特に指示のない場合は１つ答えなさい。

【１】

冬のある日，Ｌ君は林を散歩していると，体長が２cmほどのきれいな赤いカメムシがＡ木の上で集団で冬眠しているのを見つけました。家に帰って図鑑を調べてみると，ベニツチカメムシという種類であることが分かりました。さらに生活についても以下のようなことが書いてありました。

「Ｂベニツチカメムシの幼虫はボロボロノキと呼ばれる植物の実しか食べません。メスは森の中の落ち葉の下に巣を作り産卵します。母親は卵がふ化した後，幼虫のためにボロボロノキの実を歩いて採集に出かけ，適当な実を見つけると巣に歩いて持ち帰ります。図１のように巣から出て実を探すときには数ｍから，長い場合は数十ｍを歩き回りますが，巣に帰るときは巣の近くまではまっすぐ帰ることができます。」

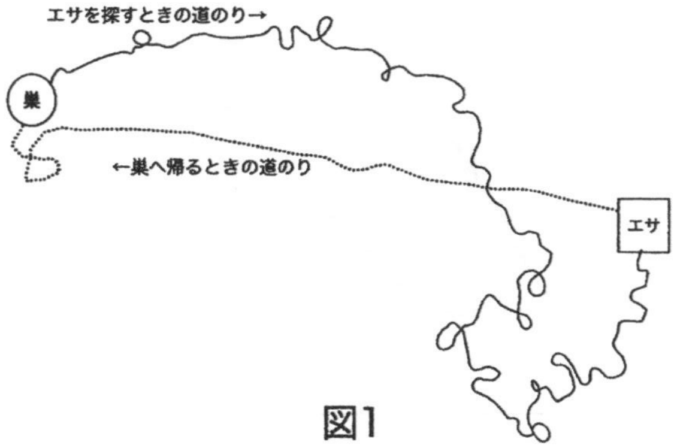

図1

（１）下線部Ａについて，カメムシは成虫のままで冬を過ごします。次の中から①成虫のまま冬を越す昆虫と，②卵で冬を越す昆虫をそれぞれ選びなさい。
　ア．ナナホシテントウ　　イ．カブトムシ　　ウ．オオカマキリ　　エ．アゲハ

（２）カメムシは成長過程においてセミやカマキリと同じ特徴を持ちます。また，チョウやカブトムシはこの特徴を持ちません。どのような特徴か答えなさい。

（３）下線部Ｂについて，以下の昆虫の幼虫が食べるエサについて正しいものをそれぞれ選びなさい。
　昆虫：① ゲンジボタル　② ギフチョウ　③ アゲハ　④ カイコガ
　エサ：ア．カンアオイ　イ．クワ　ウ．カラタチ（ミカン類）　エ．カワニナ（巻貝類）

（４）カメムシの成虫は一般に植物の汁を吸って栄養をとりますが，カメムシは鳥などに食べられます。このような生物の食う・食われる関係のつながりをなんというか答えなさい。

春を待ってＬ君は再びベニツチカメムシを探し，次のような実験を行いました。

［実験と結果］

図２のように巣から出てエサを探しているカメムシの前にエサの実を置くと，エサを持って巣へ帰り始めました。その直後，段ボール板にカメムシを乗せて×印まで運んでいきました。すると，カメムシはＣエサを与えた地点から見た巣の方向に歩き，巣からエサを与えた地点までの直線距離とほぼ同じだけ歩くと，グルグルと巣を探しまわりました。

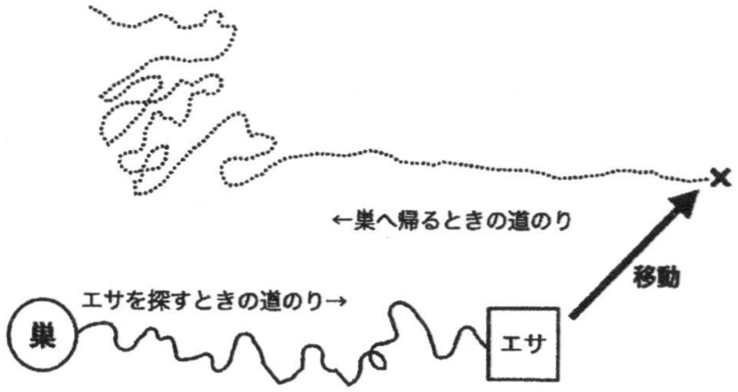

図2

（５）下線部Ｃについて，カメムシが直線的に巣に帰る際に，その方向を決定する方法として考えられる最も適当なものを選びなさい。
　ア．巣よりもずっと遠くにある手がかりを使って位置を定めている。
　イ．カメムシ自身のすぐ近くにある手がかりを使って位置を定めている。
　ウ．巣にいる幼虫が目印となる物質を出している。
　エ．エサを探す時に歩行しながら道しるべとなる物質を落ち葉につけている。

（６）下線部Ｃについて，巣からエサを与えた地点までの直線距離とほぼ同じだけ歩いたという結果に関して考えられる最も適当なものを選びなさい。
　ア．歩きながら近くの景色を記憶しており，エサを発見した場所から巣に戻る際にその記憶をたどる。
　イ．自身がつけた道しるべ物質をたどっているが，道しるべ物質が消失するまでの時間に歩いた距離が一定となる。
　ウ．巣にいる幼虫の出す目印となる物質の濃さから距離を計算している。
　エ．歩いた方向と距離から巣とエサを発見した地点の間の直線距離を推定できる。

（７）この実験から分かることについて最も適当なものを選びなさい。
　ア．実を探したり，巣へ帰ったり，幼虫のためにエサを運ぶことは，生まれつき持った行動ではない。
　イ．巣へ帰る際，直線的に歩くときと，その後の巣に入るときとで用いる手がかりが違う。
　ウ．巣から出た際に複雑な歩き方をするのは，森の中の地面に障害物が多いからであり，障害物がなければ直線的にエサに向かう。
　エ．エサを発見したときに，エサの周囲の落ち葉を取り除くと，道しるべ物質の位置が乱れるので巣へ帰れなくなる。

【２】

〔A〕

おもちゃの自動車ＸとＹが同じ位置から出発し，同じ向きにまっすぐ進みます。図１，図２のようにＸが出発してからの経過時間とともに，自動車ＸとＹの速さを調整しながら実験を行いました。ここで，速さの単位には［cm/秒］を用いますが，例えば２［cm/秒］は毎秒２cm 進む速さ（秒速）を示します。

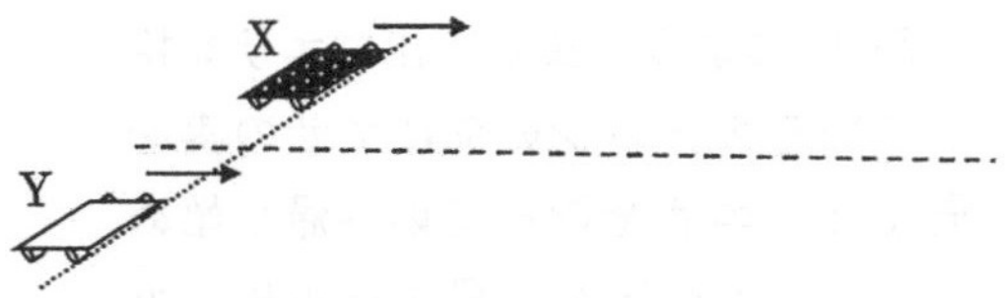

なお，各問いの時間はＸが出発してからの経過時間を表します。

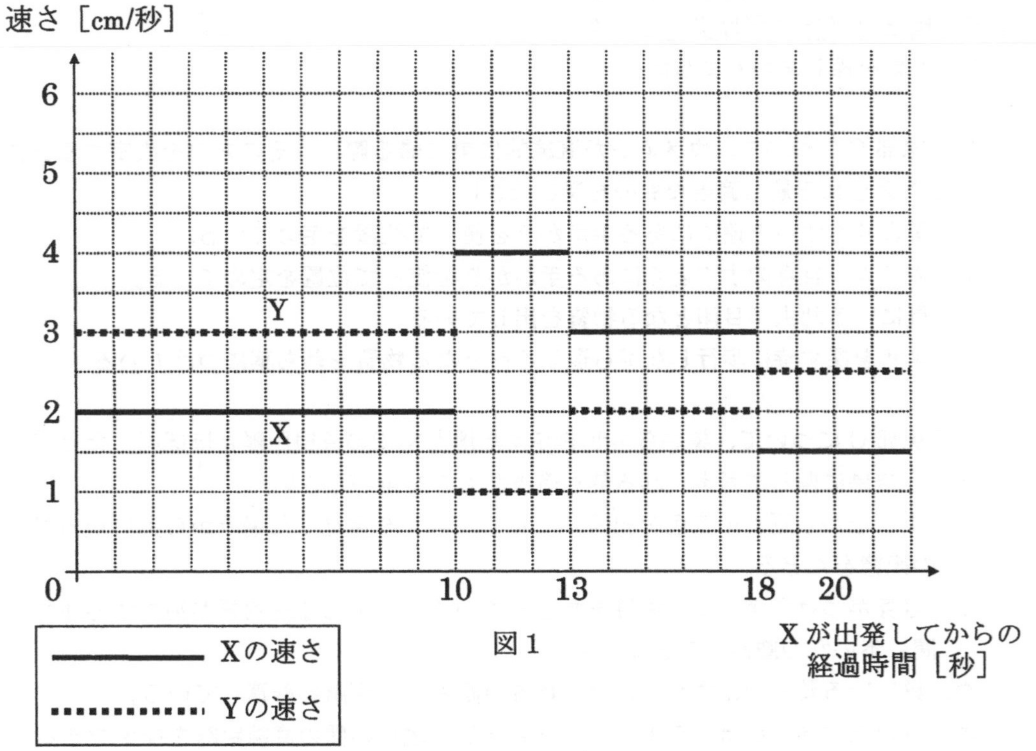

図１

まず，ＸとＹが同時に出発する**図１の場合**について考えます。ただし，図１における経過時間10秒，13秒，18秒のときには，速さの変化にかかる時間は無視できるものとします。

（１）５秒後にはＸとＹのどちらが，もう一方の何cm 先を進んでいますか。

（２）13秒後までの間に，ＸとＹの進んだ距離の差が最も大きくなるときがあります。その距離の差は何cm ですか。

（３）13秒後から20秒後の間に，ＸあるいはＹはもう一方の車に追いつきます。それはどちらで，Ｘが出発してから何秒後ですか。

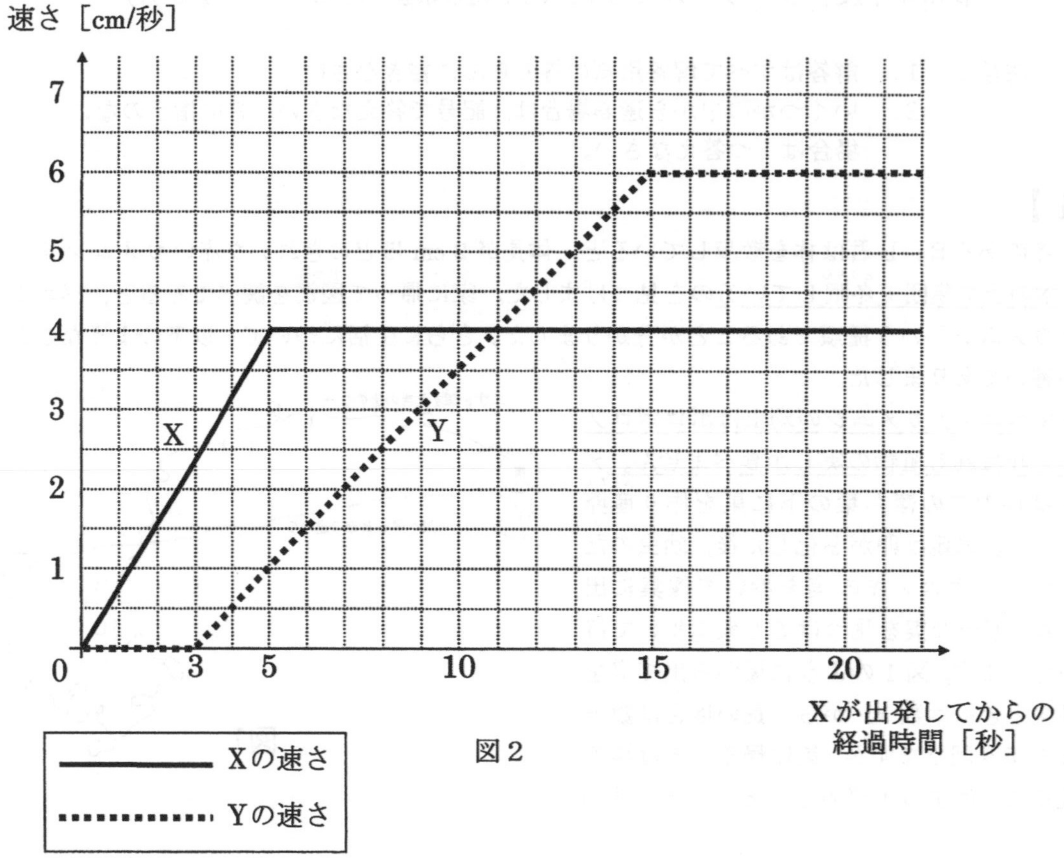

図２

次に，ＸよりＹが遅（おく）れて出発する**図２の場合**について考えます。

（４）５秒後にＸは10 cm 進んでいます。この間，Ｘが一定の速さで進んでいたと考えると，その速さは秒速何 cm に相当しますか（この速さを，０秒から５秒の間の平均の速さとよびます）。

（５）15秒後にはＸとＹのどちらが，もう一方の何cm 先を進んでいますか。

（６）15秒後以降にＸあるいはＹはもう一方の車に追いつきます。それはＸが出発してから何秒後ですか。

〔B〕

図１の装置は２つの円板を中心が重なるようにはりあわせて，その中心を軸にして一体となって回転できるようにしたもので，輪軸とよばれます。輪軸に関する次の問いに答えなさい。ただし，糸の重さは無視できるものとします。

（1）図１のように，半径 5 cm と半径 20 cm の円板をはりあわせた輪軸を使い，内側の円板に 40 g のおもりをつるしました。輪軸を静止させるには，外側の円板に何 g のおもりをつるしたらよいですか。

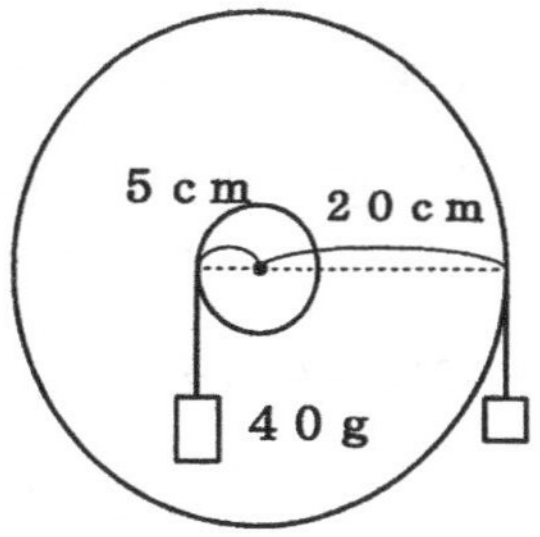

図１

図１の輪軸と同じものを２つ用意して，図２のように接した円板の縁どうしがすべらないようにした装置を作ります。図２のように，40 g のおもりを２つつるすと輪軸はどちらも回転しませんでした。２つの輪軸を組み合わせたものに関する以下の問いに答えなさい。ただし，図３以降の装置についても，すべて図１の輪軸を使い，円板の縁はすべらず，糸の重さは無視できるものとします。

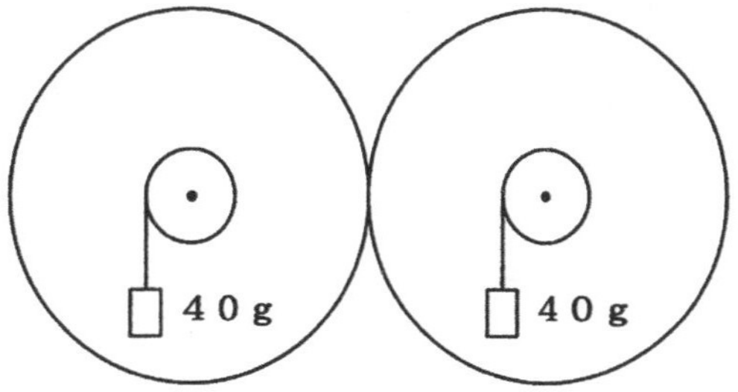

図２

（2）図３のような装置を作りました。右の輪軸の大きな円板に矢印の向きに力を加えると，２つの輪軸は静止したままでした。このとき，加えた力の大きさは何 g の重さに相当しますか。

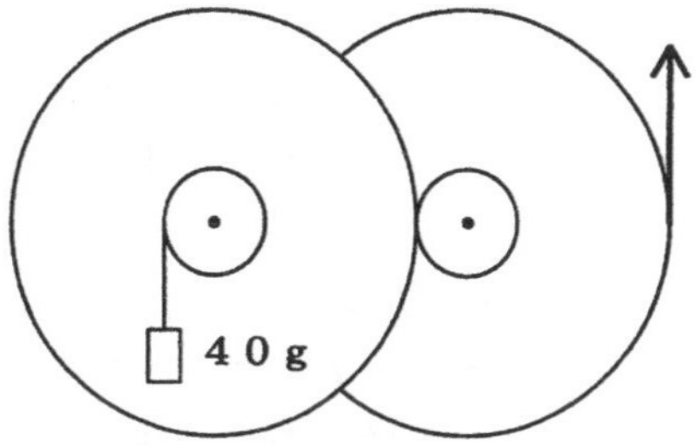

図３

（3）図４のような装置を作りました。２つの輪軸を静止させるためには，図４の点Aにどのような力を加えればよいですか。力の向きをアまたはイから選びなさい。また，その力の大きさは何 g の重さに相当しますか。

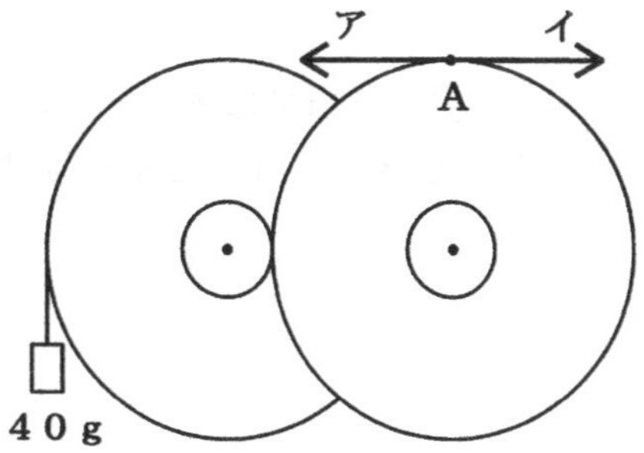

図４

（4）図５のように 40 g と 480 g のおもりをつるし，２つの輪軸を手でおさえて動かないようにしました。輪軸から手を静かにはなすと 40 g のおもりはどのような動きをしますか。正しいものを選びなさい。

ア．静止したまま。
イ．上向きに動き始める。
ウ．下向きに動き始める。

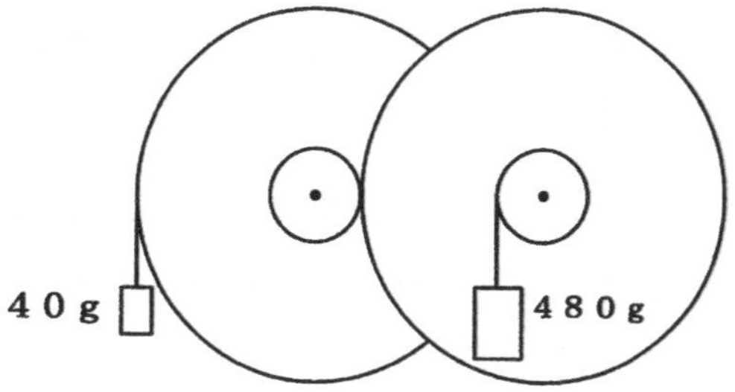

図５

【３】

夏休み，ダイ吉君の一家は山にキャンプに出かけました。キャンプ場について，荷物を整理して，今から晩ご飯の準備に取りかかるところです。

モモ　「お母さん，今日の晩ご飯は何？」

お母さん「今日の夜はバーベキューよ。」

ダイ吉　「ぼくが野菜を切ってあげるよ。」

と言って，ダイ吉君はお母さんといっしょに①タマネギ，ピーマン，にんじん，なす，かぼちゃを持って炊事場に向かいました。

ダイ吉　「タマネギを切るとき目が痛くなるね。」

お母さん「②タマネギを半分に割って水につけてから切ると，目が痛くならないのよ。」

お父さんは③ 炭 に火を付けていますが，なかなか火が付かず，炭から白いけむりがたくさん上がっています。

モモ　「お父さん，この白いけむりの正体は何？」

お父さん「これは（④）の粒だよ。」

３０分ほどで完全に火が付き，食べることができるようになりました。

お父さん「肉は強火で焼くとおいしいんだよ。」

モモ　「なんで？」

お母さん「お肉は先に表面を強く焼くと，お肉にふくまれる（⑤）が固まって肉汁が出にくくなるから，おいしく食べられるのよ。」

バーベキューを始めたときはまだ明るかった空も，すっかり暗くなっていました。

ダイ吉　「あっ，北斗七星が見える。この間，学校で⑥北斗七星を使って北極星を見つける方法を習ったよ。」

モモ　「こっちには夏の大三角が見える。夏の大三角はベガ，デネブ，（⑦）の３つの星からなるのよね。」

夜がふけるまで，星をながめながら，４人でいろいろな話をしました。

翌朝，目が覚めるととても良い天気です。今日は予定通りにケンタ山に登ります。五合目まで登ったところで休けいをしました。今まで登ってきた登山道が眼下に見えています。

ダイ吉　「お父さん，登山道ってなんでクネクネと大きく曲がっているの？」

お父さん「それは（⑧）ためだよ。」

さらに３０分ほど歩くと頂上に着きました。

モモ　「やっと着いた～。つかれた～。」

ダイ吉　「でも，がんばって登ったからこの景色が見られるんだよ。よかっただろう。ところで，山に登るとなぜ遠くまで見えるのかな。」

お父さん「それは，⑨地球が球だからさ。」

といって，お父さんは地面に図をかいて説明してくれました。

ダイ吉　「へえ，そうなんだ。ところで，おなかがすいたね。」

お父さん「お昼になって，⑩太陽が南に来たら食べることにしよう。」

ダイ吉　「それはひどい。もう，おなかがペコペコだよ。」

お母さん「はいはい。早いけど，お昼ご飯にしましょう。」

（1）下線部①について，タマネギ，ピーマン，にんじん，なす，かぼちゃのなかで，土の中でできるものをすべて選びなさい。

（2）下線部②について，半分に割ったタマネギを水につけておくと，切るときに目が痛くならないのはなぜですか。
ア．タマネギの目を痛くする成分が，水に溶け出すから。
イ．タマネギに水がしみこみ，目を痛くする成分が出にくくなるから。
ウ．タマネギの表面を水でおおうことで，目を痛くする成分が出にくくなるから。
エ．タマネギの目を痛くする成分が，水によって固まるから。

（3）下線部③について，炭の作り方として正しいものはどれですか。
ア．木を水素を加えた空気の中で燃やすとできる。
イ．木を酸素の多い空気の中で燃やすとできる。
ウ．木を酸素のほとんど無い空気の中で熱するとできる。
エ．木を水蒸気で蒸しながら熱するとできる。

（4）（④）に当てはまるものはどれですか。
ア．酸素　イ．二酸化炭素　ウ．水素　エ．炭素　オ．水

（５）⑤ に適切な栄養素の名前を入れなさい。

（６）下線部⑥について，右図で，北斗七星の形と北極星の位置関係を正しく表しているものはどれですか。

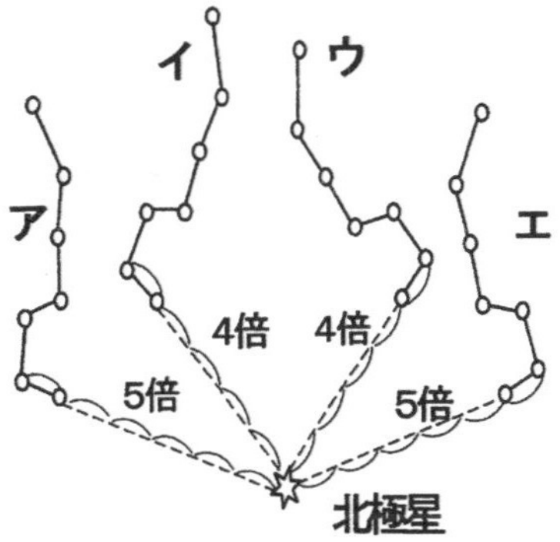

（７）⑦ に適切な星の名前を入れなさい。

（８）⑧ に入る説明として，適当なものはどれですか。
ア．いろいろな風景が見えるようにする
イ．大きな岩場をよけて道を作っている
ウ．こう配をゆるやかにして登りやすくする
エ．強い日差しをさけるため，木々の間に道を作る

（９）下線部⑨について，山のふもとのA地点からはア～オのどの点も見ることができません。では，山頂のB地点からはア～オのどの点まで見ることができますか。最も遠くの点を答えなさい。また，そのように考えた理由を解答らんの図を使って説明しなさい。

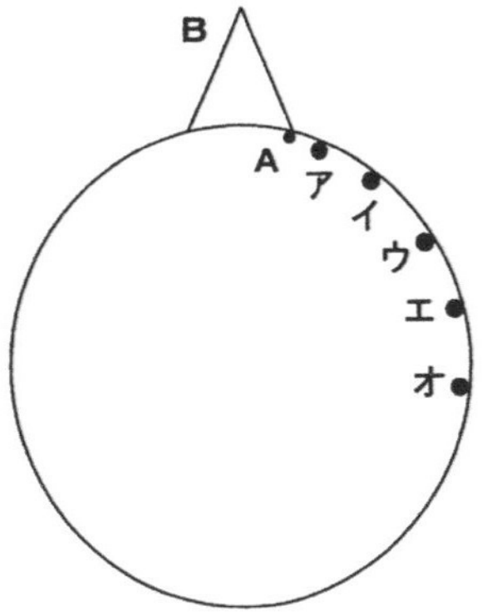

（１０）下線部⑩に関連して，アナログ式（針式）うで時計を使って，およその南の方角を知ることができます。南の方角の求め方として正しいものはどれですか。なお，文章と図の記号が対応しています。
ア．短針を太陽の方角に向けたとき，１２時の方角が南になる。
イ．短針と長針のまん中を太陽の方角に向けたとき，長針の方角が南になる。
ウ．短針を太陽の方角に向けたとき，短針と長針のまん中の方角が南になる。
エ．短針を太陽の方角に向けたとき，短針と１２時のまん中の方角が南になる。

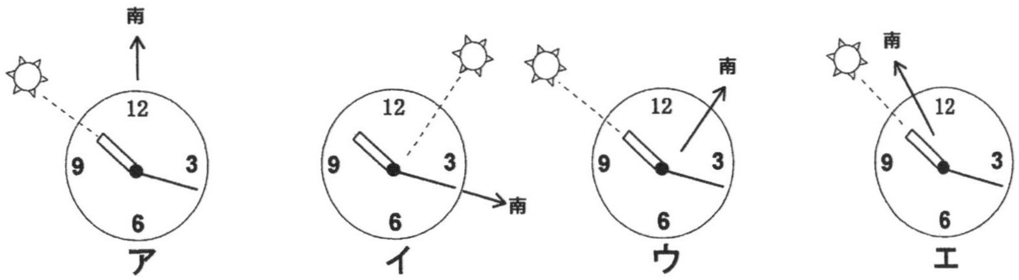

【４】

〔A〕

固体A～Gは次のいずれかです。実験１～４を読み，後の問いに答えなさい。

銅　鉄　アルミニウム　石灰(かい)石　砂糖　食塩　重そう

実験１　A，B，Cを塩酸に入れたところ，AとBは溶けて同じ気体①だけが生じたが，Cは溶けなかった。

実験２　D，E，F，Gを水に入れたところ，E，Fは溶けたが，D，Gは溶けなかった。D，Gを水酸化ナトリウム水溶(よう)液に入れたところ，Dは溶けて気体②を生じたが，Gは溶けなかった。

実験３　Eを蒸発皿にのせて強く加熱すると黒くなった。

実験４　AとBの混合物a～eを用意して，十分な量の塩酸にそれぞれ入れたところ，すべて溶けた。混合物中のAとBのそれぞれの重さと，生じた気体①の体積を測定したところ，表１のようになった。

表１

	混合物a	混合物b	混合物c	混合物d	混合物e
A	1g	2g	3g	4g	5g
B	5g	4g	3g	2g	1g
気体①	1395 mL	1440 mL	1485 mL	（ Z ）mL	1575 mL

（１）気体①と気体②はそれぞれ何ですか。

（２）気体①について，当てはまらないものを選びなさい。
ア．刺げき臭がする。　　イ．無色である。
ウ．石灰水に吹(ふ)きこむと白くにごる。　　エ．空気より重い。

（３）C，F，Gは，それぞれ何ですか。

（４）表の（ Z ）に当てはまる数を答えなさい。

（５）A，B，Cだけをふくむ混合物Xが12gあります。これを十分な量の塩酸に入れたところ，気体①が2592 mL生じて，Cが2g残りました。混合物X中に含まれていたAの重さの割合は何％ですか。小数第１位を四捨五入して整数で答えなさい。

〔B〕

酸性水溶液の塩酸とアルカリ性水溶液の水酸化ナトリウム水溶液を混ぜ合わせると，互いの性質を打ち消しあって中性の塩化ナトリウムを生じます。このような反応を中和反応とよんでいます。水酸化ナトリウム水溶液Aと塩酸Bを用いて，下記の実験1～6を行いました。

実験1　50 mLの水酸化ナトリウム水溶液Aをとって，加熱して水分をすべて蒸発させると水酸化ナトリウムの固体が4 g残った。

実験2　水酸化ナトリウム水溶液AにBTB液を数滴加えると，（　あ　）色になった。

実験3　実験2のあと，さらに塩酸Bを40 mL加えたが，溶液の色は（　あ　）色のままであった。

実験4　実験3のあと，混合水溶液を蒸発皿に移して，加熱して水分をすべて蒸発させると，水酸化ナトリウムと塩化ナトリウムの混合物が5.6 g残った。

実験5　実験4で残った混合物をビーカーに移し，水を入れて50 mLとした。これに塩酸Bを70 mL加えたところで，BTB液を数滴加えると水溶液は黄色になった。

実験6　実験5の混合水溶液を蒸発皿に移して，加熱して水分をすべて蒸発させると，蒸発皿に白色の固体が6 g残った。

（1）文中の（あ）に適する色を答えなさい。

（2）塩酸が入った試験管と水酸化ナトリウム水溶液が入った試験管を区別する方法として，誤っているものを選びなさい。

ア．青色リトマス試験紙をつけてみる。　　イ．鉄の粒を加える。
ウ．フェノールフタレイン液を加える。　　エ．食塩水を加える。
オ．加熱して水を蒸発させる。

（3）実験4で残った混合物5.6 gにふくまれる水酸化ナトリウムの重さは何gですか。

（4）50 mLの水酸化ナトリウム水溶液Aに塩酸Bを加えたとき，水酸化ナトリウム水溶液Aと塩酸Bがどちらもあまることなく反応するのは，塩酸Bを何mL加えたときですか。

（5）50 mLの水酸化ナトリウム水溶液Aに，塩酸Bを25 mL加えた場合，
①反応後の溶液中に生じた塩化ナトリウムの重さと②残った水酸化ナトリウムの重さはそれぞれ何gですか。

（6）25 mLの塩酸Bに水酸化ナトリウム水溶液Aを加えていった場合，反応後の溶液中に生じた塩化ナトリウムと残った水酸化ナトリウムの重さの比が 1：2 になるのは水酸化ナトリウム水溶液Aを何mL加えたときですか。

［終わり］

2022年度　ラ・サール中学校入学試験問題（社会）

注意：解答はすべて解答用紙に記入しなさい。

（40分）

1　以下の文章を読み、問いに答えなさい。

◆ 火事が発生したとき（　　）番に電話をすると、まず通信指令室につながります。通信指令室では、火事の情報をもとに現場に近い消防署や病院、警察署などに連絡し、協力して消火を目指します。

問１　文中の（　　）に適する数字を答えなさい。

問２　消防活動について述べた次の文ア～エのうち、誤りを含むものを１つ選び、記号で答えなさい。

ア　消防署員は、夜間の火事などに対応するために原則24時間交代で勤務する。

イ　住宅には、火災警報器を取り付けることが法律で定められている。

ウ　消火活動をしやすくするため、道端のあちこちには消火栓が設置されている。

エ　消防団員は防火の呼びかけなどを行うが、消火栓などの消防施設の点検は行うことができない。

◆ わたしたちが出したごみは、分別され、種類に応じて処理施設に運ばれて処理されます。もえるごみは清掃工場に運ばれて燃やされ、残った灰が処分場に廃棄されます。またガラス瓶やペットボトルなどはリサイクル施設に送られて再利用されています。

問３　ごみ処理について述べた次の文ア～エのうち、誤りを含むものを１つ選び、記号で答えなさい。

ア　処分場が運ばれた灰で一杯になると、その処分場はそれ以上使うことが出来なくなるため、新しい処分場を建設しなければならない。

イ　もえるごみを燃やして出た灰の一部は、エコスラグとして道路工事の材料などにも使われることがある。

ウ　一部の清掃工場では、ごみを燃やした熱を利用して工場内で使用する電気をつくっている。

エ　右図のリサイクルマークにある数字の１はアルミを表している。

問４　ごみの“3R”のうち、“リユース”とは使用済み製品を繰り返し使用すること、“リサイクル”とは廃棄されたものを原材料やエネルギー源として有効利用することを言います。あと１つの“R”の内容を簡潔に説明しなさい。その際に“R”で始まる言葉を答える必要はありません。

◆ 2021年３月、中国の国会にあたる全国人民代表大会が香港の選挙制度変更を決定しました。

問５　文中の下線に関して、香港の位置として適当なものを、下の地図中ア～オから１つ選び、記号で答えなさい。

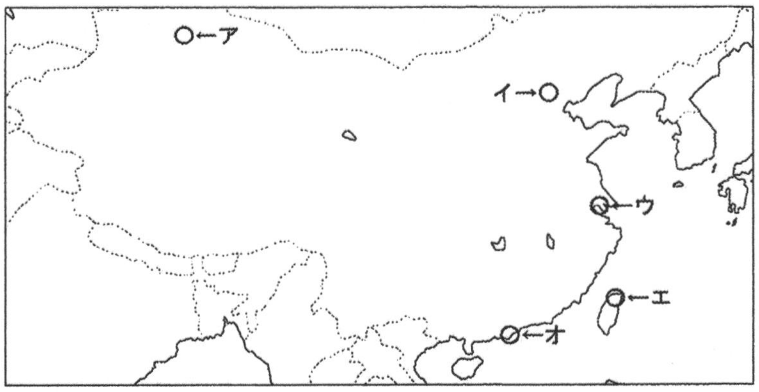

問６　次の文ア～エのうち、2021年に香港で起こったできごととして正しいものを１つ選び、記号で答えなさい。

ア　選挙結果を不服とする一部の人々が暴徒化し、一時香港の議会を占拠した。

イ　国軍がクーデターを起こし、当時の香港の最高指導者を拘束した。

ウ　共産党を批判していた香港の新聞が廃刊となった。

エ　主要７か国首脳会議（Ｇ７サミット）で香港に関する首脳宣言が採択された。

問７　日本も歴史上、中国と様々な関わりを持ってきました。日本と中国の歴史的関わりについて述べた次の文ア～エを年代の古い順に並べかえて3番目となる文を選び、その文中の（　　）に適する語句を答えなさい。ア～エの記号を解答する必要はありません。

ア　卑弥呼が中国の皇帝に使いを送り、（　　）の称号や鏡などを授けられた。

イ　中国の唐王朝にならった（　　）と呼ばれる法律が作られ、新しい社会のしくみが生まれた。

ウ　3代将軍の足利義満が中国の（　　）王朝との間に貿易を行い、そこで得た利益が幕府の収入の一部になった。

エ　中国や朝鮮半島などから移り住んだ（　　）と呼ばれる人々が、漢字や仏教などの文化を日本に伝えた。

◆ 2021年には日本やアメリカ合衆国、ドイツなどで首脳の交代がありました。このうちドイツでは12月、長年にわたって首相を務めた（　　）氏が退任しました。

問８　文中の空らんに適する人名を答えなさい。

問９　日本とアメリカ合衆国の首脳やその選出のしくみについて述べた次の文ア～エのうち、誤りを含むものを１つ選び、記号で答えなさい。

ア　アメリカ合衆国では、共和党のトランプ候補を破った民主党のバイデン候補が、１月に合衆国大統領に就任した。

イ　アメリカ合衆国の大統領は、連邦議会上院・下院それぞれの投票によって指名を受けた者が就任する。上院と下院の投票結果が異なった場合は、下院の決定を優先する。

ウ　日本では10月に自由民主党の菅内閣が総辞職し、新たに岸田内閣が発足した。

エ　日本の内閣総理大臣は、衆議院・参議院それぞれの投票によって指名を受けた者が就任する。衆議院と参議院の投票結果が異なった場合は、衆議院の決定を優先する。

2　次の文章を読んで、以下の問いに答えなさい。

１年の世相を漢字ひと文字で表す「今年の漢字」が清水寺で毎年発表されています。2021年の「今年の漢字」として「金」が選ばれました。日本漢字能力検定協会は、選ばれた理由の一つとして、①東京都などで2021年７月23日から８月８日までの17日間開催されたオリンピック、そして８月24日から９月５日までの13日間開催された［　1　］で日本人選手が多くの金メダルを獲得したことを挙げています。

オリンピックは、４年に１度開催される、世界的なスポーツの祭典です。スポーツを通して世界の国々が交流し、②平和な社会をつくることを目的として、夏季大会と冬季大会を行っています。③フランスのクーベルタンが古代オリンピックの復興を提唱し、1896年にはギリシアのアテネで第１回の近代オリンピックが開催されました。2016年には［　a　］のリオデジャネイロで夏季大会、2018年には［　b　］の平昌で冬季大会が開催されました。2022年２月には、［　2　］で冬季大会が開催される予定です。

［　1　］は、④障がい者を対象にした国際スポーツ大会です。オリンピックと同じ年・同じ場所で開催されています。競技のルールは基本的にオリンピックと同じですが、障がいの種類や程度によって細かいクラス分けが行われています。

問１　［　1　］にあてはまる語句、［　2　］にあてはまる都市名をそれぞれ答えなさい。

問２　［　a　］にあてはまる国の説明として正しいものを、次のア～エから１つ選び、記号で答えなさい。

ア　赤道が通っていない。

イ　コーヒー豆の生産量が世界第１位である。

ウ　公用語は英語とフランス語である。

エ　アメリカ合衆国や中華人民共和国よりも面積が広い。

問３　［　b　］にあてはまる国の説明として正しいものを、次のア～エから１つ選び、記号で答えなさい。

ア　日本とともにサッカーワールドカップを開催したことがある。

イ　近年まで「一人っ子政策」を行っていた。

ウ　核実験や弾道ミサイルの実験を繰り返している。

エ　ASEAN（東南アジア諸国連合）に加盟している。

問４　下線部①の開会式では、天皇が開会宣言を行いました。また、内閣総理大臣や東京都知事が出席しました。これに関連して、次の（１）（２）の問いに答えなさい。

（１）天皇に関する記述として正しいものを、次のア～エから１つ選び、記号で答えなさい。

ア　日本国憲法では、万世一系の天皇が日本を統治すると規定している。

イ　最高裁判所の長官を任命することは、天皇の国事行為に含まれる。

ウ　衆議院や参議院を解散することは、天皇の国事行為に含まれる。

エ　天皇が被災地を訪問することは、日本国憲法に規定されていないため、認められない。

（２）内閣総理大臣や都道府県知事に関する次のＸ～Ｚの記述について、その正誤の組合せとして正しいものを、下のア～カから１つ選び、記号で答えなさい。

Ｘ　内閣総理大臣は、国務大臣との会議である閣議を主宰する。閣議では、国の政治の進め方を話し合う。

Ｙ　内閣総理大臣は、自衛隊の最高指揮監督権をもつ。そのため、現職の自衛官が内閣総理大臣になることが認められている。

Ｚ　都道府県知事は、都道府県議会の議員の中から選ばれる。都道府県議会は一院制で、予算の審議や条例の制定を行う。

ア　Ｘ－正　Ｙ－誤　Ｚ－正　　イ　Ｘ－誤　Ｙ－正　Ｚ－正　　ウ　Ｘ－誤　Ｙ－誤　Ｚ－正

エ　Ｘ－正　Ｙ－正　Ｚ－誤　　オ　Ｘ－正　Ｙ－誤　Ｚ－誤　　カ　Ｘ－誤　Ｙ－正　Ｚ－誤

問５　下線部②をつくるために、多くの国際組織が活動しています。これに関連する記述として正しいものを、次のア～エから１つ選び、記号で答えなさい。

ア　国際連合の活動の一つにPKO（平和維持活動）があり、日本は1951年以降毎年この活動に参加している。

イ　2017年には国際連合で核兵器禁止条約が採択され、日本はこの条約に賛成の立場をとっている。

ウ　ユネスコは、教育・科学・文化を通じて国家どうしが協力することを目的としている。

エ　WHOは、発展途上国の児童の生活や教育の向上を図ることを目的としている。

問６　下線部③の国で2015年に採択された協定の内容として正しいものを、次のア～エから１つ選び、記号で答えなさい。

ア　協定を結んだ国が、共同して国連環境計画を設立する。

イ　協定を結んだ先進国が、温室効果ガス排出量削減の義務を負う。

ウ　協定を結んだすべての国が、人体や環境に悪影響をあたえる水銀の製造や輸出入を禁止する。

エ　協定を結んだすべての国が、温室効果ガス排出量削減の目標を５年ごとに国際連合に提出する。

問７　下線部④や高齢者への配慮を特に目的とした取り組みとして最も適切なものを、次のア～エから１つ選び、記号で答えなさい。

ア　自動販売機のボタンを間違って押さないよう、商品を選ぶボタンの位置を高くする。

イ　電車のドアが開いたらすぐに乗車できるよう、駅のホームドアを撤去する。

ウ　建物のドアを、力を入れずに簡単に開閉できるよう、引き戸から開き戸に変更する。

エ　安全に利用できるよう、手すりをつけて床面積を広くした多目的トイレを設置する。

３　世界遺産は、「世界の文化遺産及び自然遺産の保護に関する条約」に基づいて世界遺産リストに登録された、文化財、景観、自然など、人類が共有すべき「顕著な普遍的価値」を持つ物件のことで、移動が不可能な不動産が対象となっています。現在日本には 20 の文化遺産と５つの自然遺産、あわせて 25 の世界遺産があります。これに関する次の文章を読んで、下の問いに答えなさい。

日本では、1993年に「法隆寺地域の①仏教建造物」・「②姫路城」が世界文化遺産に、「③屋久島」・「白神山地」が世界自然遺産に初めて登録されました。そして、2021年には「北海道・北東北の(　　)遺跡群」が世界文化遺産に、「奄美大島、徳之島、④沖縄島北部及び西表島」が世界自然遺産に登録されました。

世界遺産に選ばれた文化財（構成資産）の内容を年代的にみると、最も古い時代のものは「⑤北海道・北東北の(　　)遺跡群」で、２番目に古いものは「「神宿る島」宗像・⑥沖ノ島と関連遺産群」と「⑦百舌鳥・古市古墳群」です。最も新しいものは「ル・コルビュジエの建築作品」のひとつである⑧国立西洋美術館本館（1959年開館）で、２番目に新しいものは「原爆ドーム」です。

このほか、宗教・信仰に関わるものとして、「古都京都の文化財」・「⑨厳島神社」・「古都奈良の文化財」・「日光の社寺」・「⑩紀伊山地の霊場と参詣道」・「⑪平泉－仏国土（浄土）を表す建築・庭園及び考古学的遺跡群」・「富士山－信仰の対象と芸術の源泉－」・「長崎と天草地方の潜伏キリシタン関連遺産」などがあり、産業に関わるものとして、「石見銀山遺跡とその文化的景観」・「富岡製糸場と絹産業遺産群」・「⑫明治日本の産業革命遺産」、生活に関わるものとして、「⑬白川郷・五箇山の合掌造り集落」があります。

問１　前の文章の(　　)に適当な語を漢字で入れなさい。

問２　下線部①の仏教建造物に関連して、次のア～エの写真の建造物を、年代の古い順に並びかえ、３番目に来る建造物の名前を答えなさい。

ア

イ

ウ

エ

問３　現在の下線部②の大天守が完成した1609年に、下線部④にあった王国が、ある藩の攻撃をうけてその支配下に入りました。それは何藩ですか。

問４　下線部③に関連する次の文章の(ａ)(ｂ)に入る語の組み合わせとして正しいものを、あとのア～オから１つ選び、記号で答えなさい。

屋久杉が、(ａ)の命令で大仏づくりのために京都に送られました。(ａ)は、大仏づくりを目的に掲げて(ｂ)を命じました。

ア　ａ＝豊臣秀吉　ｂ＝検地　　イ　ａ＝豊臣秀吉　ｂ＝刀狩　　ウ　ａ＝織田信長　ｂ＝楽市・楽座
エ　ａ＝徳川家光　ｂ＝武家諸法度　　オ　ａ＝徳川家光　ｂ＝キリスト教禁止

問５　下線部⑤に関して、北海道白老町に2020年に国立の博物館・公園・慰霊施設などからなるウポポイが開業しました。これに関する次の文の（　　）に適当な語を入れなさい。

ウポポイは、日本の貴重な文化でありながら存立の危機にある（　　）文化の復興・発展のための拠点となっています。

問６　下線部⑥では、日本と朝鮮半島との間の航海の安全を祈るお祭りが行われました。朝鮮半島に存在した国と日本との関係に関する次の文章ア・イの正誤を判定し、正しければ○、誤っていれば×を記しなさい。

ア　高麗の軍勢が元の軍勢とともに、九州北部に2度にわたって攻めてきた。執権北条時宗は、御家人たちを動員し、折からの暴風雨もあって、これをしりぞけた。

イ　日本は、明を征服する手始めとして、２度にわたり朝鮮に大軍を送った。大名たちは、朝鮮から技術者を連れてきて、有田焼などの焼物をつくらせた。

問７　下線部⑦に関連して、前方後円墳の形や規模、分布を見ると、全国に同じ形のものがあって、近畿に規模の大きなものが、地方にはそれを縮小したものが分布しています。これからどのようなことがわかりますか。大王、豪族という語を使って20字以内で答えなさい。

問８　下線部⑧の国立西洋美術館本館が開館した1959年よりあとのできごとを次のア～エから１つ選び、記号で答えなさい。

ア　日米安全保障条約が初めて結ばれた　　イ　小笠原諸島が日本に復帰した
ウ　日本が国際連合に加盟した　　エ　奄美群島が日本に復帰した

問9　下線部⑨⑩⑪は共通して12世紀の日本の歴史や文化を知る上でも重要な世界遺産です。12世紀の日本の歴史や文化に関する次の文章ア・イの正誤を判定し、正しければ○、誤っていれば×を記しなさい。

ア　平清盛は、後白河天皇（のち上皇）と結び、保元の乱・平治の乱で勝利をおさめた。平清盛ら平氏の一族は、航海の守り神とされた厳島神社を厚く敬った。

イ　源頼朝は、平氏を滅ぼすと守護・地頭を置き、その後朝廷から征夷大将軍に任命された。しかし、幕府の実権は、平氏滅亡直後から執権が握っていた。

問10　下線部⑫は、岩手県から鹿児島県までの８つのエリア、23の構成資産からなっています。これらの構成資産のうち、日清戦争の賠償金をもとにつくられたものを答えなさい。

問11　下線部⑬には、江戸時代にたてられた建物も含まれています。江戸時代の人々の生活に関連する文として誤っているものを次のア～オから１つ選び記号で答えなさい。

ア　幕府は、百姓に対して、村ごとに年貢を納めさせ、五人組のしくみをつくり、共同で責任をおわせた。

イ　歌舞伎や人形浄瑠璃が人気を集め、伊勢参りなど、信仰と楽しみをかねた旅が流行した。

ウ　寺子屋では、武士の浪人や神主・僧などが先生となり、町人や百姓の子どもたちに読み書きそろばんを教えた。

エ　百姓たちは、五街道などを通って、陸路で「天下の台所」である大阪に年貢を納めなければならなかった。

オ　江戸の町では、古着屋、紙くず買い、鋳掛屋、下駄の歯入れ屋など、今で言うとリサイクルやリユースに携わる人々がたくさんいた。

4　日本の国土のひろがりに関する次の問いに答えなさい。

問１　次の文章に関する下の問いに答えなさい。

日本の国土は南北に長く、札幌市と那覇市の直線距離は約（　１　）kmもあります。北海道は冬の寒さが厳しいですが、各地のスキー場や、（　２　）沿岸におしよせる流氷などを目的に、冬も観光客が訪れます。北海道の家屋には、寒さに対応するために、窓ガラスを二重にしたり暖房用の燃料タンクを備えるなどの特徴がみられます。一方、温暖な沖縄では、サンゴ礁が発達する美しい海や亜熱帯性の植物が、観光客を引きつけてきました。沖縄は（　３　）ので、伝統的な家屋には屋根のかわらをしっくいでかためるなどの工夫がみられます。

(1)文章中の（　１　）にあてはまる数値に最も近いものを、次のア～エから１つ選び、記号で答えなさい。

ア　2200　　イ　3300　　ウ　4400　　エ　5500

(2)文章中の（　２　）にあてはまる海の名前を答えなさい。

(3)文章中の（　３　）にあてはまる内容を考えて、10字以内で答えなさい。

(4)次の図は、日本国内や外国の６つの地点の雨温図です。このうち、①札幌市と②那覇市の雨温図を１つずつ選び、記号で答えなさい。

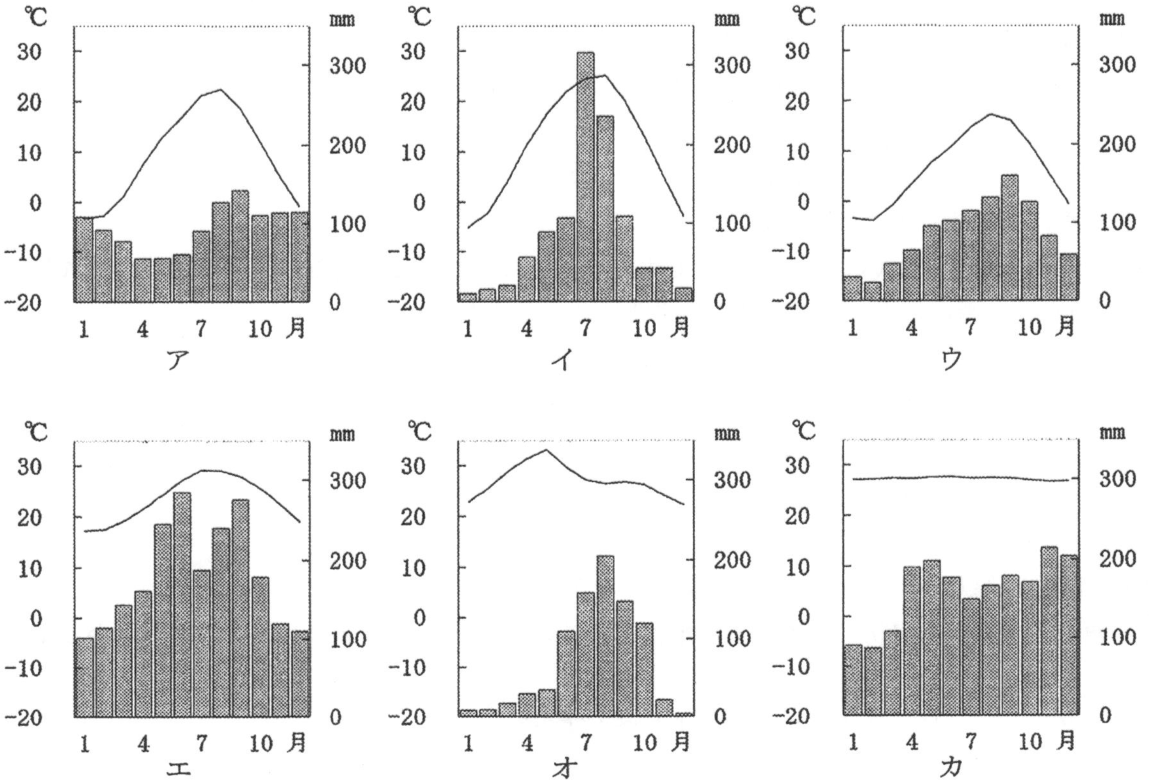

(5)右のグラフは、５つの都道府県について、延べ宿泊者数にしめる外国人の宿泊者の割合と、延べ宿泊者数にしめる同じ都道府県在住者の宿泊者の割合を示したものです。また、円の大きさは、延べ宿泊者数の多さを示しています。グラフ中のア～オは、北海道、沖縄県、東京都、京都府、福島県のいずれかです。①北海道と②沖縄県にあてはまるものをア～オから１つずつ選び、記号で答えなさい。

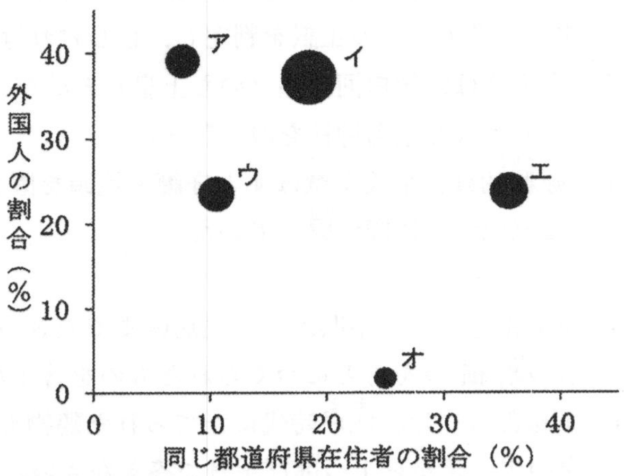

統計年次は2019年。
観光庁『宿泊旅行統計調査』による。

問２　日本の国土は東西にも広く、東端と西端の経度差は20度以上もあります。次の図は、５本の経線が、日本のどの都道府県を通過するのかを示したものです。①～⑮は都道府県を示しています。この図に関する下の問いに答えなさい。

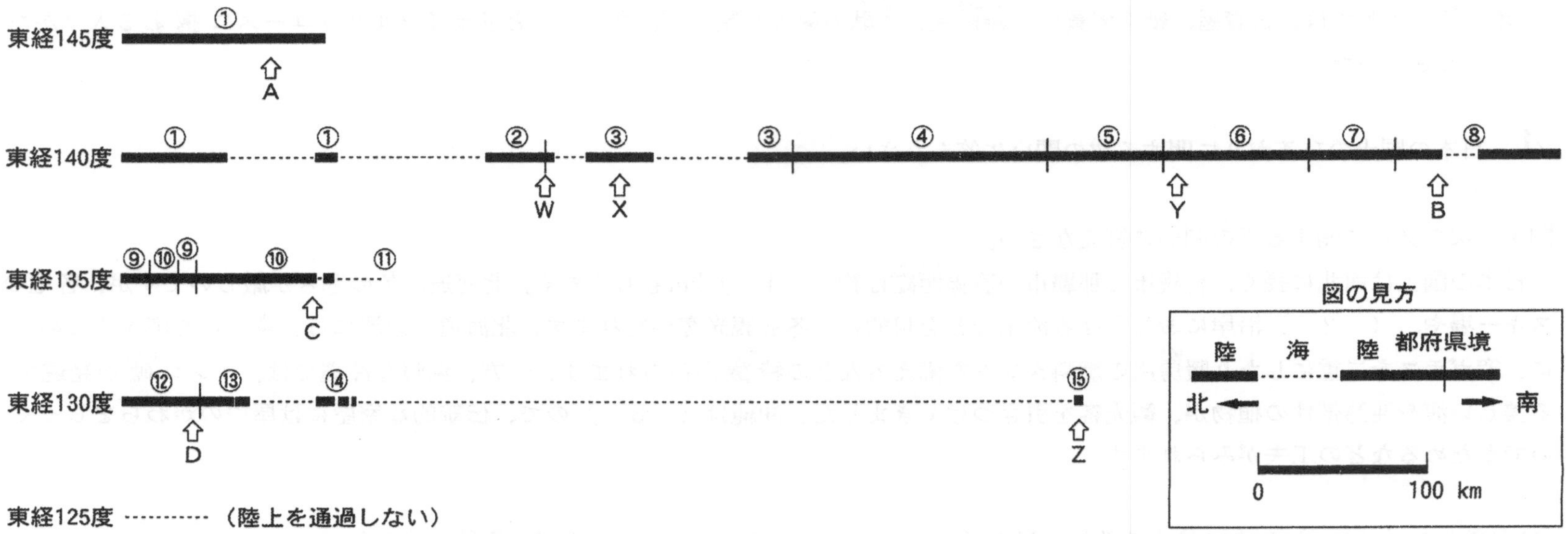

(1)④と⑩の都道府県名を答えなさい。

(2)次の文は、図中のＡ、Ｂ、Ｃ、Ｄのいずれかの付近に位置する市町村について述べたものです。ＡとＤにあてはまる文をア～エから１つずつ選び、記号で答えなさい。

ア　牧場が広がり、人口より牛の飼育頭数のほうが多い町です。酪農が盛んで、生乳の生産量は日本一です。

イ　海峡に面し、20世紀のおわりごろにはこの海峡に橋が架けられました。タイやタコなどの漁業や大都市に向けた野菜の栽培が盛んなほか、酒づくりも地場産業として知られています。

ウ　茶の栽培や温泉で知られています。現在、市内には鉄道が通っていませんが、まもなく新幹線が開通し、市内にも駅が設置されることが決まっています。

エ　県庁所在都市ではなく、政令指定都市でもないものの、大都市のベッドタウンとして成長し、現在の人口は60万人をこえます。住宅地が広がり、市内各地に大型商業施設もみられます。

(3)次の文は、図中のＷ、Ｘ、Ｙ、Ｚのいずれかの付近について述べたものです。ＸとＺにあてはまる文を１つずつ選び、それぞれの文中の下線が示すものを具体的に答えなさい。選んだ文の記号を答える必要はありません。

ア　付近の畑で栽培されている作物の多くは、近くの製糖工場で加工されます。

イ　かつては湖がありましたが、戦後の開発により陸地になり、低平な農業地域が広がっています。

ウ　付近の山地は落葉広葉樹の原生林が広がり、世界遺産に登録されています。

エ　火山のすそ野が広がり、付近には皇族の避暑地もあります。

(4)東経125度線は、日本付近では、先島諸島の間を通過します。

① 先島諸島を構成する島のうち、面積が150km²以上の島は３つあります。このうち１つをあげなさい。

② 東経125度線に沿って日本付近から南へ向かうと、最初に到達する陸地は、どこの国に属していますか。次のア～エから１つ選び、記号で答えなさい。

ア　オーストラリア　　イ　ニュージーランド　　ウ　フィリピン　　エ　ベトナム

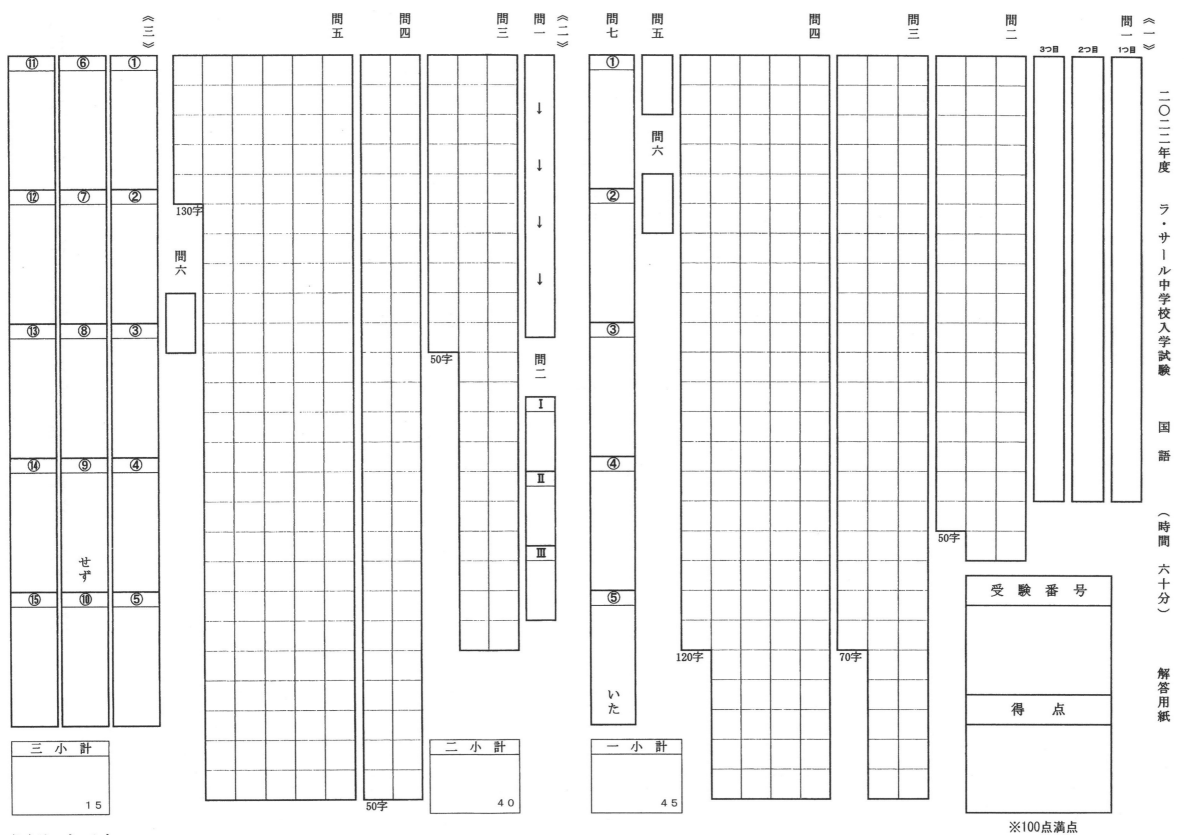

二〇二二年度　ラ・サール中学校入学試験　国語　（時間　六十分）　解答用紙

《一》

問一　1つ目　2つ目　3つ目

問二　50字

問三　70字

問四　120字

問五

問六

問七　①　②　③　④　⑤ いた

一小計　45

《二》

問一　↓　↓　↓　↓

問二　Ⅰ　Ⅱ　Ⅲ

問三　50字

問四　50字

問五　130字

問六

二小計　40

《三》

①　②　③　④　⑤　⑥　⑦　⑧　⑨ せず　⑩　⑪　⑫　⑬　⑭　⑮

三小計　15

受験番号

得点

※100点満点

2022 年度　ラ・サール中学校　入学試験　算数　解答用紙

1.

(1)		(2)		(3)	

1．小計 12

2.

(1)		(2)	りんご　　個，みかん　　個
(3)	㋐　　度，㋑　　度	(4)	

2．小計 30

3.

(1)	午後　　時　　分	(2)	午後　　時　　分
(3)	午前　　時　　分		

3．小計 14

4.

(1)

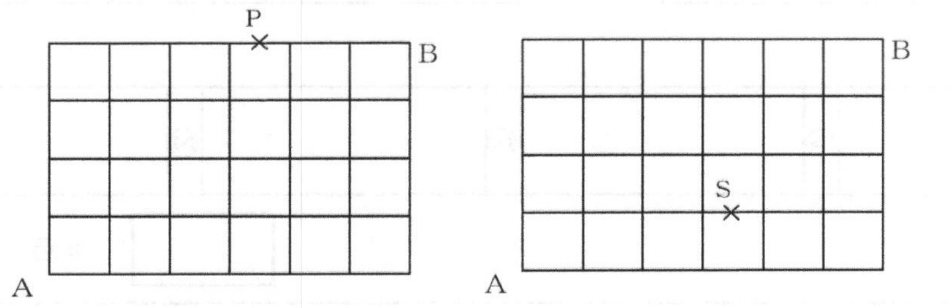

(2)	通り	(3)	通り

4．小計 16

5.

(1)	：	(2)	cm^2	(3)	：

5．小計 14

6.

(1)	cm^3	(2)	cm^3	(3)	cm

6．小計 14

受験番号	得　点

※100 点満点

令和４年度　ラ・サール中学校入学試験　理科　解答用紙

【１】（１０点）

(1)		(2)
①	②	

(3)				(4)
①	②	③	④	

(5)	(6)	(7)

【２】（１４点）

	(1)		(2)	(3)
A	記号	cm	cm	（　　　　）が（　　　　）秒後に追いつく

	(4)	(5)		(6)
A	秒速　　cm	記号	cm	秒後

	(1)	(2)	(3)		(4)
B	g	g	向き	g	

【３】（１１点）

(1)	(2)	(3)	(9)

(4)	(5)	(6)

(7)	(8)	(9) 記号

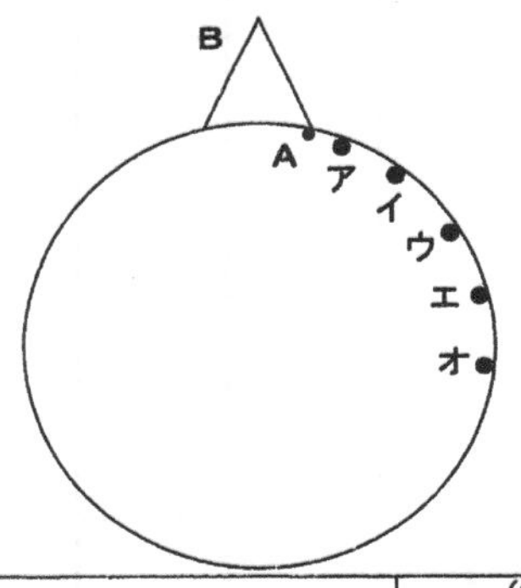

(9) 説明	(10)

【４】（１５点）

	(1)		(2)
A	①	②	

	(3)			(4)	(5)
A	C	F	G		%

	(1)	(2)	(3)	(4)	(5)		(6)
B	色		g	mL	①　g	②　g	mL

受験番号	得点

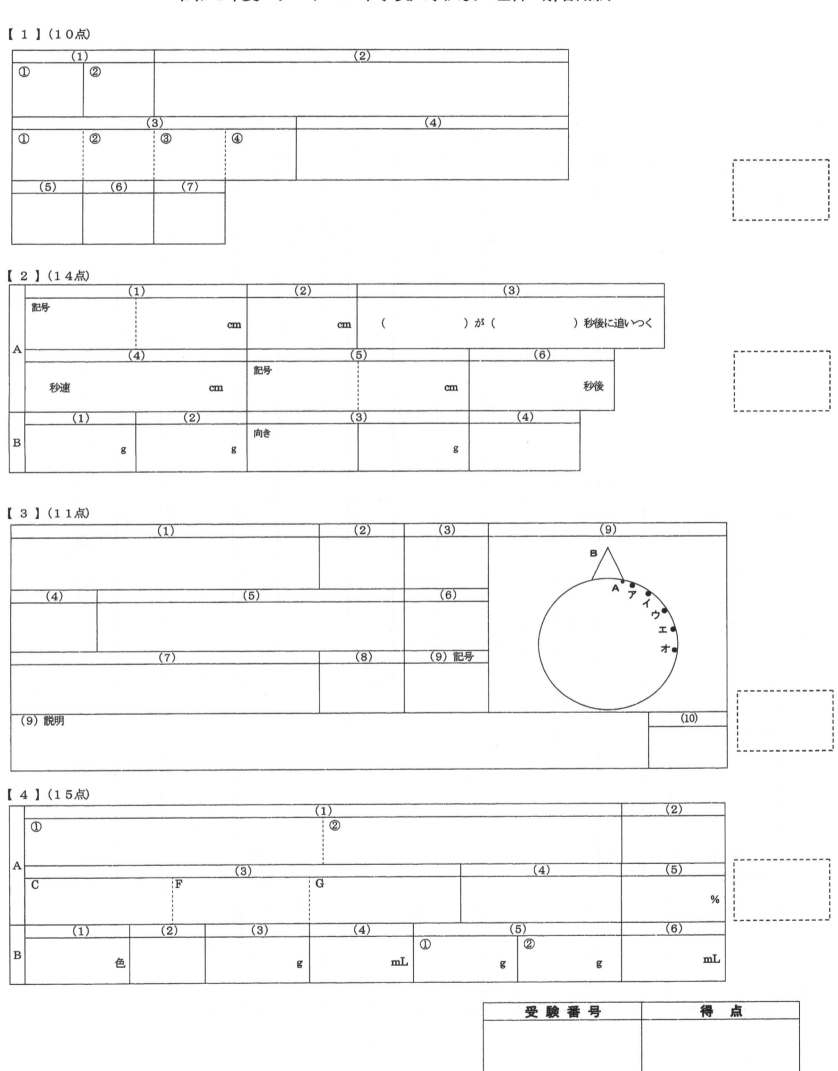

※50点満点

解答用紙　2022年度中学社会

1

問1 問2 問3 問4
問5 問6 問7 問8 問9
点

2

問1 [1] [2] 問2 問3 問4 (1) (2)
問5 問6 問7
点

3

問1 問2 問3 藩
問4 問5 問6 ア イ
問7 →
問8 問9 ア イ 問10 問11
点

4

問1 (1) (2) (3) →
(4) ① ② (5) ① ② 問2 (1) ④ ⑩ (2) A D
(3) X Z
(4) ① ②
点

受験番号

得点

※50点満点
（配点非公表）

《一》次の文章を読んで、後の問いに答えなさい。（字数制限のある問題については、句読点も一字と数えます。）

24日、桜島が噴火し、噴火警戒レベルは最高の5（避難）に引き上げられた。この評価方法が導入された2007年以来、全国で2例目となる。桜島は15年8月にレベル4（避難準備）が発令されたことがあるが、今回はそれを上回った。

近年で最も大きな噴火は、約60人の犠牲者を出した1914年1月の大正噴火である。日本においては20世紀最大の火山噴火であり、大きな地震も伴ったことで被害が①カクダイした。また、この噴火で桜島は大隅半島と地続きになったのである。

今回の噴火については、27日夜にレベルが3（入山規制）に引き下げられたが、しばらくは注意したい。

さて、大正噴火で被災した地域では、後世に教訓を伝えるための石碑が多数建立された。その一つ、東桜島小学校の敷地内に立つ碑文には、「住民は理論を信頼せず、異変を感じた時には避難の用意をすることが最も肝要だ」という趣旨のことが書かれている。Aどういう背景で、このような文面になったのだろうか。

桜島は江戸時代の18世紀後半にも大きな噴火を起こしていて、予兆のことは民間伝承として知られていたようだ。実際、大正噴火が始まる数日前から桜島では、地面が熱くなったり、地震が起きたりしていた。そのため、住民は各々の判断で島を船で脱出し始めたのである。その数は最終的に2万人を超えたという。

一方、東桜島村（当時）役場の川上福次郎村長たちも不安を感じていた。そこで、その前年に島に開通した文明の②リキ「電話」を使い、測候所（現在の鹿児島地方気象台）に何度も連絡をとった。すると測候所側はその都度「桜島は噴火しない」と回答した。村長らは安心し、自主的に避難をする村民を引き留めようとさえしたという。村長らはいわば村の「知識③カイキュウ」に属し、科学への信頼が厚かったのだろう。

その結果、逃げ遅れたのは村長たちだった。すでに船は一隻もなく、村長らは仕方なく海に飛び込み、帆柱などを抱え泳いで対岸に渡ろうとした。だが冬の海は冷たく、村の収入役や書記が途中で命を落とした。

噴火の直後から、測候所は世間に激しく非難された。これに対し、自分たちの任務は気象観測であり、火山は業務外であるとか、そもそも噴火の予知は技術的に無理であった、などと反論している。これを④シジする東京の専門家なども現れた。

とはいえ、もし業務外というのならば、問い合わせには「［B］」と答えるべきだっただろう。

一方、辛うじて生き残った川上村長は、自分が測候所の判断を信じたことで犠牲者が出たことに責任を感じ、その事実を碑文に残したいと考えた。だが、それを果たす前に村長は亡くなり、後継の野添八百蔵村長が噴火の10年後に先ほどの碑文を建立した。その「理論を信頼せず」の言葉から、「科学不信の碑文」と呼ばれることもあるが、当初は「測候所を信頼せず」とする予定だったらしい。

この話は、C現代のリスクマネジメントの抱える問題とも、地続きであるといえるだろう。

まず、そもそも現在でも噴火の予知は非常に難しい。住民の適切な避難に成功した、2000年の北海道有珠山の噴火のケースは、例外的と言うべきだろう。有珠山の場合は毎回、有感地震の直後に噴火し、また周期が短く、かなり正確に繰り返すといった、良い条件があった。

しかし、15年の桜島におけるレベル4発令の際は、直接の噴火は起きていない。このような、前兆がありながら噴火が起きないケースは、決してまれではない。

一方、63人もの死者・行方不明者を出した戦後最悪の火山災害、14年の御嶽山の噴火では、前兆現象は必ずしも明確ではなかった。御嶽山は07年3月にもごく小規模の噴火をしているが、その時は4カ月前から山体膨張や火山性地震など、色々な予兆が把握されている。だが14年の噴火では、その2週間前に火山性地震が観測されたものの、ほどなく収まっていた。

ただし、膨張を示すデータが2日前に見られるなど、予兆と考えられる現象も観測されている。

今月13日、御嶽山噴火の⑤イゾクらが国と長野県に損害賠償を求めた裁判の判決が、長野地裁松本支部であった。前兆現象とみられるデータの検討を尽くさないで、噴火警戒レベルを1に据え置いた気象庁の判断は違法であると、裁判所は認めた。しかし、レベルを引き上げていても被害を防げたとはいえないとして原告の請求については棄却している。

御嶽山噴火は、大正桜島噴火のちょうど100年後に起きた事件だが、［D］という点で、両者は共通する。では、このような科学的不確実性の高いリスク課題に、行政や専門家はどう向きあうべきなのか。

たとえばもし、警告を出したのに「空振り」が続けば、予報への信頼が低下するだろう。E「オオカミ少年」扱いになってしまう。一方で市民を守ることは、当然、行政の役目である。命はかけがえのないものだ。

私はやはり、できる限り科学的な対応を重ね、しかし最後の不確実な部分については「一般の人々にとって、後悔の残らない道」を選択すべきだと考える。

そして私たちの側も、できれば「空振り」を責めないようにしたい。行政や専門家を萎縮させず、また妄信せず、適切に活用していくことが、安全で民主的な社会を形作るための、前提条件なのである。

（神里達博『月刊安心新聞plus「科学的な対応重ねた先に　最後は後悔しない方の選択」』朝日新聞2022・7・29）

（注）　リスクマネジメント……危機管理

問一　次のア〜オについて、本文の内容と合致しているものには〇を、合致しないものには×を、それぞれ解答欄に書きなさい。

ア　桜島の噴火警戒レベルが最高の５（避難）に引き上げられたのは２回目である。
イ　２０００年の北海道有珠山の噴火の場合、例外的に予知ができ、住民の避難に成功した。
ウ　15年の桜島の噴火警戒レベル４発令の際は、前兆がありながら噴火は小規模であった。
エ　14年の御嶽山の噴火では、山体膨張を示すデータが見られたが、噴火警戒レベルを変えなかった。
オ　07年の御嶽山では山体膨張や火山性地震など色々な予兆があったが、噴火はしなかった。

問二　傍線部Ａ「どういう背景で、このような文面になったのだろうか」とあるが、その「背景」となった出来事を百字以内でまとめなさい。

問三　空欄Ｂに入れるのに最も適切な言葉を次の中から選び、符号を書きなさい。

ア　桜島は噴火する
イ　今すぐ避難せよ
ウ　検討中である
エ　善処します
オ　分からない

問四　傍線部Ｃ「現代のリスクマネジメントの抱える問題」に対してどうするべきだと筆者は言っていますか。七十五字以内で説明しなさい。

問五　空欄Ｄに入れるのに最も適切なものを次の中から選び、符号を書きなさい。

ア　問い合わせに対して、当局は噴火しないと回答した
イ　当局が火山性地震を観測したが、ほどなく収まった
ウ　予兆現象があったのに、当局がそれを生かせなかった
エ　自主的に避難する人々を、当局が引き留めようとした
オ　当局の判断は違法であると、地方裁判所が認めた

問六　傍線部Ｅ「『オオカミ少年』扱いになってしまう」とはどういうことですか。本文に即して四十字以内で説明しなさい。

問七　傍線部①〜⑤のカタカナを漢字に直しなさい。

〈四十五点〉

《二》　次の文章を読んで、後の問いに答えなさい。（字数制限のある問題については、句読点も一字と数えます。）

ずっと、劣等生だった。

このことは、ことあるごとに話し、あるいは書いてきたので、ご存じの方も多いと思う。

まず、幼稚園には、ほとんど行っていない。

正確にいうと、一日で行くのを止めた。

登園した最初の日、私を含む子どもたちは、皆で切り紙をさせられた。鋏で紙を切り、広げると何かの模様になるという、あれである。私には、初めての体験だった。紙は手元で、みるみるうちにボロボロになった。

それを見た隣の少女が、ひと言、私にこう言った。

「あんた、バカね」

その場で、席を立った。

「女子どもにバカと言われて、平気でいる男がいるか」

父の言葉を思い出した私は、それを実践したのだ。それからは、近所の悪ガキたちと野っ原を駆け回って遊んだりと、好きなことだけをして過ごした。父も母も、そんな私の行状を、とくにＡ咎めだてたりはしなかった。

①そんな前歴があったから、小学校への通学も危ういものだった。

二日目から、家は出たものの、授業が始まる時刻になっても学校に辿り着かない。家の者たちが捜しに行くと、通学路の途中にある鍛冶屋の前で、鍛冶屋の親父の仕事の手元を飽かず眺めていたという。家のＢ普請中は、やはり大工の手元に夢中になっていた。

それが私、西山忠来という少年だった。

そんな調子であったから、一学期、最初の学期末にもらった通信簿の評定は、はたしてオール１であった。

「タダキ君は、学校というものが何なのか、まったく理解できていません」「毎日来るようにはなりましたが、くれぐれもご家庭でよくよくご指導ください」と、添え書きがしてあった。

さすがに、大人たちも怒り出した。

「おまえ、何考えてるんだ」
「義務教育なのよ」
「こんなふうでは、とてもまともな社会人にはなれません」
しかし私自身は、ガミガミ叱られたところで「何を言ってるんだろう」くらいにしか思っていなかった。
「タダキ君、勉強してる？」
母が、ことあるごとに私に訊く。
「うーん」と、私は答え、一応、考えるふりをする。
そのうち、いつもの面々がやってくる。
「タダキくーん、あーそーぼっ！」
途端、「はぁーい！」と飛び出していく。
オール１も C むべなるかな、である。
そこから私を掬い上げてくれたのが、当時の担任教師の高木幸忠先生であった。
普段は、鬼のような先生であった。うるさくしていると、チョークを投げる。反抗すると、出席簿で頭を殴る。ヤンチャ坊主の私が目をつけられるのは当然で、最初に座っていた窓際の席から教壇の真ん前に移動させられ、授業中を通して監視される憂き目にも遭った。
そんな典型的な鬼教師ではあったが、実は絵の好きな、芸術家肌の一面があった。
「スケッチに行こう」
夏休みが終わったある日、高木先生は私にそう言った。
私だけではなかった。もうひとり、クラスメートのフジワラ君にも、声がかけられていた。
指定されたのは、日曜日であった。絵は好きだった。しかし、なぜ休みの日にわざわざ、クラスの中で私たちふたりだけを連れ出そうとしたのか、そのときは、まったくわからなかった。
わからないまま、誘われたことを、私は母に告げた。
約束の日曜日がきた。
朝、私は母に連れられて、駅へ赴いた。駅には、高木先生と、フジワラ君が待っていた。
母から私を引き取ると、いつもは恐ろしい高木先生が「大丈夫。大丈夫ですよ」と言って、笑顔を見せた。
よろしくお願いします、と母は深々と頭を下げた。その瞬間、母の眼から、パタパタッと、大粒の涙がこぼれ落ちたのが見えた。私は、びっくりして立ちすくんだ。そして、こう思った。
もしかして、俺は棄てられるのか？
フジワラ君は、母子家庭の少年だった。父親はいるが、家にはいない。噂では、人を殺して刑務所に入っているという話だった。おとなしい少年で、絵がとてもうまかった。
対して、オール１の劣等生の私である。町内でも目立つ一家の、その特殊な事情も、もちろん先生はわかっている。
フジワラ君と一緒に。
私にこう聞かされたときから、②母はすべてを悟っていたのだろう。
プラットホームで母と別れ、私は先生とフジワラ君と一緒に、列車に乗った。
人前で涙を見せることなどなかった母は、先生が自分の息子を思いやり、はじめてまともに扱ってくれたことに、思わず感極まったのだろう。
列車が動き出した。母は、まだ泣いていた。
行き先は、下関だった。海岸べりの丘の上、そこにあったテレビ塔の足元に陣取ったフジワラ君と私は、スケッチブックを広げ、絵を描き始めた。
丘の上からは、関門海峡が見渡せた。フジワラ君は、その風景を丁寧に描いていた。私は、なぜか海峡には目もくれず、蜘蛛の巣のように張ったテレビ塔を真下から見上げ、その向こうに見える空とともに描いた。
何を描いているんだ、とスケッチブックを覗き込んだ高木先生は、「へぇ、面白い構図だな」と言い、フジワラ君を呼び寄せた。
フジワラ君も「うまいね」と言った。
フジワラ君は海を、私は空を、そうして一日中描き続けた。
高木先生は、私たちの傍で、それを見守っていた。
面白いな。うまいね。自分のすることを他人から褒められたのは、人生で、このときがはじめてだった。
この日描いた空の絵は、のちに市の美術展に出品され、私は銀賞を受けた。③市内のデパートに展示されたその絵を、私は母たちと観に行き、その前で誇らしげに写真まで撮った。
このこともあって、図画工作の成績は、次の学期には１から３に上がり、私はオール１の不名誉から、何とか脱することができた。

D弾みがついて絵に目覚めた私は、それから一心不乱に描き始め、図画工作の成績は、最終的に最高の5にまで上り詰めたが、そのせいでのちに思いもかけない弊害が出ることになる。だが、それはまた別の話である。

要するに、高木先生は、フジワラ君と私を贔屓したのである。

それぞれに複雑な事情を抱えた少年たちに、絵を描く楽しみを教えることが、生きていく上でよすがになるかもしれないとでも考えたのであろう。

昨今の平等主義からすると、特別扱いは憎むべきものかもしれない。しかし、この頃は、こういう思いやりが生きていた。いい時代だった、ということなのだろう。

フジワラ君とはその後、クラスが分かれ、親しく接する機会はなかった。彼が絵を描き続けたか、そして、どんな人生を送ったかは、わからない。

その日のことを、私はのちに、自伝的小説の一場面に書いた。たまたまそれを読んだ高木先生の娘さんが、「これ、お父さんのことじゃないの」と先生に告げた。後日、高木先生から私の元へ、一通の手紙が届いた。

あのニシヤマ君が、たいへんな出世をなさって。

手紙には、そんなふうに書かれていた。

④それは間違いなくあなたのおかげですよ、と、私は胸の内でつぶやいた。

（伊集院静『タダキ君、勉強してる？』より）

問一　波線部**A**～**D**の語句の意味として最も適切なものを、それぞれ後の選択肢から選び、符号を書きなさい。

A「咎めだて」
- **ア**　必要以上に強く非難し
- **イ**　疑い深く問いただし
- **ウ**　念入りに調べて回り
- **エ**　度を越して心を痛め
- **オ**　指導をしすぎて悪化させ

B「普請」
- **ア**　破壊
- **イ**　申請
- **ウ**　査定
- **エ**　巡回
- **オ**　工事

C「むべなるかな」
- **ア**　あんまりなことかなあ
- **イ**　もっともなことだなあ
- **ウ**　どうでもいいのかなあ
- **エ**　やるせないことだよ
- **オ**　どうしようもないのか

D「弾みがついて」
- **ア**　やる気に水を差されて
- **イ**　だんだん楽しくなって
- **ウ**　負けん気に火がついて
- **エ**　より一層勢いがついて
- **オ**　急なことに驚いて

問二　傍線部**①**「そんな前歴」とはどのようなものか、説明しなさい。

問三　傍線部**②**「母はすべてを悟っていたのだろう」とあるが、それはどういうことか。その説明として最も適切なものを次の中から選び、符号を書きなさい。

ア　ガミガミ叱っても何も変わらない「私」をいったん親と引き離してみるのが良いと高木先生は考えていたが、下関までわざわざ絵を描きに連れていくと聞いた母は高木先生の「私」をなんとかしてやろうという強い情熱を感じ、この先生に任せるしかないのだということに気がついたのだろうということ。

イ　いつもは恐ろしい高木先生が優しい笑顔を見せてわざわざ日曜日に「私」を引き取り、絵を描きに連れ出してくれたため、母は何も分かっていない「私」をなんとか救おうとする高木先生が、少年たちの複雑な事情に配慮しつつ指導に当たってくれていることに気がついたのだろうということ。

ウ　フジワラ君は父親が人殺しだと噂されていたが、ヤンチャな「私」を持て余していた母は、そんなフジワラ君と一緒に「私」が高木先生に連れられてスケッチに行くことになったと聞いたことで、先生が複雑な事情を抱えた少年たちと向き合い、なんとかしようとしてくれていることに気がついたのだろうということ。

エ　母は大人の言うことを聞かない「私」に絶望し、ついに棄てられるのかと恐れおののく「私」の姿を見てあきれ果てていたが、高木先生がフジワラ君とともに「私」を列車で連れて行くということを聞き、特殊な事情を抱えたフジワラ君とであれば「私」が評価されることもある可能性に気がついたのだろうということ。

オ　学校というものを理解できない「私」の行状に手を焼いていた母は、高木先生が「私」を絵のとてもうまいフジワラ君とともに連れ出すということを聞いて、フジワラ君との交流をきっかけに、「私」の持つ絵の才能が引き出され、学校にも適応できるようになるかもしれないと気がついたのだろうということ。

問四　傍線部③「市内のデパートに展示されたその絵」とあるが、次の中から「その絵」を再現したものとして最も適切なものを選び、符号を書きなさい。

ア
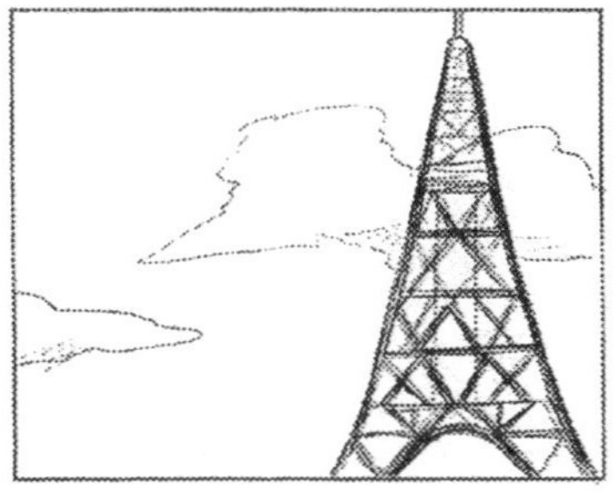

イ
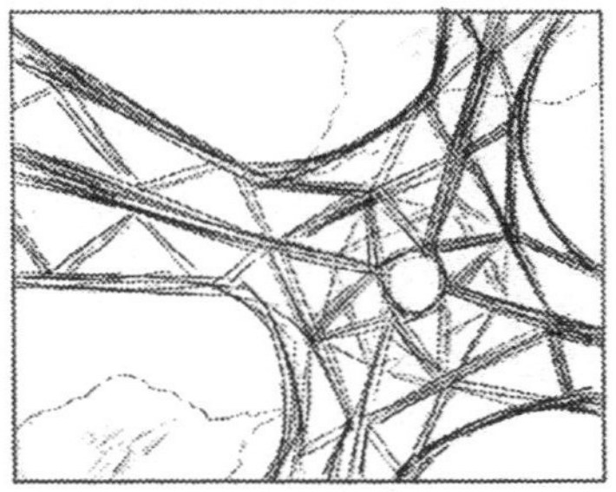

ウ

エ

オ

問五　傍線部④「それは間違いなくあなたのおかげですよ」とあるが、ここでの「私」の心情を百字以内で説明しなさい。

〈四十点〉

《三》次の①～⑮の傍線部のカタカナを漢字に直しなさい。

① 帝国が武力でハントを広げようとした。
② 農村が国土の大半を占めるため、その国は大陸のコクソウ地帯と呼ばれている。
③ 世界情勢はコンメイを極めた。
④ コロナ禍により、様々なシュクサイが中止になった。
⑤ 体育大会がジュンエンになった。
⑥ 楽しみにしていたモーツァルトのカゲキを三年ぶりに鑑賞することができた。
⑦ ある芸人は久々に、シュウジン環視の中で見事な技を披露することができた。
⑧ ユウビンの到着に時間がかかるようになった。
⑨ メディアではシタサキ三寸で耳目を集める者もいる。
⑩ 彼の発言はショウ末節にこだわったものばかりで、本質を理解しているとは言えない。
⑪ 彼は時代のチョウリュウに乗ってもてはやされている。
⑫ トップに立つ人の朝令ボカイに振りまわされる。
⑬ カイトウ乱麻を断つ見事な課題解決はとても期待できない。
⑭ 組織の長として指導力をハッキすることが求められる。
⑮ キウ壮大な計画を立てて世の中を良くして欲しいものだ。

〈十五点〉

2023 年度　ラ・サール中学校　入学試験問題　算数　(60 分・100 点)　その 1

1. 次の □ にあてはまる数をそれぞれ求めなさい。（１２点）

(1) $(1.8+7\frac{1}{8})\div 0.75-189\div 33.75=$ □

(2) $124\times 43+29\times 71+31\times 213-58\times 86-61\times 56=$ □

(3) $\frac{8}{9}-\frac{1}{3}\times\{$ □ $-(\frac{5}{6}-\frac{4}{5})\}=\frac{7}{8}$

2. 次の各問に答えなさい。（３０点）

(1) 図の四角形ＡＢＣＤは正方形，三角形ＰＱＲは正三角形です。
㋐，㋑の角の大きさをそれぞれ求めなさい。

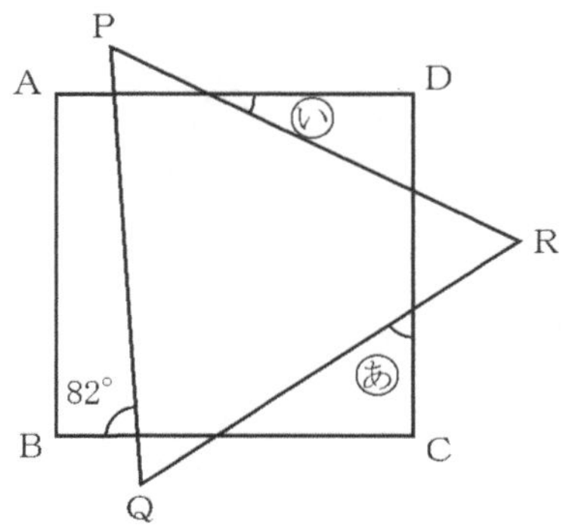

(2) ある病院で予防接種をしました。子供には 0.3mL，大人には 0.5mL ずつワクチンを注射します。81 人が予防接種を受け，ワクチンを 34.5mL 使いました。 大人は何人受けましたか。

(3) ある整数Ａがあり，このＡで 119，176，328 のどれを割っても余りが同じ整数Ｂになります。 ただし，Ａは１ではないとします。 ＡとＢを求めなさい。

(4) 数直線上に２点Ａ，Ｂがあり，それぞれのめもりは $\frac{1}{7}$，４です。ＡＢを２等分する点をＣ，３等分する点をＡに近い方からＤ，Ｅとし，この後同様にして４等分する点，５等分する点，……を順に作ります。
(ア) 点Ｅのめもりを求めなさい。
(イ) このようにして作っためもりの中に初めて１が現れるのは何等分したときですか。

3. 次の問に答えなさい。（１２点）

(1) 1.2 倍速で観ると 32 分５秒かかる動画を 1.4 倍速で観ると何分何秒かかりますか。

(2) 標準の速さで観ると 42 分かかる動画を，一部は標準の速さで，残りの部分は 1.4 倍速で観たら 33 分かかりました。1.4 倍速で何分何秒観ましたか。

2023 年度　ラ・サール中学校　入学試験問題　算数　（60 分・100 点）　その２

４． ある日の，午前９時から午後３時までの１分きざみの各時刻（９時０分，９時１分，９時２分，…，２時 59 分，３時０分）において，時計の長針と短針が作る角の大きさについて考えます。このとき，次の問に答えなさい。（１６点）

⑴ 午後２時 11 分のとき，角の大きさは何度ですか。

⑵ 角の大きさが６度以下である時刻は，午前９時台と午前 10 時台にそれぞれ何個ありますか。

⑶ 角の大きさが６度以下である時刻は全部で何個ですか。ただし，長針と短針が重なり０度となる時刻も数えます。

５．

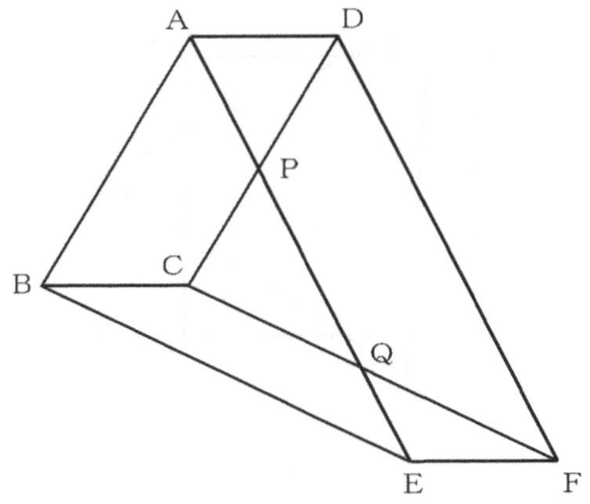

左の図において，四角形ＡＢＣＤ，四角形ＢＥＦＣ，四角形ＡＥＦＤはすべて平行四辺形です。　ＣＰ：ＰＤ＝６：７，ＰＱ：ＱＥ＝２：１，三角形ＣＱＰの面積が 36 ㎠のとき，次を求めなさい。（１６点）

⑴ 三角形ＱＥＦの面積

⑵ 三角形ＡＰＤの面積

⑶ 五角形ＡＢＥＦＤの面積

６． 右の図は，ある立体を真正面から見た図と，真上から見た図です。Ａ，Ｂ，Ｃ，Ｄ，Ｅ，Ｆはそれぞれこの立体の頂点で，ＢとＥは真上から見たときに重なっています。　辺ＢＥ上に点Ｐを，辺ＣＦ上にＦＱ＝１㎝の点Ｑをとります。　このとき，次の問に答えなさい。ただし，角すいの体積は（底面積）×（高さ）×$\frac{1}{3}$です。（１４点）

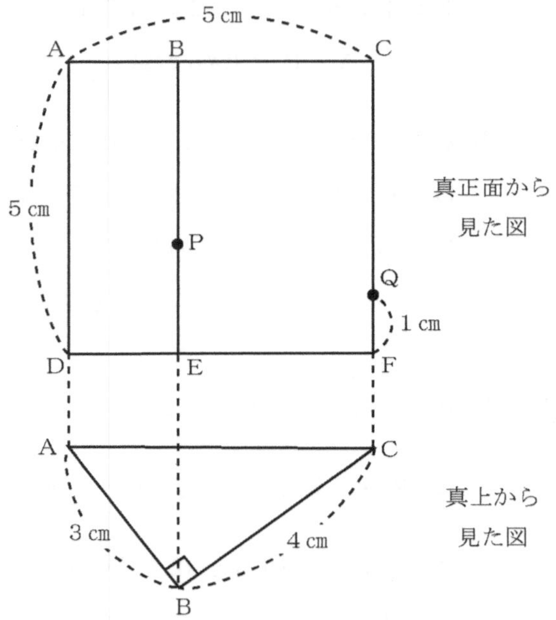

⑴ この立体の体積を求めなさい。

⑵ ３点Ａ，Ｐ，Ｑを通る平面でこの立体を同じ体積となるように２つに切り分けたとき，ＥＰの長さを求めなさい。

⑶ ３点Ａ，Ｐ，Ｑを通る平面でこの立体を２つに切り分けたとき，真正面から見るとＡ，Ｐ，Ｑが一直線上に並びました。　このとき，Ｃを含む立体の体積を求めなさい。

令和５年度　ラ・サール中学校入学試験問題　理科　（４０分）

注意：　１．解答はすべて解答用紙の答のらんに書きなさい。
　　　　２．いくつかの中から選ぶ場合は，記号で答えなさい。特に指示のない場合は１つ答えなさい。

【１】　秋のある日，ダイ吉君，ソラ男君，クウ太君の３人がおしゃべりをしています。

クウ太「今日の鹿児島の天気は，晴れ一時くもり，最高気温２５℃，最低気温１２℃，降水確率２０％と天気予報で言っていたよ。」

ソラ男「１日中，ほぼ晴れている，と考えてもいいよね。」

クウ太「いや，わからないよ。『晴れ一時くもり』というのは(①)ということだから。」

ソラ男「今日の朝は寒かったけど，１２℃だったんだ。」

クウ太「晴れの日はくもりの日に比べて（②）やすいんだよ。」

ソラ男「へえ，そうなんだ。晴れている日は何時ごろの気温が最も高くなるのかな。」

クウ太「午後２時ごろと言われているよ。気温を測るときの注意としては，風通しの良い(③)というのがあるよね。」

ソラ男「④気温が最も高くなるのは，太陽が南中する１２時ではないんだね。それと，降水確率２０％とはどういう意味？」

ダイ吉「(⑤) ということだよ。」

ソラ男「今年の夏は暑かったけど，秋になってずいぶん涼(すず)しくなったよね。」

クウ太「夏が暑いのは，太陽の（⑥），南から熱い湿(しめ)った空気が吹きこむ，(⑦) ことなどが原因だよね。」

ソラ男「今は空気が乾(かわ)いていてさわやかだけど，夏はムシ暑かったよね。空気が湿っていると，同じ気温でもより暑さを感じるのはなぜなのだろう。」

クウ太「(⑧) だよ。」

ソラ男「夏，公園の芝生(しばふ)の上はハダシで遊べたけど，アスファルトの道路は熱くてとてもハダシにはなれないよね。」

クウ太「芝生は（⑨）をふくんでいるし，アスファルトに比べて太陽光を（⑩）しにくいことなどで温度が上がりにくいんだよね。」

ソラ男「ところで，ダイ吉，今日は元気がないね。どうかしたの？」

ダイ吉「実は…ぼく…転校することになったんだ…」

ソラ男「え！！…もう会えないの。うそだろ！」

クウ太「そうだ，いい考えがあるよ。寮のあるラ・サールに，みんなで行こうよ！」

（１）①に当てはまる説明は，次のどれですか。
　ア．晴れとくもりが約１時間ごとに現れる
　イ．予報期間の約半分の時間は晴れ，約半分の時間はくもり
　ウ．予報期間の１／４未満の時間がくもり，それ以外の時間は晴れ
　エ．予報期間の１／４未満の時間が晴れ，それ以外の時間はくもり
　オ．午後１時ころを中心にくもりとなる

（２）②に当てはまる説明は，次のどれですか。
　ア．最低気温は低くなり，最高気温は高くなり，１日の気温差が大きくなり
　イ．最低気温は高くなり，最高気温は低くなり，１日の気温差が小さくなり
　ウ．最低気温，最高気温ともに低くなり，涼しい１日になり
　エ．最低気温，最高気温ともに高くなり，暑い１日になり

（３）③に当てはまる説明は，次のどれですか。
　ア．日なたのひざの高さで測る
　イ．日なたの目の高さで測る
　ウ．日かげのひざの高さで測る
　エ．日かげの目の高さで測る

（４）下線部④について，気温が最も高くなるのはなぜ１２時ではないのか，説明しなさい。

（５）⑤に当てはまる説明は，次のどれですか。
　ア．鹿児島の２０％の地域で雨が降る
　イ．同じような場合が１００回あれば，２０回は雨になる
　ウ．予報期間の２０％の時間，雨が降る
　エ．どしゃ降りの２０％程度の弱い雨になる
　オ．２０％の人々が雨に気づく

（６）⑥に当てはまる説明は，次のどれですか。
　ア．地球からのきょりが近くなる
　イ．表面温度が上がる
　ウ．高度が高くなる
　エ．表面積が大きくなる

（７）⑦に当てはまる，夏が暑くなるもう一つの原因を答えなさい。

（８）⑧に当てはまる説明は，次のどれですか。
　ア．水は熱を伝えにくいから
　イ．あせが乾きにくいから
　ウ．あせをかきにくいから
　エ．水が太陽からの熱をさえぎるから

（９）⑨，⑩にあてはまる適当な語句を入れなさい。

【２】

ある日，Ｌ君は水やりを忘れた植物がしおれているのを見て，植物と水の出入りの関係を調べることにしました。

（１）根から吸われた水は，茎を通り葉から放出されます。葉から水が放出される現象を何といいますか。

（２）葉から水が放出される現象は葉の表面にある穴から水蒸気が出ていくことで起こります。この穴を何といいますか。

Ｌ君は葉の表面にある穴を観察するために，顕微鏡を用いることにしました。

（３）顕微鏡の入っている箱を開けたところ，本体から接眼レンズと対物レンズが外してありました。レンズを本体に取り付ける順序について最も適当なものを次のア～ウより選びなさい。
ア．本体に接眼レンズと対物レンズのどちらを先に取り付けてもよい。
イ．本体に接眼レンズを取り付けた後に対物レンズを取り付ける。
ウ．本体に対物レンズを取り付けた後に接眼レンズを取り付ける。

（４）スライドガラスの上に葉の皮をはぎとったものを乗せて，カバーガラスで覆いました。このように，顕微鏡で観察できるようにしたサンプルを何といいますか。

（５）顕微鏡のステージを左上に動かしたときに，顕微鏡を通してみるとサンプルはどの方向に動いたように見えますか。

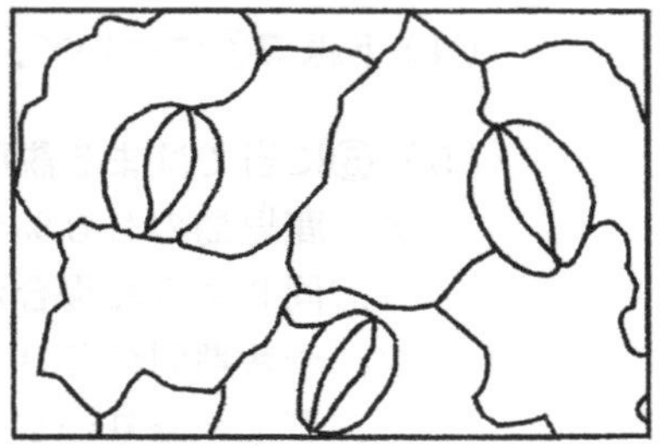

図１

（６）右の図１は顕微鏡で見た葉のサンプルをスケッチしたものです。葉の表面にある（２）の穴をすべて塗りつぶしなさい。

非接触式の温度計を使うと葉の温度が測れることが分かりました。葉の温度に興味を持ったL君は以下のような実験を行いました。

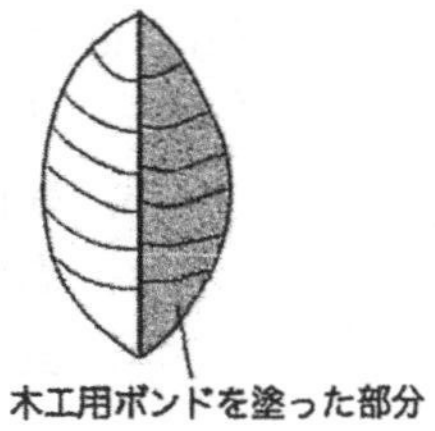

図２

［実験１］乾くと透明になる木工用ボンドをある植物の葉の右半分のおもて側と裏側の両面に図２のように塗って乾かして屋外に置き，葉の右半分と左半分で，葉の温度がどのように変化するのかを観察しました。なお，葉は植物についた状態で温度変化を観察しました。

（７）右のグラフ１は葉の左半分での温度の変化を点線で示しています。葉の右半分での温度変化を実線で表したものとして最も適当なものを次のア～エから選びなさい。

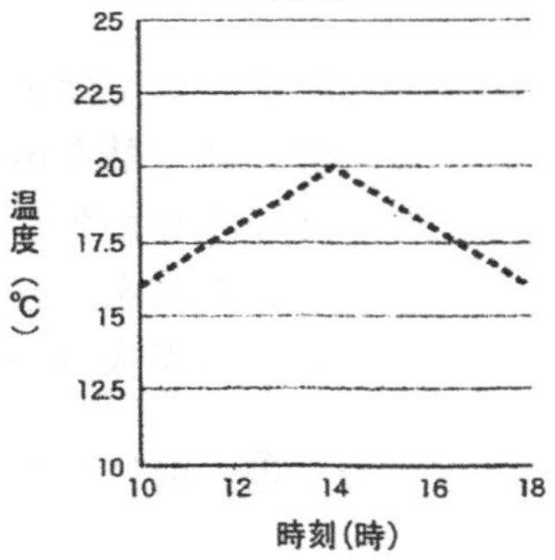

グラフ１

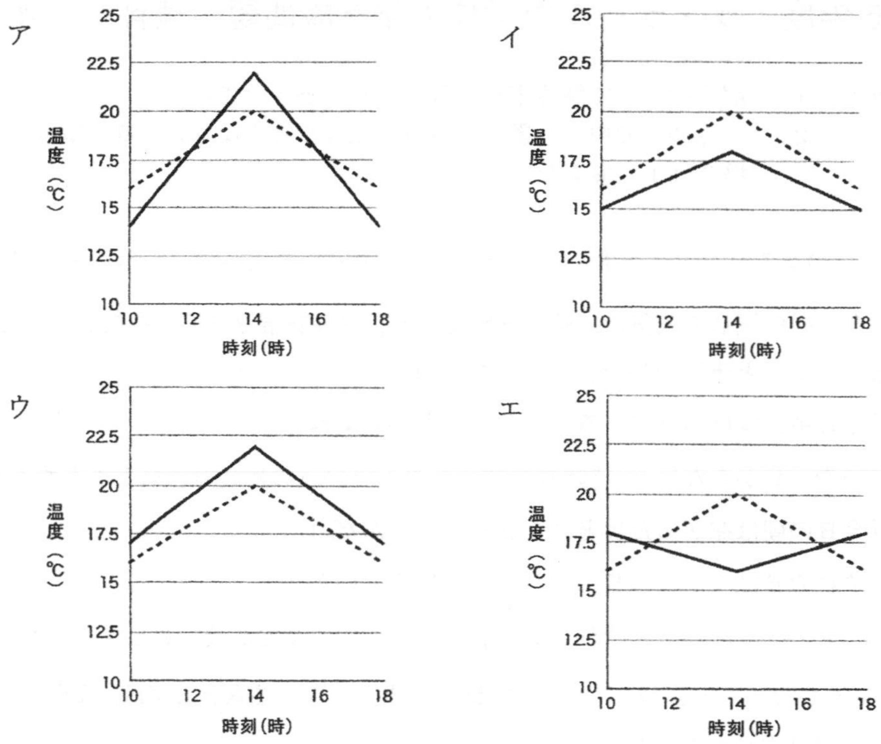

［実験２］日中に葉が植物についた状態で，（Ａ）葉のおもて側右半分にのみボンドを塗ったものと（Ｂ）葉の裏側右半分にのみボンドを塗ったものを乾かした後にしばらく屋外に置きました。ＡとＢの葉の右半分と左半分の温度を測り，その差がどうなっているかを観察しました。なおＡとＢとの間で明るさなどに差はありませんでした。

（８）ＡとＢのそれぞれの葉において，左右の温度差について最も適当なものを選びなさい。
ア．Ａの方がＢより，左右の温度差が大きかった。
イ．Ｂの方がＡより，左右の温度差が大きかった。
ウ．ＡとＢでは，左右の温度差に違いがみられなかった。

（９）葉の表面上の（２）の穴は開閉しており，これは気温や明るさなどの要因で調節されています。右のグラフ２は一日の「気温」や「明るさ」と，ある植物の「水の放出量」の変化を示したものです。このグラフから葉の表面上の穴の開閉には**「気温」**と**「明るさ」**とのいずれの方がより大きな役割を持っていると考えられるか答えなさい。なお，「明るさ」と「水の放出量」についてはそれぞれの最大値を100としたときの値で示しています。

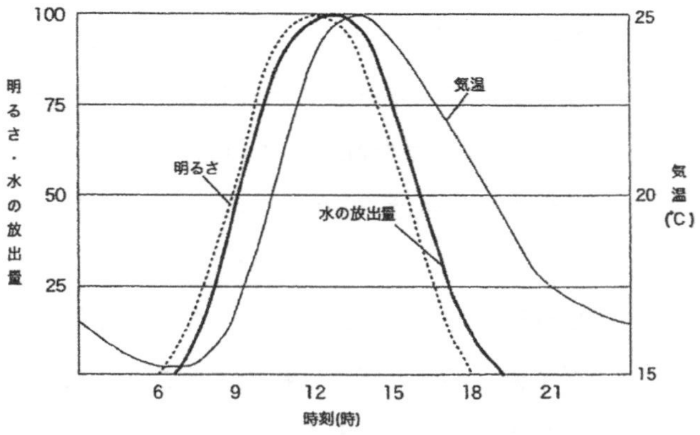

グラフ２

【３】

〈A〉図１のように，箱の外に４つの端子A～Dを取り付け，その中に豆電球，発光ダイオード，電池などを使った回路を組み込んだ装置をつくります。なお，図２のように発光ダイオードを電池につなぐと発光ダイオードは光りますが，図３のように電池につなぐと発光ダイオードは光りません。

この装置を用いて［実験Ⅰ］，［実験Ⅱ］を行いました。これらの実験について，以下の問いに答えなさい。

図１

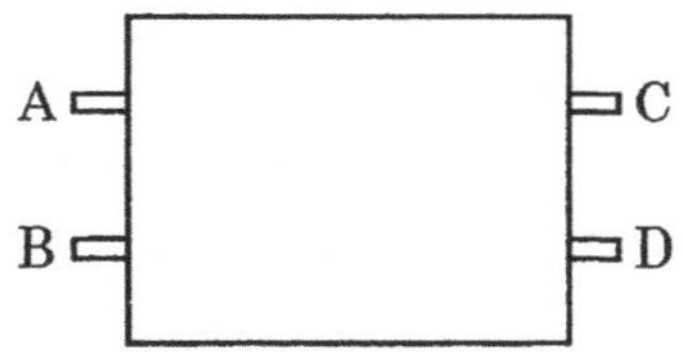

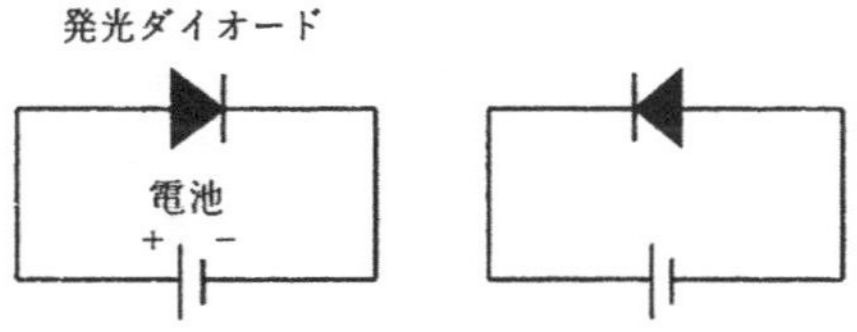

図２　　図３

［実験Ⅰ］

箱の中に３個の同じ豆電球P～Rを使った回路を組み込んだところ，以下の①～③の結果がわかりました。

① AとBを電池につなぐと，P～Rのすべてが光りました。

② AとCを電池につなぐと，Pのみ光りました。

③ AとDを電池につなぐと，P，Qのみ光りました。

（１）［実験Ⅰ］で用いた装置の中の回路は以下のどれかでした。最も適当なものを選びなさい。

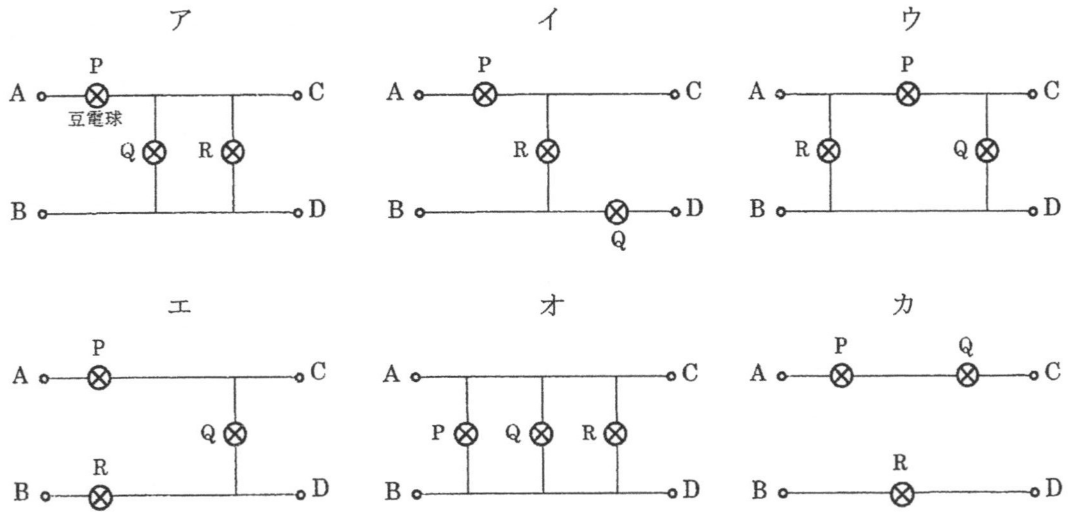

（２）この装置のCとDを電池につなぐと，どの豆電球が光りますか。P～Rからすべて選びなさい。

（３）この装置の豆電球Pが切れたとき，豆電球Q，Rのうち少なくとも一つを光らせるためには，A～Dのうちどの端子とどの端子を電池につなげばよいですか。その組み合わせとして適当なものを，ア～カからすべて選びなさい。

ア．AとB　　イ．BとC　　ウ．CとD

エ．AとC　　オ．BとD　　カ．AとD

（４）［実験Ⅰ］①～③のうち，この装置の豆電球Pが最も明るくなるものはどれですか。①～③から選びなさい。ただし，①～③で用いた電池は同じものとします。

［実験Ⅱ］

次に，箱の中に２個の同じ発光ダイオードS，Tとそれぞれ１個の豆電球，電池を使った回路を組み込んだところ，以下の④～⑥の結果がわかりました。

④ AとBをリード線でつなぐと，Sと豆電球のみ光りました。

⑤ AとDをリード線でつなぐと，Tと豆電球のみ光りました。

⑥ CとDをリード線でつなぐと，Tのみ光りました。

（５）［実験Ⅱ］で用いた装置の中の回路は以下のどれかでした。最も適当なものを選びなさい。

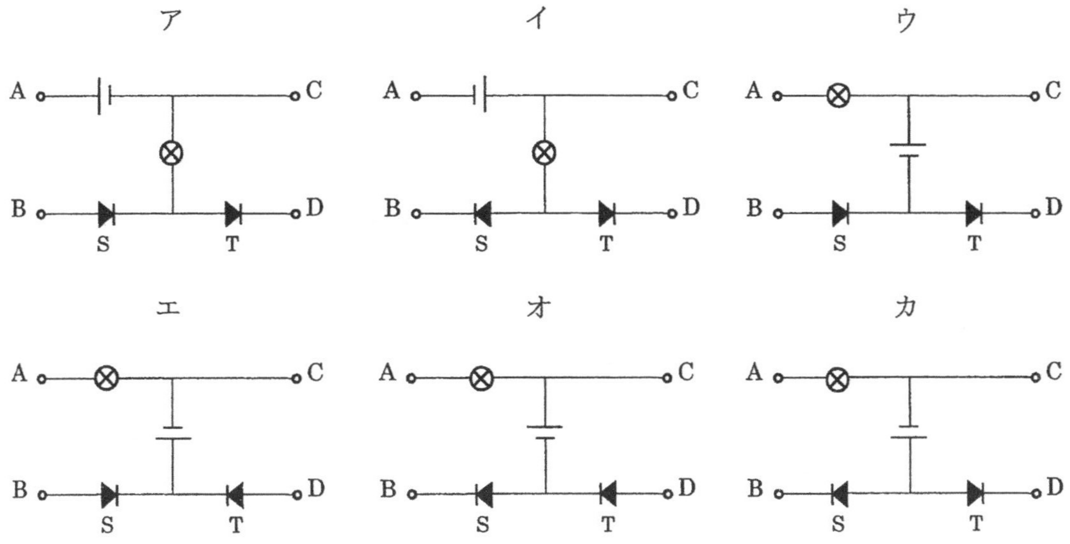

〈B〉重さ 100 g の金属の板と，重さの無視できるばねがあります。ばねの長さの変化量（伸びまたは縮み）は取り付けるおもりの重さに比例し，図１のグラフのような特徴を持っています。また，以下で使用する板とばねはすべて同じ形状・性質をもちます。

【図１】

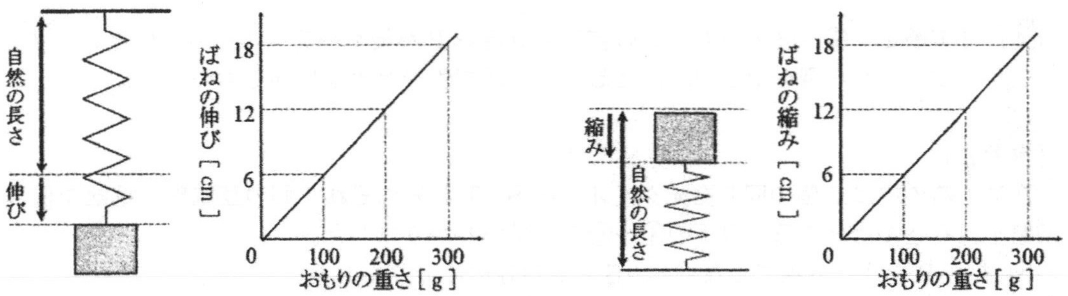

（１）板２枚とばね３本を，水平な床の上で図２のように組むと，２枚の板は水平になって，３本のばねは床に対して垂直になって静止しました。このとき，ばね１は自然の長さから何 cm 縮んでいますか。

【図２】

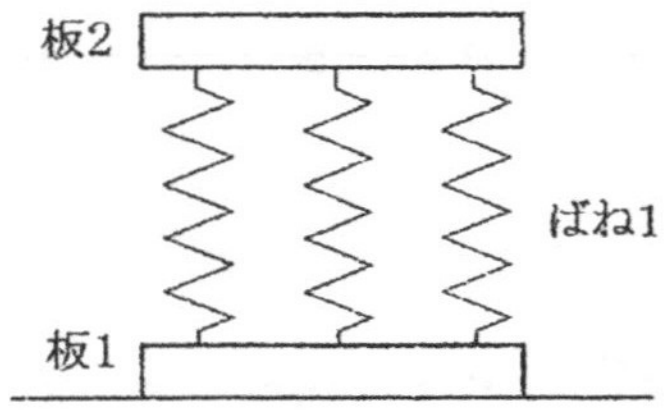

【図３】

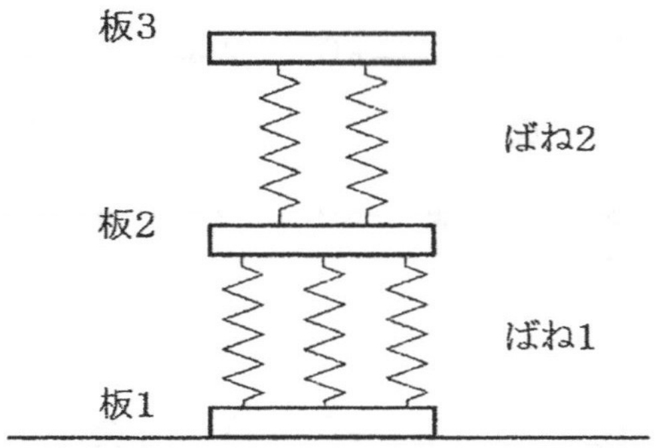

（２）次に，板を１枚，ばねを２本追加して，図３のように組むと，すべての板は水平になって，すべてのばねは縮んだ状態で床に対して垂直になって静止しました。ばね１とばね２は自然の長さから何 cm 縮んでいますか。それぞれ答えなさい。

（３）（２）の後，図４のように，板３の上部にばね３を付けて，板３をゆっくりと引き上げたところ，すべての板は水平になり，すべてのばねは垂直になって静止しました。ばね３が自然の長さから 9 cm だけ伸びているとき，ばね１，ばね２は自然の長さから何 cm 変化していますか。それぞれの変化した長さを答え，ばねの状態を〔 **ア**. 伸びている，**イ**. 縮んでいる，**ウ**. 変化していない 〕から選び記号で答えなさい。ただし，**ウ**を選んだ場合は変化した長さを 0 cm と答えなさい。

【図４】

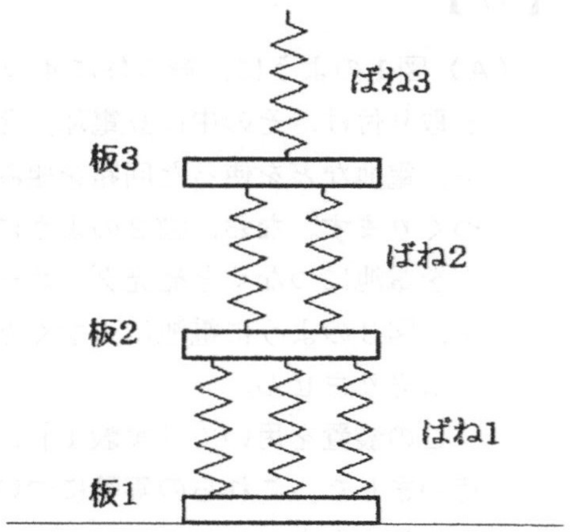

（４）① 図５のように，容器に入った水の中に，一本のばねを付けた板を完全に沈めた状態で，ばねの端を手で持ち，板が水平になるように支えたところ，どの深さで測っても，ばねの伸びが 3.6 cm でした。このときに手が感じる板の重さは何 g ですか。ただし，板は容器の底についていないものとします。

【図５】

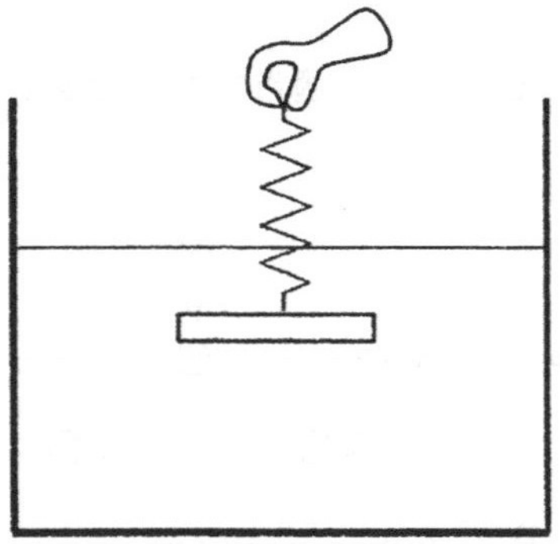

【図６】

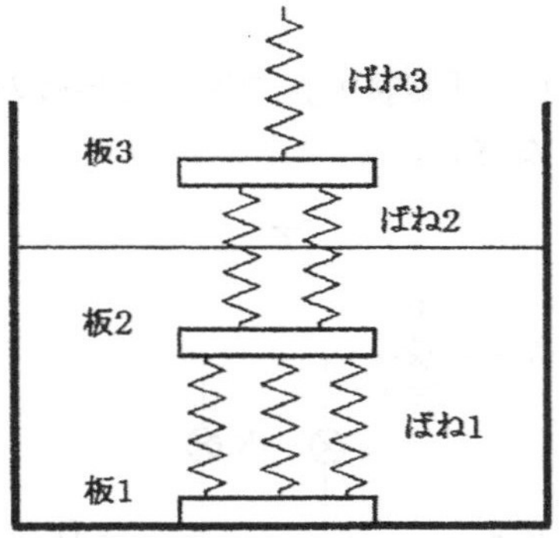

② 図４の装置を，容器に入った水の中に板１が容器の底につくまで沈めたところ，図６のように，すべての板が水平になり，すべてのばねが垂直になって静止しました。このとき，板１と板２は水の中に完全に沈んでおり，かつ板３は水の外に完全に出ていました。ばね３の伸びが 12 cm のとき，ばね１，ばね２は自然の長さから何 cm 変化していますか。それぞれの変化した長さを答え，ばねの状態を〔 **ア**. 伸びている，**イ**. 縮んでいる，**ウ**. 変化していない 〕から選び記号で答えなさい。ただし，**ウ**を選んだ場合は変化した長さを 0 cm と答えなさい。

【４】

〈Ａ〉次の文を読み以下の問いに答えなさい。

二又試験管を用いると気体を発生させたり，気体の発生を止めたりすることができます。右図の二又試験管のＡの部分，Ｂの部分に入れる固体や水溶液の組み合わせを変えて気体を発生させ，気体を一定量集めた後，気体の発生を止めました。以下の表に発生した気体の性質と気体の集め方をまとめました。

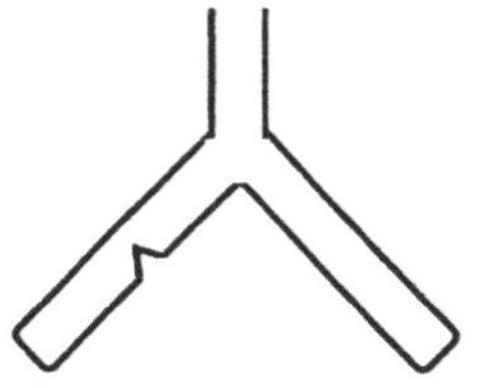

	発生した気体の性質	気体の集め方
気体①	空気中の約２０%をしめ，助燃性がある。	（Ｘ）置換
気体②	最も軽い気体で，可燃性である。	（Ｘ）置換
気体③	水に少し溶けて酸性を示す。 「（Ｙ）水」が白くにごる。	下方置換

（１） 気体①～③の発生のために用いた固体と水溶液は以下のア～コのいずれかの組み合わせでした。二又試験管（Ａの部分，Ｂの部分）に入れる物質の組み合わせとして適当なものを次からそれぞれ選びなさい。ただし，下線部を考りょして選びなさい。

	二又試験管のＡの部分	二又試験管のＢの部分
ア	石灰石	塩酸
イ	塩酸	石灰石
ウ	アルミニウム	水酸化ナトリウム水溶液
エ	水酸化ナトリウム水溶液	アルミニウム
オ	塩酸	銅
カ	銅	塩酸
キ	二酸化マンガン	オキシドール
ク	オキシドール	二酸化マンガン
ケ	水酸化ナトリウム水溶液	石灰石
コ	石灰石	水酸化ナトリウム水溶液

（２） 表の空らん（Ｘ），（Ｙ）に当てはまる語句を書きなさい。

（３） 気体①の助燃性を確かめる実験操作，およびそのとき得られる結果を簡単に書きなさい。

（１）で気体①，②，③を発生させるために用いた固体をそれぞれ固体①～固体③，用いた水溶液をそれぞれ水溶液①～水溶液③と呼ぶ。以下の実験（あ）～実験（う）を見て（４），（５）の問いに答えなさい。

実験（あ）

水溶液①100mL に固体① 5 g を加えたところ固体が残り，発生した気体①の総量は100mL であった。

実験（い）

水溶液②100mL に固体② 5 g を加えたところ固体が残らず，発生した気体②の総量は6000mL であった。

実験（う）

固体③ 5 g に水溶液③を少しずつ加えていき 100mL を加えたところで，ちょうど固体がすべてなくなり，発生した気体③の総量は 1000mL であった。

（４）次の実験Ａ～Ｃを行った場合，もとの実験（あ）～（う）で発生した気体のそれぞれの総量と比べどうなることが予想できるか。最も適当なものをア～エよりそれぞれ選びなさい。

実験Ａ　実験（あ）で水溶液①の体積だけを増やす。
実験Ｂ　実験（い）で固体②の質量だけを増やす。
実験Ｃ　実験（う）で固体③の質量だけを減らす。

ア．この実験だけからは予想できない。
イ．発生する気体の総量は変化しないと予想できる。
ウ．発生する気体の総量はもとの実験より増えると予想できる。
エ．発生する気体の総量はもとの実験より減ると予想できる。

（５）固体③ 5 g に実験（う）で用いた水溶液③の２倍の濃さの水溶液 100mL を加えた。このとき発生した気体③の総量は何 mL になるか答えなさい。

〈B〉右のグラフは，100 g の水に溶ける結晶の重さ[g](溶解度という)の温度による変化を硝酸カリウム，塩化カリウム，塩化ナトリウムについて示したものです。これを見て問いに答えなさい。割り切れない場合は小数第1位を四捨五入して整数で答えなさい。

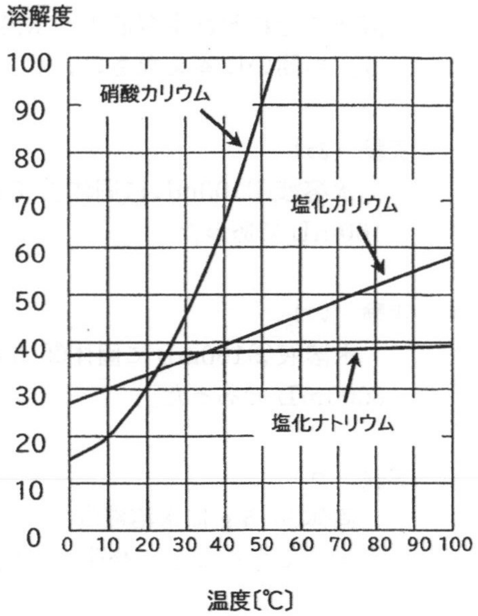

（1）硝酸カリウムは 100g の水に 20℃のとき 30g 溶けます。20℃の硝酸カリウム飽和水溶液の濃度は何％ですか。

（2）硝酸カリウムは 100g の水に 30℃のとき 45g 溶けます。30℃の硝酸カリウム飽和水溶液 400g には，何 g の硝酸カリウムが含まれていますか。

（3）60℃で 20%の硝酸カリウム水溶液が 200g あります。これを少しずつ冷やしていったとき，硝酸カリウムの結晶が出始めるのはおよそ何℃のときですか，最も適切な温度を選びなさい。

ア 10℃　　イ 15℃　　ウ 25℃　　エ 30℃　　オ 35℃　　カ 45℃

（4）塩化カリウムは 100g の水に 10℃のとき 30 g，80℃のとき 52 g 溶けます。80℃の塩化カリウム飽和水溶液 400g を 10℃まで冷却すると，何 g の結晶が出てきますか。

（5）少量の不純物を含む物質を高温で水に溶かして作った飽和水溶液を（4）のように冷やすと，不純物が取り除かれた純粋な結晶だけが出てきて，不純物から分離することができる方法があり，この操作を再結晶といいます。しかし塩化ナトリウムでは，この再結晶が適しません。それはなぜか。理由を答えなさい。

〔 おわり 〕

2023年度　ラ・サール中学校入学試験問題（社会）

注意：解答はすべて解答用紙に記入しなさい。

（40分）

1　以下の2022年に関係する文章を読み、問いに答えなさい。

◆　２月に中国で北京冬季オリンピックが開催され、日本は冬季オリンピック過去最多のメダルを獲得しました。

問１　オリンピックについて述べた次の**ア**～**エ**のうち、誤りを含むものを１つ選び、記号で答えなさい。

ア　次回の夏季オリンピックはフランスで、次回の冬季オリンピックはイタリアで開催されることになっている。

イ　北京では夏季オリンピックも開催されたことがある。

ウ　北京冬季オリンピックでは、ロシアの選手と、ロシアと同盟関係にあるベラルーシの選手の出場が禁止された。

エ　北京冬季オリンピックに、イギリスやアメリカ合衆国は政府関係者を派遣しなかった。

問２　日本でもかつて冬季オリンピックが２度開催されましたが、開催された２つの都市の名前を開催年の古い順に答えなさい。

◆　２月にロシアがウクライナに軍事侵攻しました。この侵攻の背景には、東西冷戦時代からの西側諸国の軍事同盟である（　　）が拡大することに対するプーチン大統領の危機感と、ウクライナをロシアの影響下に置きたいという思惑があると考えられています。

問３　文中の（　　）にあてはまる語句を答えなさい。語句はアルファベットの略称で答えても構いません。

問４　ロシアとウクライナは、東西冷戦時には１つの国家内にありました。その国家の最後の指導者で、東西冷戦を終結に導いた人物が８月に亡くなりました。その人物の名を答えなさい。

◆　３月から円安が急速に進み、10月には一時１ドル150円台を記録しました。この円安によって物価が上昇し、家計や企業にとって大きな負担となっています。

問５　円安について述べた次の**ア**～**エ**のうち、誤りを含むものを１つ選び、記号で答えなさい。

ア　外国の人々にとって日本への旅行がしやすくなる。

イ　外国から輸入する農産物やエネルギー資源の日本での価格が上昇する。

ウ　輸出を行う日本の企業にとっては、海外で品物を売りやすくなって有利に働く。

エ　１ドルが140円から120円になった場合は円安になったといえる。

◆　４月から改正民法とその関連法案が施行され、成人年齢が20歳から18歳に引き下げられました。

問６　成人年齢引き下げについて述べた次の**ア**～**エ**のうち、正しいものを１つ選び、記号で答えなさい。

ア　結婚できる年齢が男女ともに20歳から18歳に引き下げられた。

イ　18歳以上なら、親の同意がなくてもクレジットカードやローンなどの契約が可能になった。

ウ　７月に行われた参議院議員選挙は、18歳以上の人に選挙権が認められた初めての選挙だった。

エ　飲酒や喫煙の禁止年齢が18歳未満になった。

◆　アメリカ合衆国の統治下におかれていた沖縄が日本に復帰して50年をむかえましたが、現在も米軍基地問題など多くの問題をかかえています。そのうち、住宅密集地にあり危険度の高い普天間基地を名護市（　　）沿岸部に移設することになりましたが、移設をめぐって政府と県が対立しています。

問７　文中の（　　）に適する地名を答えなさい。

問８　沖縄はかつて琉球王国という独立国でした。この王国の城は沖縄の観光地として人気がありましたが、2019年に火事によって焼失しました。この城の名前を漢字で答えなさい。

◆　６月に（ １ ）は2021年の日本の出生数を発表しました。出生数は過去最低で、６年連続の減少になっています。この状態が続くと、日本の経済力がおとろえ、年金や医療保険などの社会保障制度の維持が難しくなります。そのため、国や地方公共団体は子どもを育てやすい環境づくりに取り組んでいます。また、2023年４月には子どもについての諸政策の司令塔となる役所として（ ２ ）が発足することになっています。

問９　文中の（ １ ）にあてはまる役所名を次の**ア**～**エ**から１つ選び、記号で答えなさい。

ア　厚生労働省　　**イ**　文部科学省　　**ウ**　国土交通省　　**エ**　財務省

問10　文中の（ ２ ）にあてはまる役所名を答えなさい。

◆ 日本と中国(中華人民共和国)の国交が正常化してから50年をむかえました。中国との国交正常化の結果、日本と台湾との国交は断絶しましたが、貿易などの経済的な関係や、民間での交流は続いています。

問11　中国（中華人民共和国）について述べた次の**ア**～**エ**のうち、正しいものを１つ選び、記号で答えなさい。

ア　ロシアのウクライナへの侵攻を受けて、中国はウクライナに積極的に武器を供与している。

イ　日本と中国の間には、竹島をめぐる領土問題が存在している。

ウ　習近平国家主席のもと、中国は中国国民党の一党支配を強化している。

エ　日本にとって中国は、輸出額・輸入額ともに第１位(2021年)の貿易相手国である。

2　日本の自然、産業、貿易に関する次の問いに答えなさい。

問１　次の**A**～**D**の文は、日本の４つの盆地について述べたものです。

A　盆地の東には大雪山をのぞみます。盆地を流れるいくつかの川は、合流して、（　　）平野を流れ、日本海に注ぎます。品種改良や客土によって、稲作がさかんになりました。

B　盆地の南西には霧島山をのぞみます。盆地を流れる川は、大きな河川と合流して、太平洋に注ぎます。火山灰性の土が積もっており、畜産がさかんです。

C　奥羽山脈の西に位置する盆地です。山麓の扇状地では果物の栽培がさかんです。

D　盆地を流れる川は、合流して、河口付近では２つの政令指定都市の境になっています。この盆地が日本の政治・文化の中心となった時代もあり、古墳や古い寺社が多く残っています。

(1) **A**の（　　）にあてはまる地名を答えなさい。

(2) **C**と**D**の盆地には都道府県庁が所在する都市があります。その都市名をそれぞれ答えなさい。

(3) 次の図は、**A**～**D**のそれぞれで人口が最も多い市の雨温図です。このうち、①と②の雨温図は、**A**～**D**のどの盆地の市のものですか。１つずつ選び、記号で答えなさい。

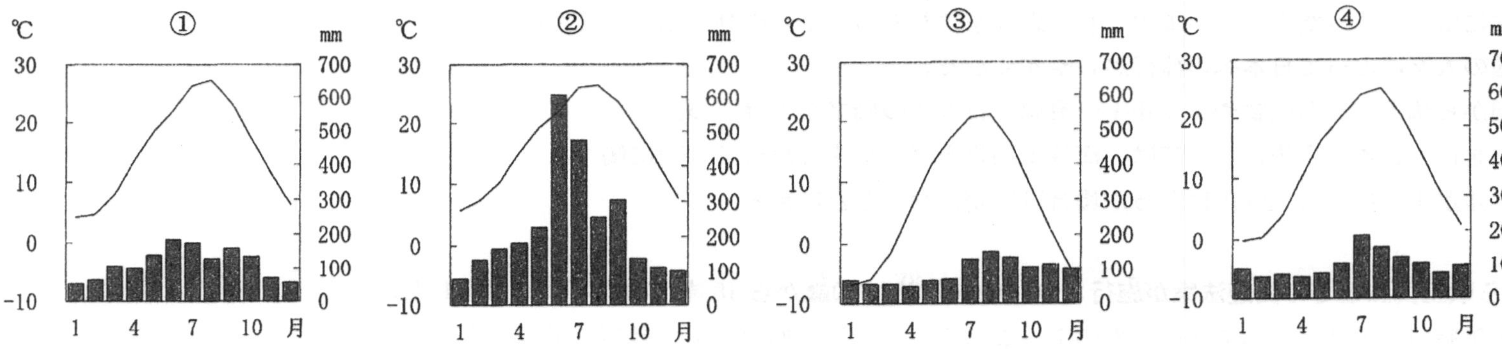

問２　右の表は、いくつかの水産物について、養殖業生産量が多い都道府県を順に３つ示したものです。**ア**～**エ**は、うなぎ、かき類、こんぶ類、まだいのいずれかです。

(1) **ア**～**エ**のうち、①うなぎ、②まだい　にあてはまるものを１つずつ選び、記号で答えなさい。

(2) **ア**と**イ**の（　　）には同じ都府県名が入ります。その都府県名を答えなさい。

単位：％

ア	北海道 75.2	岩手 21.9	（　　）2.5
イ	広島 58.7	（　　）13.9	岡山 9.3
ウ	愛媛 54.9	熊本 14.2	高知 10.6
エ	鹿児島 42.2	愛知 25.7	宮崎 17.3

統計年次は2021年。農林水産省の資料による。

問３　右の表は、再生可能エネルギーによる発電実績が多い都道府県を、発電方法別に順に３つ示したものです。**カ**～**ケ**は、水力、太陽光、地熱、風力のいずれかです。

(1) 太陽光と風力の正しい組合せを、次の１～４から１つ選び、番号で答えなさい。

１　太陽光－**カ**　風力－**ケ**

２　太陽光－**キ**　風力－**ク**

３　太陽光－**ク**　風力－**カ**

４　太陽光－**ケ**　風力－**キ**

(2) **カ**の（　　）にあてはまる都府県名を答えなさい。

単位：％

カ	（　　）41.8	秋田 20.3	鹿児島 19.1
キ	青森 16.9	北海道 15.2	秋田 12.5
ク	富山 10.8	岐阜 10.3	長野 8.6
ケ	福島 8.1	茨城 7.2	岡山 7.1

統計年次は2021年度。資源エネルギー庁の資料による。

問４　右の表は、いくつかの工業製品について、製造品出荷額等が多い都道府県を順に３つ示したものです。**サ～セ**は、鉄鋼、石油・石炭製品、パルプ・紙・紙加工品、情報通信機械器具のいずれかです。

(1)**サ～セ**のうち、①鉄鋼、②情報通信機械器具　にあてはまるものを１つずつ選び、記号で答えなさい。

(2)**サ**と**ス**の（　　）には同じ都道府県名が入ります。その都道府県名を答えなさい。

単位：％

サ	（　　）24.9　神奈川 14.8　大阪 11.1
シ	長野 16.0　神奈川 13.2　埼玉 7.2
ス	愛知 14.2　兵庫 11.1　（　　）9.2
セ	静岡 11.5　愛媛 7.6　埼玉 6.9

統計年次は 2020 年。経済産業省の資料による。

問５　日本は多くの産品を輸入しています。右の表は、いくつかの品目について、輸入額が多い相手国・地域を順に３つ示したものです。**タ～テ**は、液化天然ガス、えび、集積回路、鉄鉱石のいずれかです。

(1)**タ～テ**のうち、①えび　②集積回路　にあてはまるものを１つずつ選び、記号で答えなさい。

(2)**チ**と**ツ**の（　　）には同じ国名が入ります。その国名を答えなさい。

単位：％

タ	台湾(わん) 57.5　アメリカ合衆国 10.6　中国 9.4
チ	（　　）52.3　ブラジル 29.6　カナダ 7.1
ツ	（　　）40.2　マレーシア 13.2　カタール 11.3
テ	ベトナム 21.4　インド 20.3　インドネシア 16.7

統計年次は 2020 年。日本国勢図会(え)による。

3　次の文章を読み、あとの問いに答えなさい。

日本国憲法は、平和主義・国民主権・基本的人権の尊重を基本原則として制定された。

a 国民主権について、憲法前文は、国民が正当に選挙された国会における代表者を通じて行動すること、国民が主権をもつこと、主権者である国民が憲法を制定することなどを定めている。大日本帝(てい)国憲法で主権者だった天皇については、日本国および日本国民統合の象徴(ちょう)と位置付け、その地位が主権をもつ日本国民の総意に基(もと)づくとしている(第１条)。

基本的人権については、第３章「国民の権利及(およ)び義務」に規定がある。ここでは、思想の自由や学問の自由などが広く保障されている。

人権を保障するためには、権力分立が必要である。憲法は、第４章「国会」、第５章「内閣」、第６章「司法」において、権力相互(ご)の関係を規定している。

b 国会は、法律の制定などの仕事を行う。国会は、衆議院および参議院で構成され、c 両議院は「全国民を代表する d 選挙された議員」で組織される(第 43 条第１項(こう))。

行政権は、内閣に属する。e 内閣は、「首長たる f 内閣総理大臣及びその他の国務大臣」で組織され(第 66 条第１項)、「行政権の行使について、国会に対し連帯して責任を負う」(同条第３項)。

g 裁判所について、憲法は、司法権が、「最高裁判所及び法律の定めるところにより設置する下級裁判所に属する」としている(第 76 条第１項)。また、h 裁判官については、「その良心に従い独立してその職権を行い、この憲法及び法律にのみ拘(こう)束される」と定めている(同条第３項)。

問１　下線部 a について、国民主権に関連する記述として誤っているものを、次の**ア～エ**から１つ選び、記号で答えなさい。

ア　日本に居住する外国人が地方公共団体の首長や議員の選挙権をもたないことについて、最高裁判所は、憲法に違(い)反しないと判断したことがある。

イ　憲法は、国会議員などの選挙について、成年者による普(ふ)通選挙を保障している。

ウ　憲法改正は、国会が発議した憲法改正案に対して、国民投票を行い、そこで投票総数の過半数の賛成があったときに成立する。

エ　外国に居住する日本国民が最高裁判所裁判官の国民審(しん)査権をもたないことについて、最高裁判所が、憲法に違反すると判断したことはない。

問２　下線部 b に関連して、国会または国会議員についての記述として誤っているものを、次の**ア～エ**から１つ選び、記号で答えなさい。

ア　通常国会について、憲法および法律は、毎年１回召(しょう)集すること、原則として、１月中に召集し、会期は 150 日間とすることなどを定めている。

イ　国会は、予算案を作成する。

ウ　国会議員は、法律の定める一定の場合を除いて、国会の会期中逮捕(たいほ)されないことになっている。

エ　国会は、外国と結ぶ条約を承認する。

問３　下線部ｃについての記述として誤っているものを、次のア～エから１つ選び、記号で答えなさい。
ア　両議院は、それぞれ国政に関する調査を行い、これに関して証人の出頭や証言などを要求することができる。
イ　両議院は、それぞれ会議の手続きや内部の規律に関して規則を定めることができる。
ウ　内閣提出の法律案は、先に衆議院に提出しなければならない。
エ　両議院で議案を審議または議決するとき、委員会では委員の２分の１以上の出席がなければならず、本会議では総議員の３分の１以上の出席がなければならない。

問４　下線部ｄに関連して、参議院議員通常選挙についての記述として誤っているものを、次のア～エから１つ選び、記号で答えなさい。ただし、選択肢（たくし）の記述に「本件選挙」とあるのは、2022年７月10日に実施（し）された選挙を指しています。
ア　選挙人は、比例代表区では、政党名または政党が作成した名簿（ぼ）に記載（さい）がある候補者の名前を書いて投票する。
イ　比例代表区では、全国を11に分けて選挙が行われる。
ウ　本件選挙で、比例代表区において一番多い得票数を獲（かく）得した野党は、日本維（い）新の会であった。
エ　自由民主党は、本件選挙で議席を増やしたが、非改選の議席と合わせたとき、１党で参議院の定数の過半数には達しなかった。

問５　下線部ｅについての記述として誤っているものを、次のア～エから１つ選び、記号で答えなさい。
ア　憲法は、内閣が、国会および国民に対して、定期的に、少なくとも毎年１回、国の財政状況（きょう）について報告しなければならないとしている。
イ　内閣は、法律の規定を実施するために政令を制定する。
ウ　憲法は、「外交関係を処理すること」を内閣の事務としている。
エ　内閣は、臨時国会を召集するが、その会期について、法律は７日間としている。

問６　下線部ｆについての記述として誤っているものを、次のア～エから１つ選び、記号で答えなさい。
ア　内閣総理大臣は、国務大臣を任命するが、その過半数は国会議員の中から選ばれなければならない。
イ　内閣総理大臣については、国会が指名して、天皇が任命する。
ウ　衆議院の解散は、内閣総理大臣の権限であり、閣議決定はいらない。
エ　法律は、内閣総理大臣について、「内閣を代表して自衛隊の最高の指揮監督（かんとく）権を有する」と定めている。

問７　下線部ｇに関連して、裁判員裁判についての記述として誤っているものを、次のア～カから１つ選び、記号で答えなさい。
ア　訴（うった）えられた人が有罪か無罪かの判断を裁判員だけで行い、有罪の場合にどのような刑（けい）を科すかの判断を裁判官だけで行う。
イ　裁判員は、選挙権をもつ者の中からくじで選ばれる。
ウ　重い病気やけがにより裁判所に行くことが困難など、一定の条件を満たす人は、裁判所に申し立ててそれが認められれば、裁判員を辞退することができる。
エ　裁判官や検察官など法律が定める職業にある者は、裁判員になることができない。
オ　裁判員も、裁判官と同様に、証人や被（ひ）告人に質問することができる。
カ　法廷（てい）は、原則として、裁判官３人、裁判員６人によって構成される。

問８　下線部ｈの選出に関する次の記述①～③の正誤の組合せとして正しいものを、あとのア～カから１つ選び、記号で答えなさい。
①　内閣は、最高裁判所長官を指名し、天皇が任命する。
②　内閣は、長官以外の最高裁判所裁判官を指名し、国会が任命する。
③　最高裁判所は、下級裁判所の裁判官を指名し、内閣が任命する。

ア　①正　②誤　③誤	イ　①誤　②正　③誤	ウ　①誤　②誤　③正
エ　①誤　②正　③正	オ　①正　②誤　③正	カ　①正　②正　③誤

4　2022 年に、東京国立博物館で『国宝　東京国立博物館のすべて』という特別展が行われました。次の文は、特別展のホームページに載っている「開催趣旨」の一部です。これを読み、あとの問いに答えなさい。なお問題では「東京国立博物館」やその前身にあたる博物館を「当館」と記します。

> 東京国立博物館（東博）は、令和４年（2022）、創立 150 年を迎えました。①明治５年（1872）の発足以来、日本でもっとも長い歴史をもつ博物館として、かけがえのない文化財の保存と公開とを両立させながら、②日本の文化を未来へ、そして世界へ伝えていく役割を果たしてきました。
> 本展は、この大きな節目を記念して開催するものです。150 年の間に積み重ねられた約 12 万件という膨大な所蔵品の中から、③国宝 89 件すべてを含む名品と、④明治から令和にいたる 150 年の歩みを物語る関連資料を通して、東京国立博物館の全貌を紹介します。

問１　下線部①に関連する、以下の問いに答えなさい。

◆ 当館ができた明治時代の初め頃、社会は大きく変わりました。

(1) 明治時代初め頃の社会の変化について述べた次のア～エのうち、３つは正しく、１つは誤りを含んでいます。その誤りを含む文を探し、その文が正しい内容になるように一カ所を訂正して、訂正した後の語句を答えなさい。記号を答える必要はありません。

ア　大名はそれまで治めていた土地を版籍奉還により天皇に返すことになり、そのあとに廃藩置県が行われて、各県には政府の役人が送りこまれ、政府の方針がいきわたるようになった。

イ　政府は大名などを華族、武士を士族、百姓や町人を平民とした。戦う仕事については、徴兵令に基づき、士族に限らず 20 歳以上の男子に兵役の義務を定めた。

ウ　政府は収入を安定させるために、これまでの年貢に代えて、土地の価格の３％を現金で納めるように税制を改めた。これを地租改正と呼んでいる。

エ　政府は経済の面でも欧米に追いつくため殖産興業政策を進め、政府がお金を出して、輸出品として重要な綿糸を作る富岡製糸場などの官営工場を造った。

◆ 当館の館長を務めた人物の一人に、明治・大正時代の作家として有名な森鷗外がいます。

(2) 明治・大正時代の文化や社会について述べた次のア～エから、誤りを含むものを１つ選び、記号で答えなさい。

ア　文明開化の風潮の中、福沢諭吉は新しい時代にふさわしい生き方を『学問のすゝめ』などで紹介した。

イ　破傷風の治療方法を発見した北里柴三郎が作った研究所からは、赤痢菌を発見した志賀潔などが育った。

ウ　『たけくらべ』を著した与謝野晶子や、戦争に反対する詩を書いた樋口一葉など、女性作家が活躍した。

エ　女性が働く場が増える一方、女性の地位向上を求めて、平塚らいてうなどが運動を始めた。

問２　下線部②に関連する、以下の問いに答えなさい。

◆ 当館は、「未来の国宝展」と題して、当館スタッフがこれから国宝になるかも知れないと考えている優れた文化財を紹介する展覧会も開きました。そこで、浮世絵を始めた菱川師宣が描いた「見返り美人図」が取り上げられました。

(1) 浮世絵の絵描きでない人物を次のア～エから１つ選び、記号で答えなさい。

ア　東洲斎写楽　　イ　葛飾北斎　　ウ　近松門左衛門　　エ　歌川広重

◆ 当館は、「未来の博物館」と題して、最先端のデジタル技術や細かいところまで復元した複製品を使って、文化財の新しい見方や楽しみ方を示す取り組みも行いました。そこで「土偶」が取り上げられました。

(2) 土偶がつくられたのと同じ時代について述べた文を、次のア～エから１つ選び、記号で答えなさい。

ア　石包丁を使って稲の穂を刈り取り、高床の倉庫に蓄えた。

イ　竪穴住居に住み、狩りや漁をしたり、木の実などを採集したりして暮らしていた。

ウ　鉄器や青銅器を使って仕事や祭りを行った。

エ　うすくてかたく、文様などが入っていない土器を使った。

◆当館では現在（2023 年 1 月 29 日まで）「150 年後の国宝展」と題した展示を行っていますが、その 150 年後の国宝候補の一つとして「令和 3 年度大学入学者選抜に係る大学入学共通テスト受験票」があげられています。

(3)さまざまな時代の試験に関して述べた次の文ⅰ～ⅲについて、年代の古い順に正しく並べたものを、あとの**ア～カ**から１つ選び、記号で答えなさい。

ⅰ　内閣のしくみができてまもなく、政府の役人には文官高等試験に合格した者をあてることが決められた。その後決まりが変えられ「帝国大学の卒業者は試験を受けずに役人になれる」という例外がなくなった。

ⅱ　豪族が支配していた土地が国のものになり、都を中心に全国を支配するしくみが作られた。地方の支配を担う役人には、それまでその地方で力を持っていた豪族だけでなく、役所の試験に合格した者も登用された。

ⅲ　大きな飢饉を背景に一揆や打ちこわしがしばしば起こる中で政治改革を図った人物が、「学問吟味」という試験を始めて、試験の成績が優秀な武士をより高い地位に就けるようにした。

ア　ⅰ→ⅱ→ⅲ　**イ**　ⅰ→ⅲ→ⅱ　**ウ**　ⅱ→ⅰ→ⅲ　**エ**　ⅱ→ⅲ→ⅰ　**オ**　ⅲ→ⅰ→ⅱ　**カ**　ⅲ→ⅱ→ⅰ

◆ 当館や日本はさまざまな文化を世界に発信していますが、一方でさまざまな文化や品物がさまざまな時期に世界から入ってきました。

(4)次の**ア～キ**を、日本に入ってきた順に並べかえたときに、５番目に当たるものの記号を答えなさい。

ア　オランダ語の医学書　**イ**　水墨画　**ウ**　自動車　**エ**　仏教　**オ**　瑠璃杯　**カ**　鉄道　**キ**　鉄砲

問３　下線部③に関連する、以下の問いに答えなさい。

◆ 国宝に指定されている美術工芸品 902 件のうち、当館は 89 件を所蔵し、それらが今回の特別展ですべて展示されました。その中に『平治物語絵巻』と『秋冬山水図』がありました。

(1)Ａ：『秋冬山水図』や『天橋立図』（京都国立博物館所蔵）を描いた人物は誰ですか。

Ｂ：『平治物語絵巻』が描かれてから『秋冬山水図』が描かれるまでの間に起こったできごとを、次の**ア～オ**から１つ選び、記号で答えなさい。なお、平治物語絵巻は、乱から数十年後までに描かれたと考えられています。

ア　源義家が東北で戦った。
イ　金閣が造られた。
ウ　安土城が造られた。
エ　束帯や十二単が用いられ始めた。
オ　検地が行われた。

(2) (1)にあげたような絵画は長くても２週間くらいしか展示されず、それ以外の時には温度や湿度が一定に保たれた収蔵庫に保管されています。このように展示期間を限る目的を、最初の「開催趣旨」の文を参考にして、「展示期間を限ることで」という書き出しで説明しなさい。

◆ 国宝は建築、絵画、書道、工芸、彫刻と様々な分野にわたり、2023 年 1 月 1 日時点で全国で 1132 件あります（ただし、古文書など数万点が「１件」として数えられている例もあるので、点数はこれよりはるかに多くなります）。

(3)次の**ア～オ**は、その一部または全部が国宝に指定されている建築物と、それと関係の深い人物についてのものです。

ア　徳川家光は日光東照宮を造らせた。
イ　平清盛は厳島神社の建物を整えた。
ウ　大正天皇が皇太子だった時にその住まいとして首都に造られた建物は、現在は迎賓館と呼ばれている。
エ　平城京から都がうつされた頃、最澄が延暦寺を開いた。
オ　関ヶ原の戦いの直後に姫路城を任された池田輝政は、現在も残る天守閣などを整えた。

Ａ：人物を基準として、これらを年代順に並べかえたときに３番目になるものを記号で答えなさい。
Ｂ：建物を西から東の順に並べかえたときに３番目になるものを記号で答えなさい。

問４　下線部④に関連する、以下の問いに答えなさい。

◆ 1908 年には「表慶館」が完成しました。皇太子（後の大正天皇）の結婚を祝って建てられたものです。

(1)その後の一時期、当館のほかの建物で展示ができなくなったため表慶館だけで展示が行われたことがあります。その理由と考えられるできごとを**ア～エ**から、そのできごとが起こった年代を**オ～ク**から、それぞれ１つずつ選んで記号で答えなさい。

ア　東日本大震災　**イ**　二・二六事件　**ウ**　関東大震災　**エ**　東京大空襲
オ　1920 年代　**カ**　1930 年代　**キ**　1950 年代　**ク**　1990 年代

◆ **1940 年には正倉院の宝物が当館に運ばれて展示されました。人々の関心も高く、17 日間で 41 万人あまりが入場しました。**

(2)次の**ア**～**エ**から、1940 年頃の人々のくらしについて述べたものを１つ選び、記号で答えなさい。

ア　都市では、デパートができ、バスの運行が始まり、ガスや水道、電気を使う生活が広がった。

イ　授業は「青空教室」と呼ばれた校庭で行われ、教科書は戦争や軍事に関する内容を墨で消して使われた。

ウ　生活に必要な品物が足りなくなり、国の命令で取引が制限され、住民が互いを監視するしくみもできた。

エ　工業が発達し、中学校を卒業して都会の工場などに集団で就職する人々が「金の卵」と呼ばれた。

◆ **1964 年には、法隆寺から皇室に納められた宝物を保存するための法隆寺宝物館が造られました。**

(3)法隆寺は厩戸王と関係が深いとされます。次の**ア**～**オ**は厩戸王と同じく、様々な時代の政治を担った人々に関するものですが、その中から内容に誤りがあるものを１つのぞき、他を時代の古い順に並べかえたときに４番目にあたる人物の名前を答えなさい。

ア　源氏の力を借りて、東北地方で長く続いた合戦で勝利を収めた。その後平泉に拠点を移し、中尊寺を建てた。

イ　政治の中心人物として大きな力をもち「望月の歌」をよんだ。その人の娘の家庭教師を、紫式部が務めた。

ウ　邪馬台国の中心人物として倭国の内乱をしずめ、魏に使いを送り、魏の皇帝から倭の王として認められた。

エ　源氏の将軍がとだえた後に起こった承久の乱に際して、演説を行って御家人をまとめ、幕府側が勝つきっかけを作った。

オ　中臣鎌足とともに蘇我氏を倒し、中国から帰ってきた行基などとともに、天皇を中心とする新しい政治を進めた。

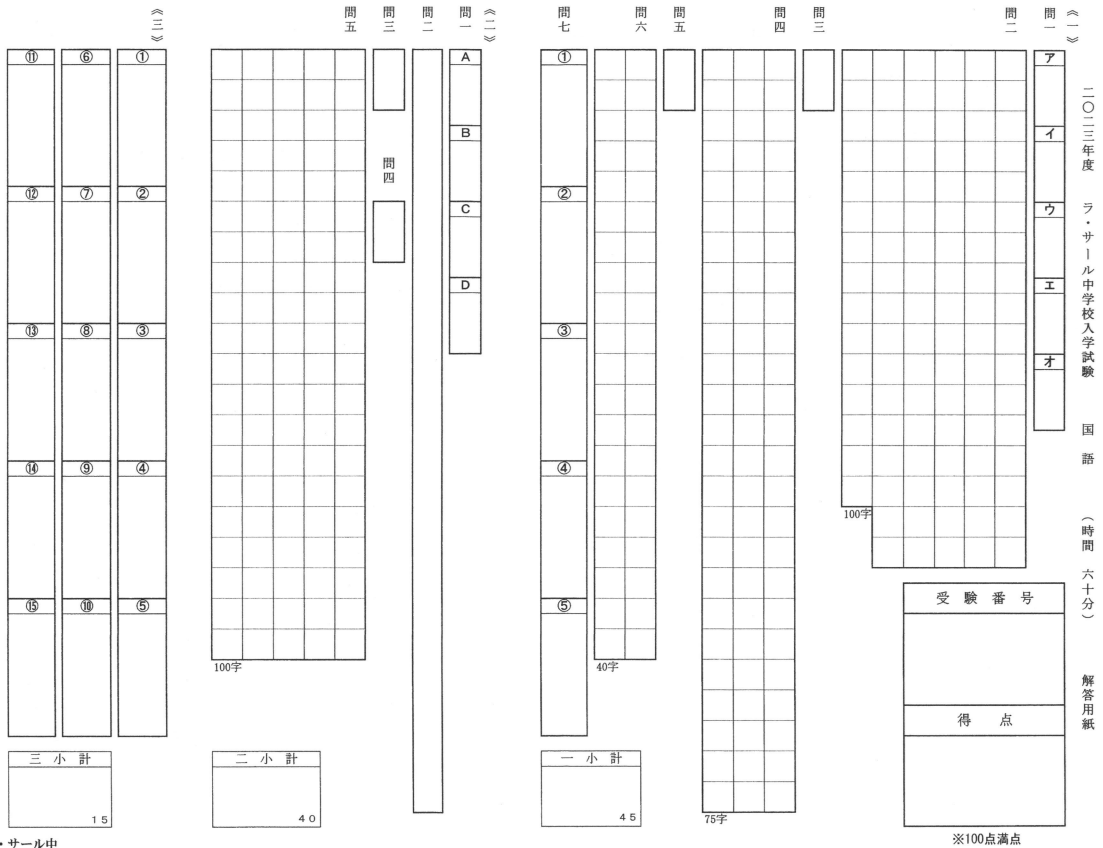

二〇二三年度　ラ・サール中学校入学試験　国語（時間 六十分）解答用紙

《一》

問一　ア　イ　ウ　エ　オ

問二　100字

問三

問四　75字

問五

問六　40字

問七　①　②　③　④　⑤

一 小 計　45

《二》

問一　A　B　C　D

問二

問三

問四

問五　100字

二 小 計　40

《三》

①　②　③　④　⑤　⑥　⑦　⑧　⑨　⑩　⑪　⑫　⑬　⑭　⑮

三 小 計　15

受験番号

得点

※100点満点

2023年度　ラ・サール中学校　入学試験　算数　解答用紙

1.

(1)		(2)		(3)	

1.小計 12

2.

(1)	㋐　　　度 ,　㋑　　　度
(2)	人
(3)	A＝　　　, B＝
(4)	(ア)Eのめもり　　(イ)　　等分したとき

2.小計 30

3.

(1)	分　　秒	(2)	分　　秒

3.小計 12

4.

(1)	度		
(2)	9時台　　個 , 10時台　　個	(3)	個

4.小計 16

5.

(1)	cm²	(2)	cm²	(3)	cm²

5.小計 16

6.

(1)	cm³	(2)	cm	(3)	cm³

6.小計 14

受験番号	得点

※100点満点

令和５年度　ラ・サール中学校入学試験　理科　解答用紙

【１】（１２点）

(1)	(2)	(3)
(4)		
(5)	(6)	
(7)		
(8)	(9)-⑨	(9)-⑩

【２】（１０点）

(1)	(2)	(3)	(6) 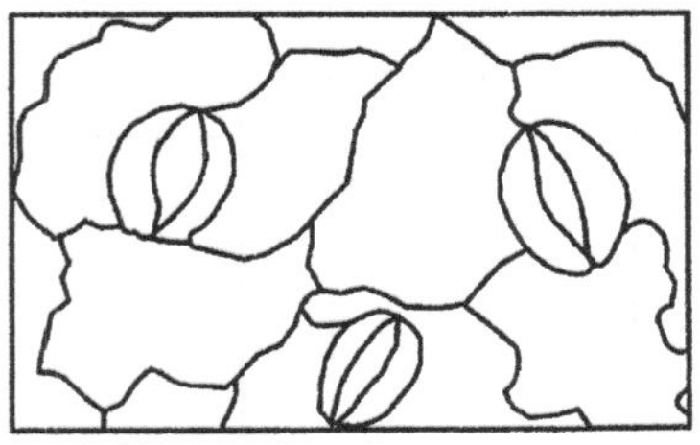
(4)		(5)	
(7)	(8)	(9)	

【３】（１３点）

A	(1)	(2)	(3)	(4)	(5)
B	(1) cm	(2) ばね１ cm	ばね２ cm		
	(3) ばね１の変化した長さ cm	ばね１の状態	(3) ばね２の変化した長さ cm	ばね２の状態	
	(4)① g	(4)② ばね１の変化した長さ cm	ばね１の状態	(4)② ばね２の変化した長さ cm	ばね２の状態

【４】（１５点）

A	(1) 気体①	気体②	気体③	(2) X	Y
	(3) 実験操作		結果		
	(4) 実験A	実験B	実験C	(5) mL	
B	(1) %	(2) g	(3)	(4) g	
	(5)				

受験番号	得点

※50点満点

解答用紙　2023年度中学社会

1

問1	問2		問3	問4
問5	問6	問7	問8	
問9	問10	問11		

点

2

問1 (1)	(2) C　D	(3) ①　②
問2 (1) ①　②	(2)	問3 (1)	(2)
問4 (1) ①　②	(2)	問5 (1) ①　②	(2)

点

3

問1	問2	問3	問4	問5	問6	問7	問8

点

4

問1 (1)	(2)	問2 (1)	(2)	(3)	(4)
問3 (1) A　B					
(2) 展示期間を限ることで					
(3) A　B					
問4 (1) 理由　年代	(2)	(3)			

点

受験番号	

得点	※50点満点（配点非公表）

《一》次の随筆（エッセイ）を読んで、後の問いに答えなさい。（字数制限のある問題は、句読点も一字に数えます。）

東京に住んでいたころ、私はよく決まった用事もなく神保町に足を運んでいました。とりあえず適当な古書店に入ってみるのです。そこでは古書を介して、自分が予想もしなかった世界と出会うことができます。古書店ではすでに絶版となった本が溢れており、現代の流行とまるで違う時間が流れているようです。情報化社会の中で流行ばかりに流されそうになる時、時代を越えて大切にすべきものを確認するためにも古書店は有効なのです。

ほかにも、神保町にはレコード店も多くあるため、1古□□西の名盤と出会うことができますし、浮世絵や美術作品を取り扱う店も存在しています。こうした店に入り浸りながら、せわしない日常と異なる時空間で遊ぶことが、私にとって最高の楽しみでした。神保町にはあらゆる専門書があり、ネジだけの専門書、マンホールだけの専門書など、奥深さを持つあらゆる古書がありました。どの世界にも進歩の歴史があり、本質を突き詰めていけば宇宙の原理原則にまで通じていくのではないか。そうした無限の可能性を古書店の森の中でいつも感じていたものです。

こうしたことはいわば、いわゆる「A普通の寄り道」です。しかし私は、もっと「無意識的な寄り道」も好んでやっていました。無意識的な寄り道とは、あえて迷子になってみることです。例えば、目の前に到着したバスに、行先も確認せずに乗り込んでみて、適当な場所で直感的に降りてみます。するとその場は自分が意識的に寄り道した場所と違い、勝手に連れて行かれた場所となります。正式な形で、安全に迷子になれるのです（風変わりな言い方ですが）。もし山や2樹海でこうした行き当たりばったりの行動を取ると死んでしまう可能性がありますが、都市部であれば何とかして家に帰ることができるので安心してください。それでも意識的に迷子になることで、自分の野性的な勘や、普段使っていない感覚を発揮することができます。

当然ながら、どの方向に進めばいいかもわからず途方に暮れながら道を歩く羽目になります。しかしそうすることで、あたかも海外で一人旅をしているような感覚にもなります。そうしたこと自体が、身体感覚としてとても新鮮なのです。私たちはどうしても何かしらの情報を先に取りこんだ上で、頭の中で予想しながら行動することが多いのですが、そうなると自分の頭の中にある情報にしか出会えなくなります。その点、迷子として歩いていると、あちこちに注意しながら移動することになります。結果、こだわりとセンスのあるお店や、面白そうな本屋さんに出会う確率が上がり、それらひとつひとつに対する感動も深くなります。あまりの感動に、店主さんに話しかけてしまうかもしれません。こんな素敵な本屋さんには出会ったことがない、と。そうした新鮮な出会いは、互いにとって幸福なことです。

もちろん、いつも興味深い風景に出会えるわけではありません。そうした感動が何も起きないことはよくあります。ただただ困りながら疲労するだけのこともありますが、それはそれとして後で振り返ると楽しい思い出になるものです。あるいは適当なバスに乗り込んで降りてみると、ただの住宅街だったということもあります。そういった時には、あまりキョロキョロしたりせず、さもその町の住人になったような意識で歩き続けることがコツです。

まったく知らない住宅街の中で、あたかも目的地がはっきりしているかのような歩き方をすると、どんな平凡な街並みでも新鮮な感覚を抱くことができます。これは、先ほどの迷子とも少し異なる感覚です。［　B　］感覚が近いかもしれません。意図的に何かを得たり、偶然の出会いを期待したりするための手段ではありません。むしろ、「何かを予測して制御する」という脳の仕組みから解放され、子どものような自由な境地を得るための、C感覚のリセット行為のようなものです。

ミステリーツアーという言葉をご存じでしょうか。目的地が伏せられた旅行のことです。実際にこれを企画している旅行会社もあり、意外に好評だと聞いたことがあります。そうした旅も、先ほどのリセット行為に通じるところがないでしょうか。あらかじめ目的地がわかっていると先回りして情報を検索してしまいますが、Dそうした無意識の行動自体が自分自身を縛っていることがあるのです。その点ミステリーツアーでは、事前情報をあえて得ないことで、想像を超えた体験ができます。それこそが旅の本来的な3醍醐味だろうと思います。瞬間瞬間の思考や即興的な判断を繰り返しているうち、普段使わなかった感覚が開かれてきて、世界が違って見えるようになるのです。

そんなミステリーツアーと異なり、迷子に準備は必要ありません。日本が安全な国だからこそ提案できる、奇妙な遊びだとも思います。私も独身時代にはよく意図的に迷子になったものでした。そうすることで、遊びながら東京の地理を肌で学ぶこともできました。一人で休日を過ごす予定のある方には、ぜひ迷子になってみることをおすすめします。乗ったことのないバスや電車をぜひ当てずっぽうに利用してください。みずから迷子になり、不安になり、途方に暮れてみてください。きっと未知の感情や心理が湧き起こってくるでしょう。また、他人の存在のありがたみを感じ、ちょっとした優しさに涙が出る場合だってあるかもしれません。私も、知らないお婆さんに駅までの道を教わりながら、地元の商店街で売っている唐揚げをお土産として渡され、涙が溢れたことを昨日のことのように思い出せます。迷子においてはそのようにしていいわば、弱い自分を発見するのです。

やがてそのうち、自宅へ帰る時間になるでしょう。今度は帰巣本能を働かせる番です。そのために必要なのは洞察力と観察力、嗅覚や第六感などを最大限に働かせる、いわば強い自分です。

「迷子」というひとつの行為の中で、E弱い自分と強い自分とが固く手を結ぶこと。新しい自分が立ちあがってくるのは、そのような過程にあるのだと思うのです。まずは、いつもの帰り道を違うルートで帰宅してみてはいかがでしょう。

（稲葉俊郎『ことばのくすり』より）

二〇二四年度　ラ・サール中学校入学試験問題　国語　（時間　六十分）　その二

問一　二重傍線部1「古□□西」の空欄に漢字を入れて四字熟語を完成させなさい。

問二　二重傍線部2「樹海」、3「醍醐味」の意味を次の中から選び、それぞれ符号を書きなさい。

2「樹海」
ア　入り江や河口付近の木々がたくさん生えている所
イ　海藻がまるで樹々のように繁茂している海
ウ　ビルが林立しているコンクリートジャングル
エ　砂漠の中で水がわき、草木が生えている緑地
オ　森林が広がり上から見ると海のように見える所

3「醍醐味」
ア　新鮮さ
イ　複雑さ
ウ　奇妙さ
エ　面白さ
オ　大胆さ

問三　傍線部A「普通の寄り道」とありますが、筆者が言っている「普通の寄り道」とはどうすることですか。六十字以内で説明しなさい。

問四　空欄Bに入れるのに最も適切な表現を次の中から選び、符号を書きなさい。

ア　見知らぬ人ばかりの雑踏の中で知人に会ったような
イ　言葉のわからない海外で、一人旅をしているような
ウ　スマホの地図と周辺の様子とを見比べているような
エ　通い慣れた通学路を友人と一緒に歩いているような
オ　すべての通行人を観客と見立てて役者になるような

問五　傍線部C「感覚のリセット行為」とはどうすることですか。五十字以内で説明しなさい。

問六　傍線部D「そうした無意識の行動自体が自分自身を縛っている」とはどういうことですか。五十字以内で説明しなさい。

問七　傍線部E「弱い自分」とありますが、筆者はそれをどういう自分として説明していますか。解答欄に合うように六十字以内で説明しなさい。

〈四十点〉

《二》次の文章は、山口裕之『「みんな違ってみんないい」のか？　相対主義と普遍主義の問題』の「はじめに」の一節です。これを読んで、後の問いに答えなさい。（字数制限のある問題は、句読点も一字に数えます。）

昨今、「正しさは人それぞれ」とか「みんなちがってみんないい」といった言葉や、「現代社会では価値観が多様化している」「価値観が違う人とは結局のところわかりあえない」といった言葉が流布しています。このような、「人や文化によって価値観が異なり、それぞれの価値観には優劣がつけられない」という考え方を相対主義といいます。「正しさは人それぞれ」ならまだしも、「絶対正しいことなんてない」とか、「何が正しいかなんて誰にも決められない」といったことさえ主張する人もけっこういます。

こうしたことを主張する人たちは、おそらく多様な他者や文化を尊重しようと思っているのでしょう。そういう善意はよいものではありますが、はたして「正しさは人それぞれ」や「みんなちがってみんないい」という主張は、本当に多様な他者を尊重することにつながるのでしょうか。そもそも、「正しさ」を各人が勝手に決めてよいものなのか。それに、人間は本当にそれほど違っているのかも疑問です。

たしかに、価値観の異なる人と接触することがなかったり、異なっていても両立できるような価値観の場合には、「正しさは人それぞれ」と言っていても大きな問題は生じません。たとえば、訪ねることも難しい国の人たちがどのような価値観によって生活していても、自分には関係がありません。またたとえば、野球が好きな人とサッカーが好きな人は、スポーツのネタでは話が合わないかもしれませんが、好きなスポーツの話さえしなければ仲良くできるでしょう。サッカーが好きなのは間違っていて、すべての人は野球が好きでなければならない、なんていうことはありません。

こうした場面では、「人それぞれ」「みんなちがってみんないい」でよいでしょう。しかし、世の中には、両立しない意見の中から、どうにかして一つに決めなければならない場合があります。たとえば、「日本の経済発展のためには原子力発電所が必要だ」という意見と、「事故が起こった場合の被害が大きすぎるので、原子力発電所は廃止すべきだ」という意見とは、両立しません。どちらの意見にももっともな点があるかもしれませんが、日本全体の方針を決めるときには、どちらか一つを選ばなければなりません。原子力発電所を維持するのであれば、廃止した場合のメリットは捨てなければなりません。逆もまたしかり。「みんなちがってみんないい」というわけにはいかないのです。

そんなときには、どうすればよいでしょうか。「価値観が違う人とはわかりあえない」のであれば、どうすればよいのでしょうか。

そうした場合、①現実の世界では権力を持つ人の考えが通ってしまいます。本来、政治とは、意見や利害が対立したときに妥協点や合意点を見つけだすためのはたらきなのですが、最近は、日本でもアメリカでもその他の国々でも、権力者が力任せに自分の考えを実行に移すことが増えています。批判に対してきちんと正面から答えず、単に自分の考えを何度も繰り返したり、論点をずらしてはぐらかしたり、権力を振りかざして脅したりします。

そうした態度を批判するつもりで「正しさは人それぞれだ」とか「みんなちがってみんないい」などと主張したら、権力者は大喜びでしょう。なぜなら、もしもさまざまな意見が「みんなちがってみんないい」のであれば、つまりさまざまな意見の正しさに差がないとするなら、選択は力任せに行うしかないからです。「絶対正しいことなんてない」とか「何が正しいかなんて誰にも決められない」というのであればなおさらです。決定は正しさにもとづいてではなく、人それぞれの主観的な信念にもとづいて行うしかない。それに納得できない人とは話し合っても無駄だから権力で強制するしかない。こういうことになってしまいます。

つまり、「正しさは人それぞれ」や「みんなちがってみんないい」といった主張は、多様性を尊重するどころか、異なる見解を、権力者の主観によって力任せに切り捨てることを正当化することにつながってしまうのです。これでは結局、「力こそが正義」という、困った世の中になってしまいます。それは、権力など持たない大多数の人々（おそらく、この本を読んでくれているみなさんの大部分）の意見が無視される社会です。

では、どうしたらよいのでしょうか。

よくある答えは、「科学的に正しく判断するべきだ」ということです。科学は、「客観的に正しい答え」を教えてくれると多くの人は考えています。このように、さまざまな問題について「客観的で正しい答えがある」という考え方を、普遍主義といいます。探偵マンガの主人公風に言えば、「真実は一つ！」という考え方だといってもよいかもしれません。先ほどの相対主義と反対の意味の言葉です。「価値観が多様化している」と主張する人たちでも、科学については普遍主義的な考えを持っている人が多いでしょう。「科学は［A］」などという言葉はほとんど聞くことがありません。

そして実際、日本を含めてほとんどの国の政府は、政策を決めるにあたって科学者の意見を聞くための機関や制度を持っています。日本であれば、各省庁の審議会（専門家の委員会）や日本学術会議などです。「日本の経済発展のために原子力発電所は必要なのか」「どれぐらいの確率で事故が起こるのか、事故が起こったらどれぐらいの被害が出るのか」といった問題について、科学者たちは「客観的で正しい答え」を教えてくれそうに思えます。

ところが、実は科学は一枚［B］ではないのです。科学者の中にも、さまざまな立場や説を取っている人がいます。そうした多数の科学者が論争する中で、「より正しそうな答え」を決めていくのが科学なのです。それゆえ、「科学者であればほぼ全員が賛成している答え」ができあがるには時間がかかります。みなさんが中学や高校で習うニュートン物理学は、いまから三〇〇年以上も昔の一七世紀末に提唱されたものです。アインシュタインの相対性理論や量子力学は「現代物理学」と言われますが、提唱されたのは一〇〇年前（二〇世紀初頭）です。現在の物理学では、相対性理論と量子力学を統一する理論が探求されていますが、それについては合意がなされていません。合意がなされていないからこそ、研究が進められているのです。

最先端の研究をしている科学者は、それぞれ自分が正しいと考える仮説を正当化するために、実験をしたり計算をしたりしています。つまり、科学者に「客観的で正しい答え」を聞いても、何十年も前に合意が形成されて研究が終了したことについては教えてくれますが、まさしく今現在問題になっていることについては、「自分が正しいと考える答え」しか教えてくれないのです。ある意味では、「科学は［A］」なのです。

そこで、たくさんの科学者の中から、自分の意見と一致する立場をとっている科学者だけを集めることが可能になります。東日本大震災で福島第一原発が爆発事故を起こす前までは、日本政府は「原子力推進派」の学者の意見ばかりを聞いていました（最近また、そういう時代に逆戻りしつつあるような気がしますが）。アメリカでもトランプ大統領（在任二〇一七～二〇二一）は地球温暖化に懐疑的な学者ばかりを集めて「地球温暖化はウソだ」と主張し、経済活動を優先するために二酸化炭素の排出の規制を緩和しました。

権力を持つ人たちは、もっと直接的に科学者をコントロールすることもできます。現代社会において科学研究の主要な財源は国家予算です。そこで、政府の立場と一致する主張をしている科学者には研究予算を支給し、そうでない科学者には支給しないようにすれば、政府の立場を補強するような研究ばかりが行われることになりかねません。

このように考えてくると、科学者であっても、現時点で問題になっているような事柄について、②「客観的で正しい答え」を教えてくれるものではなさそうです。③ではどうしたらよいのでしょうか。自分の頭で考える？　どうやって？

この本では、「正しさ」とは何か、それはどのようにして作られていくものなのかを考えます。そうした考察を踏まえて、多様な他者と理解し合うためにはどうすればよいのかについて考えます。ここであらかじめ結論だけ述べておけば、私は、「正しさは人それぞれ」でも「真実は一つ」でもなく、人間の生物学的特性を前提としながら、人間と世界の関係や人間同士の間の関係の中で、いわば共同作業によって「正しさ」というものが作られていくのだと考えています。それゆえ、多様な他者と理解し合うということは、かれらとともに「正しさ」を作っていくということです。

これは、「正しさは人それぞれ」とか「みんなちがってみんないい」といったお決まりの簡便な一言を吐けば済んでしまうような安易な道ではありません。これらの言葉は、言ってみれば相手と関わらないで済ますための最後［C］牒です。みなさんが意見を異にする人と話し合った結果、「結局、わかりあえないな」と思ったときに、このように言うでしょう。「まあ、人それぞれだからね」。対話はここで終了です。

ともに「正しさ」を作っていくということは、そこで終了せずに踏みとどまり、とことん相手と付き合うという面倒な作業です。相手の言い分を受け入れて自分の考えを変えなければならないこともあるでしょう。それでプライドが傷つくかもしれません。しかし、傷つくことを嫌がっていては、新たな「正しさ」を知って成長していくことはできません。

最近、「正しさは人それぞれ」と並んで、「どんなことでも感じ方しだい」とか「心を傷つけてはいけない」といった感情尊重の風潮も広まっています。しかし、学び成長するとは、今の自分を否定して、今の自分でないものになるということです。これはたいへんに苦しい、ときに心の傷つく作業です。あえていえば、成長するためには傷ついてナンボです。若いみなさんには、傷つくことを恐れずに成長の道を進んでほしいと思います（などと言うのは説教くさくて気が引けますが）。

問一　二か所の空欄Ａに共通して入る最も適切な五文字を、本文中から抜き出して書きなさい。

問二　空欄Ｂに適切な漢字一字を入れ、「組織・集団などが一つにまとまっており結束が固いこと」を意味する三字熟語を完成させなさい。

問三　空欄Ｃに適切な漢字一字を入れ、四字熟語を完成させなさい。

問四　傍線部①「現実の世界では権力を持つ人の考えが通ってしまいます」とありますが、それはなぜですか。七十字以内で説明しなさい。

問五　傍線部②について、「科学者」が『客観的で正しい答え』を教えてくれるものではなさそうです」と筆者が考えるのはなぜですか。百二十字以内で説明しなさい。

問六　傍線部③「ではどうしたらよいのでしょうか」とありますが、この問いかけに対して筆者はどうするべきだと考えていますか。六十字以内で説明しなさい。

〈四十点〉

《三》次のⅠ・Ⅱの問いに答えなさい。

Ⅰ

次の①～⑮の傍線部のカタカナを漢字に改めなさい。

① 事件の原因についてセイサが必要だ。
② ピアノの素晴らしいエンソウに心打たれた。
③ 経済シヒョウを参考に株を買う。
④ この空港に鹿児島行きの飛行機がシュウコウする予定だ。
⑤ 一族のシュクガンは思わぬ形で成し遂げられた。
⑥ 実情も知らない者が脇からあれこれ意見するのは愚のコッチョウだ。
⑦ 審判がアウトをセンコクする。
⑧ ドローンをソウジュウする。
⑨ 食料を十分にチョゾウする。
⑩ 他人に口外しないようゲンメイが下った。
⑪ 反省のベンを述べる。
⑫ その絵のラクサツ価格は目の飛び出るような額であった。
⑬ 彼はクラスの委員長としてのセキムを全うした。
⑭ ケイテキを鳴らす。
⑮ 「ユウショウの下に弱卒なし」とたたえられた最強軍団。

Ⅱ

次の①～⑤の空欄に漢字を入れて、四字熟語を完成させなさい。

① いくら危機に直面しても社長は泰□□若としていた。
② 合格の秘訣は、□□貫徹の姿勢を崩さないことです。
③ 彼の厚□□恥な態度には、あきれてものが言えない。
④ 最後の最後でミスをして、まさに□竜□睛を欠いた。
⑤ 一心に絵筆を動かす間は、□鏡□水の心境であった。

〈二十点〉

2024年度　ラ・サール中学校　入学試験問題　算数　(60分・100点)　その1

1．次の□にあてはまる数をそれぞれ求めなさい。(12点)

(1) $1.25 \div 4 \times 5\frac{1}{3} + 3.18 \div 9 = \square$

(2) $16.6 \times \frac{3}{7} - 6 \times (\square + \frac{3}{5}) = 1.8$

(3) $59 \times 20.8 - 236 \times 0.7 + 4 \times 29.5 = \square$

2．次の各問に答えなさい。(30点)

(1) $\frac{3}{7}$ を小数で表したとき，小数第100位の数字を求めなさい。

(2) 分母が19の分数のうち，$\frac{1}{3}$ より大きく $\frac{7}{8}$ より小さいものを考えます。このうち最も大きい分数Aを求めなさい。また，このような分数は全部で何個ありますか。

(3) いくつかの品物をまとめて会計したところ，税抜き価格で合計1860円だったものが税込み価格では2024円になりました。食品の消費税は8％，その他の消費税は10％です。食品の税抜き価格は合計いくらでしたか。

(4)

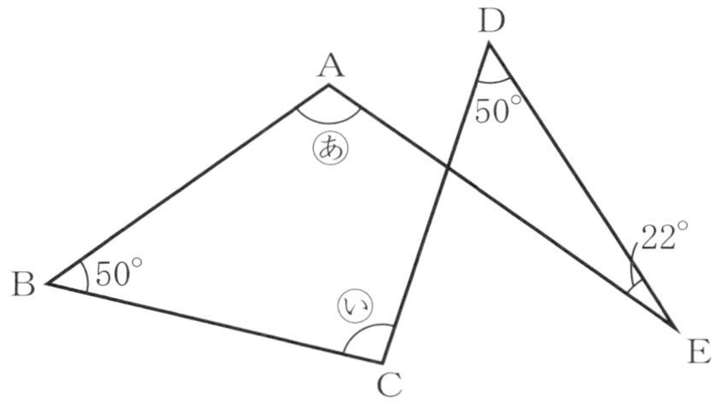

左図において，ＡＢ＝ＢＣ＝ＣＤ＝ＤＥです。
角㋐，角㋑はそれぞれ何度ですか。

3．２つの直方体の容器Ａ，Ｂがあり，Ａは深さ20cm，Ｂは深さ24cmです。この容器Ａ，Ｂそれぞれに同じ量の水を入れたところ，Ａには深さ８cmまで，Ｂには深さ18cmまで水が入りました。次の問に答えなさい。(13点)

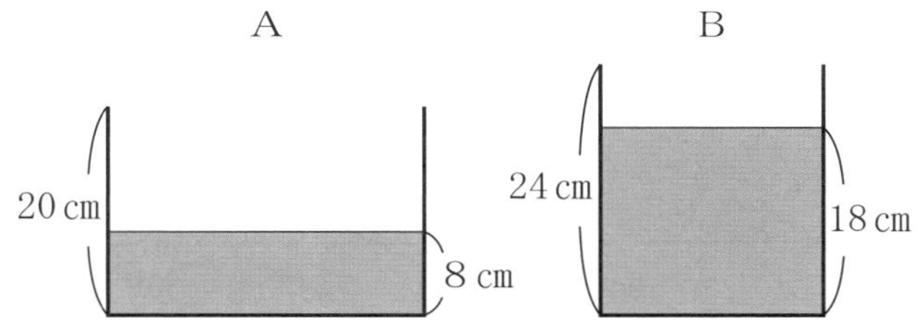

(1) この容器Ａ，Ｂの満水時の水の量の比を，最もかんたんな整数の比で表しなさい。

(2) 次に，ＢからＡへいくらか水を移して，ＡとＢの水が同じ深さになるようにしました。水の深さは何cmになりましたか。

４．

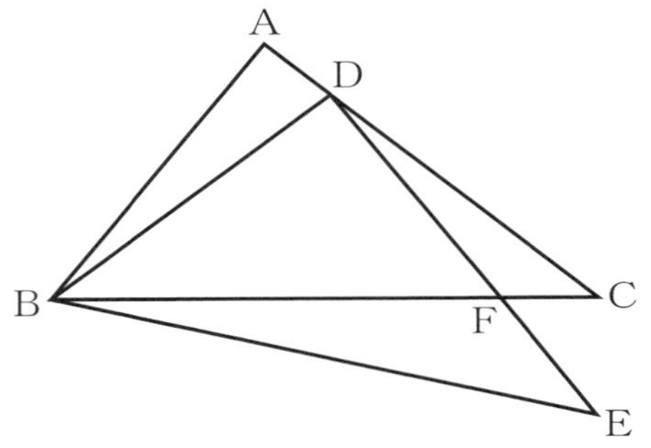

ＡＢ＝４㎝，ＡＣ＝５㎝である三角形ＡＢＣを点Ｂを中心に回転させて三角形ＤＢＥを作ると，点Ｄは辺ＡＣ上にきて，ＡＤ＝１㎝となりました。また，辺ＢＣと辺ＤＥの交点をＦとするとき，次を求めなさい。（13点）

⑴ ＤＦの長さ

⑵ 三角形ＡＢＤと三角形ＢＥＦの面積比

５．右図のように，４つの地点Ａ，Ｂ，Ｃ，Ｄが道でつながっています。Ａを出発地点として同じ道を通らないように８つの道すべてを通る道順のうち，地点間の移動が次のようになる道順は何通りありますか。（16点）

⑴ Ａ→Ｂ→Ａではじまる道順

⑵ Ａ→Ｂ→Ｃ→Ｄ→Ａではじまる道順

⑶ Ａを出発地点とするすべての道順

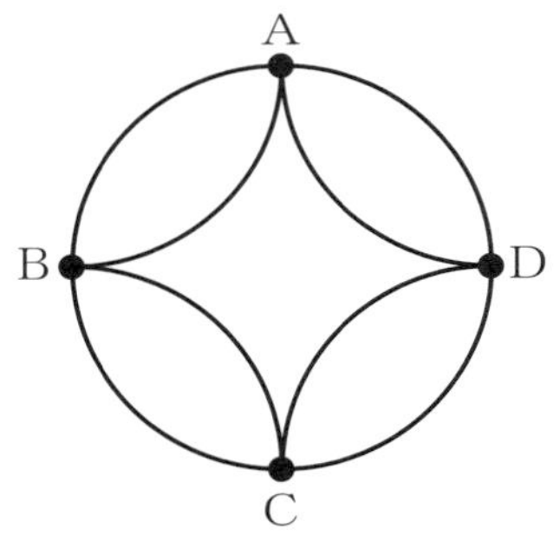

６．

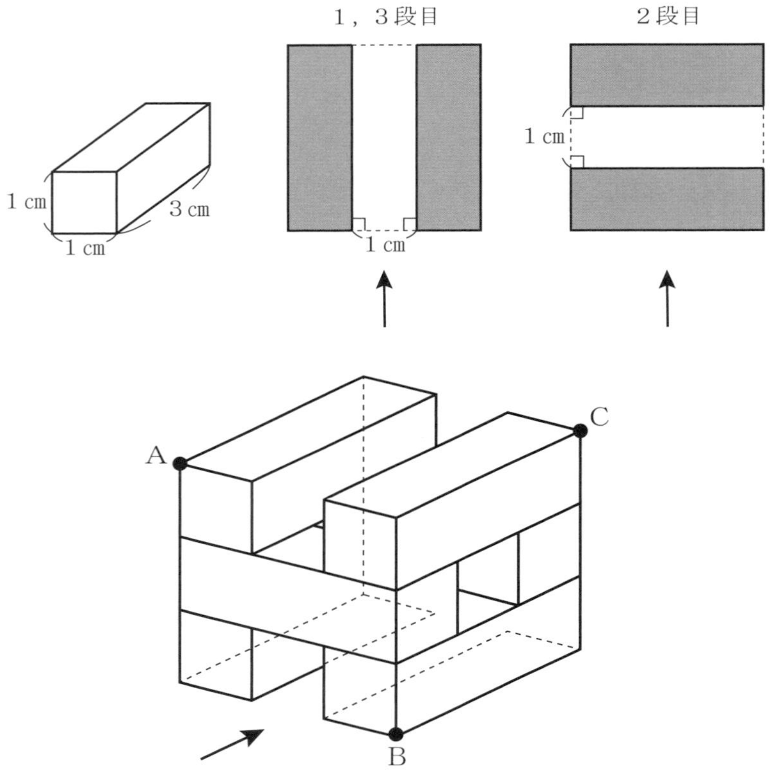

３辺の長さが１㎝，１㎝，３㎝の直方体６本を図のように組み上げて１つにした立体があります。次の問に答えなさい。（16点）

⑴ この立体の表面積は㎠ですか。

⑵ この立体を３点Ａ，Ｂ，Ｃを通る平面で切ると，３つの立体に分かれます。これら３つの立体の体積はそれぞれ何㎤ですか。ただし，角すいの体積は（底面積）×（高さ）÷３です。

令和６年度　ラ・サール中学校入学試験問題　理科（４０分）

注意：　１．　解答はすべて解答用紙の答のらんに書きなさい。
　　　　２．　いくつかの中から選ぶ場合は，記号で答えなさい。特に指示のない場合は１つ答えなさい。

【１】

鹿児島市のラ・サール中学校で太陽や月を観察しました。次の問いに答えなさい。

（１）太陽を観察することにより，太陽が球形であることがわかりました。その理由として最も適当なものを選びなさい。

ア．日食のとき，炎のような紅炎（プロミネンス）が見えた。
イ．同じ倍率で観察すると，太陽はほぼ月と同じ大きさに見えた。
ウ．周りよりも温度が低い黒点が太陽の表面のあちらこちらに見えた。
エ．中央部にあった黒点が周辺部に移動するにつれて形が変わって見えた。

（２）図１は３月，６月，１２月の日の出を観察したものです。A～C を表す組み合わせとして正しいものを選びなさい。

図１

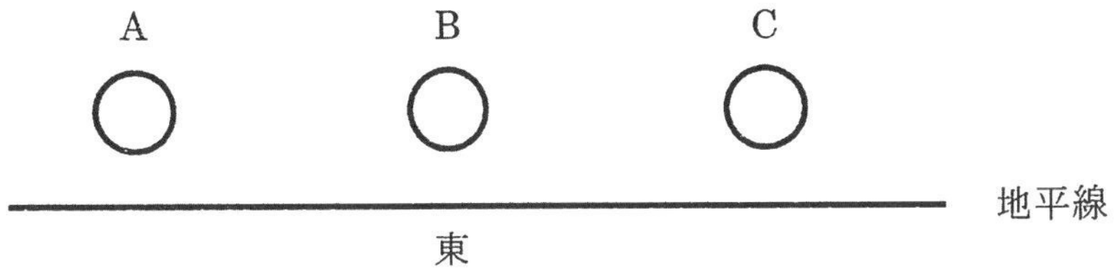

	A	B	C
ア	３月	６月	１２月
イ	３月	１２月	６月
ウ	６月	３月	１２月
エ	６月	１２月	３月
オ	１２月	３月	６月
カ	１２月	６月	３月

（３）三日月から始まり再び三日月に戻るまでの，月の満ち欠けの順をあとの選択肢を使って答えなさい。

三日月→（　　　）→（　　　）→（　　　）→（　　　）→三日月

ア．満月　イ．新月　ウ．上弦の月　エ．下弦の月

（４）ある日，月を観察したところ西の地平線近くに上弦の月が見えました。

①この月はどのように見えますか。例のように光っている部分を線で囲んで，解答らんに書きなさい。右の例は満月の様子を書いたものです。

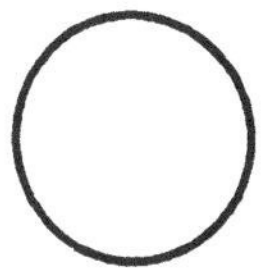

例

②この月が見えた時間帯として正しいものを選びなさい。

ア．朝方　イ．昼　ウ．夕方　エ．真夜中

（５）月を天体望遠鏡で観察すると表面は平らではなく，たくさんの円形のくぼ地があることがわかりました。

①このくぼ地の名前を答えなさい。

②くぼ地の凹凸の影がはっきりとわかるのは月を観察する方向に対して横から光が当たるときです。次のうち，くぼ地の凹凸の観察に適しているのはどれですか。

ア．満月　イ．新月　ウ．半月

③このくぼ地はいん石の落下の跡だと考えられています。図２は，くぼ地を模式的に表したものです。くぼ地 A～D ができた順を古い順から並べて書きなさい。

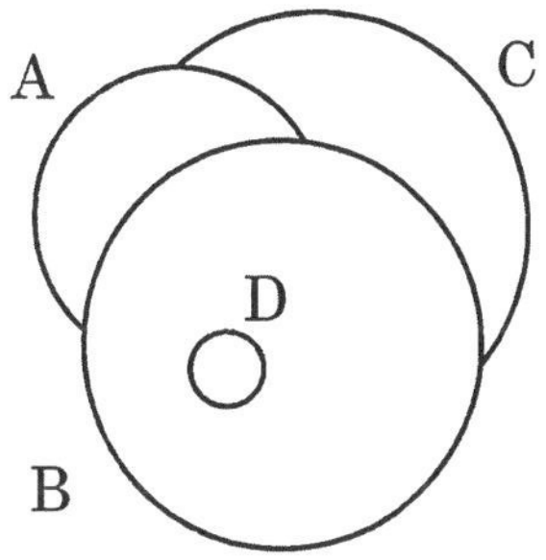

図２

（６）月面上には，アポロ１１号が設置した鏡があります。この鏡に地球の表面から光を当てたところ，発射してから 2.51 秒で反射された光が戻ってきました。光の速さを秒速 30 万 km として，地表から月面上の鏡までの距離（万 km）を求めなさい。答えは次の例のように，小数第１位を四捨五入して，１の位まで答えなさい。

例：計算結果が　25.12（万 km）であれば，答えには　25　（万 km）と書く。

【２】

図1は，ヒトの腹部の断面を足側から見たときの模式図です。

（１）①背骨　②肝臓　③胃　④腎臓の位置をア～エからそれぞれ選びなさい。

（２）オ側はからだの右手側と左手側のどちらか答えなさい。

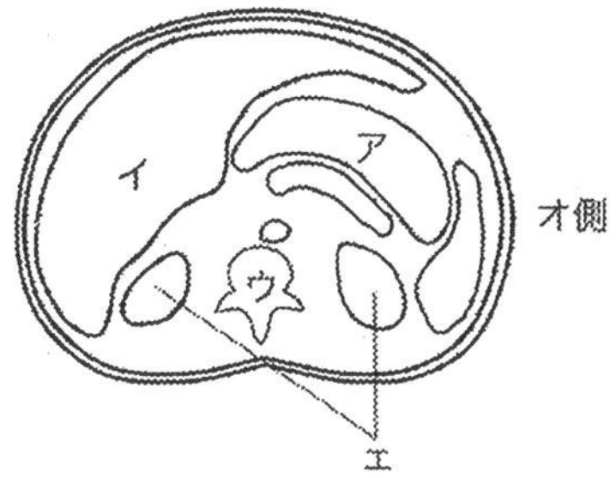

図1

心臓と血液の流れについて，以下の問いに答えなさい。

（３）図2はヒトを正面から見たときの心臓の位置を示したものです。心臓の位置を正しく示した図はどれですか。

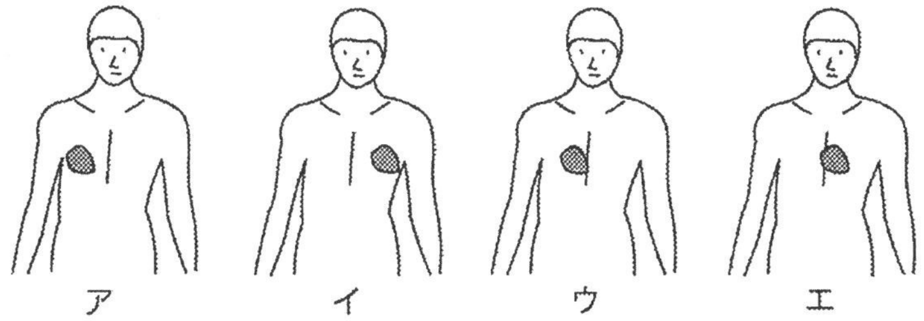

図2

（4）図3は正面から見たときのヒトの心臓の断面と血管の関係を示した模式図です。この血管のうち，①心臓から全身へ血液が送り出される血管（大動脈），②全身から血液が戻（もど）ってくる血管（大静脈（だいじょうみゃく））をそれぞれ選びなさい。

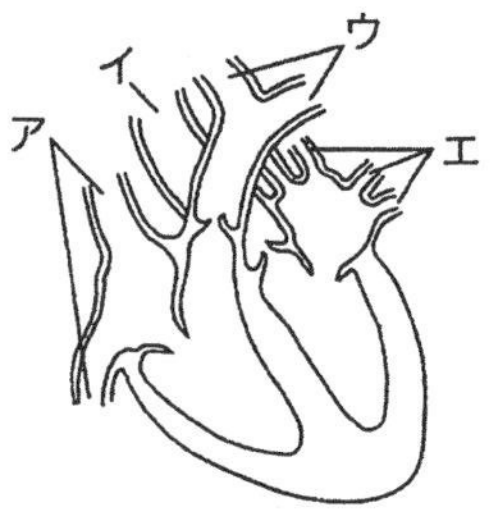

図3

（5）大動脈へ送り出された血液は，全身の細い血管（毛細血管）を通って，大静脈へと戻ります。

図4の上のグラフは血管の各部での断面の面積(断面積)の合計を示したものです。毛細血管の断面積の合計は大動脈や大静脈の断面積の1000倍ほどあるといわれています。なお，グラフの横軸（よこじく）は，大動脈，毛細血管，大静脈の位置関係を示しています。

このとき，血管中を血液が流れる速さはどのようになるでしょうか。図4の下のグラフは血液の流れる速さを示そうとしたものです。このグラフに当てはまるものとして最も適当なものをア～エの中から選びなさい。

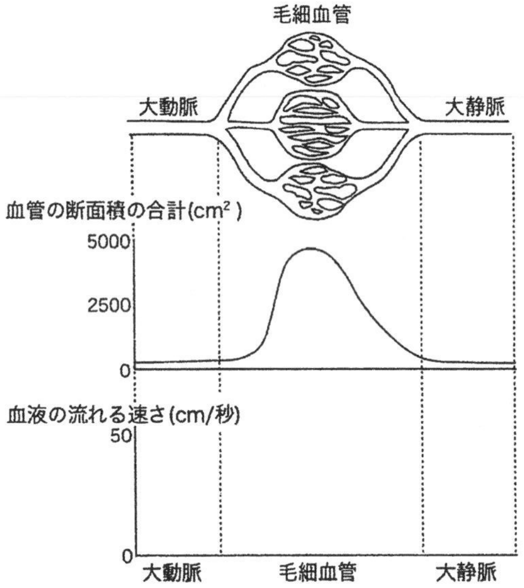

図4

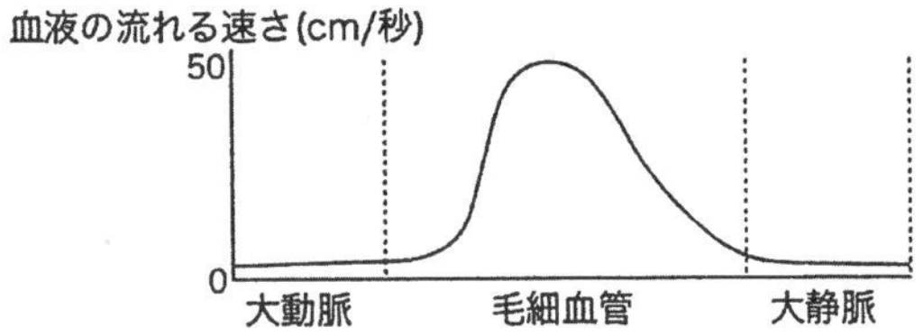

ア

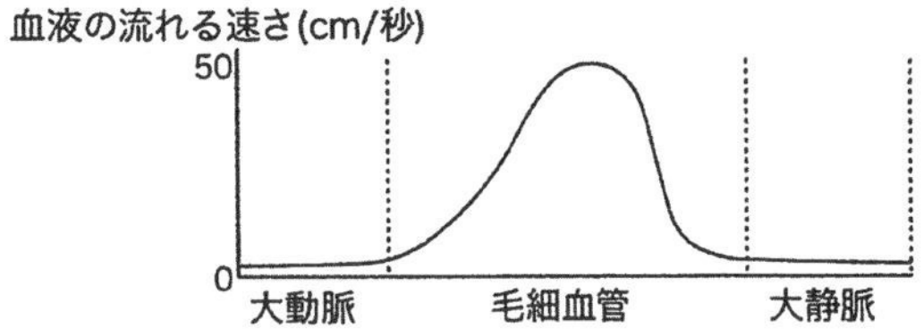

イ

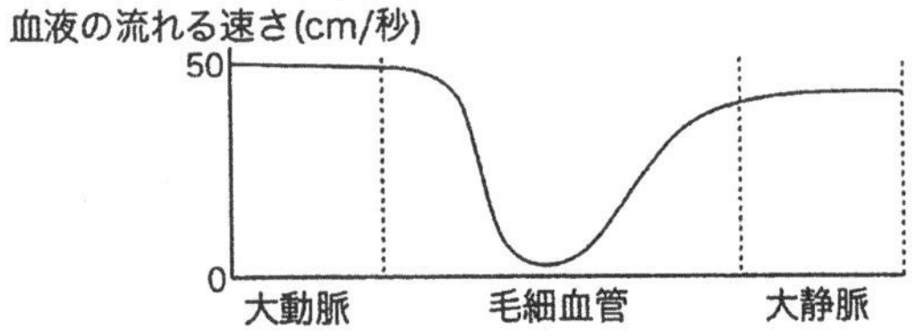

ウ

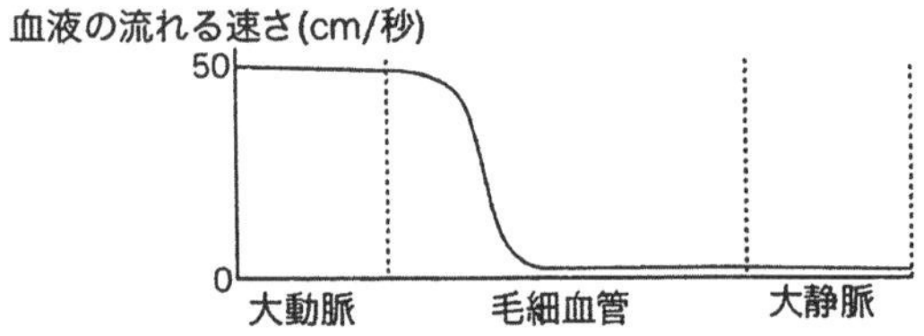

エ

あるスポーツ選手とふつうの人の運動をする前と，激しい運動をした直後の１分間に心臓から送り出される血液の量（心拍出量）と，１分間あたりの心拍（しんぱく）数を特殊（とくしゅ）な方法で検査して比べました。なお，この二人の身長はほぼ同じで，体重は二人とも65 kgでした。

運動をする前の１分間あたりの心拍出量はスポーツ選手もふつうの人も5.4 Lで変わらず，心拍数はスポーツ選手が60 回，ふつうの人が72 回でした。

激しい運動をした直後の１分間あたりの心拍出量はスポーツ選手が30 Lで，ふつうの人が20 Lでした。心拍数はスポーツ選手が180 回で，ふつうの人が190 回でした。

（6）血液の重さは体重の $\frac{1}{13}$ であると言われています。65 kgの人の血液の量は何Lですか。ただし，血液1 mLの重さは1 gであるとします。

（7）以下の文章はこの実験結果を説明したものです。［ア］に入る語句と［イ］，［ウ］に当てはまる数値を答えなさい。

このスポーツ選手とふつうの人を比べるとスポーツ選手の方が一回の心拍で送り出される血液の量が［ア］く，激しい運動をした直後にスポーツ選手の場合は血液が体内を一周するのに［イ］秒間かかったのに対して，ふつうの人の場合は［ウ］秒間で体内を一周したことになります。

（8）スポーツ選手とふつうの人が激しい運動をした直後に一回の心拍で送り出される血液はそれぞれ何mLですか。なお，答えが割り切れない場合は小数第1位を四捨五入して，整数で答えなさい。

【３】

〈Ａ〉次の文を読み，後の問いに答えなさい。

二酸化炭素は，1754年にスコットランドのエディンバラ大学の科学者ジョセフ・ブラックによって発見されました。ブラックは黒板に文字を書くチョーク（石灰石にもふくまれる炭酸カルシウムで出来ている）を加熱すると気体が出て来ることを確かめ，当時ブラックはこれを「固定空気」という名前でよびましたが，のちにこれが二酸化炭素だとわかっています。

二酸化炭素は炭酸ガスともよばれ，空気中に0.03％程度ふくまれています。近年は化石燃料の消費により，大気中の濃度が増加傾向にあり，（　①　）の原因になっています。

ブラックは次の（ａ），（ｂ）のような反応を起こす実験で，炭酸カルシウムや炭酸マグネシウムを加熱すると分解が起こり，二酸化炭素の放出がみられ，酸化カルシウム（生石灰）や酸化マグネシウムが白色粉末として残ることを確かめました。

炭酸カルシウム　→　酸化カルシウム　＋　二酸化炭素　…（ａ）
炭酸マグネシウム　→　酸化マグネシウム　＋　二酸化炭素　…（ｂ）

現在では，二酸化炭素は，実験室においては，石灰石に塩酸を加えて発生させたものを②<u>捕集します</u>。工業的には石灰石（炭酸カルシウム）を加熱して作られ，炭酸ナトリウムの製造や，固体の二酸化炭素で保冷剤として用いられる（　③　）の製造などに利用されています。

10ｇの炭酸カルシウムを加熱すると（ａ）の反応ですべて分解されて，4.4ｇの二酸化炭素が発生し，白色粉末として酸化カルシウムが（　④　）ｇ残りました，また，10ｇの炭酸マグネシウムを加熱すると（ｂ）の反応ですべて分解されて（　⑤　）ｇの二酸化炭素が発生し，4.8ｇの酸化マグネシウムが白色粉末として残りました。

（１）（①）に入る環境問題の名前と，（③）に入る物質名を答えなさい。

（２）下線部②について，正しいものを選びなさい。
　ア．二酸化炭素は，上方置換でしか集められない。
　イ．二酸化炭素は，上方置換・水上置換どちらでも集められる。
　ウ．二酸化炭素は，水上置換でしか集められない。
　エ．二酸化炭素は，水上置換・下方置換どちらでも集められる。
　オ．二酸化炭素は，下方置換でしか集められない。

（３）（④），（⑤）に当てはまる数値をそれぞれ答えなさい。

（４）ある量の炭酸カルシウムを加熱するとすべて（ａ）の反応で分解されて，白色粉末が7ｇ残りました。このとき，(A)<u>反応させた炭酸カルシウムの重さ</u>と，(B)<u>発生した二酸化炭素の重さ</u>はそれぞれ何ｇですか。

（５）炭酸カルシウムと炭酸マグネシウムの混合物が40ｇあります。これを加熱すると（ａ），（ｂ）の反応ですべて分解されて白色粉末が21.2ｇ残りました。このとき(A)<u>二酸化炭素は何ｇ発生していますか</u>，また(B)<u>混合物にふくまれていた炭酸マグネシウムは何ｇですか</u>。

〈Ｂ〉次の文を読み，後の問いに答えなさい。ただし，どの水溶液も1mLの重さは1ｇとします。また，実験はすべて同じ温度，同じ圧力のもとで行われたものとします。

薬局でオキシドールＡ，Ｂをそれぞれ購入しました。
オキシドールＡの成分表をみると，

体積 100 mL 過酸化水素を３％ふくむ

と記されていました。オキシドールＡ，Ｂを用いて次の実験１，２を行いました。

（実験１）濃度３％のオキシドールＡを40mLだけ取って二酸化マンガンを充分加えたところ，酸素が発生しはじめました。二酸化マンガンを加えたときを０秒として，実験開始からの時間（秒）と発生した酸素の体積（mL）を測定しました。また，残っているオキシドールＡの濃度（％）は以下の表のようになりました。

時間	0秒	70秒	120秒	190秒	240秒
発生した酸素の体積	0 mL	130 mL	195 mL	260 mL	292.5 mL
残っている水溶液の濃度	3％	2％	1.5％	1％	0.75％

（実験２）濃度４％のオキシドールＢがあります。オキシドールＢを80mLだけ取って，二酸化マンガンを充分加えて，（実験１）と同様に測定しました。

（１）酸素の性質として正しいものを選びなさい。
　ア．刺激臭がある。　イ．空気より軽い。　ウ．無色の気体である。
　エ．湿らせた赤色リトマス紙に触れると，リトマス紙が青色になる。

（２）一般に，最初の濃度の半分になるまでの時間を半減期と呼びます。オキシドールに二酸化マンガンを充分加えた場合，オキシドールの液量は半減期に影響を与えず，どの濃度から測定しても，元の濃度の半分になるまでの時間は同じです。つまり，オキシドールＡとＢでは，半減期が同じです。
①オキシドールの半減期は何秒ですか。
②オキシドールＡに二酸化マンガンを充分加えました。その瞬間からオキシドールＡの濃度が0.5％になるまでには何秒かかりますか。
③オキシドールＢが80mLあり，そこに二酸化マンガンを充分加えました。その瞬間からオキシドールＢの濃度が１％になるまでには何秒かかりますか。また，そのときまでに発生した酸素は合計で何mLですか。

【4】

光には空間をまっすぐに進む性質があります。光の進みかたを図に表すとき，光が進む道筋を直線で表すことができ，これを光線と言います。光が物体に当たるとき，物体の表面ではね返される現象を光の反射といい，反射された光もまた，まっすぐに進みます。光が鏡で反射される様子は，図1のように描（えが）くことができ，鏡に垂直な線（点線）に対して光が入射する角度（○）と，反射される角度（△）は等しく，これを「反射の法則」と言います。

図1

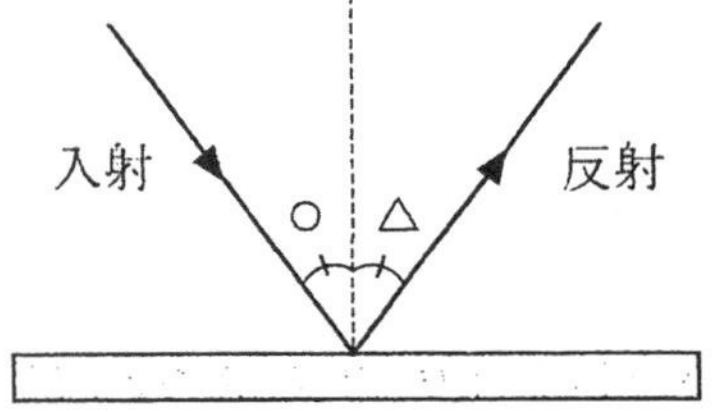

（1）２枚の正方形の鏡（鏡１，鏡２）を用意します。鏡１を水平に置き，鏡２は鏡１に対して110°の角度をなし，かつ，たがいの一辺を共有するように組み合わせました（図2)。図2のように，鏡１に垂直な線（点線）に対して，50°の方向から入射した光が，鏡１上の点Ｌで反射された後，鏡２上の点Ｍで再び反射されて進みました。点Ｍで反射された光線と鏡２のなす角度 a は何度ですか。

図２

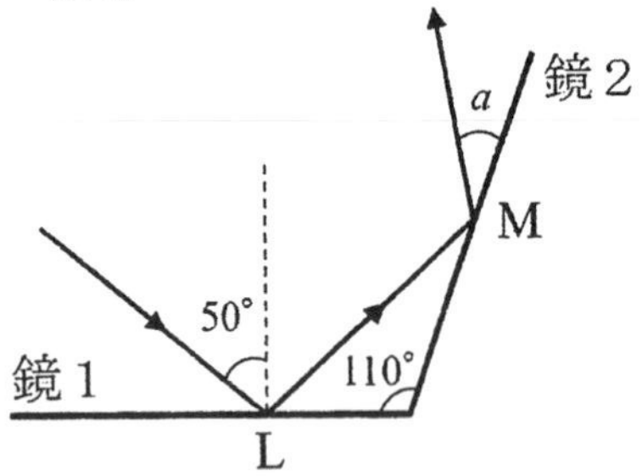

（2）（1）の状態から，鏡１と鏡２を直角に組み合わせました（図3)。図3のように，鏡１に垂直な線（点線）に対して，40°の方向から入射した光が，鏡１上の点Ｌで反射された後，鏡２上の点Ｎで再び反射されて進みました。点Ｎで反射された光線と鏡２のなす角度 b は何度ですか。

図３

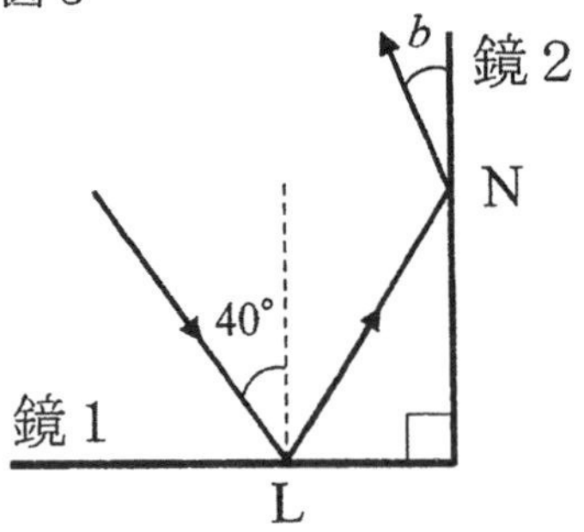

次に，一辺が10 cm の正方形の鏡を３枚（鏡A，鏡B，鏡C）用いて，たがいに垂直に，かつ，鏡面を内側にして，すき間なく組み合わせました（図4)。鏡Ａは水平に置かれ，鏡Ｂと鏡Ｃは，鏡Ａに対して垂直に立てられています。たがいに垂直に交わる３本の物差し x, y, z の0 cm の位置を合わせて，図4のように，各鏡の辺に沿って配置し，空間内の位置を３本の物差しの数値で表します。例えば，x 方向に2 cm, y 方向に3 cm, z 方向に4 cm である位置を，(x, y, z) = (2, 3, 4)と表します。

図4において，レーザーポインターを用いて，Ｐの位置 (9, 10, 10)から鏡Ａ上のＱの位置 (1, 1, 0) に向けて光を照射しました。

図４

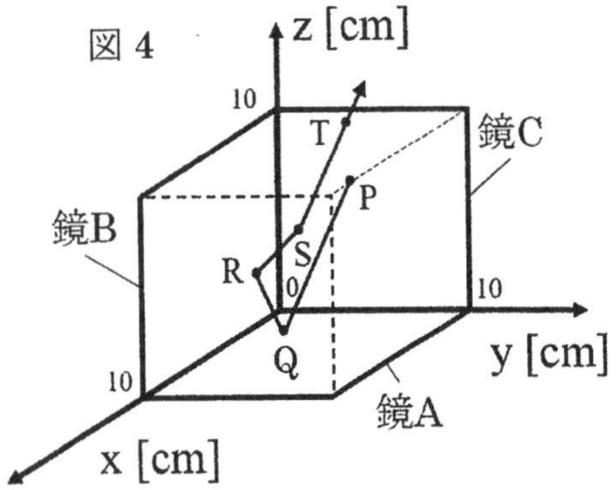

光線を観察すると，Ｐから出た光が，鏡Ａ上のＱで反射されて鏡Ｂに当たり，その後，鏡Ｃに当たって進むことが分かりました。この光線が鏡Ｂに当たる位置をＲ，鏡Ｃに当たる位置をＳ，そして z の値が10 cm の高さを通過する位置をＴとして，ＲとＳの位置を，以下の手順で求めます。

（3）次の文章中の（ ア ）～（ エ ）に適する数値と，（ オ ）に適する語句を答えなさい。ただし，数値について，整数値以外は，もっとも簡単な分数で答えなさい。

まず，鏡Ｂ上のＲ（y の値は0）について考えます。鏡Ａを正面から見ると，図5のような光線の様子になります。図中の複数の三角形に着目すると，Ｒの x の値は（ ア ）であることが分かります。また，鏡Ｃを正面から見ると，図6のような光線の様子になります。同様に考えると，Ｒの z の値は（ イ ）であることが分かります。以上より，Ｒの位置は
(x, y, z) ＝(（ア）， 0 ，（イ）)と表せます。

図５

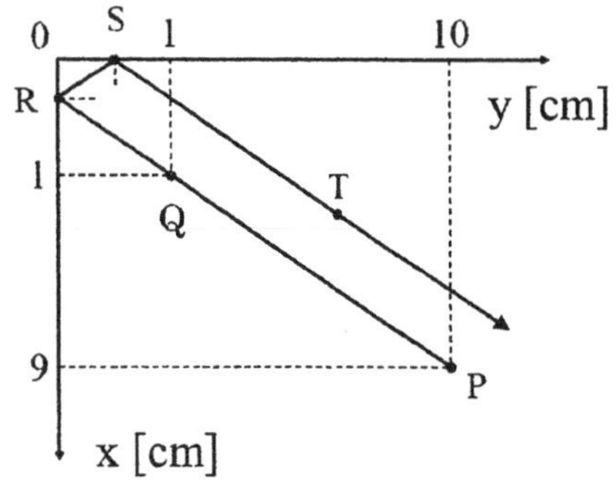

次に，鏡Ｃ上のＳ（x の値は0）について考えます。鏡Ａを正面から見ると，図5のような光線の様子になります。図中の複数の三角形に着目すると，Ｓの y の値は（ ウ ）であることが分かります。また，鏡Ｂを正面から見ると，図7のような光線の様子になります。同様に考えると，Ｓの z の値は（ エ ）であることが分かります。以上より，Ｓの位置は
(x, y, z) ＝(0 ，(ウ)，（エ）)と表せます。

図６

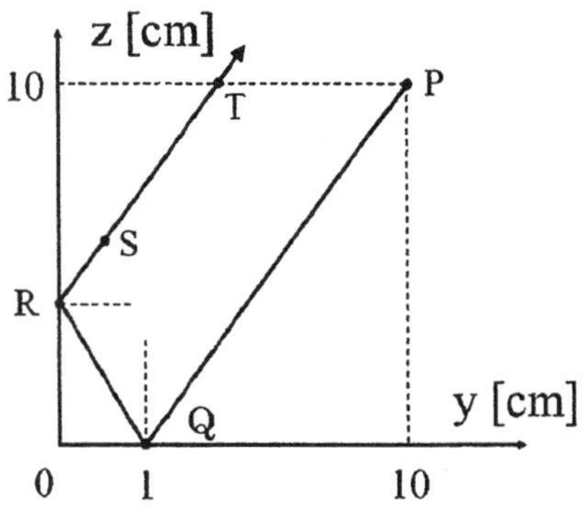

上記の３回の反射（Q，R，Sでの反射）の結果から考えると，図5，図6，図7のような各方向からの光線において，反射の法則が成り立ち，かつ，入射光線PQと反射光線STが（ オ ）になることが分かります。以上のことから，図4の空間においても，入射光線PQと反射光線STが（オ）になることが分かります。したがって，たがいに垂直に置かれた３枚の鏡に対して，どの方向から光を当てても，何回か反射して，もとの方向へ光が戻ってくることになります。このような装置をコーナーキューブといい，例えば，自転車の反射板や道路標識の表面などに利用されています。また，多数のコーナーキューブからなる反射板が月面に設置されており，それを利用して地球の表面から月の表面までの距離を測ることができます。

図７

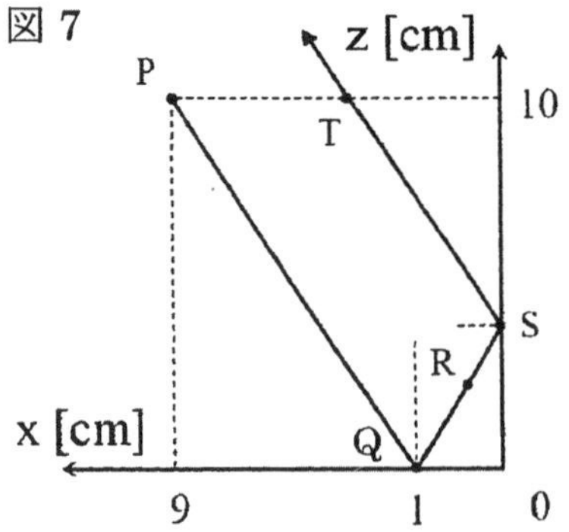

〔 おわり 〕

2024年度　ラ・サール中学校入学試験問題（社会）（40分）

注意：解答はすべて解答用紙に記入しなさい。

1　次の文章を読んで、以下の問に答えなさい。

2023年に鹿児島県でおきたできごとを振り返りましょう。スポーツでは、県内で国民体育大会と全国①障がい者スポーツ大会が開催されました。国民体育大会はスポーツの普及や振興が目的で、2024年からは国民スポーツ大会と改称されます。開催する②地方公共団体の負担が増えていることや、各競技団体主催の大会が増えていることから、大会のあり方について議論されています。

経済では、円安などの影響を受けて、③物価が持続的に上昇して、お金の価値が下がり続ける現象がみられました。そうしたなかで、9月には、県内のガソリン1リットルあたりの平均小売価格が最高値を更新しました。

政治でも動きがありました。1月には、（　1　）が馬毛島の米軍機訓練移転を伴う④自衛隊基地の本体工事に着手しました。4月の鹿児島県議会議員選挙では女性議員が11人当選し、これまでの倍以上に増えました。11月には、（　2　）規制委員会が九州電力川内（　2　）発電所の20年運転延長を認可しました。

また、⑤水俣病と認定されておらず、国などによる救済の対象にもならなかった、関西などに住む熊本県と鹿児島県出身の120人余りが、国などに賠償を求めた裁判の判決がありました。大阪地方裁判所が出した判決では、原告全員を水俣病と認定し、国などにあわせておよそ3億5000万円の賠償を命じました。この判決を不服として、国などは大阪高等裁判所に（　a　）しています。

2023年は鹿児島県にとって節目の1年でもありました。6月には（　b　）が⑥世界自然遺産に登録されて30年を迎えました。また、12月には（　c　）が日本に復帰して70年を迎えました。

問1　（　1　）に当てはまる行政機関の名前、（　2　）に当てはまる語をそれぞれ漢字で答えなさい。

問2　（　a　）に当てはまる語として正しいものを、次の**ア〜エ**から1つ選び、記号で答えなさい。

ア．控訴　**イ**．上告　**ウ**．抗告　**エ**．再審

問3　（　b　）・（　c　）に当てはまる地名の組み合わせとして正しいものを、次の**ア〜カ**から1つ選び、記号で答えなさい。

	ア	イ	ウ	エ	オ	カ
b	奄美群島	奄美群島	種子島	種子島	屋久島	屋久島
c	種子島	屋久島	奄美群島	屋久島	奄美群島	種子島

問4　下線部①に関連して、「障がいのある人もない人も、高齢者も若者も、たがいに支え合い、生き生きと暮らしていける社会が普通の社会であるという考え方」をノーマライゼーションといい、その実現がめざされています。ノーマライゼーションの考え方に沿った事例として**誤っているもの**を、次の**ア〜エ**から1つ選び、記号で答えなさい。

ア．障がいの有無にかかわらず、同じ学校や同じ学級で学ぶことができるように必要な支援や配慮を行う。
イ．障がいのある人を雇用した企業に補助金を出す。
ウ．介護や看護を必要とする高齢者を家族や社会から切り離し、高齢者施設へ入所させる。
エ．定年などで仕事を退職した人たちに、特技や経験を生かした仕事をお願いする。

問5　下線部②のうち、県に関する記述として正しいものを、次の**ア〜エ**から1つ選び、記号で答えなさい。

ア．知事が予算の議決権をもつ。
イ．住民が県議会議員を選挙し、県議会議員の中から知事が選ばれる。
ウ．県が必要とするお金は、住民税や自動車税といった税金からすべてまかなっている。
エ．県議会が知事に対して不信任の議決をしたとき、知事は県議会を解散することができる。

問6　下線部③を何といいますか。カタカナで答えなさい。

問７　下線部④に関する次のＸ～Ｚの記述について、その正誤の組み合わせとして正しいものを、下の**ア**～**カ**から１つ選び、記号で答えなさい。

Ｘ．日本国憲法第９条に、日本が自衛隊をもつことが明記されている。
Ｙ．自衛隊は、国内で大きな災害が起こったときに現地で救援や救助活動を行ってきた。
Ｚ．自衛隊は、国連平和維持活動（ＰＫＯ）に参加したことがある。

ア．Ｘ－正　Ｙ－誤　Ｚ－正　**イ**．Ｘ－誤　Ｙ－正　Ｚ－正　**ウ**．Ｘ－誤　Ｙ－誤　Ｚ－正
エ．Ｘ－正　Ｙ－正　Ｚ－誤　**オ**．Ｘ－正　Ｙ－誤　Ｚ－誤　**カ**．Ｘ－誤　Ｙ－正　Ｚ－誤

問８　下線部⑤に関連して、2013 年に水俣市と熊本市で開催された外交会議において、（　　　）の採掘や使用等の包括的な規制を定める「（　　　）に関する水俣条約」が採択され、2017 年に発効しました。（　　　）に共通して当てはまる語を漢字２字で答えなさい。

問９　下線部⑥の指定は、（　あ　）が行っています。また、日本の世界自然遺産として（　い　）などが挙げられます。（　あ　）・（　い　）に当てはまる語句の組み合わせとして正しいものを、次の**ア**～**カ**から１つ選び、記号で答えなさい。

	ア	イ	ウ	エ	オ	カ
あ	ユニセフ	ユニセフ	ユニセフ	ユネスコ	ユネスコ	ユネスコ
い	白神山地や知床	白神山地や富士山	知床や富士山	白神山地や知床	白神山地や富士山	知床や富士山

2　郵便切手を通して見た日本の社会に関する以下の問に答えなさい。

問１　次の切手は 1947 年に発行されたもので、額面は１円 20（　）です。（　）に当てはまる単位を答えなさい。

問２　日本で昨年発行された切手のうち、最も発行の多かった額面は 84 円、次に多かったのは（　）円です。（　）円は、2024 年１月現在の通常はがきの国内向け送料に相当します。右の表は、はがきの送料の変化について示したものです。

1972 年２月～	10 円
1976 年１月～	20 円
1981 年１月～	30 円
1981 年４月～	40 円
1989 年４月～	41 円
1994 年１月～	50 円
2014 年４月～	省略
2017 年６月～	省略
2019 年 10 月～	（　）円

(1)（　）に当てはまる金額を答えなさい。
(2) 1989 年には１円の値上げが行われました。このような少額の値上げが行われた理由を述べなさい。

問３　日本ではこれまでにさまざまな記念切手が発行されました。次の**ア**～**エ**の切手を、発行された年の古い順に並べかえ、記号で答えなさい。

ア．婦人参政権行使 50 周年

イ．議会開設 70 年

ウ．明治 100 年

エ．平安建都 1200 年

問４　日本では、景勝地（風景のすばらしい場所）の切手が発行されたことがあります。次の(1)～(3)に示された場所について述べた文を、下の**ア**～**オ**から１つずつ選び、記号で答えなさい。

(1)天橋立

(2)松島

(3)宮島

ア．太平洋側にあります。歌川広重の浮世絵「東海道五十三次」にもえがかれています。
イ．日本海側にあります。雪舟の水墨画にもえがかれています。
ウ．東北に位置しています。東日本大震災では津波の被害を受けました。
エ．九州に位置しています。夕日が海にしずむ風景がとくに美しいといわれています。
オ．昨年は近くの大都市で主要国首脳会議が開かれ、各国の首脳が訪れました。

問５　日本では、産業に関する切手が発行されたことがあります。下のグラフは、鯨肉（くじらの肉）、茶葉、石炭、綿糸、木材のうち２つを選んで、日本の国内生産量と輸入量の変化を示したものです。(1)と(2)のグラフと関係する産業がえがかれた切手を、次の**ア**～**オ**から１つずつ選び、記号で答えなさい。

ア．捕鯨

イ．茶つみ

ウ．炭鉱夫

エ．紡績女工

オ．植林

(1)

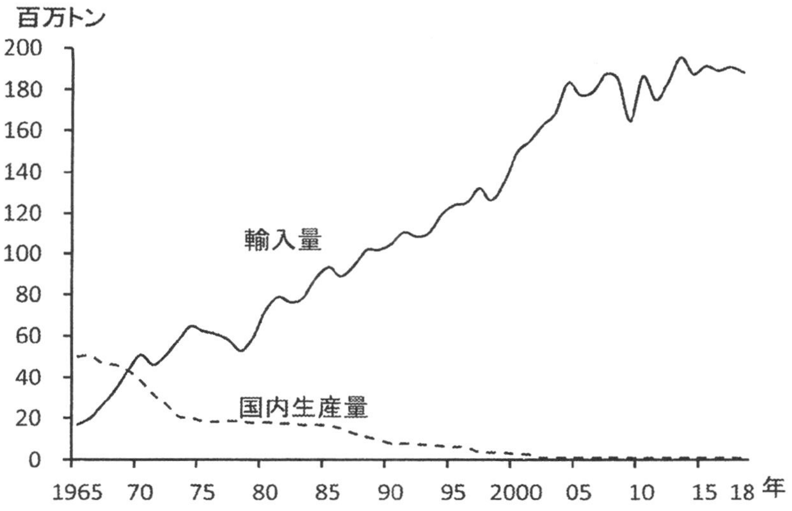

(2)

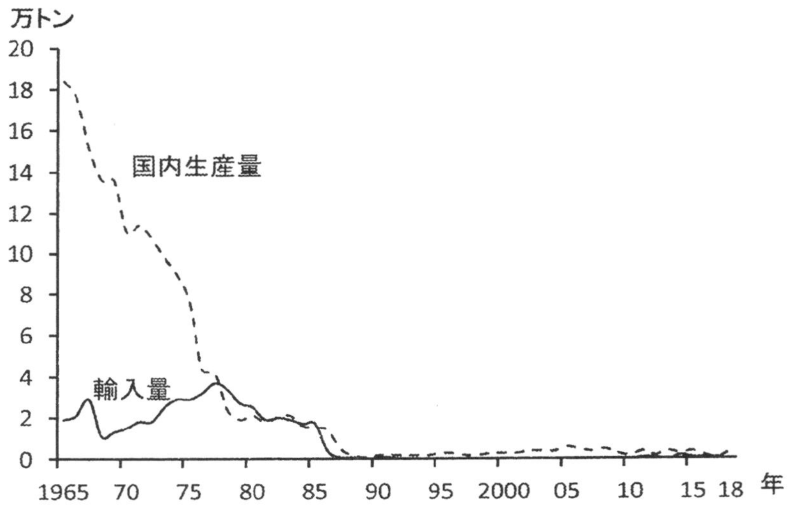

問６　次の切手は、日本で郵便番号が導入されたころに発行されたものです。

(1)当時の郵便番号は３ケタまたは５ケタでしたが、現在の郵便番号のケタ数はいくつですか。
(2)郵便番号が導入された理由を述べなさい。

3　日本の地理に関する以下の問に答えなさい。

問１　次の４つのグラフＡ～Ｄは、政令指定都市を少なくとも１つかかえる都道府県のうちの４つについてのものです。各都道府県における人口の多い都市上位５つが並んでおり、グラフ中の**ア～ク**はそれぞれの都道府県の政令指定都市を示しています。このグラフに関連して下の問に答えなさい。

2022年1月1日時点のデータ、「日本国勢図会2023/24」より作成。単位は万人。

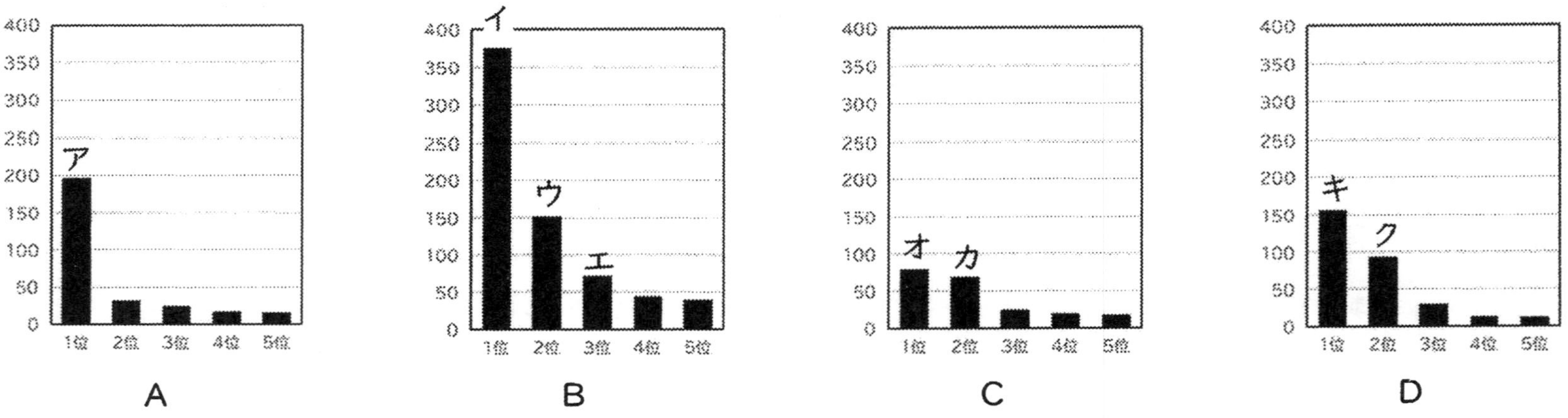

(1)　次の説明文①、②で述べられている都道府県について、当てはまるグラフをＡ～Ｄから１つずつ選び、記号で答えなさい。

①　冬の寒さがきびしい地域であるため、断熱性の高い二重窓や、雪の積もりづらい形状の屋根を持つ家屋が多く見られます。また、47 都道府県の中で面積が最大です。

②　大陸に近い場所にあり、古くから大陸諸国との交易の窓口となってきた地域です。現在でも東アジア各国との結びつきが強く、この都道府県内の都市と中国や韓(かん)国の都市との間に定期航空路があり、フェリーも就航しています。

(2)　次の説明文③、④、⑤で述べられている政令指定都市について、当てはまるものをグラフ中の**ア～ク**から１つずつ選び、記号で答えなさい。また、その市町村名を答えなさい。

③　楽器や輸送機械などの製造業が盛んに行われている都市として知られています。市域が南北に細長く、少子高齢(れい)化などの社会の変化に対応するため、2024 年１月１日に行政区の再編が行われ、７区から３区へと整理されました。

④　かつては鉄鋼供給量が日本最大であった都市です。鉄鋼業などの重工業を中心に発展してきましたが、こうした重工業の発展が水質汚濁(おだく)や大気汚染といった公害を引き起こしました。現在では近海に国内最大規模の洋上風力発電所の建設が進みつつあるなど、再生可能エネルギーの普及(ふきゅう)が進んでいることでも知られています。

⑤　鉄道網(もう)の発達によってベッドタウン化が進み、20 世紀後半に人口が急激に増加しました。三大都市圏(けん)に位置する都市のなかでもっとも近年（2010 年４月）に政令指定都市となりました。

問２　食料自給率に関連して次の問に答えなさい。

(1)　日本の食料自給率（カロリーベース、2021 年）に最も近い値を、次の**ア～オ**から１つ選び、記号で答えなさい。

ア．１６％　　**イ**．３８％　　**ウ**．５４％　　**エ**．８６％　　**オ**．１２２％

(2)　次のグラフは、都道府県ごとの食料自給率を横軸(じく)で、米の生産量を縦軸で示したものです。グラフ中に**ア～エ**で示した都道府県のうち、新潟県、鹿児島県を示しているものをそれぞれ１つ選び、記号で答えなさい。

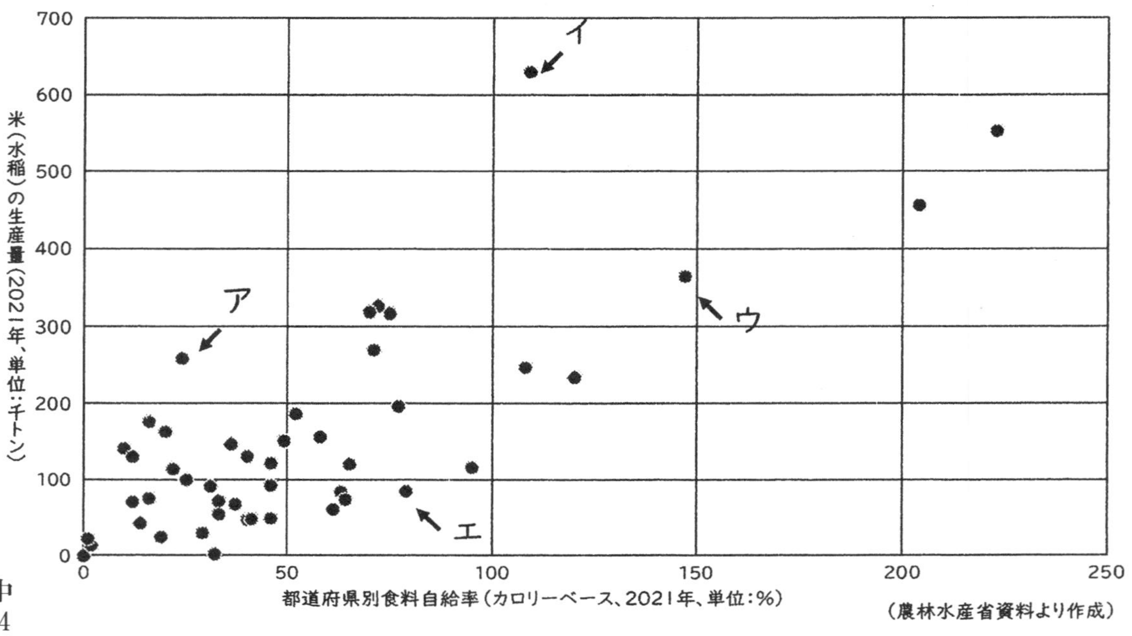

（農林水産省資料より作成）

問３　次の写真は、高知県のある場所で撮影されたものです。関連する下の問に答えなさい。

(1)　高知県をふくむ太平洋岸の広い地域では、地震によっておこる津波の被害を受けると予想されており、写真のような建物が建てられています。この地域でおこると予想されている地震の名前を答えなさい。

(2)　写真の建物の特徴を説明した文章として、誤っているものを次の**ア**～**エ**から１つ選び、記号で答えなさい。

ア．コンクリート製の太くてがんじょうな柱を設けることで、津波で流されないようになっている。
イ．車で避難してきた人々ができるだけ多くの車を駐車できるように、いくつもの階層が設けられている。
ウ．身体の不自由な方やお年寄りでも自力で避難ができるよう、スロープが設けられている。
エ．太陽光パネルが設置されており、発電を行って短期間の避難生活ができるようになっている。

問４　次の地図**ア**～**エ**は、都道府県ごとのうめ、みかん、もも、りんごのいずれかの生産量の、全国の生産量に占める割合を示したものです。

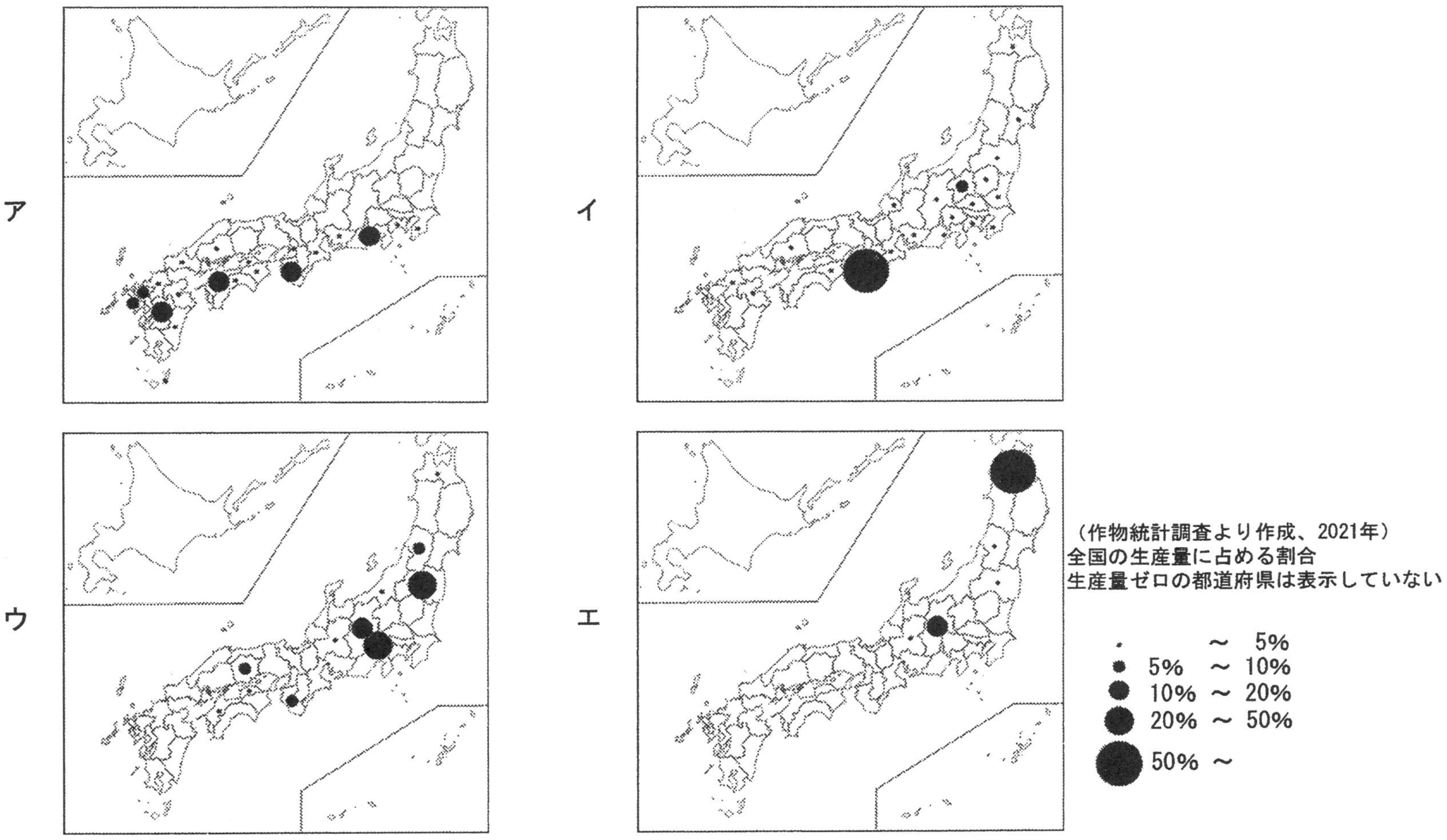

(1)　ももの生産量を示した地図を**ア**～**エ**から１つ選び、記号で答えなさい。

(2)　みかんの生産量を示した地図を**ア**～**エ**から１つ選び、記号で答えなさい。

4　鹿児島県内の史跡や地名に関して述べた次の文章Ａ～Ｅについて、以下の問に答えなさい。

Ａ　南さつま市金峰町に、①貝殻崎城跡という史跡がある。この城は、②源平合戦のほうびとしてこの地を与えられ、関東から移ってきた鮫島氏という御家人がつくったものである。鮫島氏は、室町時代の初めには島津氏と争ったが、15世紀になると島津氏の家臣となった。この城に立っている石碑の「貝殻崎城跡」という字は、鮫島氏の子孫にあたる小泉純一郎元首相（首相在任は③2001～2006年）が書いたものである。

Ｂ　鹿児島県国分市という名前は、2005年の合併によって消滅した。この市名は、741年④聖武天皇が全国に建立を命じた寺に由来する。ここには大隅国の国府（国の役所）も置かれていた。ここを流れる天降川の下流ではしばしば洪水の被害があったため、薩摩藩が、1662年から４年間かけて台地を切り通して川筋を付け替えた。またこの地方では、⑤たばこの栽培がひろがり、「国分たばこ」は全国的に有名になり、明治時代に入ると急速に生産が増えた。⑥1898年に原料のたばこを国が買い上げる制度ができたが、「国分たばこ」の買い上げ価格は全国で最も高かった。

Ｃ　鹿児島市に城山がある。⑦1600年の関ケ原の戦いで敗れた島津氏は、その翌年城山の上に上山城を、その麓に屋形（屋敷）を築いた。この両方を合わせて鹿児島（鶴丸）城とよぶ。⑧1863年のイギリスとの戦争では、イギリスの軍艦が放った砲弾が屋形の近くに着弾した。1877年９月、政府軍はこの城山に立てこもっていた西郷隆盛の軍に総攻撃をかけ、半年以上続いた西南戦争を終わらせた。

Ｄ　鹿児島市の谷山駅の近くに田辺と呼ばれる地区がある。ここは、⑨1943年にできた田辺航空工業株式会社で働く人びとの社宅があった場所である。この工場は、当時5000人近くが働く鹿児島県最大の工場であり、軍用の飛行機を組み立てていたが、1945年８月の空襲で工場は大きな被害を受けた。敗戦後、新生工業株式会社と名を変えて、約600人の従業員で弁当箱、自転車や農機具などをつくった。

Ｅ　志布志湾岸の鹿児島県東串良町には九州で３番目に大きい⑩前方後円墳の唐仁大塚古墳がある。⑪1968年、現在の鹿児島県志布志市から東串良町にかけての志布志湾沿岸を埋め立てて、石油化学コンビナートなどをつくる計画が発表されたが、⑫住民の反対運動などによって計画は縮小された。

問１　下線部①の城跡は、海岸線から４kmほど離れた場所に立地していますが、縄文時代にはすぐ近くまで海がせまっていました。この城は、縄文時代に営まれた遺跡の上に造られたもので、ここを掘るとたくさんの貝殻が出ることからこの名が付けられました。縄文時代に営まれていたこのような遺跡を何といいますか。

問２　下線部②の源平合戦に関連する次の文章には１か所誤りがあります。どのように改めれば正しくなりますか。訂正した後の語句を答えなさい。

源義朝は、保元の乱で平清盛と争い敗れた。義朝の子で伊豆国に流された頼朝は、1180年に伊豆の豪族北条氏や東国の武士たちとともに、平氏を倒すための兵をあげた。頼朝の弟義経の活躍などにより、1185年に平氏は壇ノ浦で滅亡した。

問３　下線部③の2001～2006年の間におこったできごととして、正しいものを次の**ア～エ**から１つ選び記号で答えなさい。

ア．日朝首脳会談が北朝鮮で行われた。
イ．阪神・淡路大震災が起こった。
ウ．日本が子どもの権利条約を承認した。
エ．アイヌ文化振興法が成立した。

問４　下線部④の聖武天皇が政治を行っていた時期を説明する文章として**誤っているもの**を次の**ア～エ**から１つ選び記号で答えなさい。

ア．「菩薩」とよばれた行基が、大仏造りに協力した。
イ．病気が広がり、地方で貴族が反乱を起こした。
ウ．都が藤原京から平城京へ遷った。
エ．聖武天皇が、遣唐使のもたらした品々を愛用した。

問５　下線部⑤のたばこはある時代に日本に伝えられました。同じころに日本に入ってきたものとして正しいものを次の**ア～エ**から１つ選び記号で答えなさい。

ア．紙　**イ**．鉄砲　**ウ**．禅宗　**エ**．ガス灯問６　下線部⑥の 1898 年ころの日本国内外のようすを説明する文章として**誤っているもの**を次の**ア**～**エ**から１つ選び、記号で答えなさい。

ア．イギリスとの間で、治外法権をなくすことが合意されていた。
イ．日本は、大韓帝国(だいかんていこく)をめぐってロシアと対立していた。
ウ．日常生活で差別に苦しんでいた人びとが、全国水平社をつくり差別をなくす運動を始めた。
エ．栃木県選出の代議士田中正造が、足尾銅山(あしおどうざん)の鉱毒問題に取り組んでいた。

問７　下線部⑦の 1600 年から 1700 年の間のできごととして正しいものを次の**ア**～**カ**からすべて選び、年代の古い順に並べかえ記号で答えなさい。解答欄が余った場合、そこには×を付けること。

ア．国学者の本居宣長が、『古事記伝』をあらわした。
イ．島原・天草一揆(いっき)がおこった。
ウ．薩摩藩が、琉球(りゅうきゅう)に兵を送り、支配下に置いた。
エ．シャクシャインがアイヌの人びとを率いて戦いをおこした。
オ．検地と刀狩(かたながり)によって、武士と百姓(ひゃくしょう)・町人の身分が区別され、武士が世の中を支配するしくみが整った。
カ．幕府は、全国に一国一城令を出した。

問８　下線部⑧の 1863 年の前後５年（1858～1868 年）のできごととして正しいものを次の**ア**～**カ**からすべて選び、年代の古い順に並べかえ記号で答えなさい。解答欄が余った場合、そこには×を付けること。

ア．イギリスなど４カ国の軍隊が長州藩の砲台(ほうだい)を占領(せんりょう)した。
イ．徳川慶喜(よしのぶ)が、政権を天皇に返した。
ウ．横浜と長崎でアメリカなどとの貿易が始まった。
エ．薩摩藩と長州藩の連合が密(ひそ)かに結ばれた。
オ．政府は、大名が治めていた領地と領民を天皇に返すように命じた。
カ．択捉(えとろふ)島とウルップ島の間に日本とロシアの国境が定められた。

問９　下線部⑨に関連して、1943 年から 1945 年８月（敗戦）までの期間の人びとの生活や工場のようすを説明する文章として**誤っているもの**を、次の**ア**～**エ**から１つ選び記号で答えなさい。

ア．子どもたちは「青空教室」で勉強していた。
イ．さとうや米などの生活必需品(ひつじゅひん)は切符制(きっぷせい)・配給制となっていた。
ウ．女学生や中学生が働いている工場があった。
エ．朝鮮半島出身の労働者が働いている工場があった。

問 10　下線部⑩の前方後円墳がつくられたころの様子を説明した文章として正しいものを、次の**ア**～**エ**から１つ選び記号で答えなさい。

ア．同じ時代の遺跡には、板付(いたづけ)遺跡や吉野ヶ里(よしのがり)遺跡があり、大陸から青銅器や鉄器が初めて伝えられた。
イ．巨大(きょだい)な前方後円墳は大和(やまと)（奈良県）や河内(かわち)（大阪府）に見られ、大和朝廷(ちょうてい)（大和政権）の中心に立っていた大王がこれらに葬(ほうむ)られた。
ウ．『古事記』『日本書紀』に見えるヤマトタケルノミコトは、熊本県・埼玉県で見つかった鉄刀・鉄剣(てっけん)に見えるワカタケル大王のことである。
エ．中国の隋(ずい)に使いが送られ、隋から伝えられた仏教をもとに中尊寺が建てられた。

問 11　下線部⑪の計画が発表されたころの好景気が長期にわたって続く日本の経済状況(じょうきょう)を何とよびますか。漢字で答えなさい。

問 12　下線部⑫に関して、計画が縮小された理由には、1970 年代におこった経済的な変動によって景気が急激に悪化したこともあります。この経済的な変動を何とよびますか。

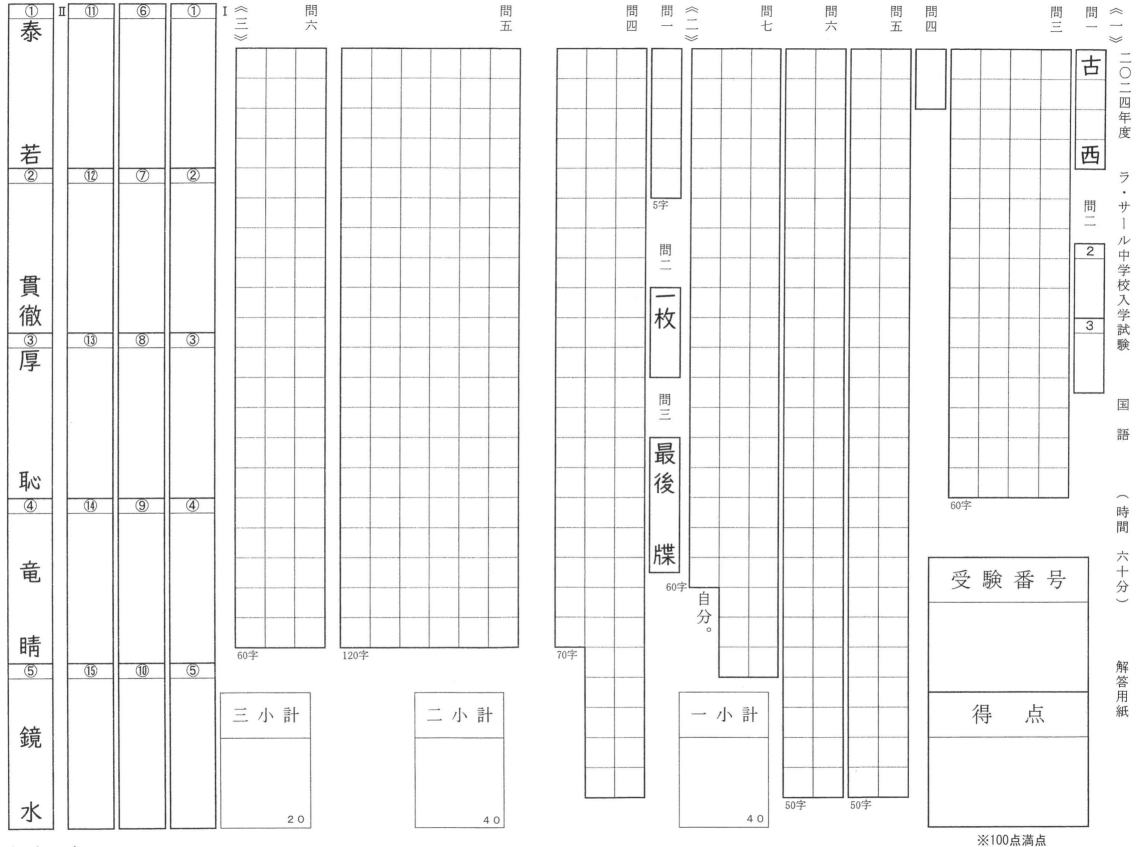

二〇二四年度　ラ・サール中学校入学試験　国語　（時間　六十分）　解答用紙

《一》

問一　古　西

問二　2　3

問三　60字

問四

問五　50字

問六　50字

問七　60字　自分。

《二》

問一　5字

問二　一枚

問三　最後　牒

問四　70字

問五　120字

問六　60字

《三》

I　①　②　③　④　⑤　⑥　⑦　⑧　⑨　⑩　⑪　⑫　⑬　⑭　⑮

II　①泰若　②貫徹　③厚恥　④竜睛　⑤鏡水

一小計	二小計	三小計
40	40	20

受験番号

得点

※100点満点

2024年度　ラ・サール中学校　入学試験　算数　解答用紙

1.

(1)		(2)		(3)	

1．小計　12

2.

(1)	
(2)	A＝　　　　,　　　　個
(3)	円
(4)	㋐　　　　度，㋑　　　　度

2．小計　30

3.

(1)	:	(2)	cm

3．小計　13

4.

(1)	cm	(2)	:

4．小計　13

5.

(1)	通り	(2)	通り	(3)	通り

5．小計　16

6.

(1)	cm^2
(2)	cm^3，　　cm^3，　　cm^3

6．小計　16

受験番号	得点

※100点満点

令和６年度　ラ・サール中学校入学試験　理科　解答用紙

【 1 】(10点)

(1)	(2)	(3) 三日月 → → → → → 三日月
(4)① 西の地平線	(4)②	
(5)①	(5)②	(5)③ 古い → → → 新しい
(6) 万km		

【 2 】(12点)

(1)①	②	③	④	(2) 手側
(3)	(4)①	②	(5)	(6) L
(7)(ア)	(イ)	(ウ)	(8) スポーツ選手 mL	ふつうの人 mL

【 3 】(15点)

A	(1)①	③		(2)	
A	(3)④	⑤	(4)(A) g	(4)(B) g	
A	(5)(A) g	(5)(B) g			
B	(1)	(2)① 秒	(2)② 秒	(2)③ 時間 秒	体積 mL

【 4 】(13点)

(1) 度	(2) 度	(3)(ア)	(イ)	(ウ)	(エ)	(オ)

受験番号	得点

※50点満点

解答用紙　2024年度中学社会

1

問1(1) 省	(2)	問2	問3	問4	問5
問6	問7	問8	問9		

点

2

問1					
問2(1) 円	(2)				
問3 →　→　→	問4(1)	(2)	(3)	問5(1)	(2)
問6(1) ケタ	(2)				

点

3

問1(1)①	②				
(2)③ 記号	市町村名	④ 記号	市町村名	⑤ 記号	市町村名
問2(1)	(2) 新潟県	鹿児島県	問3(1) 地震	(2)	問4(1)	(2)

点

4

問1	問2	問3	問4	問5	問6
問7 →　→　→　→　→	問8 →　→　→　→　→				
問9	問10	問11	問12		

点

受験番号		得点	※50点満点（配点非公表）

平成三十年度　入学試験問題　国語（60分）　ラ・サール中学校

《一》次の文章は、宮内泰介の『歩く、見る、聞く　人びとの自然再生』という本の一節である。読んで、後の問いに答えなさい。
（字数制限のある問題は、句読点も一字に数えます。）

自然をめぐる社会のしくみを考えていると、いつも「所有」にぶちあたる。

そもそも、「所有」とはいったい何だろうか？

ビンセント・ヴァン・ゴッホの作品に「医師ガシェの肖像」という絵がある。一八九〇年、ゴッホが死の一ヶ月あまり前に書いた作品だ（ゴッホは三七歳だった）。医師ガシェは、ゴッホを診ていた精神科医。この絵は生前、ゴッホの手によって売られることはなかったが、死後親族によって売られ、その後転々とする。この絵が改めて脚光をａアびたのは、一九九〇年五月、ニューヨークでおこなわれた競売だった。この競売で、大昭和製紙（現日本製紙）の名誉会長（当時）、齊藤了英氏が八二五〇万ドル（約一二五億円）という高額で落札し、世界を驚かせた。

しかし、世界がもっと驚いたのは購入後、齊藤氏が「おれが死んだら、棺桶にいっしょに入れて焼いてやってくれ」と発言したことだった（『朝日新聞』一九九一年五月一日夕刊）。当然世界中から非難の声が上がる。フランス美術館連盟のジャック・サロワ会長（当時）は「古代エジプトのファラオ（王）たちでさえ、副葬美術品の保存にはｂサイシンの注意を払っていた。〔中略〕文化遺産の保護という人類の権利を侵害するものであり、憤激に値する」と批判した（『北海道新聞』一九九一年五月一四日）。

①このエピソードは面白い。世界の人びとはなぜ非難の声を上げたのか。絵を買ったのは齊藤氏だから、［②］焼こうが法律的には何の問題もない。ゴッホの絵がこの世からなくなることは、少なくとも人々の生き死にには関係ない。

しかし、私たちはゴッホの絵を焼くなど［③］だ、という気持ちをもっている。この発言を非難することを要らぬ干渉とは考えない。

つまり私たちはゴッホの絵を「所有」を超えたものだと見ているのである。誰が所有していようが、それは人類の財産である、と。所有していなくても、それについて発言したり、あるいは権利を行使したり、利用したりすることがある。

少し考えただけでも、「所有」とは何かという問題は実におもしろい。

たとえば、ある町の景観問題の例を考えてみよう。そこの住民たちは自分たちの町の町並みを気に入っていて、町並みは自分たちの生活の大事な側面だと考えていた。そこにある鉄塔が建つことになった。住民たちからすれば、明らかにそれは「自分たちの景観」を壊すものだった。単に「好きな景観が壊れる」ということを越えて、自分たちの体の一部が壊されるような感覚すらもった。住民たちは反対運動に立ち上がる。もちろん景観を「所有」することはできない。しかし、ここには確実に「私たちの景観」という意識が働いている。

④こうした例は無数に考えることができる。たとえば、たまたまｃヒロった小石は自分のものか、家の玄関先に咲く花はその家の人のものか、カフェで先にｄスワった席は自分のものか、子どもは親のものか、自分の体は自分のものか、などなど、「誰々のもの」の問題、「所有」の問題はどこまでも広がりそうだ。

考えてみると、⑤他人が存在しなければ「所有」も存在しない。この世に自分しかいなければ、「所有」を主張する必要もない。つまり「所有」は、あくまで人間と人間との間の関係である。

広義の「所有」、ということを考えてみると、それは、「人がモノ・コトに及ぼす関係について社会的に承認されたｅジョウタイ」だと言うことができる。しかし、人がモノ・コトに及ぼす関係も多様だし、それが社会的に承認されるさまも多様だ。法律的な所有、つまり「自由にその所有物の使用、収益及び処分をする権利」（民法第二〇六条）は、実はそうした多様な「所有」のごく一部にすぎない、と見ることができる。

⑥山や川や植物、海洋資源といった自然については、なおさら、その「所有」の幅は大きくなる。「人がモノ・コトに及ぼす関係」には、採取する、植栽する、栽培する、手入れする、保全する、監視する、嗅ぐ、触れる、愛でる、などなど、「使用」という言葉に収まりきらない、多様な関係がある。

また、そうしたかかわりのどこまでが社会的に承認されているのかについても多様だ。処分する権利は認められないが利用は認められる、利用は認められるがそこから収益を得ることは認められない、収益を得ることも認められる、監視する権利を認められる、ものを言う権利を認められる、などなど幅広い。さらにはその認められ方についても、法律で認められている、法律にはないが広く社会的に認められている、その地域だけで認められている、認められているかどうか曖昧なところがある、認める人たちと認めない人たちの間に対立がある、など、これまた幅広い。

自然は所有できない、と言ってしまえば簡単なように見えるが、私たちは自然に対して、ある程度排他的なかかわりを持っている場合が少なくないし、そのかかわりについて社会的な取り決めや承認をしている。「所有」を最大限広義にとれば、私たちは自然を「所有」しているのである。そしてその広義の「所有」には、実に多様なかかわり、多様な社会的承認が含まれている。

（宮内泰介『歩く、見る、聞く人びとの自然再生』岩波新書）

問一　傍線部①「このエピソードは面白い」とあるが、どういう点で「面白い」というのか。次は、それについて説明したものである。空欄を本文中の表現を用いて三十字以内で埋めて、一文を完成させなさい。

　ゴッホの絵の所有者である齊藤氏の言動は、＿＿＿＿＿＿＿＿ことなのだが、世界中の所有者ではない人々から非難されたのは当然であると思われる点。

問二　［②］には慣用的な表現を踏まえた語句が入る。次のイ～ホから最も適切なものを選んで符号を書きなさい。

イ　飾ろうが　　ロ　入れようが　　ハ　譲ろうが　　ニ　燃やそうが　　ホ　煮ようが

問三　［③］に入る、「もってのほかである」という意味で、「道」という漢字を含む四字熟語を書きなさい。

問四　傍線部④「こうした例」とは、どのようなことの例か。三十字以内で説明しなさい。

問五　傍線部⑤「他人が存在しなければ『所有』も存在しない」とあるが、では、「他人が存在し」て、そこに「所有」が成立するためには何が必要か。簡潔に書きなさい。

問六　傍線部⑥「山や川や植物、海洋資源といった自然については、なおさら、その『所有』の幅は大きくなる」とあるが、自然について「所有」の幅が大きいとは、どういうことか。八十字以内で説明しなさい。

問七　次のイ～ホから本文の内容と合致しているものを一つ選んで符号を書きなさい。

イ　齊藤了英氏はゴッホの「医師ガシェの肖像」を人類の文化遺産保護のために副葬品とすべきであると非難された。

ロ　人類の財産を保護するという権利の行使である限り、その所有者へのどんな発言も要らぬ干渉とはみなされない。

ハ　町の景観が変わると、その住民たちの生活の大事な側面や体の一部が壊されることになるので反対運動が起こる。

ニ　広義の所有の一つとして、自由にその所有物の使用、収益及び処分をする権利という法律的な所有が定められた。

ホ　自然に対してある程度排他的な関係を持つことは社会的承認を得ており、私たちは自然を所有しているといえる。

問八　傍線部a～eのカタカナを漢字に改めなさい。

〈四十点〉

《二》次の文章は、大人の「私」がかつて小学校の高学年だった頃のできごとを思い出している話の一部である。読んで、後の問いに答えなさい。（字数制限のある問題は、句読点も一字に数えます。）

「最近、どう？　楽しいこととか、困ってることとか」
丸い形をした苺のショートケーキを食べながら、①楽さんは私に聞いた。②私の前のお皿には、問題のサヴァランが。
この店のサヴァランには、クリームではなくフルーツが使われていた。苺とキウイと洋梨とブルーベリー。とにかくフルーツが好きだったから、ふたつの中からサヴァランを選んだのは私だった。私たちは目の前に出されたケーキを交換した。おばさんは当然私がショートケーキを食べるものだと思って、私の前にそれをおいてくれたのに。きっとガラスケースの中にはケーキの説明書きがあって、アルコール表示がきちんとついていたのだと思う。父はそれを見落としたのだ。
ひと口食べた瞬間に、お酒の染みこんだケーキだと分かった。口の中がじんわり熱くなってくる。
ふいに、教室のガタガタする椅子を思い出した。こういう時、「困ってるんです」と言い出せない。
食べられないことはないので、まぁいいかと思いながら、十歳の私はせっせとサヴァランを食べる。食べながら、楽さんの質問に答える。
「楽しいことは、クリスマス会の準備かな。困っていることは……サンタクロースのこととか」
「サンタクロースかぁ」
楽さんは私の顔色をうかがうように、
「③きみには、まだ魔法がかかっているのかな」
「引退」
「二年生までは、ママがサンタだったよ。もう引退したけど」
楽さんが何を言おうとしているのかは、すぐに分かった。素敵な表現だと思った。でも、残念ながら魔法はすでに解けている。
その時、楽さんが左手の薬指に指輪をしていることに気がついた。だけど私は「大人のふりをしたい子ども」だったので、見なかったふりをして話を続ける。
楽さんはくすっと笑って、優雅な仕草で紅茶を飲んだ。
「クラスにまだサンタを信じてる女子がいるんだけど」
「うん」
「南野さんがね」
「その子がサンタを信じてる子？」
「違う、別の子。南野さんってね、いっつもかわいい服着てるんだよ。大きい犬も飼ってるし」
「ふぅむ。人気者？」
「そう、クラスで一番目立ってる子。でね、南野さんが、本当にサンタがいるっていうなら、次のクリスマスに証拠を見せてって、その子に言ったの」
「南野さんは、いないって？　サンタ」
「そう。そんなのがいたら、フホウシンニュウだって」
「やっかいな子だな。それでどうなった？」
「泣いちゃった、その子」
楽さんは苦笑いした。「それで、きみはどうしたの」
「まだ信じてる子にそんなこと言っちゃだめなんだよって、あとで南野さんに注意しといた」
「大人だな」
「でもそしたら、口きいてくれなくなっちゃって」
「だろうね」
「口きいてくれないと、口きかせたくなるんだよね」
「きみのママもそういうタイプだったよ」
④楽さんは頬杖をついて、「サンタ問題は深刻だな」とつぶやいた。
「南野さんって子はさ、きっとまだ信じていたかったんだよ、サンタがいるって。だから、まだ信じている子が近くにいたことが悔しくて、つい意地悪したくなっちゃったんじゃないかな。分かる気もするよ」
「⑤分かるの？」
「⑥人の夢がうっとうしく思えることって、たまにあるから」

楽さんは最後に残していたケーキの苺を口に入れた。

うちのママはショートケーキの苺をいつも最初に食べる。好きなものは残さず先に食べるのだ。楽さんはママとは違って、きっと好きなものを最後までとっておくタイプなんだろう。楽さんは「うん、うまい」と言った。

そして次に楽さんが言ったこと。それを聞いた時の、世界の色が突然にパッと変わったような、特別なあの気持ちは忘れられない。

「苺って、すっぱくてちょっと苦手なんだ。だからつい、最後まで残してしまう」

「えっ。苦手なの？　苺が？」

「うん。でも、これは甘かったなぁ」

ああそうか、苺が好きなものとは限らないんだ。そうじゃない人だっているんだ。

好きだから最後に残したって、そう思いこんでしまった自分に私はとても驚いた。当たり前のことを大発見したような幸せな気分と、思いこみで人を決めつけてしまった後ろめたさ。甘さと苦さを上手に混ぜたようなあと味。その気持ちは、まさにサヴァランにぴったりだった。

「甘かったなぁ」

言い方をまねてつぶやくと、楽さんは「それはよかった」って、⑦とんちんかんな返事をしたのだった。

（戸森しるこ「サヴァランの思い出」より）

問一　傍線部①「楽さん」は「私」にとってどのような人物だと考えられるか。次の**イ**～**ホ**から適切なものを一つ選んで符号を書きなさい。

イ　「私」の年の離れた姉。
ロ　「私」の母親の元夫。
ハ　「私」の父親の恋人。
ニ　「私」の幼なじみの父親。
ホ　「私」の年の離れた恋人。

問二　傍線部②「私の前のお皿には、問題のサヴァランが」とあるが、どのような問題があるか、説明しなさい。

問三　傍線部③「きみには、まだ魔法がかかっているのかな」とあるが、ここで言う「魔法がかかっている」とはどういうことをさしているか、説明しなさい。

問四　傍線部④「楽さんは頬杖をついて、『サンタ問題は深刻だな』とつぶやいた」とあるが、「楽さん」はなぜ「深刻だ」といったのだと考えられるか。その説明として次の**イ**～**ホ**から最も適切なものを選んで符号を書きなさい。

イ　「私」がどんなことを言ったとしても、多分怒った南野さんは頑なな姿勢を崩そうとしないだろうから。
ロ　サンタに関しては特に思い入れのある「私」が折れることはないだろうということが分かっているから。
ハ　南野さんがクラスの中で次々とけんかを始めるせいで、クラスの雰囲気が悪くなり、迷惑しているから。
ニ　南野さんと「私」との対立を何とか解消させたいが、話を聞けば聞くほど難しい事のように思えるから。
ホ　サンタの存在に関する考えの違いで生じた対立は、誰かが考えを改めてすませるべき問題ではないから。

問五　傍線部⑤⑥のやりとりについての説明として、次の**イ**～**ホ**から最も適切なものを選んで符号を書きなさい。

イ　南野さんの考え方に理解を示そうとする楽さんを「私」が疑っているのに対し、自分の嘘を見抜かれそうになった楽さんが、嘘を夢に言い換えてごまかそうとしている。
ロ　自分に口をきいてくれない南野さんに味方するような楽さんを責めるような「私」に対し、自分の夢に踏み込まれたくない楽さんはあえて突き放そうとしている。
ハ　現実的な考え方をする南野さんとも仲良くしたい「私」に対し、楽さんは現実と夢との折り合いをつけるのは大人でも難しいということを諭そうとしている。
ニ　人の夢を攻撃することに批判的な「私」に対し、楽さんは夢についての独特の見解を提示しつつ、夢を信じている子に攻撃的になってしまう南野さんの気持ちに理解を示そうとしている。
ホ　クラスで一番目立つ南野さんには楽さんまでも従ってしまうのかと疑う「私」に対し、楽さんは、対立する相手とも、視点を変えればわかり合えることを伝えようとしている。

問六　傍線部⑦「とんちんかんな返事をしたのだった」とあるが、どのようなところが「とんちんかん」だったと言えるのか、説明しなさい。

問七　この文章のタイトルの「サヴァランの思い出」とは、「私」にとってどのような意味を持つ思い出か。百二十字以内で説明しなさい。

〈四十五点〉

《三》次の①～⑮の傍線部のカタカナを漢字に改めなさい。

① 児童の感受性をハグクむ取り組み。

② 墓前に花をソナえて、手を合わせた。

③ すべての公務員にはシュヒ義務がある。

④ 地域活性化のため地元商店街は色々な策をコウじた。

⑤ 美術の先生が、近くの画廊で初めてのコテンを開いた。

⑥ 彼女は日本スケート界のシホウともいえる存在である。

⑦ インターネットのコウザイについて、クラスで話し合う。

⑧ カロウがたたって体調を崩し、とうとう入院してしまった。

⑨ このテーマはケントウに値する、大切なことだと思われる。

⑩ 彼がこれまでにしてきたことは、大きなハイトク行為である。

⑪ 彼の今後のキョシュウについて、世間の興味が集まっている。

⑫ 彼の考え方のコンカンにあるのは、自由を尊重する気持ちである。

⑬ 王は手柄をたてた兵士にほうびを与えようとしたが、彼はコジした。

⑭ この短編集にツウテイするテーマは、表面的に読んでいてはわからない。

⑮ 記録を塗りかえられたことは、自分の実力からするとボウガイの喜びであります。

〈十五点〉

1． 次の □ にあてはまる数を求めなさい。（１２点）

⑴ $0.375 \times 0.48 + \frac{1}{12} \times 3\frac{2}{5} - \frac{1}{75} =$ □

⑵ ２時間18分30秒÷４分40秒＝□あまり□分□秒

⑶ $\frac{3}{5} - 2 \div \{21 - 4 \div (\square - \frac{2}{3})\} = \frac{4}{15}$

2． 次の各問に答えなさい。（３２点）

⑴ $\frac{3}{35}$の分母と分子に同じ整数を加えて約分したところ，$\frac{8}{15}$だけ大きい分数となりました。どんな整数を加えましたか。

⑵ 何枚かのコインを横一列に並べます。３枚以上表が連続するところがある並べ方は何通りですか。次の場合について答えなさい。

（ア）５枚を並べるとき

（イ）６枚を並べるとき

⑶ ひし形ＡＢＣＤの対角線ＢＤ上に点Ｅをとったところ，∠ＢＡＥ＝89°，∠ＥＣＤ＝55°となりました。このとき，ア，イの角度をそれぞれ求めなさい。

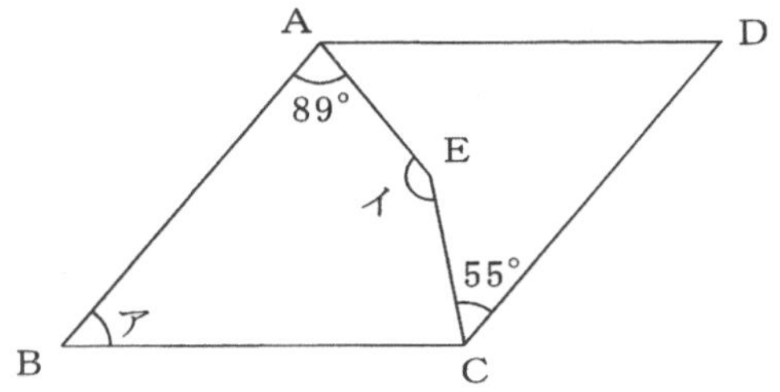

⑷ １辺が２cm，６cm，12cmの正方形が図のように並んでいます。斜線部の面積を求めなさい。ただし，ＡＢとＣＤは辺上の点Ｅで交わっています。

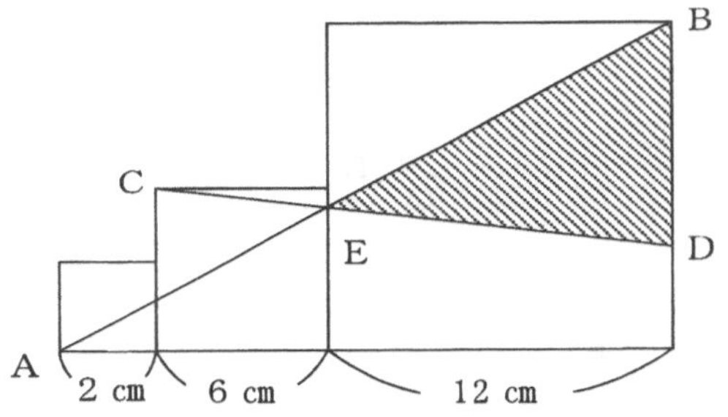

⑸

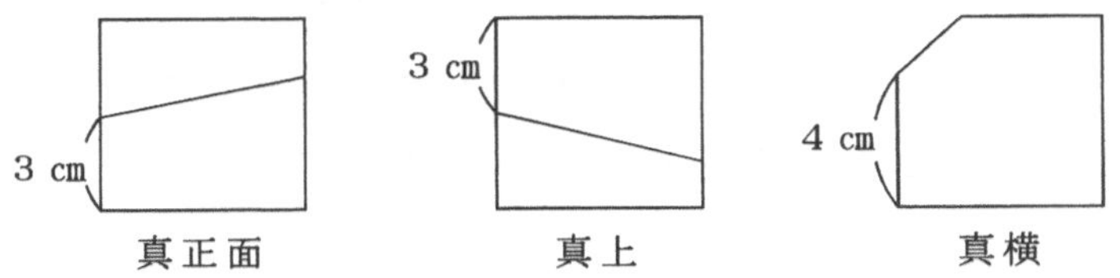

１辺６cmの立方体をある平面で切断し，真正面，真上，真横から見たところ，左図のようになりました。この立体の体積を求めなさい。ただし，角すいの体積は(底面積)×(高さ)÷３です。

3． ＡはＰ地からＱ地まで進むのにまず，時速９kmで走り，途中で何分間か休んでから残りを時速５kmで歩きました。このとき，走った時間と歩いた時間の比が２：３でした。ＢはＰ地からＱ地まで時速６kmで休むことなく歩きました。Ａ，ＢともにＰ地を出発し，Ｑ地に到着するのにかかった時間が同じとき，次の問に答えなさい。（１２点）

⑴ Ａが休んだ時間とＡが歩いた時間の比を求めなさい。

⑵ Ａが途中で休んだのは20分でした。ＰＱ間は何kmですか。

2018 年度　ラ・サール中学校　入学試験問題　算数　(60 分・100 点)　その２

４．図のように，半径１㎝と２㎝の２つの円が，それぞれ長方形の内部を辺に接しながら動きます。このとき，次の問に答えなさい。ただし，円周率は 3.14 とします。(１４点)

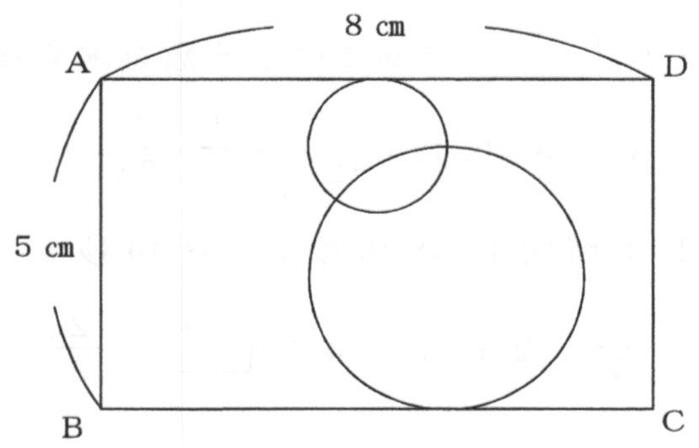

⑴ 半径１㎝の円が通過できる部分を解答欄(らん)の図に斜線で示しなさい。また，その面積を求めなさい。

⑵ ２つの円のうち，一方のみが通過できる部分の面積を求めなさい。

５．１，30，275，1468 のような同じ数字を２回以上用いないで表される整数を，１から小さい順に並べていきます。このとき，次の問に答えなさい。(１４点)

⑴ 98 は何番目ですか。

⑵ 987 は何番目ですか。

⑶ 2018 は何番目ですか。

６．

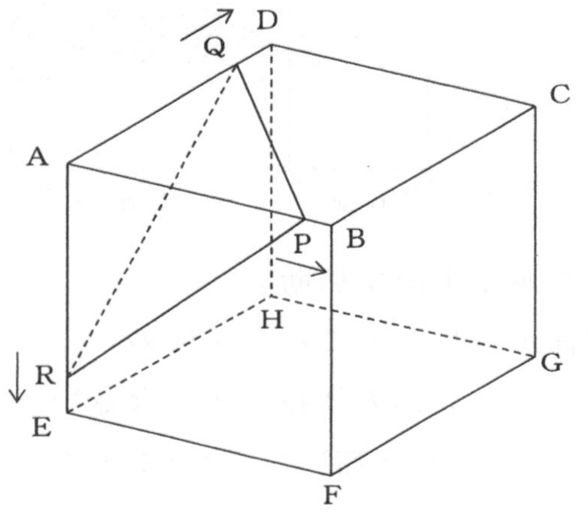

図のような立方体の頂点Ａから，３つの点Ｐ，Ｑ，Ｒが同時に出発し，Ｐは Ａ－Ｂ－Ｃ－Ｇ，ＱはＡ－Ｄ－Ｈ－Ｇ，ＲはＡ－Ｅ－Ｆ－Ｇの順に，それぞれ辺上を同じ一定の速さで移動して，12 秒後に点Ｇに着きます。

３点Ｐ，Ｑ，Ｒを通る平面でこの立方体を切ったときの切り口の面積をＳとするとき，出発して４秒後のＳは 12 ㎠でした。このとき，次の場合のＳは何㎠ですか。

(１６点)

⑴ 出発して３秒後

⑵ 出発して６秒後

⑶ 出発して７秒後

平成30年度　入学試験問題　　理　科（40分）　　ラ・サール中学校

注意：　1．解答はすべて解答用紙の答のらんに書きなさい。
　　　　2．いくつかの中から選ぶ場合は，記号で答えなさい。特に指示のない場合は1つ答えなさい。

【１】

〔A〕

次のような手順で棒温度計のかわりになる温度計を作り，気温を測ることを考えます。これは，ガリレオ温度計と呼ばれています。

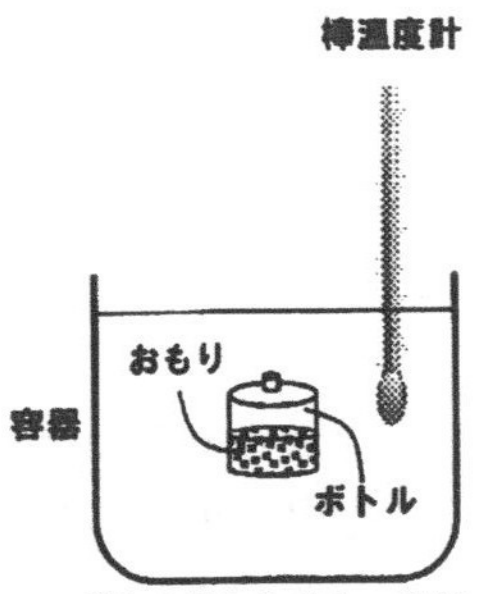

ボトルが水中でちょうど止まっている様子

［手順と結果］

① 図のような容器の中に水を入れ棒温度計を用いて温度を測り，その温度で一定に保つようにします。なお，このときの水の温度は均一にしてあります。

② ふたのついた軽い空のボトルにおもりを入れ，手順①で用意した水の中に入れます。

③ ボトルの中に入れるおもりを調整していくと，ボトルは浮いていったり，沈んでいったりしますが，ボトルが水中でちょうど止まるように調整します。

④ ここで，手順①で用意する水の温度を，お湯や氷を使って温めたり冷やしたりすることで，右表のように10℃から30℃までの範囲で5℃ずつ変えていきます。そして，それぞれの温度のもとで手順②，③を同じように行い，おもりの入った5つのボトルA～Eをつくります。

手順①で用意する水の温度	ボトル
10℃	A
15℃	B
20℃	C
25℃	D
30℃	E

⑤ 一方で，水を入れた大きな水そうを用意し，その中に5つのボトルをすべて入れてみます。すると，気温によって，水中にあるボトルの位置関係が変化する様子が観察されました。

（1）手順①に関して，棒温度計の目盛りの読み方として正しいものはどれですか。
　ア．液の先がちょうど目盛りの真ん中にきたときは，下の目盛りを読む。
　イ．液の先の動きがなくなってから目盛りを読む。
　ウ．目線は温度計に対して直角，あるいは見やすいように斜めにして，液の先の目盛りを読む。

2018(H30) ラ・サール中
K 教英出版　理6の1

（2）手順②，③に関して，次のa，bの（　　）から適当なものを選びなさい。

手順①で用意したある一定温度の水の中に，おもりのみを入れると沈んでも，同じおもりをふたのついた軽い空のボトルに入れたものでは沈まないことがあります。このことから，同じ重さのものに対する浮く力の大きさは水中に入っているものの体積で異なることがわかります。すなわち，水中に入っているものの体積が
a（ア．大きい　　イ．小さい）ほど，浮く力の大きさは大きいことになります。
また，「浮く力の大きさは水中に入っているものと同じ体積の水の重さと等しい」ことが知られています。
以上より，ある一定温度の水の中において，おもりの入っているボトルは，同じ体積の水より b（ア．重い　　イ．軽い）と沈んでいき，その逆であると浮いていくと考えることができます。つまり，そのボトルが水中でちょうど止まっているときは，ボトルの重さとボトルと同じ体積の水の重さが等しく，つりあっているときになります。

（3）手順④，⑤に関して，次のa～eの（　　）から適当なものを選びなさい。なお，水の温度を変化させたとき，水中にあるボトルの体積は一定と考えてよいです。

まず，同じ体積あたりで考えたとき，水の場合は温度が4℃のときが最も
a（ア．重く　　イ．軽く），それよりも温かいときはb（ア．重く　　イ．軽く）なる性質があります。これは，お風呂を沸かしたときの，お湯の上下の温度差を考えてみればわかります。
このことから，用意した5つのボトルのうち，最もc（ア．重い　　イ．軽い）ものはボトルAで，最もd（ア．重い　　イ．軽い）ものはボトルEといえます。
次に，手順⑤に関して考えます。いま，水中にある5つのボトルのうち1つに注目してみます。このボトルは，水そう中の水の温度が，手順④の表に示されているボトルをつくったときの水の温度より高温になっていくと e（ア．浮いて　　イ．沈んで）いき，その温度より低温になっていくと，それとは逆に動いていきます。このような原理によって，水中にある5つのボトルの位置関係は変化します。
また，水そう中の水全体の温度は，しばらくすると気温と等しくなっていきます。つまり，水中にあるボトルの位置関係が変化する様子を観察することで，気温を測ることができ，温度計として利用することができるのです。

（4）手順⑤に関して，気温が23℃であったとき，5つのボトルのうち水そう中の底に沈んでいるものはどれですか。（3）を参考にして，A～Eの記号ですべて答えなさい。

〔B〕

図1のように鉄心にエナメル線を巻き，電磁石を作りました。この電磁石に矢印(a)の向きに電流を流すと，方位磁針の N 極は左を向きました。

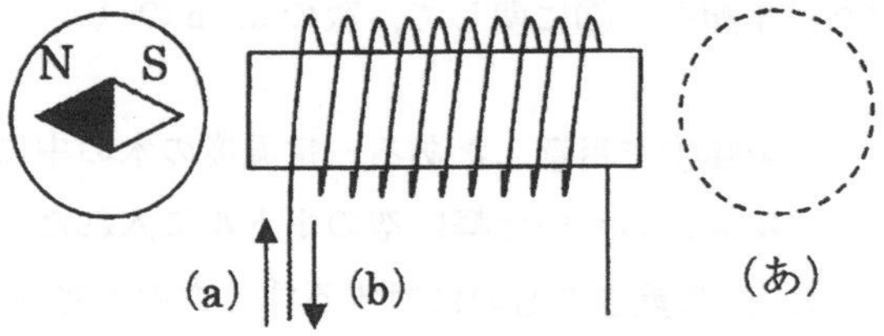

図 1

（1）電磁石の左端は何極になっていますか。

（2）図 1 において，電流を矢印(b)の向きに流したとき，方位磁針の針の向きはどのようになりますか。最も適当なものを選びなさい。

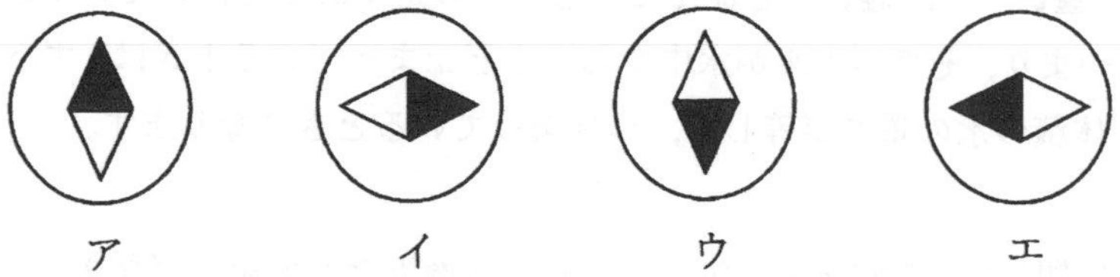

（3）図 1 において，電流を矢印(a)の向きに流したままで，方位磁針を図の（あ）の位置に置いたときの針の向きとして最も適当なものを（2）の選択肢から選びなさい。

（4）同じ鉄心，同じ数の電池，同じ長さのエナメル線を用いて電磁石を作り，巻き数の異なる電磁石の強さを比べる実験を行います。このときエナメル線のあまった部分を切り取らずに同じ長さのまま行います。その理由として最も適当なものを選びなさい。

ア．エナメル線がからまないようにするため。
イ．エナメル線に電気を通しやすくするため。
ウ．コイルに流れる電流の大きさを同じにするため。
エ．コイルが熱くなるのを防ぐため。

（5）長さと太さがそれぞれ等しい鉄心にエナメル線を 100 回巻いたコイルと 200 回巻いたコイルを作り，図 2 に示す向きで同じ大きさの電流を流しました。方位磁針を図 2 の(い)の位置に置いたときの針の向きとして最も適当なものを（2）の選択肢から選びなさい。

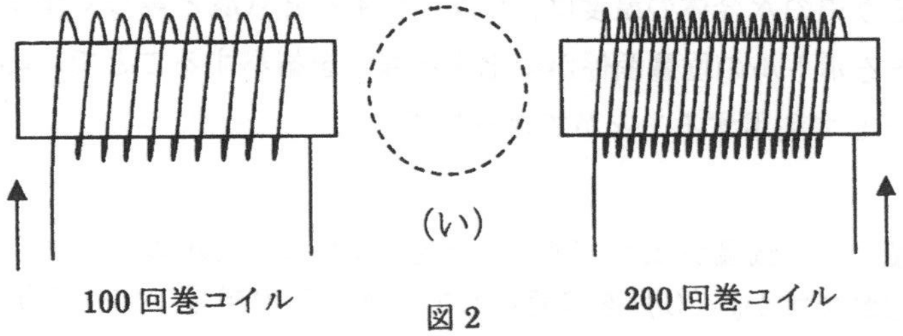

図 2

（6）モーターは電磁石の性質を利用して作られています。モーターの構造は回転軸のついた電磁石が 2 つの磁石にはさまれた図 3 のようになっています。次の a～c の（　　）から適当なものを選びなさい。

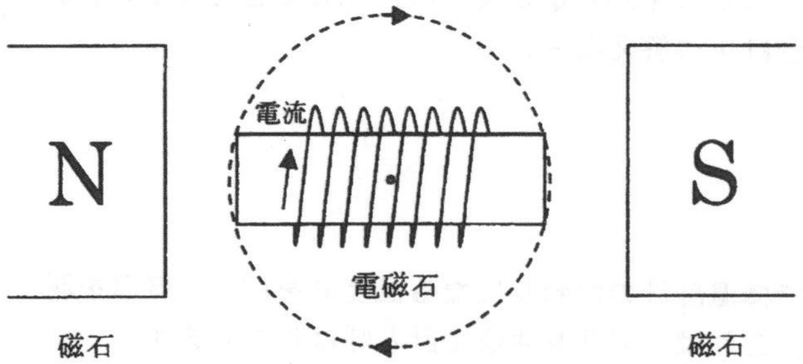

図 3

電磁石を時計回りさせることを考えます。電磁石が図 4 の位置で静止しているときに，電磁石の A の部分を a（**ア. N 極　イ. S 極**）にすると磁石から力を受け，時計回りに回り始めます。

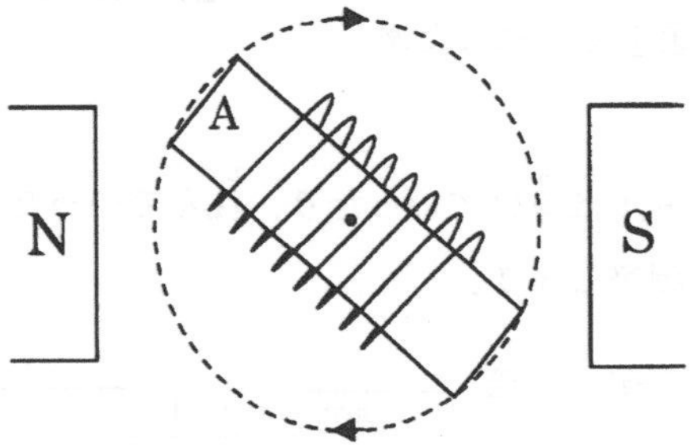

図 4

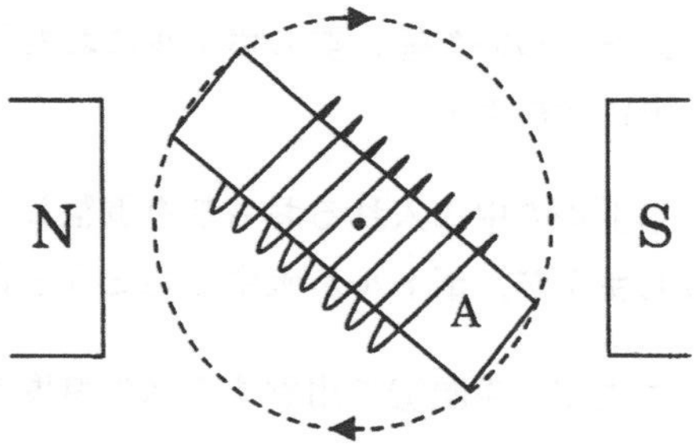

図 5

図 4 の位置から電磁石が回転し，はじめて図 5 の位置にきたときを考えます。電磁石の A の部分が（　a　）極のままだと磁石から b（**ア. 時計回り　イ. 反時計回り**）に回す力を受け，その後，電磁石は回転しなくなります。電磁石を回し続けるためには，図 5 の位置にあるときに電磁石の A の部分が c（**ア. N 極　イ. S 極**）になっていないといけません。

（7）最も速くモーターを回し続けるためには，電磁石の A の部分が図 6 のア～クのどの位置にきたときに電磁石の N 極と S 極を切り替える必要がありますか。正しいものをすべて選びなさい。

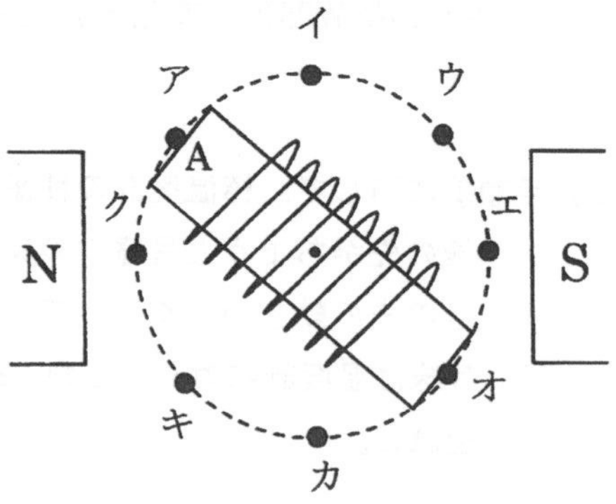

図 6

【2】

ヒトは，起きている時も寝ている時も常に，空気を肺に吸い込んだり，肺からはき出したりしています。吸い込まれた空気は，肺胞(はいほう)に入ります。肺胞では，空気と血液との間で，酸素と二酸化炭素の交換(こうかん)が行われます。このはたらきをa 呼吸といいます。

肺は，呼吸をするためにふくらんだり，縮(ちぢ)んだりします。このとき，図の（あ）と（い）が動きます。図は，胸部の断面の模式図です。

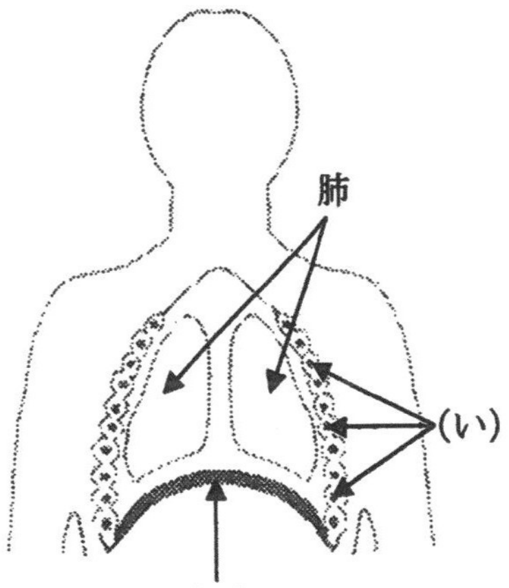

（1）(あ)，(い）に最も適する語を答えなさい。
（い）は，骨の名前を答えなさい。

（2）(あ)のけいれんにより起きる現象を何といいますか。5 文字のひらがなで答えなさい。

（3）空気を肺に吸い込むとき，図の（あ)，(い)，肺はどうなりますか。正しいものを選びなさい。

ア．（あ）は上がり，(い）は持ち上がり，肺はふくらむ。
イ．（あ）は上がり，(い）は引き下がり，肺は縮む。
ウ．（あ）は下がり，(い）は持ち上がり，肺はふくらむ。
エ．（あ）は下がり，(い）は引き下がり，肺は縮む。

（4）下線部aに関して，呼吸数は，1 分間あたり 20 回でした。1 回の呼吸により吸い込む空気とはき出す空気は，ともに 500mL でした。吸い込む空気とはき出す空気の酸素の体積の割合は，それぞれ 21%と 16%でした。1 分間あたり肺に吸い込む空気に含(ふく)まれる酸素と肺からはき出す空気に含まれる酸素の体積の差は何 mL ですか。

（5）肺の代わりにエラを用いて，呼吸を行う生物を選びなさい。

ア．イルカ　　イ．オットセイ　　ウ．クジラ
エ．サメ　　オ．シャチ

2018(H30) ラ・サール中
K 教英出版　理6の3

心臓は，血液を体全体に送り出すためにポンプのように動いています。この心臓の動きをb 拍動(はくどう)と言います。

（6）1 分間あたりの呼吸数と拍動数は，運動前に比べて，運動後ではどのように変化しますか。

ア．呼吸数は増加し，拍動数も増加する。
イ．呼吸数は増加し，拍動数は減少する。
ウ．呼吸数は減少し，拍動数は増加する。
エ．呼吸数は減少し，拍動数も減少する。
オ．呼吸数は変化せず，拍動数も変化しない。

（7）心臓にもどる血液が流れる血管は何ですか。

（8）心臓や血管において，血液が逆向きに流れないようにするためにあるものは何ですか。

（9）下線部 b に関して，拍動数は，1 分間あたり 70 回でした。心臓が，1 回の拍動により体の各部に送り出す血液は，50g でした。ヒトの体重に対する血液全体の重さの割合は，$\frac{1}{13}$ でした。①，②に答えなさい。

①1 分間あたり心臓から体の各部に送り出された血液は何 g ですか。最も適する数値を選びなさい。

ア．2500 g　　イ．3000 g　　ウ．3500 g　　エ．4000 g　　オ．4500 g

②体重 65kg のヒトの血液は，体を 10 分間あたり何回循環(じゅんかん)しますか。

心臓から体の各部に送り出された血液は，体の各部に酸素をわたし，二酸化炭素を受け取っています。

血液中の赤血球は，酸素を吸収・放出している細胞(さいぼう)です。赤血球には，たくさんのヘモグロビンという酸素を吸収・放出するタンパク質が含まれています。

ヘモグロビンが吸収できる酸素の量は，酸素の多い環境(かんきょう)と酸素の少ない環境で異なります。ヘモグロビンは，肺胞のように酸素の多い環境では，大部分が酸素と結びついて酸素ヘモグロビンとなります。また，体の各部のように酸素の少ない環境では，酸素を放出し，ヘモグロビンになります。これらの性質により，ヘモグロビンは，肺胞で酸素を吸収し，体の各部で酸素を放出することで，c 体の各部に酸素を供給しています。

(10) 下線部cに関して，血液中には，100g あたり 16g のヘモグロビンが含まれていました。全てのヘモグロビンに酸素が結びついて酸素ヘモグロビンの割合が 100%になったとき，吸収した酸素の体積は，ヘモグロビン 1g あたり 1.3mL です。肺胞で酸素を吸収したあと，心臓から体の各部に送り出された血液では血液中の酸素ヘモグロビンの割合は 95%で，体の各部で酸素を放出したあとの血液では酸素ヘモグロビンの割合が 50%に低下していました。なお，拍動数は，1 分間あたり 70 回でした。心臓が，1 回の拍動により体の各部に送り出す血液は，50g でした。①，②，③に答えなさい。

① 1 分間あたり心臓から体の各部に送り出された血液には，何 mL の酸素が含まれますか。最も適する数値を選びなさい。

ア. 364 mL　イ. 532 mL　ウ. 692 mL　エ. 728 mL　オ. 4320 mL

② 体の各部では，心臓から体の各部に送り出された血液の酸素ヘモグロビンの何%が酸素を放出したことになりますか。最も適する数値を選びなさい。

ア. 45%　イ. 47.4%　ウ. 50%　エ. 52.6%　オ. 95%

③ 体の各部では，1 分間あたり心臓から体の各部に送り出された血液により何 mL の酸素が，酸素ヘモグロビンから放出されましたか。最も適する数値を選びなさい。

ア. 311 mL　イ. 328 mL　ウ. 346 mL　エ. 364 mL　オ. 657 mL

試験問題は次に続きます。

【３】

冬休みのある日，暖かい部屋の中からダイ吉くんが外を見ようとすると，窓ガラスの（①）がくもっていました。

ダイ吉　「お母さん，窓がくもっていて外が見えないね。」

お母さん「②空気中の水蒸気が水てきになって窓ガラスに付いたのね。夜の間（③），草木の葉に朝つゆが付くのも同じ理由よ。」

モモ　「１ヶ月くらい前，お父さんとお兄ちゃんと朝早くつりに行ったとき，もやが立ちこめていて，海がよく見えなかったよ。」

お母さん「それは（④）よ。」

窓を開けてみると，空は一面雲におおわれていて，冷たい風が入ってきました。

ダイ吉　「今にも雨が降りそうな空だ。これでは，⑤洗たく物は干せないね。」

お母さん「明日はところによって雪が降る，と天気予報では言っていたわよ。」

ダイ吉　「本当！　楽しみだな！」

夜になってお父さんが帰ってきました。

ダイ吉　「お父さん，明日は雪になるらしいよ。ところで，天気予報を聞いていると，低気圧，高気圧という言葉がよく出てくるけど，天気とどんな関係があるのかな？」

お父さん「低気圧は周りより気圧の低いところ，高気圧は周りより気圧の高いところという意味だよ。⑥｛**ア．低気圧　イ．高気圧**｝では，まわりから流れこんだ空気が上に上がっていくのに対し，⑦｛**ア．低気圧　イ．高気圧**｝では，降りてきた空気がまわりに流れ出しているんだ。だから，⑧｛**ア．低気圧　イ．高気圧**｝では空気の温度が変化し，水蒸気が水てきになることで雲が発生して，天気が悪くなるんだよ。」

ダイ吉　「ところで，雪って雨が凍（こお）ったものだよね？」

お父さん「それはちがうぞ。雪は雲にふくまれる小さな氷のつぶに，水蒸気が付着して凍りながら成長したものだよ。１つ１つの雪は拡大して見ると，（⑨）と呼ばれる規則正しい形になっているだろ。気温が高いと，地表に達する前に雪は溶けて雨になってしまうけど，気温が少し高くても，⑩地表付近の空気が乾（かわ）いていると，雨にはならず，雪になることもあるんだ。」

モモ　「明日は雪になるといいな。」

お母さん「だいじょうぶ！　みんなの願いがかなうわよ。」

（１）①にあてはまる語句はどれですか。
　ア．内側　　イ．外側　　ウ．内側と外側

（２）②のように，空気中の水蒸気が水てきになった理由は次のどれですか。
　ア．水は１００℃以上では気体，１００℃以下では液体になるから。
　イ．空気に含むことのできる水蒸気の量は，温度が低くなるほど少なくなるから。
　ウ．温度が上がって，水蒸気の一部が液体の水になったから。
　エ．空気が圧縮されて，水蒸気の一部が液体の水になったから。

（３）③にあてはまる説明はどれですか。その答えを選んだ理由も書きなさい。
　ア．雨が降っていると
　イ．空がくもっていると
　ウ．空がよく晴れていると
　エ．強い風がふいていると

（４）④にあてはまる説明はどれですか。
　ア．冷たい空気が，暖かい海水の上に流れこんできたから
　イ．暖かい空気が，冷たい海水の上に流れこんできたから
　ウ．気温が高くて，海水がたくさん蒸発しすぎたから
　エ．強い風がふいて，波しぶきがたくさん上がっていたから

（５）⑤について，洗たく物は空気の乾いた晴れの日は良く乾き，空気の湿（しめ）っているくもりや雨の日には良く乾きません。ところが一方で，湿度の低い冬より，湿度の高い夏の方が，ふつう，洗たく物は良く乾きます。それはなぜですか。
　ア．夏の方が風が強く，洗たく物の水分をたくさんうばうから。
　イ．空気中の水蒸気は，太陽の光を強める働きがあるから。
　ウ．湿度が高いほど，空気が乾いていることを意味するから。
　エ．夏は気温が高く，空気中に水蒸気をたくさん含むことができるから。

（６）⑥～⑧の｛　｝から適当なものを選びなさい。

（７）⑨に適当な言葉を入れなさい。

（８）⑩にあるように，空気が乾いていると，気温が高くても雪は溶けにくく，雪のまま降ることがあります。空気が乾いていることで，雪が溶けにくくなる理由を説明しなさい。

【4】

〔A〕

理科室で，ビーカーの底に粉末が大さじ1杯(はい)分くらい入っているのを見つけました。理科室の棚(たな)にあったものは，次の**ア**～**ケ**なので，入っていた粉末は，これらのうちのいくつかが混じったものだと考えられます。このビーカーに何が含まれているか調べるために，次の実験1～5を行いました。あとの問いに答えなさい。

ア．二酸化マンガン	**イ**．砂糖	**ウ**．デンプン
エ．ガラス粉末	**オ**．アルミニウム	**カ**．銅
キ．食塩	**ク**．消石灰	**ケ**．鉄

実験1：ビーカーの中の粉末を一粒ずつつまみ出してルーペでよく見ると，①赤茶色の粒と，②くすんだ銀色の粒と，白色の角ばった粒の3種類があった。

実験2：ビーカーの粉末を小さじ1杯とって水100 mLに加えてかき混ぜると，赤茶色の粒とくすんだ銀色の粒は溶けずにすべて残り，白色の角ばった粒は水にすべて溶けた。

実験3：実験2の水溶(よう)液と溶けなかったものをろ過した。得られた粉末を，うすい水酸化ナトリウム水溶液が入った試験管の中に加えると，③気体が出た。

実験4：実験3のろ液を蒸発皿にとって下からガスバーナーで加熱すると，こげることはなく底に④白い粉末が残った。

実験5：実験4の作業で生じた白い粉末を水に溶かし，赤色と青色の両方のリトマス紙につけたが，どちらも色は変わらなかった。

（1）下線部①と②の粒はそれぞれ何ですか。**ア**～**ケ**から1つずつ選びなさい。

（2）下線部③の気体は何ですか。気体の名前を答えなさい。さらに，この気体の性質として正しい説明を，次のA～Fからすべて選びなさい。

A. 空気よりも重い。　　B. 空気中で燃える。
C. 地球温暖化の原因になる。　　D. 水に溶けにくい。
E. においがある。　　F. 助燃性がある。

（3）実験4で残った下線部④の白い粉末は何ですか。**ア**～**ケ**から選びなさい。

（4）**ア**～**ケ**にそれぞれ水を加え，それらにリトマス紙につけたところ，1つだけリトマス紙の色の変化が観察されました。それは**ア**～**ケ**のどれか答えなさい。また，そのときのリトマス紙の色の変化として正しいものを，次のA，Bから選びなさい。

A．赤色リトマス紙が青色に変化した。
B．青色リトマス紙が赤色に変化した。

〔B〕

マグネシウム，アルミニウム，銅の3種類の金属粉末があります。粉末をいくらかはかり取って，ステンレス皿に乗せて，ガスバーナーで加熱しました。時々かき混ぜながら加熱して，冷ましたのち，残った粉末の重さをはかりました。

最初にはかる金属粉末の重さを変えながら実験し，加熱後の重さとの関係を表1に示しています。

表 1

はじめの重さ[g]		2.0	4.0	6.0	8.0	10.0
加熱後の重さ[g]	マグネシウム	3.4	6.8	10.2	13.6	17.0
	アルミニウム	3.8	7.6	11.4	15.2	19.0
	銅	2.6	5.2	6.4	10.4	13.0

（1）マグネシウム粉5.0gを，加熱して完全に反応させました。このとき，マグネシウムと結びついた酸素の重さは何gですか。

（2）ある重さのアルミニウム粉を加熱して完全に反応させたところ，加熱後に残った粉末の重さは24.7gでした。はじめのアルミニウム粉の重さは何gですか。

（3）銅粉を加熱する実験では，加熱が不十分で未反応の銅粉が残っていると思われる数値が1つだけ含まれています。
① それはどの数値ですか。表1の加熱後の重さのうち1つ選び，その数値を答えなさい。
② ①のとき，用意した銅粉のうち，反応せずに残っている銅の割合は何%ですか。小数第1位を四捨五入して整数で答えなさい。

（4）マグネシウム粉と銅粉の混合粉末が合計で13.0gあります。これを十分に加熱したところ，残った物質の重さは20.1gでした。はじめの混合粉末13.0gのなかに含まれていたマグネシウムは何gですか。

（5）次の①～③の3種類の粉末についても，同様に加熱して実験を行いました。そのときの結果に関して，それぞれ適切な文をア～ウから選びなさい。

①　木炭　　②　食塩　　③　鉄

ア．加熱後は，加熱前より重さが増加する。
イ．加熱後は，加熱前より重さが減少する。
ウ．加熱の前後で，重さは変化しない。

［終わり］

平成30年度　入学試験問題　社　会（40分）　ラ・サール中学校

＊解答はすべて解答用紙に記入しなさい。

1　2017年の世界や日本で起きたできごとに関して、以下の問いに答えなさい。

◇1月、大相撲初場所で初優勝した大関稀勢の里が、横綱に昇進しました。

問１　相撲は江戸時代に人々の楽しみとして根づいていき、都市だけではなく、地方でも人気を集めました。18世紀の江戸は、世界でも有数の大都市となりましたが、当時の江戸の人口はどれくらいとされていますか。最も近い数字を、次のア～エから１つ選び、記号で答えなさい。

ア．50万　　イ．100万　　ウ．200万　　エ．300万

◇2月、「働き方改革」および景気対策の一環として、毎月最後の金曜日には仕事を早く終えることを呼びかけ、同時に消費の拡大をうながす取り組みが始まりました。

問２　この取り組みでは毎月最後の金曜日のことを、何と呼んでいますか。カタカナで答えなさい。

◇3月、福島県の川俣、浪江、飯舘、富岡の４町村で、原発事故にともなう避難指示が解除されました。

問３　福島県は、野口英世の出身地です。野口は、破傷風の治療法を発見した医学者のもとで細菌学の勉強をしました。その医学者の名前を、次のア～エから１つ選び、記号で答えなさい。

ア．北里柴三郎　　イ．コッホ　　ウ．志賀潔　　エ．フェノロサ

◇6月、中東のサウジアラビアやバーレーン、アラブ首長国連邦（ＵＡＥ）などの６か国は、テロ組織を支援しているとして、カタールとの国交を断絶しました。

問４　これらはどれもイスラム教がさかんな国です。イスラム教徒には、１日５回の礼拝や、月によっては日中に断食するなどの義務があります。また食べることが禁じられている肉もあります。それは何の肉ですか。次のア～エから１つ選び、記号で答えなさい。

ア．羊　　イ．牛　　ウ．豚　　エ．鶏

◇6月、静岡県の伊豆半島の沖で、アメリカの軍艦とフィリピンのコンテナ船が衝突し、軍艦の乗組員７人が水死しました。そのため軍艦の艦長たちは、重い処分を受けました。

問５　1886年（明治19年）、和歌山県の沖でイギリス船が沈んだとき、船長はイギリス人の乗組員だけを助け、日本人の乗客は全員水死するという事件がおきました。イギリスの領事が裁判をしましたが、船長に軽い罰をあたえただけでした。このため国民の間では、治外法権などを認めた不平等な条約の改正を求める声が高まりました。この事件の名前を答えなさい。

◇8月、東南アジアにある国で、イスラム系住民の過激派とみられる武装集団が警察署などを襲ったため、政府は武装集団への攻撃を続けました。この結果、そのイスラム系住民の60万人以上が難民となり、隣国のバングラデシュに逃れる事態となりました。

問６　この東南アジアの国、およびイスラム系住民の名前を答えなさい。

◇9月、国際オリンピック委員会は、2024年にパリ、2028年にロサンゼルスで夏のオリンピックを開くことを決定しました。

問７　国際オリンピック委員会の略称を、次のア～エから１つ選び、記号で答えなさい。

ア．ＷＨＯ　　イ．ＷＦＰ　　ウ．ＩＣＡＮ　　エ．ＩＯＣ

◇10月、ノーベル文学賞に、イギリスの作家であるカズオ＝イシグロさんが選ばれました。カズオ＝イシグロさんは、長崎市の生まれであるため、日本でもよろこびの声が多くあがりました。

問８　日本人で初めてノーベル賞を受賞したのはだれですか。次のア～エから１つ選び、記号で答えなさい。

ア．湯川秀樹　　イ．江崎玲於奈　　ウ．川端康成　　エ．朝永振一郎

◇12月、アメリカのトランプ大統領が、エルサレムをイスラエルの「首都」と認める声明を出しました。これにパレスチナ人やアラブ諸国などが強く反発し、中東の緊張が高まりました。そのため緊急の国連総会が開かれ、多数決でこの声明を否決しました。

問９　国連総会が開かれる、国連本部のある都市名を答えなさい。

2 次の文章を読み、問いに答えなさい。

近代憲法は、基本的人権の保障を主な目的として制定されています。そして、その目的を達成するために、統治機構について規定し、この分野における主要な原理を権力分立としています。日本国憲法もそのような近代憲法の性格を備えて制定されました。

日本国憲法は、第３章「国民の権利及び義務」でａ基本的人権を保障しています。第３章は、人権を保障する一方で、ｂ義務についても定めています。

統治機構の中心をなすのが、国会・内閣・裁判所という３つの機関です。

国会は、３つの機関のうちで、国民主権を最も忠実に反映しています。国民主権について、憲法は、天皇制と併せて、「ｃ天皇は、日本国の象徴であり日本国民統合の象徴であって、この地位は、主権の存する日本国民の総意に基づく」と定めています(第１条)。憲法は、国会を「国の唯一の立法機関」(第41条)としており、国会だけが法律を制定できます。国会は、衆議院および参議院で構成され、両議院は、「全国民を代表するｄ選挙された議員」で組織されます(第 43 条第１項)。2017 年には、ｅ衆議院の解散とそれに伴うｆ衆議院議員総選挙が行われました。

法律や予算に基づいて、実際に政策を実行していくことを行政といいます。ｇ内閣は国の最高の行政機関です。内閣は、内閣総理大臣およびその他の国務大臣によって組織されます。内閣のもとには、１府11省が置かれ、具体的な行政事務を分担しています。

争いごとを解決したり、犯罪が行われたかどうかを判断したりするのがｈ司法の役割であり、その役割を担っているのが、最高裁判所と法律が定める下級裁判所です。

問１ 下線部ａに関する記述として誤っているものを、次のア～エから１つ選び、記号で答えなさい。

ア．憲法が保障する「団結権」とは、主に、労働者が労働条件を維持・改善するために、労働組合をつくったり、それに加入したりする権利のことである。

イ．憲法は、信教の自由を保障すると同時に、国や地方公共団体が宗教に介入することを防ぐために、「国及びその機関は、宗教教育その他いかなる宗教的活動もしてはならない」と定めている。

ウ．憲法は、誰でも、法律の定める手続きによらなければ、その生命や自由を奪われることはなく、その他の刑罰を科されることもないとしている。

エ．憲法は、言論の自由を保障しているが、集会の自由は保障していない。

問２ 下線部ｂに関連して、憲法が定める義務の１つに税金を納める義務があります。税金に関する記述として誤っているものを、次のア～エから１つ選び、記号で答えなさい。

ア．税金は、国に納める国税および市町村に納める地方税からなり、都道府県に納める税はない。

イ．法律は、それが定める所得税や法人税などいくつかの国税について、その税額の一定割合を地方公共団体に交付するとしている。

ウ．市町村に納める税金の１つに市町村民税がある。

エ．消費税は、1988 年に消費税法が成立し、1989 年から実際に税が課された。

問３ 下線部ｃに関連して、天皇の国事行為に関する記述として誤っているものを、次のア～エから１つ選び、記号で答えなさい。

ア．憲法は、天皇の国事行為には、内閣の「助言と承認」を必要とするとしている。

イ．天皇の国事行為の１つに、衆議院議員の総選挙や参議院議員の通常選挙を公示することがある。

ウ．憲法では、天皇は、国事行為だけを行い、国政に関する権限をもたないとしている。

エ．天皇の国事行為の１つに、最高裁判所長官および高等裁判所長官を任命することがある。

問４ 下線部ｄに関する記述として誤っているものを、次のア～カから１つ選び、記号で答えなさい。

ア．法律は、投票の秘密を確保するため、「投票用紙には、選挙人の氏名を記載してはならない」と定めている。

イ．参議院選挙区選挙で、選挙人は、候補者１人の名前を書いて投票する。

ウ．衆議院の比例代表選挙では、全国をいくつかの選挙区に分けることをせず、すべての都道府県を通じて１つの選挙区として扱う。

エ．参議院選挙区選挙では、２つの県を合わせて１選挙区としているところがある。

オ．法律は、日本国民で年齢 18 歳以上の者が、衆議院議員および参議院議員の選挙権をもつとしている。

カ．衆議院議員総選挙では、１人の候補者が小選挙区選挙と比例代表選挙両方の候補者になる場合がある。

問５ 下線部ｅに関連して、解散の制度および実際に行われた解散などに関する記述として誤っているものを、次のア～カから１つ選び、記号で答えなさい。ただし、選択肢のなかでは、2017 年の解散を「本件解散」としています。

ア．本件解散は、衆議院の内閣不信任決議案の可決に対抗して、内閣が行ったものではなかった。

イ．本件解散が行われた国会は、開かれていた期間が１日間であり、その後、2017 年の間に国会が召集されることはなかった。

ウ．2014 年に行われた衆議院議員総選挙も、議員の任期満了によるものではなく、内閣の衆議院解散に基づくものであった。

エ．衆議院を解散するためには、内閣の閣議決定が必要である。

オ．憲法は、衆議院の解散と総選挙に関して、「衆議院が解散されたときは、解散の日から 40 日以内に、衆議院議員の総選挙」を行うと定めている。

カ．憲法は、衆議院が内閣不信任決議案を可決した場合について、内閣は 10 日以内に衆議院を解散しないかぎり、総辞職しなければならないとしている。

問６　下線部ｆに関連して、2017 年 10 月に行われた衆議院議員総選挙の選挙終了時点についての記述として誤っているものを、次のア～エから１つ選び、記号で答えなさい。

ア．投票日の前に選挙人がみずから投票を行った期日前投票者数は、小選挙区選挙で 2000 万人を超え、過去最高であった。

イ．自由民主党の当選者数は、小選挙区と比例代表区を合わせて、280 人以上であった。

ウ．立憲民主党の当選者数は、小選挙区と比例代表区を合わせて、50 人以上であった。

エ．小選挙区選挙の投票率は、60 ％以上であった。

問７　下線部ｇに関連して、内閣やその構成員に関する記述として誤っているものを、次のア～エから１つ選び、記号で答えなさい。

ア．憲法は、条約の締結を内閣の権限としている。

イ．憲法は、内閣総理大臣について、「衆議院議員の中から国会の議決で」指名すると定めている。

ウ．憲法は、予算案を作成して国会に提出することを内閣の権限としている。

エ．内閣総理大臣は、国務大臣を任命するが、そのうちの過半数は国会議員のなかから選ばなければならない。

問８　下線部ｈに関する記述として誤っているものを、次のア～エから１つ選び、記号で答えなさい。

ア．三審制において、地方裁判所は常に第一審であり、第二審になることはない。

イ．憲法は、裁判官が、その良心に従って独立して職務上の権限を行使すべきとしている。

ウ．憲法は、裁判官について、法律の定める年齢に達した時に退官すると定めており、地方裁判所の裁判官の場合、法律は 65 歳を定年としている。

エ．最高裁判所は、大法廷または小法廷で事件を取り扱うが、法律などが憲法に違反すると判断する裁判の場合は大法廷で行わなければならない。

3

以下の文章Ａ～Ｉは、『ものがたり　日本列島に生きた人たち』（2000 年、岩波書店刊行）の内容をもとに書かれたものです。これを読んで、それぞれに関する問いに答えなさい。なお、あとの問題に出てくる「時代」とは、「縄文・弥生・古墳・飛鳥・奈良・平安・鎌倉・室町・安土桃山・江戸・明治・大正・昭和・平成」のいずれかです。

Ａ　三代将軍が江戸にある前田氏の屋敷をおとずれることになったので、前田氏は将軍をむかえる建物を新たに造り、庭を整備した（現在の東京大学の三四郎池とその周辺）。また国元でさまざまな必要物資を集め、江戸にはこびこんだ。

問１　前田氏だけではなく、この時代の大名はみな、江戸に屋敷を持っていました。その背景にある制度の名前を、漢字４字で答えなさい。

Ｂ　「望月の歌」を記録したことで有名な貴族はその日記に、当時の摂政のむすこが京都の風紀をきびしくとりしまっていることに対して、それはおかしいと書きつけている。

問２　さまざまな時代の「とりしまり」についてのべた次のア～エの中に、１つだけ語句の誤りがふくまれています。その誤りを訂正した語句を書きなさい。記号や誤った語句を答える必要はありません。

ア．豊臣秀吉は検地を行って田の耕作者などを記録する一方、刀狩令を出して百姓たちが刀や鉄砲を持つことを禁じ、また百姓が武士や町人になることも禁じて、身分を区別した。

イ．幕府は、キリスト教や、日本人の海外との行き来を禁じ、天草四郎を中心とした島原・天草一揆（島原の乱）をおさえた後にはポルトガル船の来航も禁じた。

ウ．国会開設や地租を軽くすることなどを求めた自由民権運動に対し、政府は演説会や新聞を厳しくとりしまり、秩父の農民たちの政府に反対する行動も力でおさえつけた。

エ．政府は配給制をとって自由な経済活動を制限し、新聞などの内容も政府の方針に沿うよう制限し、五人組を利用して国民がおたがいを監視するしくみを作った。

Ｃ　平城京ではさまざまな井戸がほられたが、井戸の大きさやつくり方は役所や役人の身分によって異なっていた。平城宮の中で酒を造る役所では、板を組んだ３メートル四方の井戸が使われ、また天皇の住まいの近くでは、直径１メートルの杉をくりぬいた井戸の枠が使われていた。

問３　次のア～エから、Ｃの時代についてのべ、なおかつ内容の正しいものを１つ選び、記号で答えなさい。

ア．律令によって国のしくみが決められており、人々は税を都に運ぶ仕事である雑徭を負担したり、都や九州を守る兵士の役を務めたりしなければならなくなった。

イ．租は稲の収穫高の約３％を納めるもので、調は各地の特産物などを納めるものだった。平城京の跡から発掘される、荷札として使われた大量の土器を調べることで、どこの地方からどんなものが納められていたかがわかる。

ウ．蘇我氏をたおした人物たちが、「これまで天皇や豪族が所有していた土地や民はすべて国家のものとする」などという方針を打ち立て、唐から帰ってきた留学生や留学僧とともに、天皇を中心とした強力な国づくりを始めた。

エ．聖武天皇は、社会に不安が広がる中、恭仁京や難波宮などに次々と都をうつし、また仏教の力で国を平和にしようと考えて国分寺や大仏を造るよう命じた。正倉院に残っているその愛用の品には唐からわたってきた文物もふくまれる。

問４　A～Cを時代の古い順にならべかえ、記号で答えなさい。

D　第二次世界大戦の時、佐渡では、兵隊として戦場に行くことになった家の主人が、日ごろ拝んでいた地蔵堂のお地蔵さんをひそかに土に埋め、「私がもし生きて帰れたら必ずほりだして大事にするので、どうか私をお守りください」と祈ったという。

問５　下線部のような、国家が国民を兵隊として用いるというしくみはすでにつくられていましたが、明治政府がこのしくみを定めた法令を何と呼びますか。漢字３字で答えなさい。

問６　第二次世界大戦が終わった後の日本についてのべた次のア～エから、正しいものを１つ選び、記号で答えなさい。
ア．戦後、日本は連合国軍に占領され、日本の軍隊は解散し、憲法でも戦争放棄がうたわれた。その後朝鮮戦争が始まると、日本では連合国軍総司令部の指令によって、今の警察予備隊のもととなる自衛隊がつくられた。
イ．日本はサンフランシスコ平和条約に調印し、その翌年に主権を回復すると同時に国際連合に加盟したが、平和条約と同じ日に日米安全保障条約が結ばれ、日本が主権を回復した後もアメリカ軍が日本の基地にとどまることになった。
ウ．政府は国民所得倍増計画を発表し、産業を急速に発展させる政策を進め、高度経済成長は続いた。その最中の 1964 年に東京オリンピックが開かれ、日本の復興を世界に印象づけた。その４年後には日本の国民総生産は世界第１位になった。
エ．高度経済成長の陰では、さまざまな公害が発生し、人々の健康や命がおびやかされた。特に多くの被害者を出した水俣病・イタイイタイ病・四日市ぜんそく・新潟水俣病（第二水俣病）を四大公害病という。

E　元寇のころ、当時の執権は自分の屋敷にいて幕府に出て来なくなり、幕府での政治をめぐる話し合いも執権ぬきでなされたが、実は執権が幕府の役人や有力な御家人を自分の屋敷に呼んで政治上の相談をしたり、必要な指示をあたえたりしていた。

問７　日本と中国との関わりについてのべた次のア～エから、誤りをふくむものを１つ選び、記号で答えなさい。
ア．足利義満は明との国交を開いて勘合貿易を行い、それによって大きな利益を得た。
イ．薩摩藩は琉球王国を征服し、琉球王国に中国との貿易を続けさせ、その利益を手に入れた。
ウ．1937 年にペキンの近くで日本軍と中国軍の衝突が起こったことをきっかけに満州事変が始まった。
エ．日本は 1972 年に中華人民共和国との国交を正常化し、その６年後には日中平和友好条約を結んだ。

F　京都やその周辺で大名たちが争う大きな戦争が始まる前、特に凶作の年には農民などが団結して京都に乱入し、借金をなかったことにせよとせまることがしばしばあった。戦争が始まると、今度は足軽と称する人たちが京都やその周辺でものを奪うことが増え、昔から行われてきた祇園祭も一時期とだえてしまった。

問８　下線部の戦争は何と呼ばれますか。

問９　D～Fを時代の古い順にならべかえ、記号で答えなさい。

G　上野国（現・群馬県）に住んでいたある農民は全国を旅し、長崎ではオランダの商館や、中国の人々が住む唐人屋敷を見学させてもらった。その数年後、彼は、下田（現・静岡県）からきびしい警備体制がしかれている浦賀を通り、船で房総半島にわたっている。

問 10　下線部のようにきびしい警備体制がしかれていたのは、ここであるできごとが起こって日本中が大騒ぎになっていたからでした。そのできごととは何ですか。

H　イギリス人のイサベラ＝バードは東北や北海道の奥地まで本格的に旅行した最初の西洋人である。彼女は横浜から新橋まで、開通して間もない鉄道を使い、汽車から見える風景の美しさに心を動かされた。その後、人力車をやとって日光まで行った時には、彼女はその人力車夫の親切さやきちんとした仕事ぶりに感心している。

問 11　日本の歴史上に出てくる様々な女性についてのべた次のア～エから、内容の正しいものを１つ選び、記号で答えなさい。
ア．卑弥呼は邪馬台国の女王として 30 ほどの国を従え、占いによって人々を引きつけていた。一方で当時の中国に使いを送り、中国の皇帝から「ワカタケル大王」の称号や銅鏡、織物などをもらった。
イ．『枕草子』を書いた清少納言が天皇のきさきに仕えていたころ、皇族や貴族の女性たちは十二単と呼ばれる正装を身にまとうことがあった。『源氏物語絵巻』などにも、十二単を着ている女性がえがかれている。
ウ．政府は富岡製糸場をつくり、そこで働く女性を全国から集めた。彼女たちはそこで学んだ技術を各地に伝えたので、各地で綿糸の生産が盛んになった。
エ．平塚らいてうは、男性より低くおさえられていた女性の地位を向上させる運動を始めた。その運動が実り、1925 年に普通選挙法ができて女性の選挙権が初めて認められた。

Ｉ　愛媛県では鉄道の開通をきっかけに、それまで徒歩だった行商人（店を持たず、あちこちに出かけて商売をする人）の商売の範囲（はんい）が広がり、日露戦争のころからは海をわたって広島に出て行商する人が増えた。またそのころ、東北や北海道へも商売に出かけた商人や、台湾、朝鮮、中国の一部にまで仕事を広げた商人もいた。

問 12　1910 年から 1945 年まで、下線部の地域にはある共通点があります。それはどのようなことですか。句読点をふくめて 15 字以内で説明しなさい。

問 13　ＨとＩは同じ時代のものです。それらは何時代の内容ですか。

問 14　このＨとＩと同じように、Ａ～Ｇのうち２つの文章が「同じ時代」についてのべています。それらを探し、その記号を答えなさい。時代の名を答える必要はありません。

4　日本の市町村に関する次の問いに答えなさい。

問１　現在の日本において、主に市町村が担っている仕事として適当でないものを、次のア～カからすべて選び、記号で答えなさい。
ア．上水道の供給　　イ．電力の供給　　ウ．小・中学校の設置
エ．家庭ごみの収集　オ．郵便物の配達　カ．地形図の編集

問２　右の図は、政令指定都市のうちから３つを選んで、人口の推移を示したものです。ただし、各市の 2015 年の人口を 100 としたときの各年次の人口の割合を計算して示しています。次のア～ウの文は、図中の①～③のいずれかの市について説明したものです。②と③にあてはまる市の説明文を選んで記号で答え、またそれぞれの市名を答えなさい。　※学校当局により問題削除
ア．政令指定都市になったのは平成に入ってからです。石油化学工業がさかんな工業都市で、東京へ通勤する人も多く住んでいます。
イ．鉄鋼業がさかんな工業都市です。５つの市の合併（ぺい）によって成立し、現在では県で２番目に人口が多い市です。
ウ．山がせまっており、東西に細長い市街地をもつ港町です。山をけずり海をうめ立て、市街地を開発してきました。

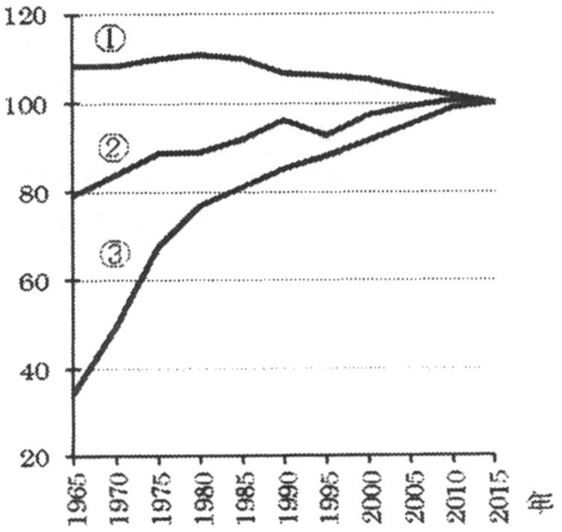

国勢調査による。

問３　市のなかには、人口が大きく減って、現在では１万人を下回っているものもあります。右の図は、そのような市を３つとりあげ、人口の推移を示したものです。３つの市とも北海道に属し、市の主要産業がおとろえたことが、人口の減少と大きくかかわっています。３つの市に共通する、かつての主要産業を答えなさい。

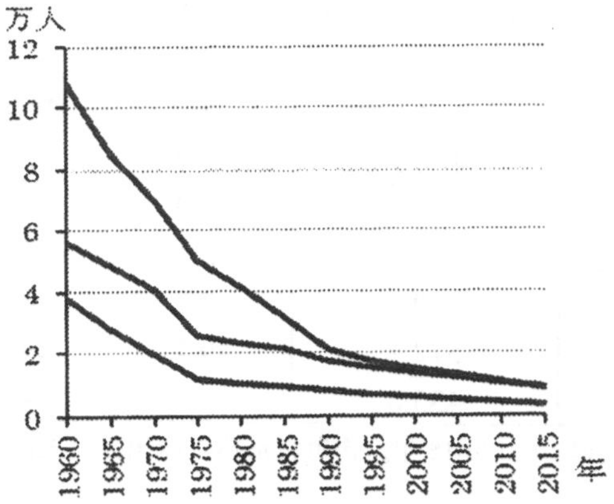

国勢調査による。

問４　平成の大合併によって、市町村の総数は大きく減りました。右の表は、いくつかの府県をとりあげ、1989 年と 2016 年の市町村数の変化をみたものです。①～③は、次のア～ウのいずれかです。①と②にあてはまる府県の組み合わせを、ア～ウから１つずつ選び、記号で答えなさい。
ア．秋田県と島根県
イ．茨城県と兵庫県
ウ．大阪府と神奈川県

	1989 年			2016 年		
	市	町	村	市	町	村
①	32	11	1	33	9	1
	19	17	1	19	13	1
②	20	41	27	32	10	2
	21	70	0	29	12	0
③	9	50	10	13	9	3
	8	41	10	8	10	1

問5　合併によって、面積が大きい市町村も誕生しました。右の図中のア～ウは、面積上位３市を示したものです。
(1)ア～ウが位置する県名をそれぞれ答えなさい。
(2)ア～ウのうち人口が最も多い市について、その市名を答えなさい。

問６　次の表は、工業がさかんな市を５つとりあげ、製造品出荷額等とその内訳をみたものです。表中の①～⑤は、下の図中のカ～コのいずれかです。②、④、⑤にあてはまるものを図中のカ～コから１つずつ選び、記号で答えなさい。

	製造品出荷額等（億円）	内訳（％）（10％以上の業種のみ示した）
①	130,847	輸送用機械器具 93.1
②	53,372	石油製品・石炭製品 53.9、化学 39.0
③	46,593	石油製品・石炭製品 35.9、鉄鋼 21.4、化学 20.2、輸送用機械器具 10.7
④	13,677	パルプ・紙・紙加工品 28.1、輸送用機械器具 21.6、化学 16.2
⑤	9,938	非鉄金属 34.5、電気機械器具 33.4、はん用機械器具*16.0

*はん用機械器具：ボイラ、ポンプなど、各種機械に組みこまれて用いられる機械器具
統計年次は 2014 年。工業統計表「市区町村編」による。

問７　次の表は、農業がさかんな市を５つとりあげ、農業産出額とその内訳をみたものです。表中の①～⑤は、下の図中のサ～ソのいずれかです。②、③、⑤にあてはまるものを図中のサ～ソから１つずつ選び、記号で答えなさい。

	農業産出額（億円）	米（％）	野菜（％）	果実（％）	花き（％）	畜産（％）	その他（％）
①	820.4	0.9	31.3	0.4	38.2	28.5	0.7
②	720.3	2.1	54.9	0.1	2.7	23.6	16.6
③	719.7	4.3	7.3	0.2	0.2	82.9	5.1
④	572.1	49.7	29.9	6.2	5.4	5.8	2.9
⑤	435.8	7.1	4.9	85.7	0.3	0.3	1.8

統計年次は 2015 年。市町村別農業産出額（推計）による。

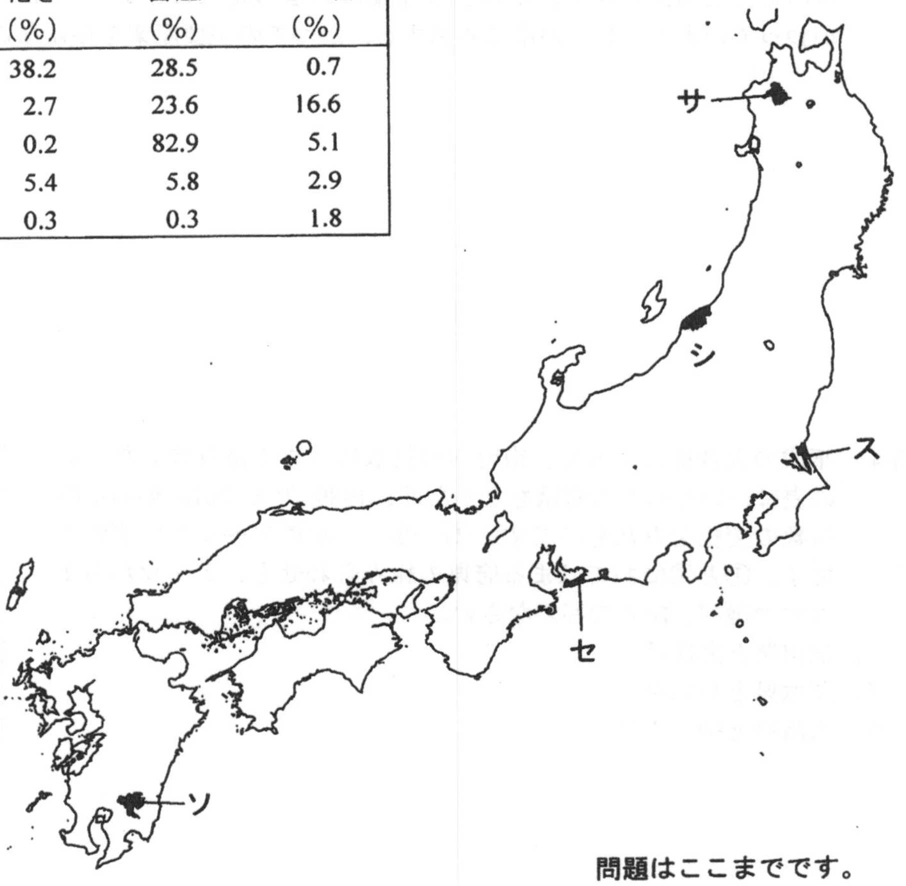

問題はここまでです。

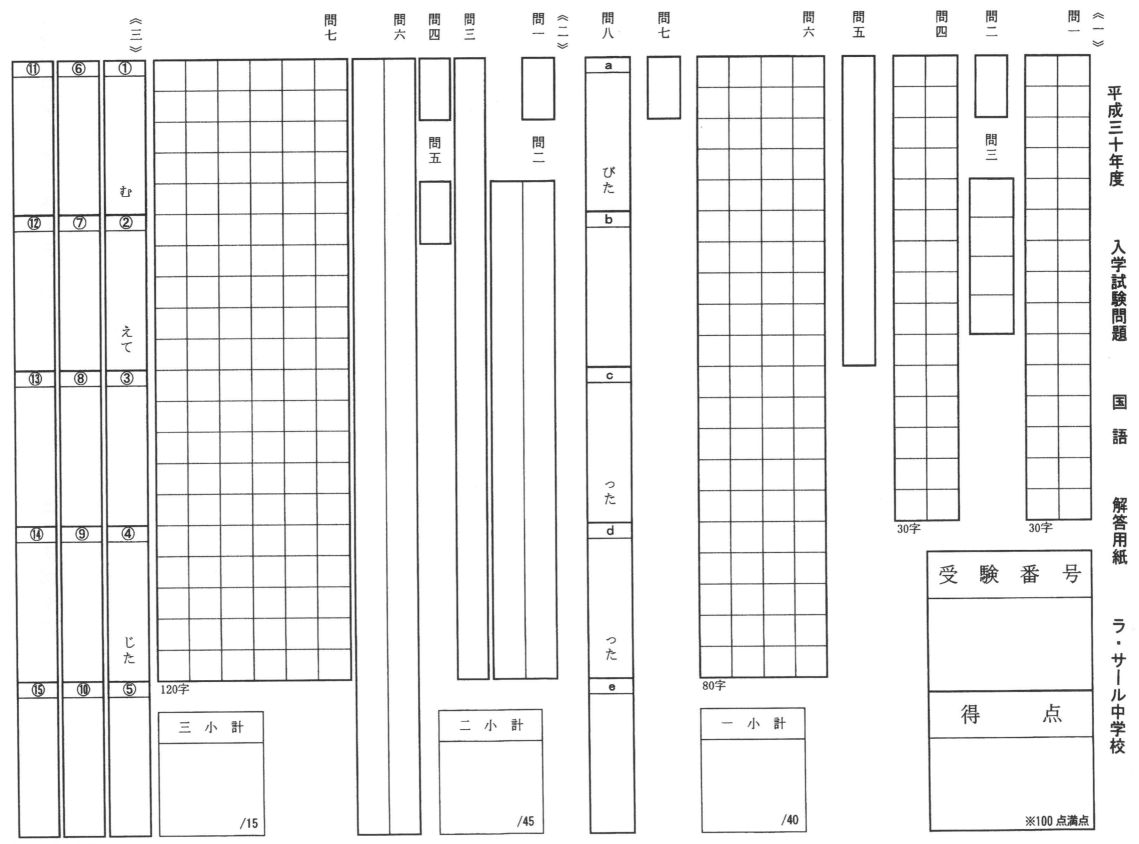

平成三十年度　入学試験問題　国語　解答用紙　ラ・サール中学校

受験番号

得点
※100点満点

《一》

問一　30字

問二

問三

問四　30字

問五

問六　80字

問七

問八
a　びた
b
c　った
d　った
e

一小計
/40

《二》

問一

問二

問三

問四

問五

問六

問七　120字

二小計
/45

《三》

① む
② えて
③
④ じた
⑤
⑥
⑦
⑧
⑨
⑩
⑪
⑫
⑬
⑭
⑮

三小計
/15

2018年度　ラ・サール中学校　入学試験　算数　解答用紙

1

(1)		(2)	あまり　分　秒	(3)	

1．小計
12

2

(1)		(2)	（ア）　通り	（イ）　通り
(3)	ア　度，イ　度			
(4)	cm²	(5)	cm³	

2．小計
32

3

(1)	：	(2)	km

3．小計
12

4

(1)	cm²
(2)	cm²

(1)の図

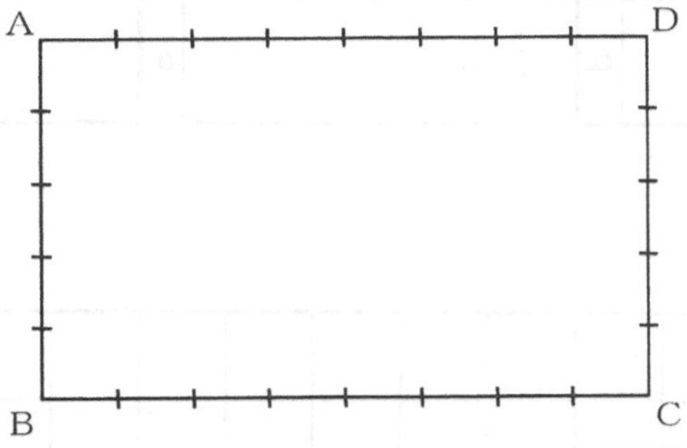

4．小計
14

5

(1)	番目	(2)	番目	(3)	番目

5．小計
14

6

(1)	cm²	(2)	cm²	(3)	cm²

6．小計
16

受験番号	得　点
	※100点満点

平成30年度　入学試験問題　理　科　解答用紙　ラ・サール中学校

【１】（１５点）

	(1)	(2)		(3)					(4)
		a	b	a	b	c	d	e	
A									

	(1)	(2)	(3)	(4)	(5)	(6)			(7)
						a	b	c	
B	極								

【２】（１５点）

(1)		(2)	(3)	(4)	(5)
あ	い				
				mL	

(6)	(7)	(8)	(9)		(10)		
			①	②	①	②	③
				回			

【３】（１０点）

(1)	(2)	(3)		(4)
		記号	理由	

(5)	(6)			(7)	(8)
	⑥	⑦	⑧		

【４】（１０点）

	(1)		(2)		(3)	(4)	
	①	②	気体の名前	気体の性質		薬品	色の変化
A							

	(1)	(2)	(3)		(4)	(5)		
			①	②		①	②	③
B	g	g		%	g			

受験番号	得点
	※50点満点

平成30年度　入学試験問題　社会　解答用紙　ラ・サール中学校

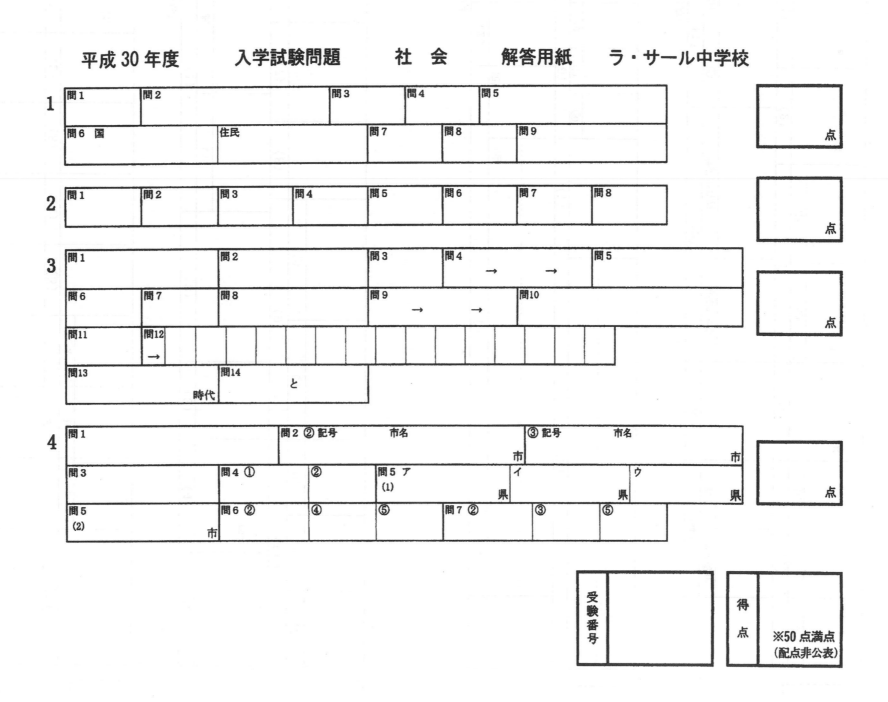

1

問1	問2	問3	問4	問5
問6 国	住民	問7	問8	問9

点

2

問1	問2	問3	問4	問5	問6	問7	問8

点

3

問1	問2	問3	問4 → →	問5
問6	問7	問8	問9 → →	問10
問11	問12 →			
問13 時代	問14 と			

点

4

問1	問2 ② 記号 市名 市	③ 記号 市名 市
問3	問4 ①	②
問5 ア (1) 県	イ 県	ウ 県
問5 (2) 市	問6 ②	④
⑤	問7 ②	③
⑤		

点

受験番号	

得点	※50点満点（配点非公表）

《一》次の文章を読んで、後の問いに答えなさい。（字数制限のある問題は、句読点も一字に数えます。）

冒険が批評だといわれても、多くの人は、はい？　と首をひねるかもしれない。批評というのはあくまで言論活動であり、身体の行動である冒険とは行為形態が異なるように思えるからだ。しかし冒険にはまぎれもなく批評的性格がある。それもかなり挑発的な批評性だ。

何度もいうが冒険とは脱※1システムであり、脱システムするためには、①システムの性格や特質を自分なりにとらえ、そのシステムがどのあたりまで根を張っているのか、限界ラインがどのへんにあるのかを見極めなければ、越えるものも越えられない。ほとんどの冒険者は②これを意識せず直観でやっているが、意識的だろうと直観的だろうと、その行動が脱システムになっているかぎり限界ラインの見定めは必ずおこなわれている。

たとえば極夜探検では、現代社会では太陽が運行することを前提に生活がaイトナまれている一方で、人工照明が発達して夜の暗さが薄れ、太陽のありがたさや闇の怖さが感じられなくなった世界に生きており、それがシステムとして起動しているという認識があることが前提になっている。こうしたシステムに対する理解があって初めて、極夜という太陽のない世界こそ太陽のある現システムの外側であり、そこに到達することで現代システム内では失われた太陽のありがたみや闇の恐ろしさを経験できるだろうとの発想が生まれる。

このように脱システムするためには、われわれが暮らす日常がどのようなシステムの管理下にあるのかを、まず自分なりに見通すことができていなければならない。こうした認識や直観をもとに冒険者は境界を越えて脱システムし、そして無事、システムの内部に帰還した後に、自分が経験した冒険のあらましを文章やら動画やらで報告する。

③重要なのは、ここである。帰還した冒険者が公衆に対して何を報告し、どのようなことを明らかにするのかちょっと考えてみよう。脱システムした冒険者は境界を越えてシステムの外側に出ることで、④外側からシステムの内側を見るという視点を獲得している。月に向かったアポロのbジョウインが地球の丸い輪郭線を目の当たりにしたのと同じように、外側に飛び出した冒険者も内側を眺めることで、必然的にシステムの境界線を発見する。そして帰還した冒険者が公衆に向かって報告するのは、冒険の成果だけではなく、じつは彼が外側から目撃した現代システムの全体像でもある。というのも冒険を報告するということは、とりもなおさず冒険によって越えられたシステムの境界線を明示することでもあるからだ。普段は見えてないけど、じつはここにシステムの境界線があって僕はここを越えたんですねと示すことで、冒険者は現代システムの限界と内実をさらけ出すのである。つまり冒険には、外側に出ることで内側にいるだけでは気づかないシステムの現実を明らかにするという性格があることになる。システムの内側にいる者は、システムの外側に出た者の行動を知ることではじめて、システムの限界がどこにあるのかということ、いやそれ以前に自分たちがそのようなシステムの管理下にあったことにはじめて気づかされる。それが冒険の批評性である。

そのことをもう一度、極夜探検を例に示してみよう。極夜の世界で私は北極星や月の光にすがるようにして旅をした。しかし月の光は明るいようで太陽の光ほど完璧ではないので、惑わされるし、月の光を信じすぎたせいで※2ドツボにはまることも多く、そのうち月に対して※3呪詛の言葉を吐くようになる。そして闇の中での※4彷徨を始めて一カ月以上経ち身体も衰弱してくると、心身ともに疲弊して闇に対して恐ろしさを抱くようになる。しかし、そういうふうに月や闇に苦労させられたからこそ、太陽が昇ったときに想像を絶するような開放感を味わうこともできる。要は極夜の世界で私は天体や闇という自然物に生かされもするし、殺されもするという状況を経験したわけだが、おそらく私の旅の報告を読んだり聞いたりした人は、自分たちはこういう経験をしたこともないし、想像したこともなかったなぁという感想を抱くと思う。つまり私は極夜というシステムの外側に飛び出し、外側から内側を照らすことで、内側にいるだけでは気づかなかったシステムの限界、つまりこの場合、天体や闇や光というものに本質的な反応を示すことができなくなった現代人の自然との断絶ぶりをあらわにすることになるわけだ。

このように、すべての冒険は、それが冒険であるかぎり脱システムしているわけだから、同じような批評性をかねそなえていることになる。

⑤ショーン・エリスは狼の群れの中で暮らし、狼の視点を獲得して狼を語ることで、遠くから双眼鏡で眺めて狼の行動に人間の基準をあてはめるだけだった生物学の研究の限界を明らかにした。そしてそれは生物学云々という狭い世界だけにあてはまる話ではなく、この世界には人間が認知している世界とは異なる世界が※5パラレルに存在していること、われわれが知りえている地球や宇宙が決してすべてではなく、そのほんの一部にすぎないことを身体的な経験として提示した。また服部文祥は、現代のテクノロジーに依存した登山スタイルでは自力性が乏しいと考え、そのような登山を自分がおこなっていることに我慢ならずサバイバル登山を始めた。このサバイバル登山自体が、生きることというのはほかの生き物を殺し、その肉を食べることにほかならないこと、

そして人間にはそうした原罪があることをあらためて明らかにし、そのことが他者を殺して生きていることへの意識が希薄になった現代社会システムへの強烈な警鐘になっているのである。

先鋭的な※6クライマーがヒマラヤの氷壁に一本の美しい※7登攀ルートを描いて c トウチョウするとき、その行動もまた鋭い批評表現になっている。たとえ言葉で描写されなくても、クライミングをしない人には分からない世界であっても、そのクライマーが描いた一本の線の中には彼の世界観や、彼が見出した山や、彼がその山を手に入れるためにつづけてきた努力や、彼の思想そのものが込められており、ほかのクライマーはそのルートを見ただけで、それらが分かる。と同時に、その登攀を成しとげたクライマーには対他者的な視点もあって、自分の登攀を知ったときにほかのクライマーがどのような意味を見出すかも d ヨキしているだろう。クライマーは抜きん出た登攀をすることによって、抜きん出た登攀をした者としての自分をほかのクライマーに対して定位し、抜きん出た登攀をしなかった他者の限界を明らかにし、批評するのだ。

冒険とは批評的性格をかねそなえた脱システムという身体的表現である。そして冒険という批評行動はリアルな経験そのものなので、※8ロジックや※9修辞に頼らざるをえない言論による批評よりも強いインパクトをあたえることもできる。

同時に、冒険に批評的性格があるということは、冒険が社会性の非常に強い行為だということでもある。

今述べたように、冒険とはシステムの外に飛び出すことで、システムの内部を外から客観的に見つめて、その限界を明らかにする批評的性格を持った身体表現である。一言でいえば、ほかの人間に対して自分だけが飛び出す、自分だけが先に行くという行為だ。自分だけ外に飛び出すことによって、冒険者は「私は飛び出したけど、その飛び出した私について、あなたはどう思う？　そして飛び出さない自分たちについて何を思う？」と、飛び出さない者たちに対して挑発的な問いかけを発しているのだ。こうした行動に出る者に、飛び出さない他者たちに対する視点がないわけがない。

そして、このような公の空間での他者の目を気にした批評的性格を突きつめていくことで、冒険することの e イギも見えてくる。

（角幡唯介『新・冒険論』より）

〈語注〉
※1システム＝体系。秩序・系統だった組織・制度。　※2ドツボにはまる＝ひどい状況に陥る。
※3呪詛＝のろい。　※4彷徨＝さまようこと。　※5パラレル＝平行。
※6クライマー＝クライミングする人。　※7登攀＝高い山や険しい岩壁をよじ登ること。クライミング。
※8ロジック＝論理。　※9修辞＝言葉を巧みに用いて美しく効果的に表現すること。

問一　傍線部①「システム」の外側での経験にあたるのは次の**イ**～**ト**の中のどれですか。あてはまるものをすべて選んで符号を書きなさい。

イ　人工照明が発達し、闇の怖さが感じられないこと。
ロ　北極星や月の光にすがるようにして旅すること。
ハ　狼の群れの中で暮らし、狼の視点を獲得すること。
ニ　遠くから双眼鏡で眺めて人間の基準をあてはめる研究。
ホ　現代のテクノロジーに依存した登山。
ヘ　他の生き物を殺してそれを食べて生きている意識が薄いこと。
ト　太陽が昇ったとき想像を絶するような開放感を味わうこと。

問二　傍線部②「これ」は何をさしますか。二十字以内で答えなさい。

問三　傍線部③「重要なのは、ここである」とあるが、なぜ「ここ」が「重要」なのですか。百字以内で説明しなさい。

問四　傍線部④「外側からシステムの内側を見る」とあるが、「システムの内側」にあたるひとまとまりの表現として十字以上十五字以内の語句を傍線部⑤「ショーン・エリス」から始まる形式段落の中から抜き出しなさい。

問五　(1)筆者は極夜探検としてどのようなことをしたのですか。その行動の具体的内容を三十五字以内で説明しなさい。
(2)服部文祥はサバイバル登山としてどのようなことをしたのですか。その行動の具体的内容を三十五字以内で説明しなさい。

問六　波線部「冒険にはまぎれもなく批評的性格がある。それもかなり挑発的な批評性だ」とあるが、冒険のどういう点が「挑発的」なのですか。百二十字以内で説明しなさい。

問七　二重傍線部**a**～**e**のカタカナを漢字に改めなさい。

〈五十点〉

《二》次の文章は、奥田亜希子の小説「クレイジー・フォー・ラビット」の一節です。愛衣は、自分に対する隠しごとを敏感に、文字通りに嗅ぎ取ってしまうという、不思議な嗅覚を持っています。文章を読んで、後の問いに答えなさい。（字数制限のある問題は、句読点も一字に数えます。）

白濁していた水は茶色やピンクが混じるたびに濁り、黒が溶け出したところで陰鬱な灰色になった。パレットをきれいに洗い流したのち、絵の具用の黄色いバケツを丁寧に濯ぐ。図工室の棚に描きかけの絵を置いて、筆箱やノートを片づけていると、下校の時刻を知らせるチャイムが鳴った。

「愛衣ちゃん、早くぅ」

すでにランドセルを背負った仁美と香奈恵が、出口で手招きをしている。今行くね、と、愛衣は急いでランドセルの蓋を閉めた。

①「来週どうなるんだろうね」

「アヤ、死ぬのかなあ」

「死なないよう。主人公だし。それで、最後はやっぱりシュウイチと付き合うと思う」

「シュウイチの記憶が戻るってこと？　私はタクミとくっつくと思うけどなあ。っていうか、タクミのほうが断然格好いいのにね」

正門を出て右に曲がり、小さな商店が身を寄せ合う区画を行く。この道は、人通りが多いわりに幅が狭い。三人並ぶことは憚られて、②愛衣は仕方なく一歩下がった。仁美と香奈恵は、昨晩放送されたドラマについて喋っている。遅くとも十時には布団に入るよう躾けられている愛衣は、そのドラマを観られない。二人は後ろを振り返ろうともしなかった。

前方から漂う、甘さと酸っぱさの混じったあの匂いに、愛衣は呼吸を控えた。今日は随分と匂いが強い。なにかあったのだろうか。ふたつ並んだ赤いランドセルを見つめる。横のフックに提げた給食袋が、同じリズムで揺れている。

辻井さんが図工クラブだったらな、と、ふいに思った。実際、麻貴は器用だ。ノック消しゴムの先をカッターで削って作ったのだと、直径五ミリの判子を見せられたことがある。絵も得意で、大人びた漫画を好み、ときどきそれを模写していた。だが、麻貴の中に図工クラブという選択肢はなかったらしい。迷わずバドミントンクラブを選んだと前に言っていた。それに、たとえ同じクラブの仲間だったとしても、一緒に帰れたとは限らない。麻貴は一人を恐れない。さっさと一人で下校する姿が容易に想像できた。

「香奈ちゃん、いっつもタクミのほうが格好いいって言うよね。うちのお母さんに話したら、香奈ちゃんは不良っぽい子が好きなのねって言ってたよ」

「えー、タクミは不良じゃないよ。優しいよ」

仁美と香奈恵とは、四年生時のクラスが同じで親友になった。みんなで図工クラブに入ろうよ、と提案したのは愛衣で、二年続けて同じクラスになったときには、奇跡が起きたと抱き合って喜んだ。しかし、今年は愛衣が一組、二人が三組と分かれた。始業式の日には、私たちは三人でひとつだよ、と涙目で語っていた仁美と香奈恵も、日が経つにつれて、様子が少しずつ変わっていった。

信号を越え、八百屋の前を通り過ぎる。この先の交差点を、愛衣と仁美は右の郵便局方面に、香奈恵は左の住宅街に進む。一旦足を止め、じゃあね、と駆け出した香奈恵は、数メートル行ったところで急に振り返った。

「仁美ちゃん、玉ねぎ忘れないでねー」

「分かってるよー」

仁美の応えに安心したように笑顔を浮かべて、香奈恵は再度駆けていった。黄色い通学帽の下で、二本のおさげが揺れている。

仁美は何も言おうとしない。愛衣は隣に立ち、

「玉ねぎって？」

と尋ねた。

「ああ。明日、四時間目が調理実習なんだ」

「もしかして、ハンバーグ？」

「そう。一組はもう作った？」

仁美が横断歩道を渡り始めた。愛衣もあとに続いた。

「まだ。来週の家庭科でやるみたい」

「そうなんだ。上手くできるといいね」

「そうだね」

沈黙。車が三台続けて横を走り抜ける。白、銀、白、と、③車体の色を見るともなしに目で追った。仁美となにを喋ればいいのか分からない。こんなこと、去年までは一度もなかった。なんでも話せる親友だったのだ。と、あの匂いが一段と濃くなったような気がした。愛衣がかすかにａ眉根を寄せたそのとき、

「あら、仁美ちゃんと愛衣ちゃん」

郵便局から出てきた女性に呼び止められた。声の主は、香奈恵の母親だった。胸の前で手を振りながら、こちらに走り寄ってくる。香奈恵と同じ形の目には、焦りがにじんでいた。

「もしかして、香奈恵ってばもう家に向かってる？」

「はい、今さっきあそこで別れました」

愛衣は振り返って腕を伸ばした。あの子、鍵を持ってないのよね、と母親が息を吐く。本当にさっき別れたばっかりなんで、と応えた仁美から、あの匂いが急激に強く立ち上った。息が苦しい。喉がただれるようだ。思わず目を瞬きたくなる。愛衣はそれとなく顔を逸らした。

「それなら急いで追いかけてみるわ。二人も気をつけて帰ってね。あ、仁美ちゃん、昨日は美味しいチョコレートをありがとう。お母さんによろしくね。愛衣ちゃんもまた遊びに来てね」

一気にｂまくし立てると、香奈恵の母親は大きく手を振りながら去って行った。ふたたびの沈黙。だが、数分前のものとは質がまったく違う。愛衣は横目で仁美の表情を窺った。浅く俯き、アスファルトを凝視している。④強風に吹かれたように、あの匂いはすっかり消えていた。

「愛衣ちゃん、あのね、違うの」

「なにが？」

とぼけた声音になればいいと思ったが、口から出てきた音は固かった。

「算数の宿題でどうしても分からないところがあって、香奈ちゃんに電話したら、うちで一緒にやろうって言われたのね」

「うん」

「愛衣ちゃんも呼んだほうがいいかなって思ったんだけど、でも、一組と三組じゃ宿題が違うし。そうしたら、仲間外れにしたって思われるのも嫌だから、言わないでおこうって、香奈ちゃんが」

「別に気にしてないよ」

嘘だと自覚しながら応えた。本当は、胸の中には早くも黒い靄が立ち込めている。呼ぼうとしたって嘘なんじゃないの？　私がいないほうがよかったんでしょう？　⑤身体から靄が染み出さないよう、愛衣は両手を握り締める。仁美がｃおずおずと顔を上げた。

「⑥本当にごめんね」

「いいって」

郵便局の先の駐車場で仁美と別れた。また明日ね、と精いっぱい明るく言った愛衣に、仁美が濡れた瞳で頷く。残りわずかな帰路を歩きながら、泣きたいのは私のほう、と、愛衣は路傍の石を蹴飛ばした。

（奥田亜希子「クレイジー・フォー・ラビット」『小説トリッパー２０１８年夏号』所収　朝日新聞出版）

問一　波線部ａ～ｃの意味を、次のイ～ホの中からそれぞれ選んで符号を書きなさい。

ａ「眉根を寄せた」
- イ　敵意でにらみつけた
- ロ　悲哀で目を見開いた
- ハ　不快で顔をしかめた
- ニ　困惑で歯ぎしりした
- ホ　絶望で鼻をつまんだ

ｂ「まくし立てる」
- イ　流ちょうに語る
- ロ　横やりを入れる
- ハ　話を切り上げる
- ニ　勢いよくしゃべる
- ホ　言いたい放題述べる

ｃ「おずおずと」
- イ　心乱れて戸惑いつつ
- ロ　平静さを失って
- ハ　元気が無い様子で
- ニ　うろたえることなく
- ホ　びくびくしながら

問二　傍線部①「来週どうなるんだろうね」「アヤ、死ぬのかなあ」の会話は、誰と誰の間で交わされたものですか。本文中から人物名を抜き出して答えなさい。

問三　傍線部②「愛衣は仕方なく一歩下がった」とあるが、なぜ愛衣が下がったのですか。説明しなさい。

問四　傍線部③「車体の色を見るともなしに目で追った」とあるが、愛衣がこのように振る舞っているのはなぜですか。次のイ～ホの説明の中から最も適切なものを選んで符号を書きなさい。

イ　仁美が何かを隠していることを察して気にしながらも自分から聞くことができず、かといって他に共通の話題も見つからないために、間をもてあましたから。

ロ　香奈恵と別れた後の仁美が愛衣などいないかのようにふるまう意地悪げな態度をとったことに動揺し、当たり障りのない話題を探して話しかけようと必死になったから。

ハ　愛衣が仁美や香奈恵から離れて辻井さんと仲良くなろうとしていることを仁美に気づかれたと察し、気まずさのために現実逃避したくなったから。

ニ　麻貴といた方が安心できるし自分らしくいられるとは思うが仁美たちとの関係も壊したくはないため、自分のふるまい方に迷いどうして良いか分からなくなったから。

ホ　母親同士の関係から仲が良い仁美と香奈恵と違い、家庭の教育方針が異なる愛衣は仁美たちと付き合いを止めるように言われていたことを思い出し、悲しくなったから。

問五　傍線部④「強風に吹かれたように、あの匂いはすっかり消えていた」とあるが、どうして「あの匂い」は「すっかり消え」たのですか。次のイ～ホの中から最も適切なものを選んで符号を書きなさい。

イ　香奈恵の母と話したことにより仁美が愛衣と向き合う気持ちになったから。

ロ　香奈恵の母の言葉で仁美が香奈恵の家に行ったことが愛衣に知られたから。

ハ　突然の強い風によって、周囲のよどんだ空気がすっかり入れ替わったから。

ニ　愛衣の凝視で仁美は罪悪感に耐えられなくなり全てを話す気になったから。

ホ　仁美が贈ったというチョコレートが気になって、愛衣が悩みを忘れたから。

問六　傍線部⑤「身体から靄が染み出さないよう、愛衣は両手を握り締める」とあるが、ここでの愛衣の心情を、六十字以内で説明しなさい。

問七　傍線部⑥「本当にごめんね」とあるが、この時仁美は何について謝っているのですか。三十字以内で説明しなさい。

〈三十五点〉

《三》次の①～⑮の傍線部のカタカナを漢字に改めなさい。

① 彼に迷惑をかけるつもりなどモウトウなかった。
② 彼はヒルイなき強さで、名が知れ渡っている。
③ オリンピックが近いからといってコウフンするなよ。
④ 首相が欧州四カ国をレキホウする。
⑤ プロジェクトの方針が百八十度テンカイした。
⑥ 彼の当時の対応のカヒが問われることとなる。
⑦ ハチクの十連勝だ。
⑧ 彼はその知らせを受けてイサイ構わず病院へ駆けつけた。
⑨ トウキ目的で購入した仮想通貨が暴落した。
⑩ ゲキヤクを用いる。
⑪ ノウある鷹は爪を隠す。
⑫ 大臣のあの発言はイサみ足だ。
⑬ 大雨で大会の実施がノびた。
⑭ 人をサバけるほど君は立派な人間なのか。
⑮ コウゴウヘイカは「ジーヴス」シリーズの愛読者だ。

〈十五点〉

2019年度　ラ・サール中学校　入学試験問題　算数　(60分・100点)　その1

1．次の □ にあてはまる数をそれぞれ求めなさい。（１２点）

⑴　$0.25 \div 4 \times 2\frac{2}{3} + 1\frac{2}{5} \div 2.4 =$ □

⑵　$12.1 \times 91 - 14.3 \times 7 - 6.5 \times 56 =$ □

⑶　$1 + 1 \div \{2 + 1 \div (3 + 4 \div \square)\} = \frac{582}{407}$

2．次の各問に答えなさい。（３２点）

⑴　$\frac{55}{18}$ と $\frac{121}{48}$ のどちらを割っても整数になるような分数のうち，最も大きいものを求めなさい。

⑵　ノート１冊と鉛筆５本を買うと500円になり，ノート２冊と鉛筆６本を買うと704円になります。ノート何冊かと鉛筆10本を買って2300円になりました。

（ア）鉛筆１本の値段はいくらですか。　　（イ）ノートは何冊買いましたか。

⑶　図の四角形ＡＢＣＤは正方形です。x の値を求めなさい。

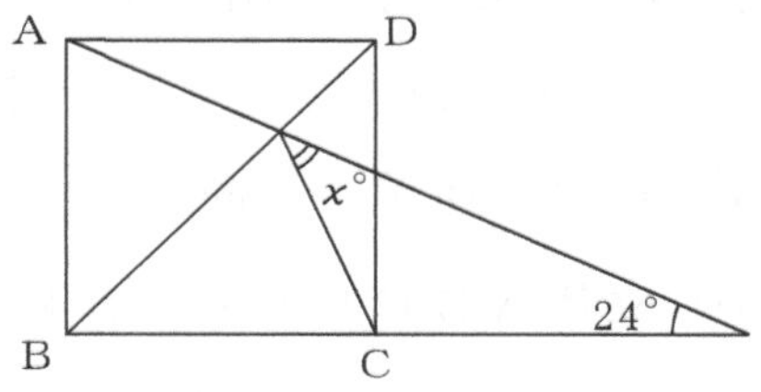

⑷　図の三角形ＡＢＣで角Ａは直角，辺ＡＢの長さは24㎝，辺ＡＣの長さは15㎝です。さらにＡＤの長さが６㎝，ＡＥの長さが10㎝で，ＤＦは辺ＡＣと平行とします。

（ア）ＤＦの長さを求めなさい。

（イ）斜線部の面積を求めなさい。

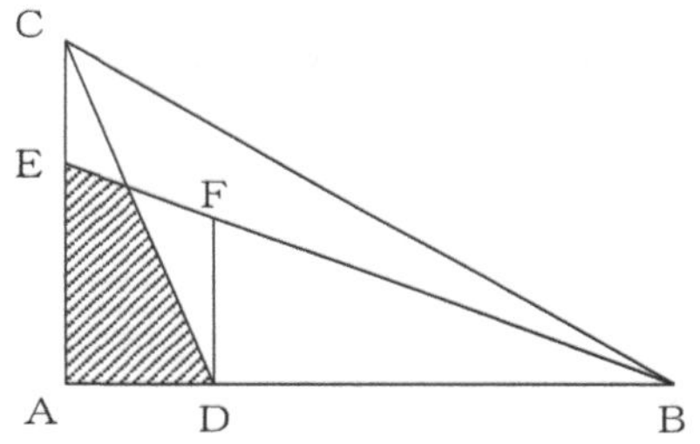

3．駅前から公園まで行くのに，駅前でたずねたら「15分ですよ。」と言われたのですぐに歩き始めました。 ところが，15分歩いても着かないので，そこにいた人にたずねたら，「それは車で15分のことですよ。ここからまだ12㎞あります。」と言われました。そこから再び歩き出して，さらに38分歩いたところに「公園まで車で10分」という案内がありました。このとき，次の問に答えなさい。ただし会話の時間は考えないものとします。（１２点）

⑴　歩く速さと車の速さの比を求めなさい。

⑵　駅前から公園までは何㎞ありますか。

4．①から⑦までの番号のついた座席が横１列に並んでいます。　① ② ③ ④ ⑤ ⑥ ⑦
人が座っている席のとなりには誰も座らないとします。
たとえば，①の席に人が座った場合②には誰も座らず，②の席に人が座った場合①と③には誰も座りません。このとき，次の問に答えなさい。（１６点）

(1) Ａ，Ｂ，Ｃ，Ｄ４人の座り方は何通りですか。

(2) Ａ，Ｂ２人の座り方は何通りですか。

(3) Ａ，Ｂ，Ｃ３人の座り方は何通りですか。

5．図の立体ＡＢＣＤＥＦは三角柱を３点Ｄ，Ｅ，Ｆを通る平面で切ったものです。
角ＡＢＣは直角で，辺ＡＢ，ＢＣ，ＢＥ，ＣＦの長さがそれぞれ６㎝，辺ＡＤの長さが８㎝です。また，Ｐは辺ＤＥのまん中の点，Ｑは辺ＡＢのまん中の点です。このとき，次の問に答えなさい。ただし，角すいの体積は(底面積)×(高さ)÷３です。（１４点）

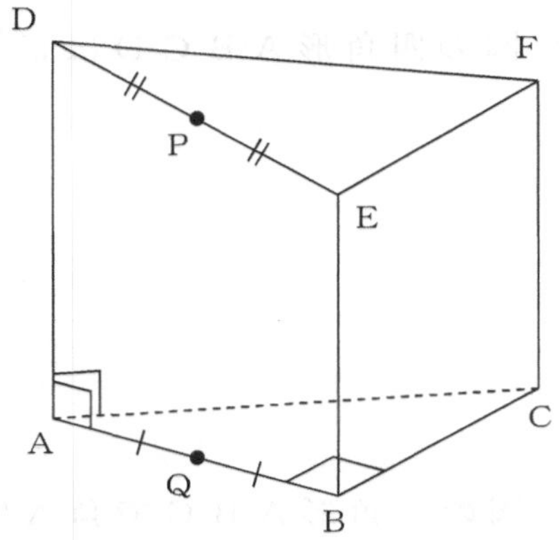

(1) 立体ＡＢＣＤＥＦの体積を求めなさい。

(2) ３点Ｃ，Ｐ，Ｑを通る平面でこの立体を切ったときの切り口を解答欄(らん)にかきなさい。

(3) ３点Ｃ，Ｐ，Ａを通る平面でこの立体を切ったときの切り口を解答欄(らん)にかきなさい。

6．ＡＤ：ＢＣ＝５：８でＡＤとＢＣが平行な台形ＡＢＣＤにおいて，辺ＣＤ上に点Ｐをとり，ＢＰとＡＣの交点をＱとします。このとき，四角形ＡＱＰＤの面積と三角形ＢＣＱの面積が等しくなりました。次の問に答えなさい。（１４点）

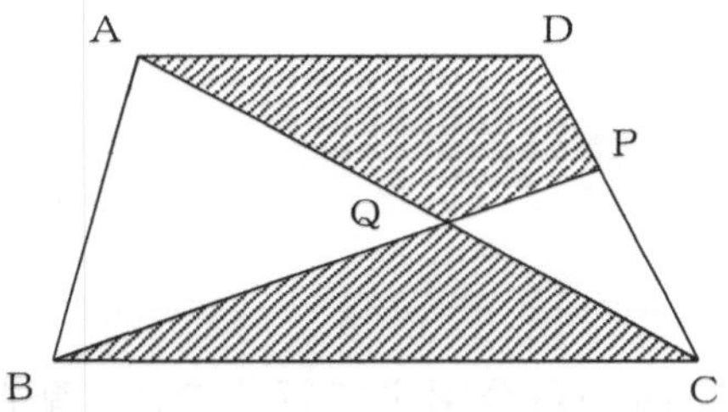

(1) ＣＰとＰＤの長さの比を最もかんたんな整数の比で答えなさい。

(2) ＡＱとＱＣの長さの比を最もかんたんな整数の比で答えなさい。

(3) 三角形ＡＢＱと三角形ＣＰＱの面積の比を最もかんたんな整数の比で答えなさい。

平成３１年度　ラ・サール中学校入学試験問題　理科　　（４０分）

注意：　１．解答はすべて解答用紙の答のらんに書きなさい。
　　　　２．いくつかの中から選ぶ場合は，記号で答えなさい。特に指示のない場合は１つ答えなさい。

【１】ある日，お父さんが太陽観測のできるしゃ光板付きの太陽双眼鏡をダイ吉君にプレゼントしてくれました。うれしくなったダイ吉君は，毎日のように太陽の観察をしています。

＊注意＊　ふつうの双眼鏡で太陽の観察をしてはいけません。

ダイ吉「太陽の表面に黒い点がいくつか見えたけど…」
お父さん「それは黒点といって，①まわりより温度が２０００℃くらい低いところだよ。」
ダイ吉「大きなものが真ん中と下の方にあって，移動するにつれて，形が少しずつ細長くなっていったよ。」
　といってダイ吉君は次のようなスケッチをお父さんに見せました。

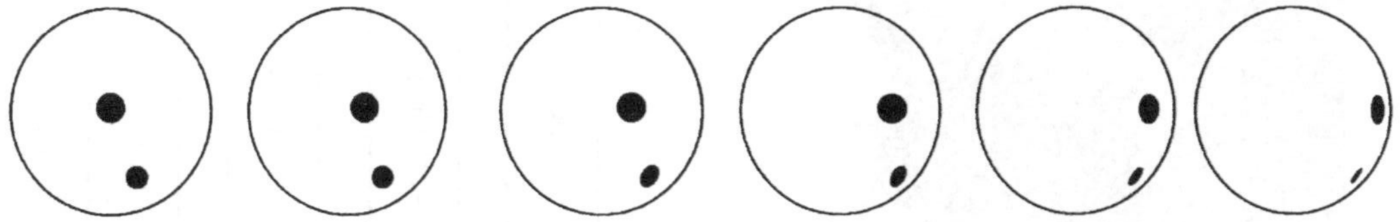

9月1日　9月2日　9月3日　9月4日　9月5日　9月6日

お父さん「黒点の形が細長く見えるのは，太陽の形が（②）だからおこる現象だよ。１６世紀のイタリアの天文学者ガリレオは，太陽の明るさが（③）ことからも，形が（②）であることを確認しているんだ。」
　ダイ吉君が翌々日見ると，この２つの黒点は見えなくなりました。太陽双眼鏡で見える黒点がなくなったため，しばらく観測をやめていました。
　９月２７日，久しぶりに太陽双眼鏡で太陽面を観察すると，あの２つの黒点が再び現れていました。右図はそのスケッチです。

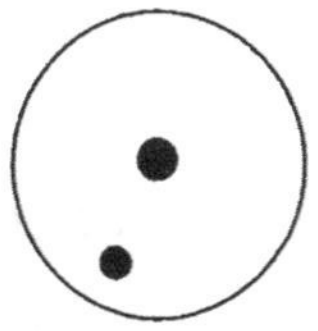

９月２７日

ダイ吉「あれれ，下の方にある黒点が，以前はまん中の黒点より右にあったのに，左に来ているぞ！なぜだろう？」
　お父さんが帰ってくるのを待って，お父さんに質問しました。
お父さん「おもしろいところに気づいたね。黒点の移動は，太陽の自転によって起こるのだけど，太陽には（④）という特ちょうがあるんだ。」
ダイ吉「へえ，ふしぎだね！」
お父さん「ガリレオは太陽の（④）という事実から，太陽は地球や月のように⑤固体ではなく，気体であると考えたんだよ。」
ダイ吉「太陽は水素でできていると聞いたけど，水素を燃やし続けて，かがやいているのかな。」
お父さん「さあ，どうだろう。これを見てごらん。」
　といって太陽の成分が書かれた右の表を見せました。

太陽の成分(%)

水素	92.1
ヘリウム	7.8
酸素	0.06
炭素	0.03
ちっ素	0.008

2019(H31) ラ・サール中
K 教英出版　理5の1

ダイ吉「⑥これでは，水素を燃やし続けることはできないね。ところで真ん中にある黒点は２７日後に元の位置までもどってきているので，このあたりでの自転の周期は２７日と考えて良いのかな？」
お父さん「ところが，そうではないんだな。地球は太陽のまわりを回っているだろ？」
　といって，右のような図をえがきました。

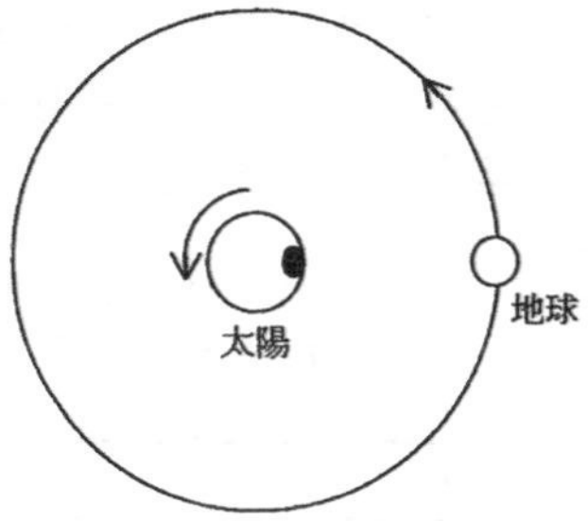

ダイ吉「そうか！地球は３６５日で太陽のまわりを一周３６０度まわる。２７日後に地球とこの黒点が再び元の位置関係になったということは…この黒点付近での太陽の自転の周期は（⑦）日ということだね。」
お父さん「その通りだよ。ところで，⑧太陽は我々にとって，とても大切な存在だということは知っているよね。」
ダイ吉「もちろんだよ。太陽がなければ昼間も真っ暗で外で遊べないし，何よりも寒いよ。じゃ，明るいうちに友だちと遊んでくるね。」

（１）①について，黒点の温度として適当なものを選びなさい。
　ア．2000℃　イ．4000℃　ウ．6000℃　エ．10000℃　オ．18000℃

（２）②に適当な言葉を入れなさい。

（３）③に入る説明として，適当なものを選びなさい。
　ア．日によって変わる　イ．周辺部ほど明るく見える
　ウ．周辺部ほど暗く見える　エ．一年中変わらない

（４）④に当てはまる，適当な説明を選びなさい。なお，赤道，極という言葉は，地球に使うときと同じ意味で使っています。
　ア．自転の周期が，赤道付近で短く，極付近で長い
　イ．自転の周期が，赤道付近で長く，極付近で短い
　ウ．自転の周期が，どの場所でも等しい
　エ．赤道付近と極付近では，自転の向きが逆になっている

（５）⑤について，ガリレオが④の事実から太陽は固体ではない，と考えた理由を「太陽が固体であれば…」に続く文章で答えなさい。

（６）⑥について，ダイ吉君が水素を燃やし続けることができない，と考えた理由を答えなさい。

（７）⑦にあてはまる日数を，小数第１位を四捨五入して，整数で答えなさい。

（８）⑧について，太陽のえいきょうを受けているものや現象の説明として，正しいものを選びなさい。
　ア．植物は太陽の光を利用した光合成で，たんぱく質を作り出している。
　イ．太陽高度が最も高くなる正午に，気温は最も高くなる。
　ウ．太陽電池は，太陽の熱で電池の温度が上がることで，電気を作り出している。
　エ．雨のもととなる水の多くは，海の水が太陽により暖められ，蒸発したものである。

【2】

〔A〕

2種（AとB）の生物について，それらの生物どうしに見られる互いの関係を観察するとア～カの型がみられました。これらの型を表にまとめました。AとBが共に生活することによって，＋は利益を得る場合，－は損害を受ける場合，0は影響をほとんど受けない場合を示します。

型	2種（AとB）の関係		関係の内容
	A	B	
ア	＋	＋	互いに利益を得る。
イ	－	－	互いに損害を受ける。
ウ	＋	（①）	Aは利益を得る。Bは損害を受ける。
エ	0	0	互いに影響をほとんど受けない。
オ	（②）	0	Aは利益を得る。Bは影響をほとんど受けない。
カ	（③）	－	Aは影響をほとんど受けない。Bは損害を受ける。

（1）表の（①）～（③）に，＋，－，0のいずれかを答えなさい。

（2）次のa～cは，表のア～ウのどの型にあてはまりますか。ア～ウの記号で答えなさい。同じ記号を繰り返し答えてもかまいません。

a．コガネムシとカミキリムシは，花粉のとりあいをして食べる。

b．アリはアブラムシの分泌物（ぶんぴつぶつ）を食べる。アリはアブラムシを保護する。

c．コマユバチはガの幼虫の体内に産卵（さんらん）する。ふ化したコマユバチはガの幼虫の体を食べる。

（3）次のa～cは，表のエ～カのどの型にあてはまりますか。エ～カの記号で答えなさい。同じ記号を繰り返し答えてもかまいません。

a．キリンは木の葉を食べる。シマウマはキリンと異なる草を食べる。

b．カクレウオは，ナマコの消化管を隠（かく）れ家にして外敵から身を守る。

c．コバンザメは，サメに付着することで移動にかけるエネルギーを抑（おさ）え，かつ外敵から身を守る。

（4）（2）で取り上げた昆虫のうち，さなぎにならない昆虫を1つ選び，記号で答えなさい。

ア．コガネムシ　イ．カミキリムシ　ウ．アリ

エ．アブラムシ　オ．コマユバチ　カ．ガ

〔B〕

海岸の岩場を観察したところ，いろいろな生物が生活していました。図1は，これらの生物のいずれかを撮影したものです。これらの生物のあいだには，生物どうしが食べる・食べられるの関係により鎖状（さじょう）につながる（ V ）が観察されました。

図2は，この岩場で見られる（ V ）の関係をまとめたものです。図2の矢印の向きは，

食べられる生物→食べる生物

を示します。実際の（ V ）は，図2のように複雑につながっていました。図2の太い矢印は，肉食性のヒトデに食べられる個体の数量が多いことを示しています。なお，図2の X，Y，Z は，海藻（そう），フジツボ，カサガイのいずれかです。

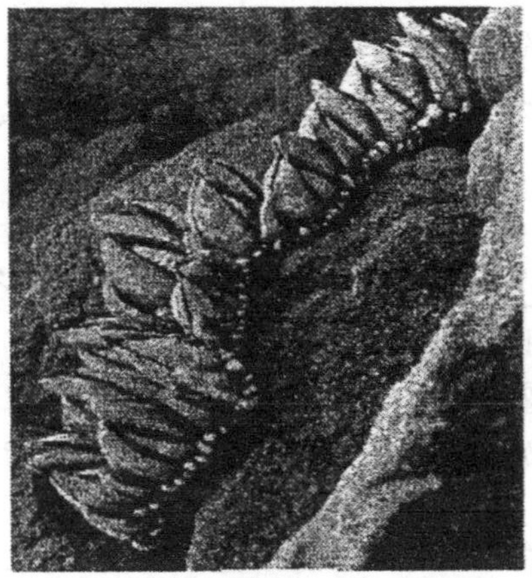

図1

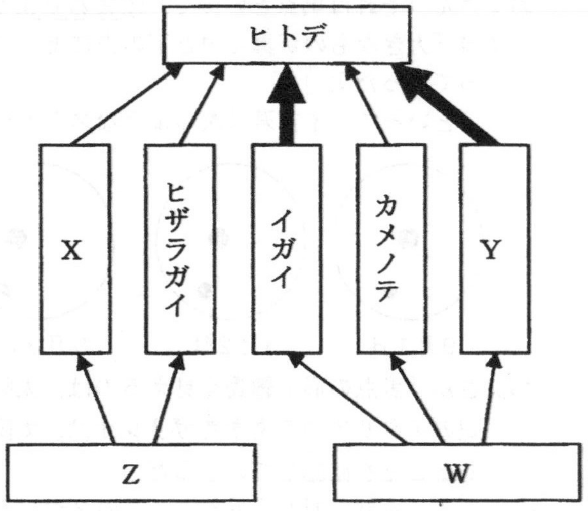

図2

（1）図1の生物は何か。正しいものを選び，記号で答えなさい。

ア．カサガイ　イ．ヒザラガイ　ウ．イガイ　エ．カメノテ

オ．フジツボ　カ．ヒトデ

（2）文の（ V ）に最も適する語を答えなさい。

（3）生物は，食べたものなどに含まれる栄養分を生きていくためのエネルギーなどに変えるために酸素をとりこみ，二酸化炭素を放出します。このはたらきを何といいますか。

（4）図2の W は，水中で水の動きにしたがって浮遊生活する生物群でした。この生物群の総称（そうしょう）を一般に何といいますか。

2019(H31) ラ・サール中
K 教英出版　理5の2

（5）図2の W には，発光する約1～2ミリメートルほどの大きさの生物（図3）が含まれました。この生物名は何ですか。

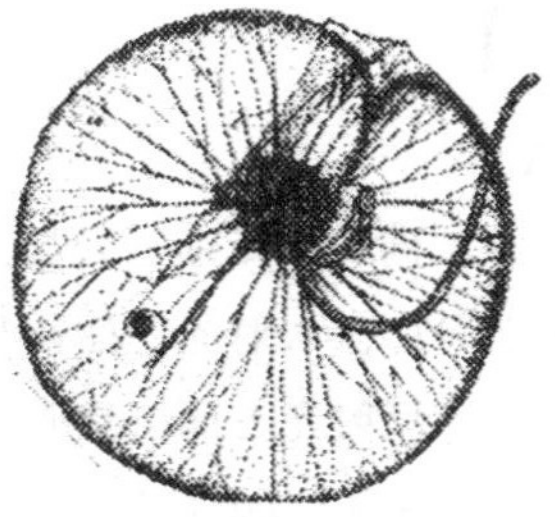
図3

いま，ヒトデが，岩場でどのような役割を果たしているかを調べるために行った実験をまとめました。

【実験】
まず，岩場を2つの区画にわけ，一方の区画ではヒトデを完全に除去し続けた。
ヒトデを除去しなかった岩場では，各生物が岩場を占める割合に変化が見られなかった。
ヒトデを完全に除去し続けた岩場では，大きな変化が見られた。実験開始から数年間の変化の様子を時間の経過の順にまとめた。

① ヒトデがいなくなったので，イガイとフジツボが著（いちじる）しく増加した。

② イガイとフジツボが著しく増加したので，海藻の生活場所が奪われ，海藻が著しく減少した。

③ 海藻が著しく減少したので，カサガイとヒザラガイが著しく減少した。

④ 他の生物に比べて生存力が非常に強いイガイが著しく増加したので，海藻とカサガイとヒザラガイとフジツボはいなくなり，岩場のほとんどがイガイにおおわれ，イガイ以外はカメノテだけが散在していた。

⑤ イガイが増加し続けたので，カメノテもいなくなり，岩場にはイガイだけが残った。

（6）図2の X ， Y ， Z に適する生物の組み合わせとして正しいものを選び，記号で答えなさい。
ア．（ X 海藻 Y カサガイ Z フジツボ ）
イ．（ X 海藻 Y フジツボ Z カサガイ ）
ウ．（ X フジツボ Y カサガイ Z 海藻 ）
エ．（ X フジツボ Y 海藻 Z カサガイ ）
オ．（ X カサガイ Y フジツボ Z 海藻 ）
カ．（ X カサガイ Y 海藻 Z フジツボ ）

（7）次の文のうち，正しいと考えられるものを2つ選び，記号で答えなさい。
ア．ヒトデは，フジツボよりカサガイを多く食べる。
イ．イガイとヒザラガイは，海藻のとりあいをして食べる。
ウ．ヒトデがいることで，多様な生物の共存を可能にしている。
エ．フジツボとイガイの生活場所は，海藻の生活場所と重なる。
オ．ヒトデは，フジツボやイガイを食べることによって，海藻の生活場所を減らしている。

2019(H31) ラ・サール中
K 教英出版 理5の3

【3】

〔A〕ろうそくの燃え方について，以下の問いに答えなさい。

（1）ろうそくに火をつけると，その炎は図のように3つの部分に分けられ，Aは外炎，Bは内炎，Cは炎心といいます。それぞれの部分で温度や明るさが異なります。次の下線部①～④に当てはまる部分を選び，A～Cの記号で答えなさい。ただし，同じ記号を繰り返し用いてかまいません。

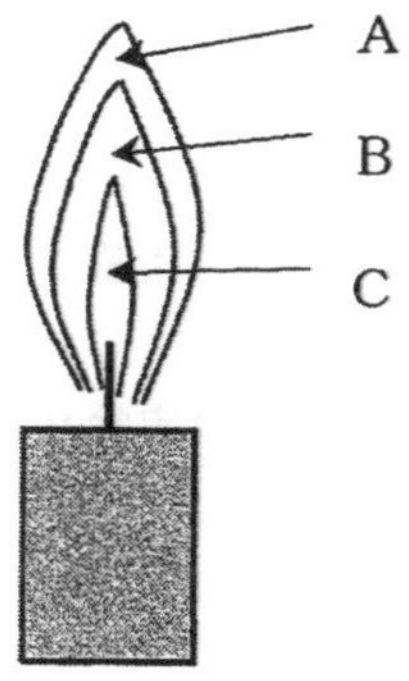

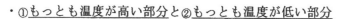

・①もっとも温度が高い部分と②もっとも温度が低い部分

・③もっとも明るい部分と④もっとも暗い部分

（2）右図のように，ろうそくの炎のA～Cの各部分に，ガラス管を差し入れ，気体を引き出すと，ガラス管の先から白い煙がでて，そこにマッチの火を近づけると燃えるのはA～Cのどれか答えなさい。

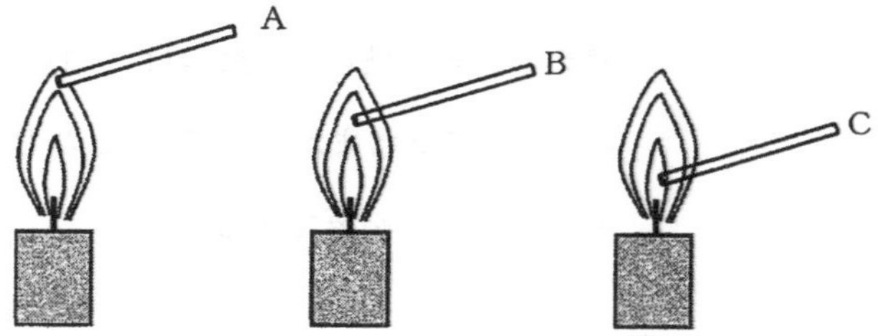

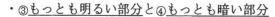

（3）下図のように炎の中にガラス棒を差し入れたとき，黒いすすのつき方は，どのようになりますか。正しいものア～エから選びなさい。

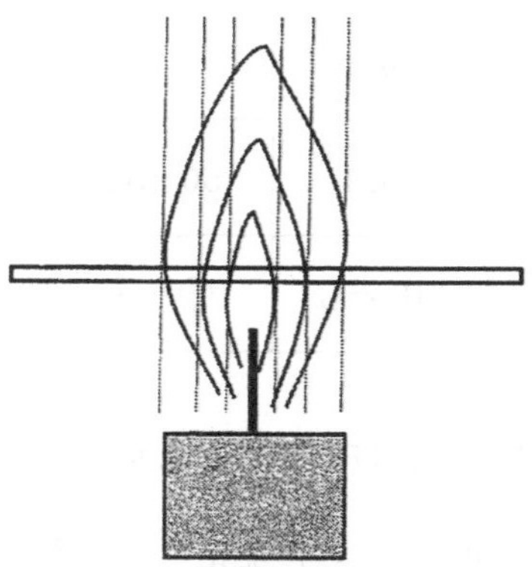

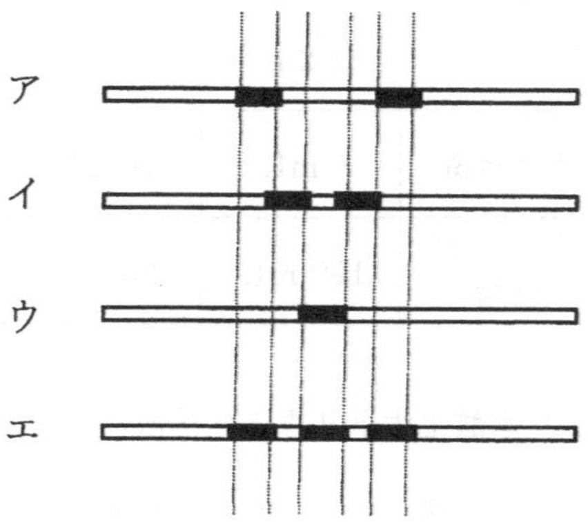

（4）けずったろうそくをビーカーに入れて温めてとかし，液体にしました（図X）。液体になったロウをゆっくり冷やして，すべて固体になったときのようすとして，正しいものをア～カから選びなさい。ただし，ア～カは，ビーカーの中央を通る断面の図とします。また，図中の点線はロウが液体のときの液面の高さを表します。

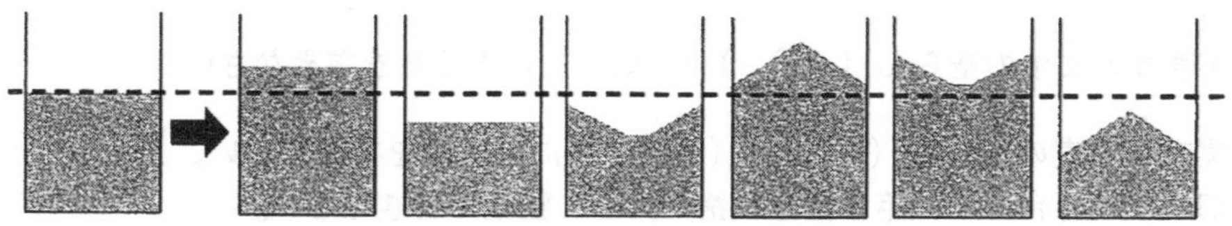

〔B〕固体A～Cはアルミニウム，石灰石(せっかいせき)，銅，二酸化マンガンのいずれかです。

A～Cを用いて，次の実験をおこないました。

〔実験１〕 A～Cに水酸化ナトリウム水溶液(すいようえき)を加えても気体はでてこなかった。

〔実験２〕 1gのAに過酸化水素水 10 mLを加えたところ気体がでてきた。

〔実験３〕 Bを酸素中で熱したところ，熱する前より 1.25 倍重くなった。これはBが酸素と結びつき固体Xができたためである。したがって，4gのBをすべてXに変えるときに結びつく酸素は（ ① ） gである。また空気9gあたり酸素が2g，ちっ素が7g含まれるので，4gのBをすべてXに変えるために空気は少なくとも（ ② ） g必要である。

〔実験４〕 Cに塩酸を加えたところ気体がでてきた。Cの重さと塩酸の体積を変えて実験したところ下の表のような結果になった。ただし，実験で用いた塩酸の濃さはすべて同じであった。

Cの重さ	1.2 g	1.2 g	2.4 g	2.4 g	5 g	5 g
塩酸の体積	5 mL	10 mL	20 mL	40 mL	50 mL	100 mL
でてきた気体の体積	100 mL	200 mL	400 mL	440 mL	(③) mL	(④) mL

（1）水酸化ナトリウム水溶液には反応しないが塩酸とは反応する金属をすべて選びなさい。

ア．鉄　　イ．マグネシウム　　ウ．銅　　エ．亜鉛(あえん)　　オ．金

（2）A～Cは何ですか。

（3）2gのAに過酸化水素水 10 mLを加えたとき，でてくる気体の体積は実験２と比べてどうなりますか。１０字以内で書きなさい。

（4）実験３の文中の空らん（ ① ）（ ② ）に入る数を書きなさい。

（5）実験４の表の空らん（ ③ ）（ ④ ）に入る数を書きなさい。ただし答えが割り切れない場合は小数第１位を四捨五入して整数で書きなさい。

【４】

〔A〕

鏡に向かって進む光を入射光，鏡ではね返った光を反射光といい，入射光と面に垂直に立てた直線とのなす角を入射角，反射光と面に垂直に立てた直線とのなす角を反射角といいます。図１のように，光は平らな鏡で反射すると入射角と反射角が等しくなるという性質を持っています。

この性質を用いて，以下の問いに答えなさい。

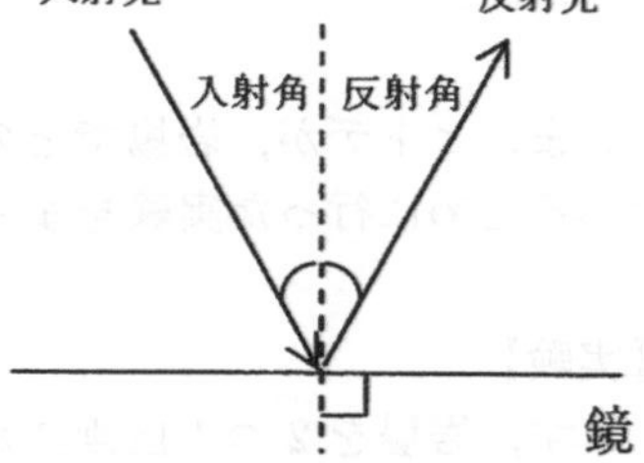

図１

（1）図２のように水平な面から 30 度傾けた鏡に，水平な面と平行に光をあてました。このときの入射角と反射角の和となる角 a は何度ですか。

（2）図２の状態からさらに鏡を 10 度傾け，水平な面と鏡のなす角度が 40 度となるようにした後，水平な面と平行に光をあてました。このときの入射角と反射角の和は，（1）の角 a から何度だけ減少しますか。

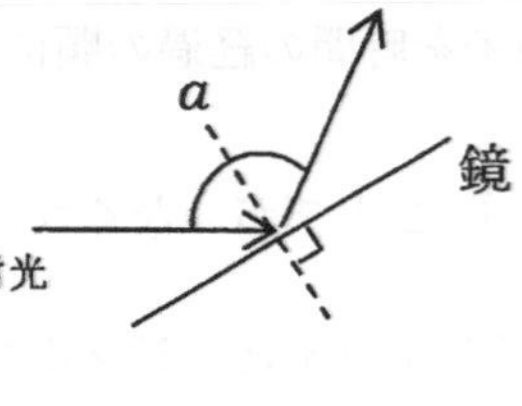

図２

次に，図３のように鏡Aを水平に，鏡Bを鏡Aに対して垂直においたところに光をあてることを考えます。水平な面と 30 度の角をなす光を鏡Aにあて，さらに鏡Bで反射させました。

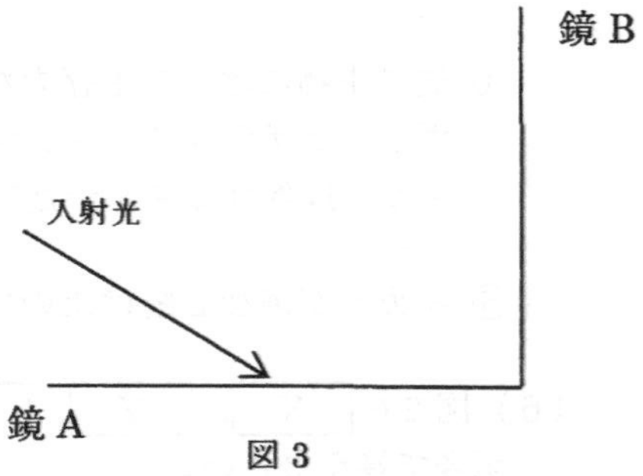

図３

（3）鏡Bで反射した光は水平な面と何度の角をなしますか。ただし，答えは0度から 90 度の間で答えなさい。

（4）鏡Aを固定し，鏡Bを鏡A側に倒していったところ，鏡Bで反射した光が水平になりました。このとき鏡Bを図３の位置から何度倒しましたか。

（5）（4）よりもさらに鏡Bを鏡A側に倒していったところ，鏡Bで反射した光が水平な面と垂直になりました。このとき鏡Bを図３の位置から何度倒しましたか。

〔B〕

材質が均一な板を水平に支えるには，板の真ん中を支えればよいです。このように，もののバランスを保つことができる位置を「重心」といいます。また，「重心」とはものが地球から真下に引っ張られる力（重力といいます）がはたらく代表点，すなわち，ものの重さがかかる点と考えることができます。

いま，材質が均一な一枚の薄い板を用意し，図1のように，厚さ，幅は同じで長さの異なる3枚の板に分け，それぞれA，B，Cとします。これらの板を幅がそろうように重ね，図2のように水平な台の上にまっすぐに置き，重ねる枚数や順序，板を置く位置をいろいろと変え，板全体のバランスをとる〔実験1〕～〔実験3〕をしました。

図1

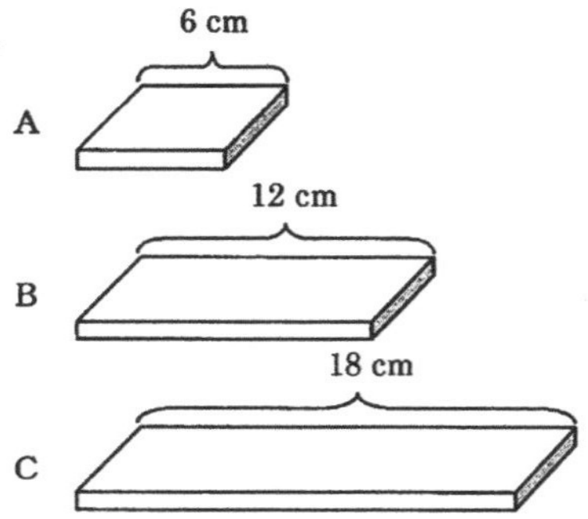

図2

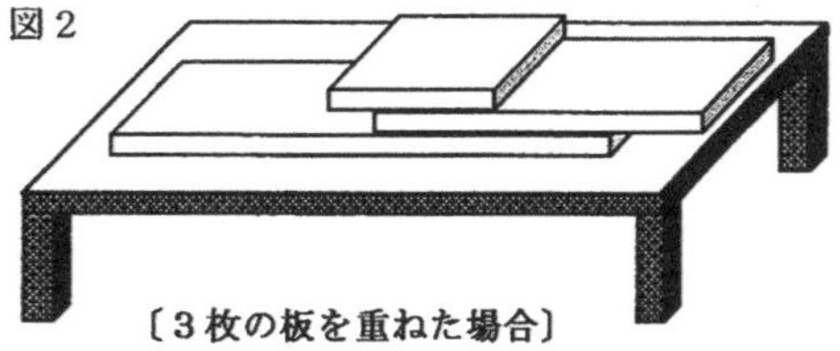

〔3枚の板を重ねた場合〕

〔実験1〕

Cの上にAまたはBを重ね，それぞれの先端をできるだけ右側に出すようにしたところ，Aはその先端がCの右端から3 cmを超えたときに（図3），Bはその先端がCの右端から6 cmを超えたときに（図4）傾いて落ちてしまいました。

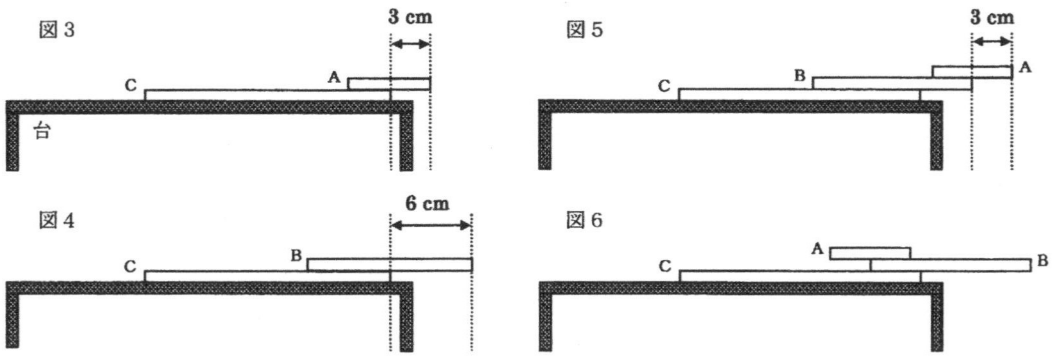

〔真横から見た様子〕

〔実験2〕

Cの上にA，Bを2枚とも重ね，一番上のAの先端をCの右端からできるだけ右側に出すようにしたところ，Aの先端がBの右端から3 cmを超えたときに（図5）傾いて落ちてしまいました。

（1）〔実験2〕について述べた次の文中の｛　①　｝～｛　③　｝に適当なものを，それぞれ選びなさい。

まず，Bに対して，Aが傾いて落ちない状況について考えてみます。

Aの重心がBの右端（これ以降，Xと呼ぶことにします）より右側にあるように置いたときは，Aはその重力によって，Xに対し｛①　ア．時計回り　イ．反時計回り｝に傾いて落ちようとしますが，逆に左側にあるように置いたときは，それとは逆の効果があらわれます。したがって，Aの重心とXとがちょうど一致するように置いたときが，Aのバランスを保つことができる限界であることがわかります。なお，このときXにはAの板の重さがかかっていることになります。

さらにこの状態のまま，Cに対して，AとBが傾いて落ちない状況について考えてみます。

この場合も，AとBを合わせた板の重心とCの右端（これ以降，Yと呼ぶことにします）とがちょうど一致するように置いたときが全体のバランスを保つことができる限界となります。なお，このときYにはAとBを合わせた板の重さがかかっていることになります。また，てこの原理により［Aの重心とYとの距離］と［Bの重心とYとの距離］との比は｛②　ア．1：1　イ．1：2　ウ．1：3　エ．2：1　オ．3：1　カ．2：3　キ．3：2｝の関係になっています。

以上のことより，Aの先端はYから最大｛③　ア．5　イ．6　ウ．7　エ．8　オ．9｝cmだけ右側に出すことができたとわかります。

（2）図6のように，〔実験2〕と板を重ねる順序は変えずに真ん中にあるBの先端をCの右端からできるだけ右側に出すようにした場合について考えてみます。このとき，Bの先端は，Cの右端から最大何cmだけ右側に出すことができますか。

〔実験3〕

A～Cの3枚の板を，一番下の板が台の右端から出るように重ね，どれかの板の先端を台の右端からできるだけ右側に出すようにしたところ，その板の先端が台の右端からa［cm］を超えたときに傾いて落ちてしまいました。

（3）〔実験3〕において，図7のような順序で板を重ね，一番下のAの重心が台の右端よりも右側にくるようにした状態で，一番上のCの先端をできるだけ右側に出すようにした場合について考えてみます。このとき，Cの先端を台の右端から右側に出すことができる最大の距離であるaは何cmになりますか。

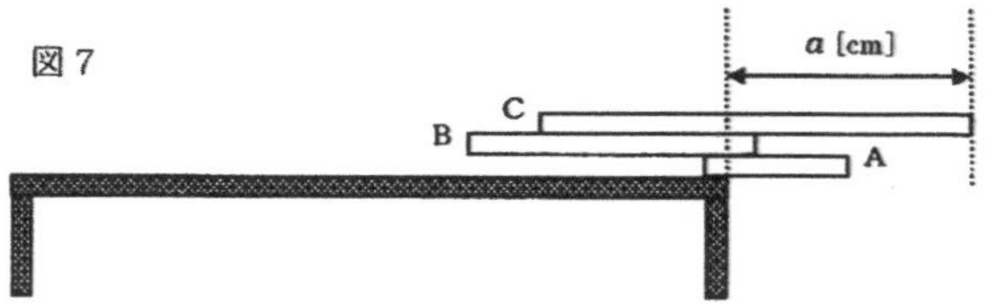

（4）〔実験3〕において，一番下をAの板にし，Aの重心が台の右端よりも左側にくるようにした状態で行いました。板を重ねる順序や，板を置く位置を変えるなかで，a［cm］を最も大きくできた場合について，以下の①～③に答えなさい。

① 一番上の板はB，Cのうちどちらですか。

② 台の右端から先端を最も右側に出すことができる板はA～Cのうちどれですか。

③ aは何cmになりますか。

［終わり］

2019(H31) ラ・サール中
K 教英出版　理5の5

2019年度　ラ・サール中学校入学試験問題（社会）（40分）

注意：解答はすべて解答用紙に記入しなさい。

1　2018年におこったことに関して、以下の問いに答えなさい。

◆3月、日本は、TPP（環太平洋パートナーシップ）協定の新協定に署名した。

問１　貿易に関連して2018年におこったことの説明として明らかに誤っているものを、次のア～エから１つ選び、記号で答えなさい。

ア．TPP協定への署名後に離脱したインドネシアを除く11か国が、TPP協定の新協定に署名した。

イ．日本とEU（ヨーロッパ連合）は、貿易の自由化に加え、様々な分野での協力を含む幅広い経済関係の強化を目的とする協定に署名した。

ウ．2016年に実施された国民投票でEUからの離脱を決めたイギリスは、離脱後の貿易ルールなどについてEUと交渉を続けた。

エ．「アメリカ第一主義」を掲げるアメリカ合衆国のトランプ大統領が一部の輸入品にかかる関税を引き上げたのに対して、中国も一部の輸入品にかかる関税を引き上げた。

◆7月、公職選挙法が改正された。

問２　2018年の公職選挙法改正に伴う参議院議員選挙の変更点に関連する説明として明らかに誤っているものを、次のア～エから１つ選び、記号で答えなさい。

ア．参議院議員の総定数が増加する。

イ．公職選挙法改正前の参議院の選挙区の中で、議員１人あたりの有権者数が最も少なかった選挙区の定数が増加する。

ウ．参議院の比例代表選挙の定数が増加する。

エ．参議院の比例代表選挙では、政党の判断で各政党の候補者名簿の中から一部の候補者を優先的に当選させることができるようになる。

◆10月、内閣改造が行われ、新たな安倍晋三内閣が発足した。

問３　内閣に関連する説明として明らかに誤っているものを、次のア～エから１つ選び、記号で答えなさい。

ア．国会で指名され、天皇から任命された内閣総理大臣と、内閣総理大臣から任命された国務大臣によって、内閣が組織される。

イ．内閣では、閣議を開いて政治の進め方を話し合うが、閣議で方針を決定する際には多数決制が採用されている。

ウ．内閣は、国会の召集や衆議院の解散を決めたり、外国と条約を結んだり、法律案や予算案を国会へ提出したりする。

エ．内閣の助言と承認により、天皇は日本国憲法に定められている国事行為を行う。

◆12月、国際連合総会で、核兵器禁止条約への手続きを終えていない各国に早期の署名と批准を求める決議案が可決された。

問４　核兵器禁止条約に関連する説明として明らかに誤っているものを、次のア～エから１つ選び、記号で答えなさい。

ア．核兵器禁止条約は、核兵器の開発・保有・使用などを禁止する条約で、2017年に国際連合総会で採択された。

イ．2017年、ICAN（核兵器廃絶国際キャンペーン）は、核兵器禁止条約が国際連合総会で採択されることに貢献したとして、ノーベル平和賞を受賞した。

ウ．核兵器保有国であるアメリカ合衆国・イギリス・フランスは、核兵器禁止条約に署名していない。

エ．世界で唯一原子爆弾投下による被害を受けた国として核兵器廃絶を訴えてきた日本は、核兵器禁止条約に署名し、批准している。

◆12月、内閣は、2019年度国家予算案を決定した。

問５　日本の国家予算に関連する説明として正しいものを、次のア～カから１つ選び、記号で答えなさい。

ア．国家の機関の中で、国家予算に関する仕事をする省庁は経済財政省である。

イ．2017年度国家予算の収入において、借金の額が徴収した税金の額を上回った。

ウ．2017年度国家予算の収入において、金額が多い順に三つの税金をあげると、所得税・法人税・消費税となっている。

エ．2017年度国家予算の支出において、金額が多い順に三つの項目をあげると、社会保障費・地方財政費・国債費となっている。

オ．軍事や防衛に関連する金額が国家予算の支出額に占める割合を比較すると、2017年度の方が1935年度よりも高い。

カ．2018年12月に内閣で決定された2019年度国家予算案の金額は、初めて100兆円を超えた。

◆12 月、2019～2021 年の国際連合通常予算の国別分担率が決まった。

問６　国際連合に関連する説明として明らかに誤っているものを、次のア～カから１つ選び、記号で答えなさい。

ア．1945 年に世界の平和と安全を守るために設立された国際連合の加盟国数は、発足時は 51 だったが、2018 年末時点では 193 となった。

イ．国際連合憲章では、国際連合で平和と安全を守る活動の中心機関は安全保障理事会と規定されており、日本は安全保障理事会の常任理事国になることを目指しているが、まだ実現していない。

ウ．日本は、これまでにカンボジアをはじめとして、東ティモールや南スーダンなどで行われた国際連合の PKO（平和維(い)持活動）に自衛隊を派遣(けん)した。

エ．地球の環(かん)境問題は特定の国だけで解決できる問題ではないので、国際連合を中心に各国の政府や NGO（非政府組織）などが協力して、さまざまな取り組みを進めている。

オ．経済・社会・文化・環境・人権などの分野で活動している国際連合の機関はユニセフなど多数あるが、これらの各機関は、活動の中立性を守るために、民間からの寄付金は一切受け取らないで、国際連合加盟国からの分担金だけで活動の費用をまかなっている。

カ．2019～2021 年の国際連合通常予算の国別分担率をみると、アメリカ合衆国が 2016～2018 年に引き続き１位だが、これまで２位だった日本は中国に抜(ぬ)かれて３位となっている。

◆12 月、天皇は、在位中最後の天皇誕生日を迎(むか)えた。

問７　日本国憲法で定められている天皇の国事行為にあてはまらないものを、次のア～エから１つ選び、記号で答えなさい。

ア．天皇は儀(ぎ)式を行う。

イ．天皇は勲(くん)章を授与する。

ウ．天皇は条約の締(てい)結を承認する。

エ．天皇は外国の大使を公式に受け入れる。

◆12 月、大阪府の知事と大阪市の市長が、特別区に再編する大阪都構想について民意を問うため、ともに任期中に辞職して同時に選挙を行うかもしれないと発表した。

問８　地方公共団体に関連する説明として明らかに誤っているものを、次のア～エから１つ選び、記号で答えなさい。

ア．地方公共団体の住民は、知事や市区町村長や地方議会議員を選出するだけでなく、条例の制定・改正・廃(はい)止を請(せい)求したり、首長や議員の解職を請求したりすることもできる。

イ．地方公共団体の議会は、条例を制定・改正・廃止したり、役所の仕事の状況(きょう)を質問したりする。

ウ．地方公共団体において、都道府県の知事および議員も、市区町村の首長および議員も、任期は４年である。

エ．地方公共団体において、都道府県の知事および議員の選挙に立候補できる年令は 30 才以上で、市区町村の首長および議員の選挙に立候補できる年令は 25 才以上である。

2

鹿児島市の姉妹・友好・兄弟都市やその都市がある国について述べた次の文章を読んで、以下の問いに答えなさい。

◆鶴岡(つるおか)市がある（Ａ）には、米づくりのさかんな庄(しょう)内平野があります。この庄内平野には、最上(もがみ)川・赤川・日向(にっこう)川などが流れこみ、ゆたかな土壌(じょう)と水を供給しています。そして夏になると（Ｘ）から季節風がふきます。山を越(こ)えてきた（Ｙ）、（Ｚ）風は丈(じょう)夫な稲(いね)を育てます。

問１　文中の空欄(らん)（Ａ）に適する都道府県名を漢字で答えなさい。

問２　文中の空欄（Ｘ）～（Ｚ）に適切な語の組み合わせを、以下のア～カから１つ選び、記号で答えなさい。

	（Ｘ）	（Ｙ）	（Ｚ）
ア	南西	あたたかく	かわいた
イ	南東	あたたかく	かわいた
ウ	南西	あたたかく	しめった
エ	南東	つめたく	しめった
オ	南西	つめたく	しめった
カ	南東	つめたく	かわいた

◆鹿児島市は毎年、中国の長沙市などに青少年を派遣する事業を行っています。日本と中国の間では古くから人やものが盛んに行き来しており、日本は国の制度や文化など、さまざまなことを中国から学んできました。

問３　日本と中国の間での、人やものの行き来について述べた次の文ア～エを年代順に並べ替えたとき、３番目になる文中の（　　）に適切な語を答えなさい。選んだ文の記号を答える必要はありません。

ア．日本の朝廷の招きをうけた鑑真は、数度の航海の失敗を乗りこえて来日し、奈良に（　　）寺を開いた。

イ．聖徳太子が中国に（　　）らを遣隋使として派遣した。

ウ．平清盛が、現在の神戸港の一部である（　　）を修築して、中国との貿易を行った。

エ．中国から伝えられた漢字をもとにして、かな文字が作られ、清少納言によって（　　）が書かれた。

◆パース市はオーストラリアの都市です。オーストラリアはグレートディバインディング山脈を境に気候が大きく違い、西部は乾燥して砂漠が多く、東部は緑が多いです。

問４　砂漠の多い西部にも豊かな資源があります。次の表は日本がオーストラリアから輸入している品目を貿易額の大きい順にあげたものです。表中の３位の品目名を答えなさい。主に西部で産出されるものです。

１位	２位	３位	４位	５位
石炭	液化天然ガス		肉類	銅鉱

（統計年次は 2017 年。『日本国勢図会　2018/19』より作成）

問５　次の表は、東京都中央卸売市場における、国内産とオーストラリア産の生鮮アスパラガスの入荷量を示したものです。９月から 11 月にかけて、国内産の入荷量が減少し、オーストラリア産の入荷量が増えているのはなぜですか。その理由を説明した下の文中の空欄（Ｘ）・（Ｙ）に適切な語を答えなさい。

	１月	２月	３月	４月	５月	６月	７月	８月	９月	10 月	11 月	12 月
国内産	35	84	282	326	671	514	766	690	347	71	1	13
オーストラリア産	0	1	2	1	2	0	0	5	63	353	289	17

（単位はトン。統計年次は 2017 年。農畜産業振興機構ホームページより作成）

オーストラリアは（Ｘ）にあり、日本と（Ｙ）が逆になる。これを利用して、日本でアスパラガスの収穫が少ない時期にオーストラリアではアスパラガスを収穫して輸出を行うため。

◆マイアミ市はアメリカ合衆国のフロリダ州にあります。2018 年 11 月の中間選挙では、フロリダ州で再集計が実施されるほどの大接戦となりました。最終的にはトランプ大統領が応援した共和党の候補が当選しました。

問６　2018 年のアメリカ合衆国、あるいはトランプ大統領について述べた次のア～エのうち、誤りが含まれるものを１つ選び、記号で答えなさい。

ア．トランプ大統領は、イラン核合意から離脱し、イランに対する経済制裁を再開すると発表した。

イ．トランプ大統領は、カナダのケベック州で行われた G7 サミットに参加し、海洋プラスチック憲章に署名した。

ウ．トランプ大統領は、シンガポールで、北朝鮮の金正恩委員長と初の米朝首脳会談を行った。

エ．アメリカ合衆国は、それまでテルアビブに置いていた在イスラエル大使館をエルサレムに移した。

◆鹿児島市の最も古くからの姉妹都市が、イタリアのナポリ市です。ナポリ市とは昭和 35 年(1960 年)に姉妹都市盟約が結ばれ、来年で 60 周年を迎える予定です。

問７　次のア～オのうち、1960 年以前の日本の出来事をすべて選び、記号で答えなさい。

ア．東海道新幹線開通　　イ．奄美群島復帰　　ウ．国際連合加盟

エ．サンフランシスコ平和条約締結　　オ．日韓基本条約締結

3　次の［A］～［E］の文章は５県の工業と都市の特徴について述べたものです。これらの文章を読んで、以下の問いに答えなさい。

［A］　輸送用機械工業や電気機械工業などの機械工業が盛んです。県内の人口上位２大都市は県庁所在都市と①県西部の中心都市で、いずれも政令指定都市です。なお、輸送用機械工業の中心は、県西部の中心都市およびその周辺地域です。また、この地域では（　１　）の生産が多いことでも有名です。

［B］　明治期には②生糸や絹織物の産地として、全国的にも工場数の多い県の一つでした。今日では自動車工業、電気機械工業が発達し、③外国人労働者も多く来ています。県内の人口上位の２大都市は、県庁所在都市とその都市の隣に位置する④交通の拠点になる都市です。

［C］　主要な工業は⑤自動車工業をはじめとする輸送用機械工業と鉄鋼業です。この県には太平洋戦争時には海軍の主要な拠点が置かれ、軍関連の工業が栄えました。その工業での技術力が今日の工業発展に役立っています。県内の人口上位２大都市は、県西部に位置する県庁所在都市と県東部の中心都市です。この県東部の中心都市の臨海には、製鉄所が立地しています。

［D］　２つの政令指定都市を有しています。そのうち東部の都市は、明治期に官営の製鉄所が建設されることによって工業都市として発展してきました。都市人口が100万人をこえたのはこの都市が先でしたが、現在では県庁が置かれているもう一方の都市が最大の人口を有する都市になっています。近年は、県内に国内自動車メーカーの工場が進出したことによって、自動車工業が盛んになっています。

［E］　主要な工業は化学工業および製紙・パルプ工業などです。主要な都市は、県庁所在都市と銅山開発をきっかけに栄えた県東部に位置する都市です。また、この２つの都市の間には造船業が盛んな都市もみられ、その都市は（　２　）の生産量が多いことでも有名です。

問１　文中の空欄（　１　）・（　２　）にあてはまる語句を次のア～クから１つずつ選び、記号で答えなさい。

ア．そろばん　　イ．タオル　　ウ．顕微鏡　　エ．メガネフレーム

オ．うちわ　　カ．将棋駒　　キ．陶磁器　　ク．ピアノ

問２　下線部①について、この都市の西部に面する湖で養殖されているものを次のア～オから１つ選び、記号で答えなさい。

ア．えび　　イ．真珠　　ウ．うなぎ　　エ．はまち　　オ．ぶり

問３　下線部②について、［B］の県にある、1872年に明治政府が設立した製糸場は、2014年に世界文化遺産に登録されました。

(1)　世界遺産を登録する国際連合の機関名を答えなさい。解答は略称でもかまいません。

(2)　［A］～［E］の県のうち、世界遺産を持たない県が１つあります。それはどれですか。［A］～［E］の記号で答えなさい。

問４　下線部③について、どこの国から来た労働者がもっとも多いか、その国名を答えなさい。

問５　下線部④について、この都市には２つの路線の新幹線が通ります。

(1)　この２つの路線名を答えなさい。

(2)　［A］～［E］の県のうち、新幹線が通らない県が１つあります。それはどれですか。［A］～［E］の記号で答えなさい。

問６　下線部⑤について、自動車工業では、多くの関連工場から部品供給を受けていますが、無駄なく生産するために、自動車工場で生産する速さに合わせて、必要な数の部品を、決められた時間に届ける仕組みを導入しています。このような方式を何というか答えなさい。

問７　次の表は、いくつかの農産物の生産量上位５都道府県を示しています。X～Zの農産物は何か答えなさい。表中の［A］～［E］は文中と同一の県です。

	X	Y	Z
１位	栃木	和歌山	［B］
２位	［D］	［E］	愛知
３位	熊本	［A］	千葉
４位	［A］	熊本	茨城
５位	長崎	長崎	神奈川

（統計年次は2016年。『日本国勢図会 2018/19』より作成）

問８　［A］～［E］の県のうち、日本の中で日の入り時刻がもっともおそい県を１つ選び、［A］～［E］の記号で答えなさい。

問９　［A］～［E］の県のうち、県名と県庁所在都市名が異なるものをすべて答えなさい。解答は県庁所在都市名で答え、［A］～［E］の記号はつける必要はありません。

4 2018年の「今年の漢字」（日本漢字能力検定協会主催）は「災」になりました。全国各地で、いろいろな自然災害があいついで起こり、また数々の事件が、人災と考えられたことが理由です。わざわいは、辞書によれば、「人に不幸をもたらす物事。また、その結果である不幸な出来事。」とされています。日本列島は、歴史的に見るとたくさんの災いにみまわれてきました。次の文章Ａ～Ｋは、日本列島に関わる災いを年代の古い順に並べたものです。よく読んで、下の問いに答えなさい。

Ａ．今から7300年ほど前、薩摩半島と屋久島の間にある海底火山が大噴火を起こし、南九州は大きな被害を受けました。南九州の人々は、影響の比較的少なかった海でとれるものをさかんに利用するようになりました。

Ｂ．聖武天皇の時代、天然痘という疫病がはやって多くの人が亡くなり、また貴族の反乱も起こりました。

Ｃ．915年に現在の十和田湖が大噴火をおこしました。米代川の流域では、噴火の直後に起こった洪水によって埋もれた建物がたくさん見つかっています。

Ｄ．1301年にハレー彗星が現れました。人々は、災いのまえぶれと考え、（　　　）が再び攻めてくると恐れました。幕府は、大きな寺院や神社に天下泰平を祈らせました。

Ｅ．1498年、巨大な地震がおこりました。淡水湖であった浜名湖と海をへだてていた場所が決壊し、浜名湖は淡水と海水が混じり合う湖となりました。

Ｆ．1596年に関西で起こった大地震によって、豊臣秀吉のいた伏見城や空海にゆかりの東寺などが倒壊し、また継体天皇の墓と考えられている今城塚古墳（長さ約190ｍの①前方後円墳）の墳丘も大きくこわれました。

Ｇ．1640年代から60年代に現在の北海道では噴火などがあいつぎました。人々の生活が苦しくなっていくなか、不正な取引に対する不満が高まり、シャクシャインを中心にして②人々は松前藩と戦いましたが、敗れました。

Ｈ．1854年に東海地方で巨大地震と津波が発生しました。ロシア使節プチャーチンの乗っていた船も下田で大破しましたが、その後、③日本とロシアは和親条約を結びました。

Ｉ．1923年9月1日に関東大震災が起こりました。東京・横浜を中心に死者・行方不明者が11万人以上に達し、多数の朝鮮人が殺害されました。また、銀行も大きな被害を受けて、経済に深刻な影響が生じました。

Ｊ．1929年にアメリカ合衆国で始まった不景気は日本にもひろがり、1931年に東北地方をおそった深刻な冷害によって、飢え死にする人も出るような状態になりました。

Ｋ．1944年12月に紀伊半島の沖合で巨大地震が発生し、④地震と津波で大きな被害が出ました。

問１　次のあ・いのア～ウから、内容として正しいものをそれぞれ１つ選び、それらを上のＡ～Ｋのどこに位置付けるのが適当かを考えて、○と○の間というかたちで答えなさい。ア～ウの記号は答える必要はありません。

あ
- ア．中大兄皇子は、中臣鎌足たちと協力して、蘇我馬子らを攻め滅ぼし、新しい国づくりを進めていきました。
- イ．織田信長は、立派な天守閣をもった安土城を築き、天下統一を進めました。
- ウ．歌川広重がえがいた「富嶽三十六景」は大人気を博しました。

い
- ア．足利義政は、京都の北山に銀閣を建てました。そのそばの東求堂には「書院造」という建築様式を用いました。
- イ．徳川家光は、武家諸法度を改め、参勤交代を制度として定めました。
- ウ．板垣退助・大久保利通らは、政府に国会の開設を求める意見書を提出しました。

問２　下の写真のうちからＡの文章と同じ時代のものを１つ選び、その名前を答えなさい。

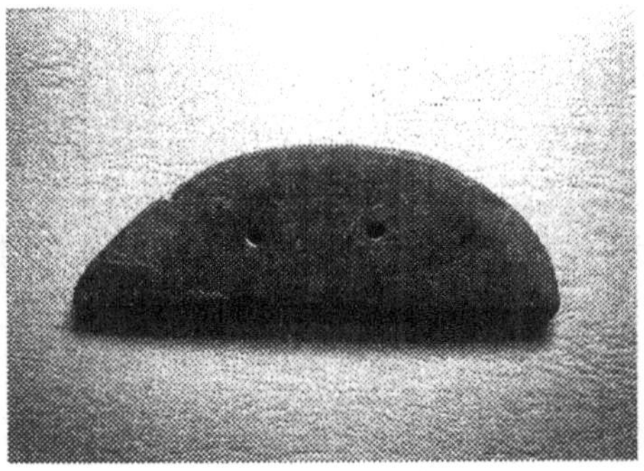

問３　Ｂの災いについて、聖武天皇がその対応のために建てた寺の名前を１つあげ、漢字で答えなさい。

問４　次のア～オのうち、内容として正しくて、なおかつＣとＤの間に入れるにふさわしい文章をすべて選び、年代順に並べ替えなさい。

ア．平清盛は、むすめを天皇のきさきとし、平氏の一族で朝廷の重要な官職を独占して、大きな力をふるいました。

イ．紫式部は、はなやかな貴族の生活や人の心をえがいた『平家物語』という小説を著しました。

ウ．朝廷は、幕府をたおすために兵を挙げました。幕府側は北条政子を中心に団結して、これを破りました。

エ．250年以上にわたって派遣された遣唐使が、取りやめになりました。

オ．京都の町衆が、力を合わせて祇園祭を復活させました。

問５　Ｄの空欄（　　）に適切な語を入れなさい。

問６　下線部①の前方後円墳がつくられた時代を説明する文章として誤っているものを、次のア～エから１つ選び、記号で答えなさい。

ア．大和朝廷（大和政権）は、５世紀末ころまでに、九州から北海道にかけての豪族たちを従えていきました。

イ．多くの渡来人が移住してきて、多くの技術や文化を伝えました。

ウ．前方後円墳は、しばしば埴輪や葺石で飾られました。

エ．古墳の大きさは、そこに葬られた人物のふるった力の大きさを示すと考えられます。

問７　Ｇのころの日本と海外との関係について誤っているものを、次のア～エから１つ選び、記号で答えなさい。

ア．朝鮮の釜山には倭館が置かれ、そこでは対馬藩が、幕府の許可を得て貿易を行っていました。

イ．琉球王国は、薩摩藩によって支配され、将軍や琉球国王の代替わりのたびに、使者を江戸に送りました。

ウ．オランダは、キリスト教を広めないことを約束し、長崎の出島で貿易を行っていました。

エ．幕府は中国（明）と正式な国交を開き、貿易を行って莫大な利益を得ました。

問８　下線部②の人々は、何とよばれますか。

問９　下線部③について、この条約に定められていた内容として正しいものを次のア～オから１つ選び、記号で答えなさい。

ア．横浜・神戸・長崎を開港すること。

イ．樺太はすべてロシア領とすること。

ウ．千島列島における国境を択捉島とウルップ島の間に置くこと。

エ．日本側に関税を自由に決める権利がないこと。

オ．ロシア人が日本で犯罪を犯しても、日本は処罰できないこと。

問10　次のア～オのうち、内容として正しくて、なおかつＨとＩの間に入れるにふさわしい文章をすべて選び、年代順に並べ替えなさい。

ア．樋口一葉は、ロシアとの戦争に際して「君死にたまふことなかれ」という詩を発表しました。

イ．外務大臣陸奥宗光は、不平等条約を完全に改正することに成功し、ポーツマス条約にも調印しました。

ウ．政府は、大韓帝国を併合して植民地としました。

エ．政府は、欧米に使節団を派遣しました。使節団には、津田梅子ら約60名の留学生も同行しました。

オ．さまざまな差別に苦しんできた人々が「全国水平社」を結成しました。

問11　下線部④について、この被害は日本の軍の指示でほとんど報道されませんでした。それはなぜでしょうか。そのころの日本の状況を考えて、簡単に説明しなさい。

（以上で問題は終わり）

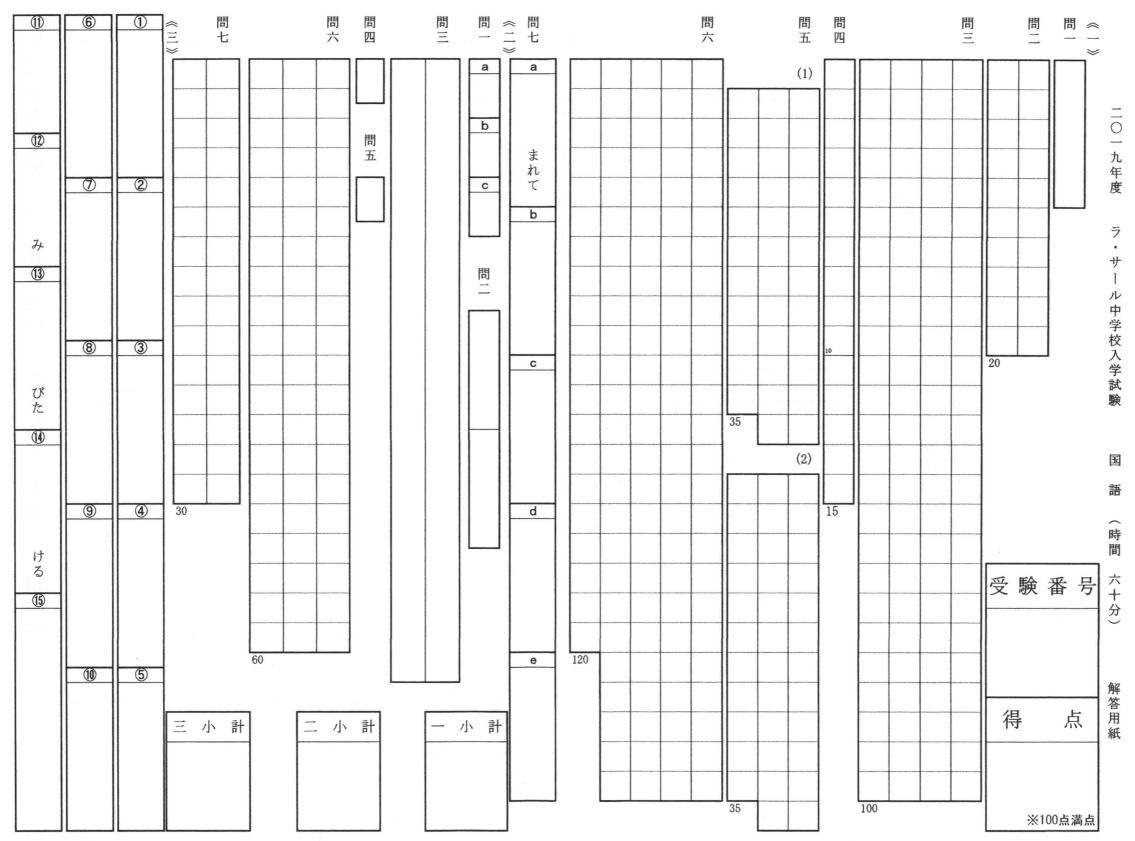

二〇一九年度　ラ・サール中学校入学試験　国語（時間　六十分）解答用紙

受験番号

得点

※100点満点

《一》

問一

問二　20

問三　100

問四　10　15

問五　(1) 35　(2) 35

問六　120

問七　a　まれて　b　c　d　e

《二》

問一　a　b　c

問二

問三

問四

問五

問六　60

問七　30

《三》

①　②　③　④　⑤

⑥　⑦　⑧　⑨　⑩

⑪　⑫　み　⑬　びた　⑭　ける　⑮

一小計

二小計

三小計

2019 年度　ラ・サール中学校　入学試験　算数　解答用紙

1．小計
12

1

(1)		(2)		(3)	

2

(1)		(2)	(ア)	円	(イ)	冊
(3)	$x=$	(4)	(ア)	cm	(イ)	cm²

2．小計
32

3．小計
12

3

(1)	：	(2)	km

4．小計
16

4

(1)	通り	(2)	通り	(3)	通り

5

(1)	cm³

(2)

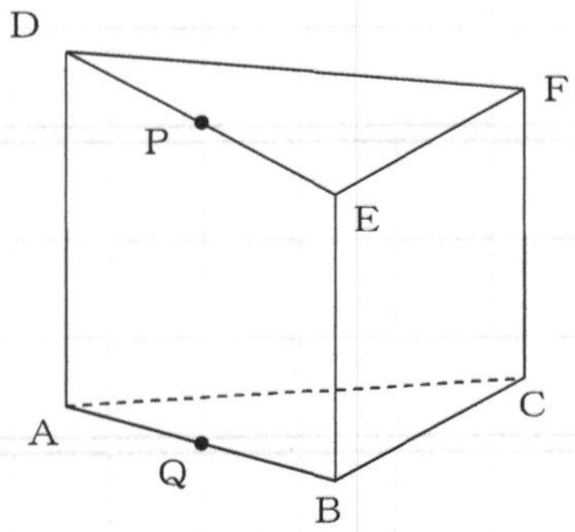

(3)

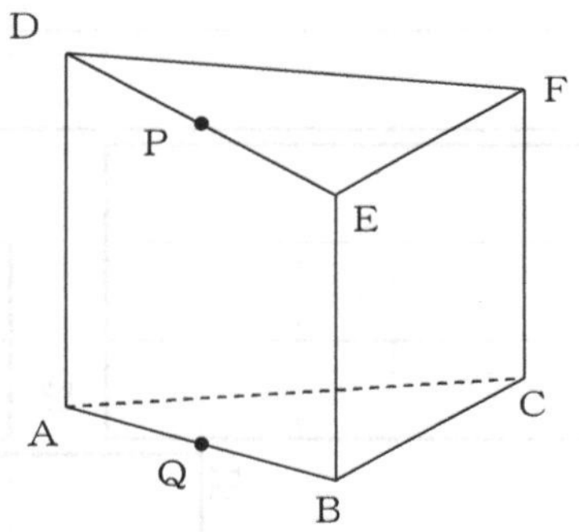

5．小計
14

6．小計
14

6

(1)	：	(2)	：	(3)	：

受験番号	得　点
	※100 点満点

平成31年度　ラ・サール中学校入学試験　理科　解答用紙

【１】（１０点）

(1)	(2)	(3)	(4)	(5)
				太陽が固体であれば，

(6)	(7)	(8)

【２】（１５点）

	(1)			(2)			(3)			(4)
	①	②	③	a	b	c	a	b	c	
A										

	(1)	(2)	(3)	(4)	(5)	(6)	(7)	
B								

【３】（１０点）

	(1)				(2)	(3)	(4)
	①	②	③	④			
A							

	(1)	(2)		
		A	B	C
B				

	(3)										(4)		(5)	
											①	②	③	④
B														

【４】（１５点）

	(1)	(2)	(3)	(4)	(5)
A	度	度	度	度	度

	(1)			(2)	(3)	(4)		
	①	②	③			①	②	③
B				cm	cm			cm

受験番号	得点
	※50点満点

解答用紙 2019年度中学社会

1

問1	問2	問3	問4	問5	問6	問7	問8

点

2

問1	問2	問3	問4

問5 X	Y	問6	問7

点

3

問1 1	2	問2	問3 (1)	(2)	問4

問5 (1)		(2)	問6
新幹線	新幹線		方式

問7 X	Y	Z	問8	問9

点

4

問1 あ	い	問2	問3
と　の間	と　の間		

問4	問5	問6	問7

問8	問9	問10

問11

点

受験番号		得点	※50点満点 (配点非公表)